FICTIONS DU SCANDALE

Purdue Studies in Romance Literatures

PSRL volume 16

FICTIONS DU SCANDALE

Corps féminin et réalisme romanesque au dix-neuvième siècle

Nathalie Buchet Rogers

Purdue University Press
West Lafayette, Indiana

02 01 00 99 98 5 4 3 2 1

∞The paper used in this book meets the minimum requirements of American National Standard for Information Sciences—Permanence of Paper for Printed Library Materials, ANSI Z39.48-1992.

Printed in the United States of America
Design by Anita Noble

Library of Congress Cataloging-in-Publication Data
Rogers, Nathalie Buchet, 1963–
Fictions du scandale : corps féminin et réalisme romanesque au dix-neuvième siècle / Nathalie Buchet Rogers.
p. cm. — (Purdue studies in Romance literatures ; v. 16)
Includes bibliographical references and index.
ISBN 1-55753-123-4 (alk. paper)
1. French fiction—19th century—History and criticism. 2. Women in literature. 3. Sex in literature. I. Title. II. Series.
PQ653.R64 1998
843'.7093538—dc21 98-7349
CIP

À mes enfants, Camille, Geneviève et Charles—
dont les naissances ont ponctué les grandes étapes de l'élaboration de ce livre

Table des matières

Préface

La présente étude du scandale féminin dans la production romanesque du dix-neuvième siècle est née d'un désir de synthèse dans mes recherches. Ce "sujet" s'est peu à peu imposé comme un point d'entrée nécessaire offrant une perspective privilégiée sur l'ensemble du siècle, et sur ce qui faisait, pour moi, la spécificité de ses discours. Ma thèse principale est que l'on peut considérer le dix-neuvième siècle comme l'ère du scandale, par référence et par contraste avec l'ère du soupçon dont a parlé Nathalie Sarraute au vingtième siècle. En ce sens, le scandale n'est pas seulement un thème romanesque, mais un concept que je définis comme une construction à la fois historique, économique, symbolique et esthétique, qui informe la pensée du siècle. Mon sujet, ainsi défini, m'a permis de rendre compte et d'éclairer d'un jour nouveau un ensemble de phénomènes clefs qui avaient à l'origine provoqué ma réflexion. Pour ne nommer que les principaux: la restriction de la mobilité féminine; l'angoisse suscitée par l'écrasement progressif des différences sociales, sexuelles, et symboliques; l'allégorisation de la femme dans l'ensemble des discours et des représentations esthétiques; et les rapports étroits et ambigus qui lient l'esthétique réaliste à l'exploitation et au détournement de l'énergie et du désir féminins tout au long du siècle. Ainsi, ce travail n'est pas seulement une étude sur le roman. Par fictions du scandale, en effet, j'entends non seulement les fictions romanesques, mais aussi les discours politiques, historiques, juridiques, scientifiques, anthropologiques, médicaux, psychanalytiques, etc., qui prennent un caractère nettement fictif lorsqu'ils s'attaquent à la question de la femme. Ce n'est pas à dire, toutefois, que tous ces discours soient à mettre sur le même plan. Au fil des chapitres, un des aspects essentiels qui ressortent de mes recherches, est bien la spécificité du texte romanesque vis-à-vis des angoisses et des scandales du siècle.

D'un point de vue méthodologique, force m'est de reconnaître que mes conclusions sur le scandale, sur les phénomènes de contagion et de contradictions internes qu'il fait ressortir, s'appliquent aussi à la critique qui s'attaque à la question du scandale. Le scandale a aussi été, dans mes recherches, un concept opérationnel, qui a gouverné le mouvement herméneutique de mes lectures. La contagion du scandale ne s'arrête pas au critique des textes scandaleux. Le scandale est aussi dans l'analyse. À ce sujet, il est possible d'établir un lien entre les mécanismes du scandale, dans l'analyse, et l'entreprise de déconstruction définie par Jacques Derrida. En effet, déconstruire un discours revient à identifier dans ce discours le concept ou l'hypothèse clef qui le sous-tend, les oppositions hiérarchiques qui en constituent la clef de voûte, et à montrer le point de rupture de ce système. Ainsi, c'est cette hypothèse clef qui sape la hiérarchie qu'elle voudrait promouvoir. Comme dans le mécanisme du scandale, il s'agit de la pierre de faîte qui s'avère la pierre d'achoppement susceptible de faire s'écrouler l'édifice. La déconstruction des textes scandaleux permet de poursuivre le mouvement de scandale qui l'habite, tout en exposant son fonctionnement interne.

Cependant, la contagion du scandale à la méthodologie d'une étude sur le scandale peut se révéler quelque peu dangereuse. J'ai été amenée à faire intervenir des approches critiques qui ne font pas toujours "bon ménage," qui se scandalisent les unes les autres, serait-on tenté de dire. Ainsi, j'ai utilisé la narratologie (dans le sens large d'une sorte de grammaire et de syntaxe du scandale qui est apparue dans les textes romanesques), mais j'ai aussi fait intervenir une approche socio-historique, parfois marxiste, parfois en relation avec ce que l'on appelle la "nouvelle histoire"—l'histoire des mœurs telle que la pratiquent, par exemple, Alain Corbin ou Anne Martin-Fugier—et aussi la psychanalyse et les théories féministes. Chacune des ces approches joue par rapport aux autres, mais aussi, et surtout, est susceptible de se retourner contre elle-même. Chacune des théories et méthodologies est apte à faire ressortir un aspect du phénomène de scandalisation de la femme au dix-neuvième siècle, mais aussi, chacune de ces approches, prise séparément, risque de redonner prise au scandale, de scandaliser dangereusement l'analyse, en introduisant une butée qui arrête la signification et la détourne. C'est un phénomène auquel il m'a fallu être très attentive. Ceci est particulièrement visible, je crois, dans mon approche de la psychanalyse, et dans les analyses du chapitre trois, mais c'est aussi vrai, à des degrés divers, des autres approches méthodologiques. Par exemple, les discours de Karl Marx, mais aussi de Walter Benjamin, que j'utilise comme outils herméneutiques dans ce livre, sont aussi remis en question. Les théories de René Girard également, bien qu'elles servent de point de départ à mon travail, peuvent aussi à un certain niveau faire obstacle au mouvement de l'analyse (en particulier, le recours trop systématique à la théorie du désir mimétique, et aux mécanismes de la victime sacrificielle). Certains discours féministes, même, s'avèrent capables de faire obstacle et de déterminer le faux pas de l'analyse. Ceci est apparu en particulier dans mon chapitre dix, sur *Monsieur Vénus,* mais aussi dans certaines directions que j'explore dans ma conclusion. Tout particulièrement, mon analyse de *L'amant* de Marguerite Duras révèle les dangers que présente l'essentialisme, dans le recours à la notion d'une écriture féminine du corps, pour échapper aux dangers de la scandalisation. Ma méthodologie, dans son éclectisme, est donc adaptée au sujet, —ou peut-être est-elle "victime" du sujet, selon le point de vue où l'on se place. En fin de compte, il faut reconnaître que le scandale est un objet extrêmement retors, et je ne suis pas sûre, en dernier recours, qu'il soit vraiment possible de le dépasser, à quelque niveau que l'on se place.

Je tiens à remercier très chaleureusement les membres de mon jury de thèse de doctorat, et mes professeurs de l'université de Brown, pour l'aide précieuse qu'ils m'ont apportée au cours de mes recherches et de la rédaction de la première version de cet ouvrage. Naomi Schor, tout d'abord, pour avoir accepté de diriger ma thèse, et pour ses conseils qui m'ont guidée dans la réécriture nécessaire à sa transformation en livre. Mentor, inspiratrice et exemple, elle m'a soutenue tout au long de ce travail de ses encouragements et de ses conseils, où elle a su allier bienveillance et rigueur. Sa rencontre représente un événement des plus importants, d'une valeur intellectuelle et humaine rare. Ma dette intellectuelle envers elle est, je crois, évidente dans ces pages. Je remercie également Pierre Saint-Amand, à qui je dois le titre de ce livre, et sous l'égide de qui mon projet d'étude a initialement pris forme. Mon travail a beaucoup bénéficié de la finesse de ses observations critiques, mais aussi de sa grande attention au détail, et tout particulièrement aux questions de style. Je ne saurais oublier enfin Edward J. Ahearn, lecteur inlassable et exigeant, qui a maintenu avec moi un dialogue constant qui a enrichi ma perspective. La composante marxiste de cette étude, en particulier, doit beaucoup à ses conseils éclairés.

Les dernières transformations du manuscrit ainsi que sa publication ont été facilitées par deux subventions généreuses de Wellesley College, que je remercie ici vivement.

Je tiens aussi à témoigner ma reconnaissance à mes parents, Nelly et Jean Buchet, pour leur soutien plus que moral. Ma mère surtout, lectrice inconditionnelle mais correctrice redoutable, m'a apporté une aide inestimable pour les dernières tâches ingrates de correction du manuscrit et des épreuves. Enfin et surtout, je dois remercier mon mari, Campbell, pour avoir su vivre avec toutes ces femmes scandaleuses, dont la sienne n'est peut-être pas la moindre. Sans son affection, son humour et son intérêt constant pour des recherches si éloignées des siennes, ce projet n'aurait pu être mené à bien.

Une version abrégée du chapitre six a paru sous le titre "Adultère, arsenic ou crème à la vanille?: Écrire le scandale dans *Madame Bovary,*" dans *Nineteenth-Century French Studies* 26.1&2 (automne–hiver 1997–98): 104–18.

Note sur les citations des textes en anglais: Tous les textes critiques en anglais mentionnés dans cet ouvrage sont cités en traduction. Sauf mention contraire, toutes ces traductions sont les miennes.

Introduction

> L'art sans règle n'est plus l'art; c'est comme une femme qui quitterait tout vêtement.
>
> Ernest Pinard
> Procès de *Madame Bovary*

Cette phrase saisissante est l'une des dernières prononcées par Ernest Pinard, dans sa péroraison contre *Madame Bovary,* lors du célèbre procès de mars 1857.[1] À bien des égards, ce jugement porté sur l'art tout entier représente la note majeure de son réquisitoire. Si c'est cette note, et tout le réquisitoire qu'elle résume, qui ouvre également la présente étude du scandale féminin dans la littérature du dix-neuvième siècle, c'est que le cadre judiciaire du procès littéraire offre du scandale de l'héroïne une vue condensée où viennent se cristalliser les principaux paradigmes de la question qui va nous retenir. C'est cette concentration qui fait sans doute la force de scandale encore vive qui accompagne le souvenir du procès dans la conscience contemporaine, et surtout explique la fascination, exercée encore aujourd'hui sur les lecteurs par le texte des griefs de Pinard, alors que la défense de Sénard est quasiment oubliée.[2] Pinard semble bien avoir, en effet, inconsciemment perçu la nature du problème, et tout son texte "parle" la vérité du scandale. En premier lieu, le crime littéraire y est nommé clairement "scandale." Selon Pinard, il y a en réalité trois inculpés dans ce procès: "Gustave Flaubert, l'auteur du livre"; Laurent-Pichat, gérant de la *Revue de Paris,* "qui l'a accueilli"; et enfin l'imprimeur Pillet, qui a failli dans son devoir d'être "une sentinelle avancée contre le scandale" (497–98). Cependant, dans ce procès, si la nature "scandaleuse" du délit ne fait pas de doute, les limites de l'accusation sont moins clairement définies. De fait, bien que les accusés soient l'auteur, le gérant et l'imprimeur, tout au long de son réquisitoire, c'est avant tout au personnage d'Emma que le procureur s'en prend, citant à plaisir tous les passages où, à travers la femme adultère, l'auteur se rend coupable du "double délit d'offense à la morale publique et à la religion" (497). Avec une emphase qui touche à la complaisance, Pinard cite longuement les passages les plus choquants: la confession d'Emma au couvent, le lendemain de la noce, le bal à la Vaubyessard, Justin fouillant dans le linge d'Emma, la première chute avec Rodolphe et la glorification de l'adultère, la seconde chute avec Léon, et enfin l'agonie d'Emma. Tous ont trait à l'héroïne et reviennent avec insistance sur son corps dénudé. "Portrait" (488), "tableau" (487), ces mots reviennent souvent dans la bouche de Pinard, et par un étrange effet de contagion, dans le discours du procureur comme dans le roman incriminé, "une seule personne [...] règne, domine: c'est Emma Bovary" (501).

Ainsi, l'imprimeur et le gérant de la *Revue* disparaissent-ils vite dans le réquisitoire, au profit de "Flaubert, le principal coupable" (498). Mais bientôt l'auteur lui-même disparaît à son tour derrière la figure et le corps de la femme adultère, que le procureur déshabille à plaisir comme un de ses amants, plongeant comme Justin dans le linge d'Emma, l'offrant nue, enfin, en spectacle à l'audience tout entière, scandalisée. La stratégie du procureur consiste à extraire le personnage du livre pour condamner, à travers sa conduite scandaleuse, l'auteur qui l'a créé. Comme le souligne par ailleurs Yvan Leclerc dans *Crimes écrits,* le procès littéraire au dix-neuvième siècle assimile l'auteur aux criminels de droit commun, "assassins d'archevêque, escrocs, voleurs, filous, pédérastes," mais aussi, et surtout aux "marchands de photographies obscènes," "souteneurs" et "filles publiques" (25).[3] Cette insistance sur les délits de nature sexuelle, et surtout la référence à la prostitution, est tout à fait intéressante. Dans un article sur *Daniel Deronda,* de George Eliot, Catherine Gallagher insiste en effet sur l'importance de cette métaphore de la création littéraire comme prostitution qui, depuis l'Antiquité grecque, sert de contrepartie à la métaphore plus généralement reconnue de la création littéraire comme engendrement.[4] Selon elle, contrairement à l'opinion courante, c'est cette métaphore de l'écrivain comme figure de prostitution (avec tout le potentiel à la fois péjoratif et libérateur que peut comporter cette notion), et non celle de l'écrivain comme père de sa création qui, historiquement, domine la conscience collective au dix-neuvième siècle (40). Dans le procès littéraire, la comparaison métaphorique ancestrale liant littérature et prostitution est rendue à son sens littéral et concret. L'auteur, en s'asseyant sur les mêmes bancs que ces femmes scandaleuses que sont les prostituées, en occupant structurellement une place identique à ces femmes déchues dans le lieu physique du tribunal, en vient à être gagné par le même code du scandale à l'intérieur du discours juridique de l'époque. La femme et son abjection cernent ainsi l'auteur de tous côtés: à l'intérieur comme à l'extérieur de la fiction. Le scandale se propage dans le discours de Pinard, lecteur scandalisé, pour constituer l'identité pénale de l'auteur à l'image du personnage. Le scandale est bien la conjonction où l'auteur, l'œuvre et le personnage se constituent en un module inséparable, et c'est autour du corps féminin et de sa flétrissure que s'opère la cristallisation.[5] D'ailleurs, dans le réquisitoire de Pinard, la propagation du scandale par le corps de la femme ne s'arrête pas à la seule œuvre incriminée. Bientôt la littérature elle-même est gagnée par la contagion du scandale de l'héroïne, comme en témoigne la phrase citée en exergue: "L'art sans règle n'est plus l'art; c'est comme une femme qui quitterait tout vêtement." À présent, c'est l'art tout entier qui s'inscrit sur le corps dévoilé de l'adultère, à moins que ce ne soit plutôt ce corps monstrueux, grandi à l'infini, qui en vienne à occulter la littérature, la mettant irrémédiablement en échec. Dans une telle perspective, le procès littéraire apparaît bien comme un catalyseur dans sa faculté d'actualiser et de révéler les forces virtuelles du scandale tel qu'il habite la littérature au dix-neuvième siècle.

Leclerc retient vingt et un dossiers parmi la "longue liste d'écrivains convoqués en cour d'assises ou au tribunal correctionnel, depuis Béranger, en 1821, jusqu'aux cadets du naturalisme, au tournant du siècle" (9). Sur ces vingt et un dossiers d'écrivains, quatorze concernent des romans et nouvelles, six de la poésie, deux une œuvre dramatique, et deux des chansons. À l'intérieur du domaine général de la littérature, la prose romanesque apparaît donc, en ce dix-neuvième siècle, chargée d'un potentiel transgressif particulièrement fort. Ce fait semble confirmé par la constatation de Leclerc que "historiquement, les deux vagues principales de procès correspondent avec l'émergence du réalisme au début du Second Empire, puis avec l'affirmation théorique du naturalisme des années 1880" (49–50). Le "plus petit commun dénominateur" de tous ces procès est la loi du 17 mai 1819, dite "loi sur la répression des crimes et délits commis par voie de presse, ou par tout autre moyen de publication" (19). Cette loi à bien des égards peut servir de fil directeur à l'étude de tout le siècle, par-delà les disparités de régime, puisqu'elle "enjambe le siècle par-dessus deux révolutions, un coup d'État et une guerre, sert trois régimes politiques différents, la Monarchie, l'Empire et la République, survit à une cinquantaine de lois successives [...] avant d'être abrogée par la loi du 29 juillet 1881, dite 'sur la liberté de la presse'" (9). La force de scandale de l'œuvre littéraire, et surtout du roman, trouve donc a priori, dans cette loi un cadre historique bien défini. En outre, de la lecture des comptes-rendus de ces affaires, un fait frappant ressort: dans la plupart des cas le délit d'"outrage à la morale publique et religieuse, ou aux bonnes mœurs" vient principalement de la conduite d'un ou de plusieurs personnage(s) féminin(s) considéré(s) comme scandaleux dans les paradigmes de l'époque. Pour reprendre l'expression de Leclerc, "Dans les procès littéraires, il faut toujours chercher la femme" (293–94). Leclerc concentre son étude sur les trois procès les plus célèbres du siècle: ceux de *Madame Bovary* et des *Fleurs du mal* en 1857, et celui des *Diaboliques* de Barbey d'Aurevilly en 1874. Ces trois œuvres révèlent assez, par leur titre même, la place centrale du personnage féminin déchu au centre de la controverse. En effet, contrairement à ce que voudrait nous faire croire Pinard, le titre du roman de Flaubert nous en dit déjà beaucoup:[6] il va s'agir d'une femme définie par son statut d'épouse par rapport à son mari à l'intérieur de l'institution du mariage. Nous sommes loin des romans de type initiatique du dix-huitième siècle, centrés sur le trajet de l'ingénue, avec comme télos un mariage réel ou rêvé dont l'avènement ou l'échec ne peut que signaler la fin du roman.[7] Ici, le mariage est posé d'emblée comme point de départ, et si l'on accepte le principe de base du contrat de fiction, qui implique nécessairement la présentation d'une situation problématique et conflictuelle, un roman intitulé *Madame Bovary* ne peut guère que contenir les mésaventures d'une femme mariée, et c'est assez pour tout au moins soupçonner le scandale. Avec l'adjonction du sous-titre: *Mœurs de province,* le lecteur, pour peu qu'il ne soit pas trop naïf, arrive assez facilement au titre plus explétif proposé par Pinard: "*Histoire des adultères d'une femme de province*" (480). Quant aux *Fleurs du mal,* n'oublions pas qu'elles se sont appelées *Les lesbiennes,* de 1845 à 1847. Le titre du recueil de Barbey lui, se passe de commentaire...

S'il faut donc bien "chercher la femme," dans ces livres immoraux traînés en justice tout au long du siècle, ce n'est guère pourtant, semble-t-il, sous le masque de l'écrivain: parmi les auteurs inculpés, une seule femme. Il s'agit de Marguerite Eymery, alias Rachilde, condamnée à deux ans de prison et à deux mille francs d'amende par le Tribunal Correctionnel de Bruxelles, en 1884, pour la publication de *Monsieur Vénus* (Leclerc 401–02). Le procès de *Madame Bovary,* tel que nous l'avons présenté, peut donc être considéré comme tout à fait paradigmatique de la question du scandale littéraire en tant qu'il se manifeste au travers des procès intentés aux écrivains au dix-neuvième siècle. À travers cette affaire se dessinent en effet les ambiguïtés inhérentes à la question des textes scandaleux à l'époque. Il s'agit pour la plupart de textes féminocentriques écrits par des hommes et qui mettent en relief la plasticité et la duplicité de la notion de scandale. Cette duplicité se révèle dès l'abord autour de la question de l'identité, et surtout du sexe de la personne scandaleuse. En fin de compte, qui donc, réellement, figure au banc des accusés dans ces multiples procès littéraires dont la chronique embrasse le siècle tout entier? Est-ce l'auteur, l'imprimeur, l'héroïne, le roman, la littérature tout entière? Comment comprendre cette conjonction femme-écriture-scandale qui se retrouve à chaque instant?

Afin de mieux cerner la question de la nature et de l'origine de ce type de scandale, il est utile de se tourner vers la nature et l'origine du terme lui-même. Si l'on commence par la racine étymologique, qui est aussi le point de départ de l'article "scandale," dans le *Grand dictionnaire universel du dix-neuvième siècle* de Pierre Larousse, il faut remarquer avec Girard que "skandalon," racine du mot *scandale,* signifie aussi "obstacle, pierre d'achoppement, piège placé sur le chemin. Le mot et son dérivé Skandalidzo, causer du scandale, viennent de la racine skadzo, qui signifie 'je boite'" (*Des choses cachées* 439).[8] *Scandaliser* serait donc en quelque sorte offrir un obstacle, faire trébucher; et *être scandalisé* signifierait buter sur cet obstacle. En premier lieu se trouve donc la notion de piège, et de chute, dans toute la résonance physique que l'image réintroduit dans la notion traditionnelle de faux pas et de faute morale qui accompagne l'idée de scandale ("action honteuse et capable de faire rougir" [*Grand dictionnaire*]). L'idée de la pierre est aussi à retenir, ainsi que l'ambiguïté de la notion, puisque, si c'est la personne qui cause le scandale qui boite, la personne rendue scandaleuse par son faux pas serait à la fois celle qui offre un obstacle et celle qui bute sur l'obstacle. Victime et coupable, elle serait à la fois scandaleuse et scandalisée, nous ramenant ainsi à notre point de départ dans un mouvement étrangement circulaire.

Mais à partir de cette idée centrale, le *Grand dictionnaire* révèle une série de renversements et d'ambiguïtés supérieurs à travers les sens dérivés du terme. À partir du sens premier, "l'occasion de chute," la notion s'étend, en quelque sorte en amont, en désignant "par métonymie les actions ou les paroles qui la fournissent." Ensuite, viendrait, en aval "par une nouvelle progression d'idée, l'indignation qu'on ressent, ou l'éclat qui se produit des actes ou discours de mauvais exemple." Sous ce "ou" se cache l'ambiguïté fondamentale qui sous-tend ce sens dérivé large, le plus courant à l'époque et celui qui se retrouve le plus fréquemment chez les auteurs que nous allons considérer. Dans cette notion à la fois relationnelle et judiciaire, l'idée de blâme public se teinte d'une inquiétude vis-à-vis de l'effet de publicité obtenu, inséparable des effets pernicieux inhérents à la contagion par l'exemple, toujours possible. Cette circularité de la notion nous ramène inexorablement en amont, puisque tout "éclat" donne l'occasion d'une nouvelle chute. Il faut remarquer aussi la possibilité de pétrification sous-jacente: la personne déchue devient à son tour occasion de chute, pierre de scandale, pour les autres, quels qu'indignés qu'ils soient. La notion d'éclat est en effet toujours susceptible de s'inverser et de passer du pôle négatif au pôle positif: honte publique, mais aussi notoriété, éclair de gloire, par lequel la pierre de scandale risque de briller un instant d'un éclat trompeur et dangereux. C'est bien l'ensemble de cette problématique qui sera en cause ici.[9]

Girard attire d'ailleurs l'attention sur cette ambiguïté et réversibilité de la notion: "le scandale est toujours double et la distinction entre l'être scandaleux et l'être scandalisé tend toujours à s'abolir; c'est le scandalisé qui répand le scandale autour de lui" (*Des choses cachées* 441). L'idée de contagion est particulièrement visible dans le domaine théologique, que le *Grand dictionnaire* de Larousse ne se fait pas faute d'évoquer: "Cause de chute, de péché... Se dit particulièrement de l'occasion de péché fournie par l'exemple de quelqu'un: *Donner du* SCANDALE. *Être une occasion de* SCANDALE." De fait cette perspective donnée par le *Grand dictionnaire* est symptomatique de l'évolution de l'idée de scandale dans le discours théologique et de la pensée dominante à ce sujet au dix-neuvième siècle. Pourtant, si l'on examine de près les textes sacrés, et en particulier le Nouveau Testament, la notion de scandale s'avère bien plus complexe que cela et pose un problème d'interprétation véritablement épineux.

Il est révélateur dans cette optique de contraster un point de vue contemporain, par exemple celui que donne l'encyclopédie théologique moderne *Sacramentum Mundi* (publiée en 1970), avec celui qui domine au dix-neuvième siècle, et qu'illustre très clairement l'*Encyclopédie théologique, ou série de dictionnaires sur toutes les parties de la science religieuse,* série de cinquante-deux volumes publiés sous la direction de l'Abbé Migne entre 1844 et 1873. Avant d'aborder l'examen des textes sacrés, le *Sacramentum Mundi*[10] prend un point de vue sociologique et psychologique pour souligner d'entrée de jeu l'ambivalence de la notion dans ses conséquences. Le scandale s'inscrit dans les facteurs de développement de l'individu et des groupes sociaux. Il fait partie des impacts exogènes (par opposition aux facteurs endogènes, tels que l'incapacité innée) qui constituent un obstacle au développement et provoquent une réaction émotionnelle et défensive. Le scandale est caractérisé par sa gravité extrême: il porte atteinte au centre même des valeurs personnelles et des valeurs spirituelles qui rendent possible l'existence de l'individu ou du groupe social. Il touche à l'intégrité même de l'individu ou de la société (1). Pourtant, insiste le *Sacramentum Mundi,* il s'agit dans l'abstrait d'une valeur neutre dans la perspective d'une éthique du scandale. "Dans le concret, il est désirable ou indésirable selon qu'il est nécessaire ou non à la juste préservation de l'existence spirituelle de l'individu, ou qu'il contribue ou non au perfectionnement du groupe social" (4). Autrement dit, tout dépend des valeurs attaquées et de leur force opératrice au sein de la société.

Dans le domaine plus strictement théologique, le *Sacramentum Mundi* ne laisse pas de souligner une complexité et une ambiguïté semblables dans les textes sacrés, complexité qui dépasse la définition courante qui est donnée du scandale: celle d'obstacle placé sur le chemin de la foi, qui bloque le cheminement du croyant ou qui le fait dévier. Il ne saurait s'agir ici de reprendre en détail les multiples aspects de ce concept théologique, mais il faut certainement souligner la plasticité de cette notion clef du texte néo-testamentaire. En effet le Nouveau Testament dit que les scandales sont inévitables (Luc 17.1, Matth. 18.7), mais condamne violemment ceux par qui le scandale arrive, surtout dans le cas des faibles, des enfants qui seront détournés du royaume de Dieu.[11] C'est cette injonction qui est le plus souvent retenue dans les discours théologiques sur le scandale. Ailleurs, cependant, Pierre est appelé par Jésus le roc, la pierre sur laquelle l'Église sera bâtie (Matth. 16.18), mais il devient la pierre de scandale placée sous les pas du Christ quelques versets plus loin, lorsqu'il refuse d'accepter l'annonce de la passion et de la mort du Christ (Matth. 16.23). De même Jésus est la pierre d'angle de la foi, et pourtant il devient pierre d'achoppement et de scandale pour beaucoup, pour les pharisiens qui s'offensent de ses actions, mais aussi pour ses disciples qui s'efforcent de donner un sens au scandale apparemment insurmontable de la Croix. Le Christ ne cesse d'annoncer à ses disciples que les événements de sa passion leur causeront du scandale, seront une occasion de chute pour eux. Il s'agit du test suprême de leur foi: surmonter le choc de sa mise à mort.[12] Le Christ reprend ailleurs l'image du Psaume 118 de l'Ancien Testament: "la pierre que les architectes avaient rejetée est devenue la maîtresse pierre du coin," et demande à ses disciples ce que signifie cette phrase, ajoutant "quiconque tombera sur cette pierre sera brisé; et elle écrasera celui sur qui elle tombera" (Luc 20.17–18). Le Christ exige d'écarter les obstacles sur le chemin de la foi des faibles, mais il est lui-même susceptible de devenir cet obstacle. De la pierre de faîte à la pierre d'achoppement, il n'y a qu'un (faux) pas. Rejet, abandon, soutien structural puis obstacle mortel, il est difficile de prendre pied par rapport à cette notion pourtant fondamentale. Saint Paul et Saint Pierre reprennent cette idée dans leurs épîtres, dans leur traitement du scandale de la Croix sur lequel peut achopper le cheminement du croyant (Rom. 9.33; I Cor. 1.18–2:16, 3.10–11; I Petr. 2.4–8). En résumé, pour reprendre le *Sacramentum Mundi,* "surmonter le scandale de Dieu incarné dans le Christ est une partie essentielle de la foi." La confrontation de ce scandale peut être un choc salutaire.

C'est cette problématique subtile que Girard explore également et interprète à sa manière dans *Des choses cachées.* Pourtant cette complexité fondamentale a été essentiellement effacée dans la tradition scolastique et les écrits des Pères de l'Église. Cette tradition a tendu à simplifier et séculariser la notion, retenant essentiellement l'idée d'offense morale et de tentation, de séduction par le mauvais exemple. La séduction tend de plus à être le plus souvent assimilée à une tentation sexuelle. Le discours théologique s'est alors organisé autour de l'interdiction fondamentale du scandale et de l'obligation de l'éviter à tout prix, débouchant finalement sur une savante casuistique organisée selon la division entre scandale actif (donner du scandale, fournir une occasion de chute) et scandale passif (le péché occasionné par le mauvais exemple ou la mauvaise interprétation de l'exemple donné [*Sacramentum* 3–4]). Ainsi l'aspect uniquement négatif de la contagion par le scandale est celui qui a été le plus souvent retenu, à tel point que, pour Girard, on peut considérer que la question du scandale fonctionne elle-même comme un *skandalon* qui fait dérailler la plupart des discours théologiques, psychologiques ou moraux qui s'y attachent. C'est cette perspective qui, comme nous le verrons bientôt, domine dans l'*Encyclopédie théologique* de Migne.

Cette idée du danger de la contagion se fait jour également dans les exemples profanes qui accompagnent dans le *Grand dictionnaire* de Larousse le sens courant d'"Éclat que fait une action honteuse," et qui témoignent dans une large mesure, des "idées reçues" de l'époque sur le sujet. Ainsi reparaît la crainte: "C'est un scandale public. Il faut surtout éviter le scandale," puis, plus loin: "Le SCANDALE n'est que trop souvent l'éclat de l'infamie (Descuret)," et "on ne fait pas la part au SCANDALE; il gagne et s'étale avec le temps (Ste Beuve)." La question névralgique devient celle du coup d'arrêt à donner au mouvement imprimé initialement. Tous ceux qui voudraient parler ce scandale, fût-ce pour le fustiger et l'arrêter, se mettent à le propager, à le produire eux-mêmes.

Ces remarques prennent par ailleurs une résonance particulière si l'on songe aux phénomènes de contamination que nous avons observés dans le cas du procès de *Madame Bovary.* De fait, le scandale semble fonctionner selon un principe de contagion du personnage scandaleux au personnage scandalisé, et vice versa. Il semble n'y avoir aucune limite dans cette spirale vertigineuse qui, de contagion en retournement, gagne l'ensemble de la fiction et en sort pour affecter tous ceux qu'elle touche: depuis l'ensemble des personnages que l'héroïne côtoie à l'auteur de la fiction, l'imprimeur du livre, le directeur de la revue dans laquelle elle paraît, et jusqu'aux lecteurs enfin, parmi lesquels il faut compter le grave Ernest Pinard, et avec lui toute la magistrature et le discours pénal qui accompagne le roman. Pour reprendre l'expression de Leclerc à propos de Pinard: "Le magistrat apprend à ses dépens qu'on ne lit pas *Madame Bovary* sans être bovarysé" (198). C'est bien le magistrat, lecteur scandalisé, qui répand le scandale autour de lui.

Marcel Détienne arrive d'ailleurs à des conclusions semblables sur le phénomène de propagation du scandale, et ses conclusions sont directement applicables à Pinard. Il rappelle, comme Girard, que la notion vient à l'origine de l'Écriture Sainte et fait référence à "La pierre de scandale qui pourrait faire tomber les gens." Il poursuit ainsi, commentant les plus célèbres passages néo-testamentaires évoqués précédemment:

> [...] Pascal au dix-septième siècle, n'a pas oublié le piège, caché dans le grec—*skandalon:* trébuchet d'un piège où se trouve placé l'appât. C'est le scandale-objet, que l'on serait tenté de distinguer du scandale-sujet, au sens d'éclat fâcheux que provoque une affaire de mauvais exemple. Faire un scandale et faire scandale. Mais l'Écriture annule la distinction sujet-objet par l'anathème: l'œil, le pied, la main qui nous scandalise, nous devons les arracher et les couper. Un corps se mutile: le sujet charnel retranche l'objet du scandale pour les autres, et, nécessairement, pour lui-même. Car il y a trois termes à distinguer, mais non à séparer: celui qui dénonce ou énonce avec éclat; les autres, victimes du

> mauvais exemple; et la situation, les mots, le geste ou le membre, tout ce qui localise le scandaleux. [...] Mais le lieu du scandale, son espace propre, est constitué par un double mouvement: répulsion et attirance. On montre du doigt, on s'indigne, on fait éclat, pour écarter, pour mettre à distance de soi et des autres, de soi sous le regard des autres—cela même par quoi on est en danger d'être attiré, séduit ou piégé. Comme un "lien double" dont l'hiéroglyphe dessinerait une main qui tranche l'autre. (14)

La confusion perpétuelle de ces trois termes, qui accompagnent tout effet de scandale, est à retenir. L'instabilité sémantique de la notion autorise des renversements infinis et une dissémination radicale dans lesquels l'origine de la faute se perd aisément. À retenir aussi sans doute ce côté "organique" du scandale, capable d'hystériser un corps tout entier, et l'horreur également de la contagion, qui détermine un mouvement d'extirpation irrationnel, pouvant aller jusqu'à la mutilation. C'est dans l'optique de cette duplicité inhérente à la notion même qu'il faudra considérer le phénomène que l'on peut appeler de "scandalisation" de l'héroïne au dix-neuvième siècle. Cette duplicité soulève immédiatement la question de l'origine du scandale et de la position de la femme dite "scandaleuse" par rapport au discours du scandale. La femme pourrait bien être à la fois celle qui offre un obstacle et celle qui bute sur l'obstacle. La position de la femme dite scandaleuse sera donc fondamentalement ambiguë par rapport aux phénomènes de dissémination (ou de non dissémination) du scandale: elle est posée dès l'abord, comme à la fois scandaleuse et scandalisée, celle par qui le scandale arrive et la victime d'un complot de scandalisation qui l'entrave, provoque et récupère le faux pas.

Mais ce qui ressort également des travaux de Girard et de notre approche du discours religieux est le fait que la question du scandale n'est pas neuve, ni spécifique, semble-t-il, au dix-neuvième siècle. Toute l'étude girardienne du *skandalon* est en effet centrée sur l'analyse de la notion dans l'Ancien et le Nouveau Testaments. D'après ses remarques, si le scandale, dans les Écritures, n'est pas lié nécessairement à la sexualité, il est néanmoins toujours lié au désir: "Le *Skandalon,* c'est le désir lui-même, toujours plus obsédé par les obstacles qu'il suscite, et les multipliant autour de lui. Il faut donc que ce soit le contraire de l'amour au sens chrétien" (*Des choses cachées* 439). Ce désir est avant tout pour Girard le désir mimétique, et l'on sait assez que, pour lui, cette configuration se retrouve à toutes les époques (*Mensonge romantique*). Nous nous trouvons donc en face d'un problème de périodisation. Comment justifier dès lors l'étude de la fiction romanesque du dix-neuvième siècle sous l'angle du scandale, plutôt que celle de la fiction de n'importe quelle époque? Comme nous l'avons vu, l'existence du cadre historique offert par la loi du 17 mai 1819, et la chronique des procès littéraires qu'elle circonscrit, fournissent déjà une réponse partielle à la question. De plus, si Détienne, comme Girard, évoque l'origine biblique, et démontre donc le caractère ahistorique de la notion, il semble toutefois tout à fait significatif que ce recours, chez lui, à la notion de scandale soit suscité par une étude de l'émergence de la science des mythes, précisément en ce dix-neuvième siècle qui, décidément, paraît bien "scandalisable."[13] Cependant, il convient sans doute d'affiner cette réponse en définissant les paradigmes historiques, particuliers au dix-neuvième siècle, qui rendent la question du scandale particulièrement aiguë à cette époque, et de cerner de plus près les éléments qui lient cette question de façon très étroite à la problématique de l'inscription romanesque d'une destinée féminine.

Dans une seconde approche, si l'on prend la question à sa base, il faut observer que ce n'est sans doute pas un hasard si Girard choisit le Texte par excellence, le texte dans ce qu'il a de plus originel, pour aborder la question du scandale. Il s'agit en effet des Écritures, moment essentiel, où le Verbe se fait non pas chair, mais texte. Ce lien, du scandale au texte de ce scandale, va s'avérer tout à fait essentiel. Il semble en fait que le scandale ne puisse que se faire texte, puisqu'il n'existe que par sa dissémination. Pour revenir une nouvelle fois à Pinard, il a bien compris la question de la responsabilité de l'imprimeur, qui se doit d'être la "sentinelle avancée contre le scandale" (498). Pour le citer encore: "En cette matière, il n'y a pas de délit sans publicité" (497). Mais si le scandale est lié au désir mimétique et au texte de ce désir, il faut encore reconnaître la spécificité du texte romanesque. En effet, seul le roman dit la vérité du désir. Selon Girard, "seuls les romanciers rendent au médiateur la place usurpée par l'objet; seuls les romanciers renversent la hiérarchie du désir communément admise" (*Mensonge romantique* 28). Le roman devrait donc se révéler l'espace privilégié du scandale, l'endroit où sa vérité se lit le mieux, pour qui sait reconnaître sa syntaxe et sa grammaire.

Une troisième réponse à la question de la spécificité de l'étude du scandale au dix-neuvième siècle est fournie par l'étude du discours théologique de cette époque. Pour ce faire il est utile de revenir un moment à l'*Encyclopédie théologique* de l'Abbé Migne, que l'on peut tenir pour la référence en ce domaine pour l'époque concernée. Cinq dictionnaires dans la série contiennent un article consacré à la notion de scandale: le *Dictionnaire de la Bible* (1846), le *Dictionnaire des cas de conscience* (1847), le *Dictionnaire raisonné de droit et de jurisprudence en matière civile-ecclésiastique* (1849), le *Dictionnaire de théologie dogmatique, liturgique, canonique et disciplinaire* (1851) et le *Dictionnaire de théologie morale* (1862). Parmi ceux-ci, les développements de loin les plus intéressants et les plus complets sont fournis par le *Dictionnaire des cas de conscience* et le *Dictionnaire de théologie morale,* qui consacrent cinq pages chacun à la question, traitée dans tous les autres en une page ou moins. Cette organisation même est significative et trahit l'obsession dogmatique, morale et casuistique de ce discours au détriment de l'étude approfondie du texte biblique dans toute sa complexité. L'examen des textes se limite en effet à l'évocation superficielle des passages les plus célèbres et insiste surtout sur l'injonction d'éviter le scandale à tout prix.

De fait, il ressort de ces articles une véritable phobie vis-à-vis de la question présentée exclusivement sous le jour de la contagion du mauvais exemple. Le *Dictionnaire des cas de conscience* de Pontas dit assez l'acuité du problème, puisque le scandale y est présenté comme un "homicide spirituel," encore "plus déplorable que l'homicide corporel." L'article consiste en la présentation de onze cas de conscience, suivis d'une longue homélie dans laquelle la faute apparaît comme située essentiellement à la conjonction des questions de la parole, de la représentation et de la sexualité. L'occasion de chute du prochain est fournie par les discours, paroles, chansons, tableaux, sculptures et plus encore par les livres lascifs ou indécents qui peuvent faire naître des pensées criminelles dans les esprits faibles, entendez les enfants, les jeunes gens, les ouvriers, et surtout les femmes. La mise en représentation du corps lui-même est également mise en cause, à travers la danse ou le port d'habits indécents. Les onze cas de conscience sont surtout centrés sur la nécessité d'éviter à tout prix le scandale ou même l'apparence du scandale lorsque les actions commises sont bonnes en soi mais donnent lieu à une mauvaise interprétation. Seule la préservation absolue de l'intégrité personnelle ou spirituelle ou la nécessité d'éviter un scandale encore plus grand peuvent justifier le maintien de la conduite perçue comme scandaleuse.

Ces idées se retrouvent sous la plume de l'Abbé Pierrot dans son *Dictionnaire de théologie morale,* présenté comme un "complément nécessaire" au *Dictionnaire de théologie dogmatique* de Bergier paru en 1851. Le scandale y est défini comme "une parole ou une action qui n'a pas toute la droiture qu'elle doit avoir, et qui, par là, donne au prochain occasion de tomber dans le péché." Pierrot insiste bien sur le fait que la seule apparence du mal participe du processus de scandalisation, et qu'il n'est pas même nécessaire que la chute du prochain ait effectivement lieu. Le fait même de créer la possibilité de l'imitation du mauvais exemple constitue le péché mortel de scandale. Pierrot discute ensuite la nature et les conséquences morales de chaque type de scandale, selon qu'il est actif (direct ou indirect, selon que l'on a ou pas l'intention effective de perdre le prochain), ou passif (scandale des faibles ou bien scandale pharisaïque, c'est-à-dire une action bonne prise délibérément en mauvaise part), selon que les actions sont mauvaises, indifférentes, ou bonnes en soi mais sujettes à une mauvaise interprétation. Là encore la casuistique est savante, les exemples nombreux et circonstanciés. Là encore, l'injonction suprême est d'éviter le scandale à tout prix, sauf cas extrêmes savamment définis. Ainsi, on doit "s'abstenir pour un temps de faire de bonnes œuvres [...] ou l'on doit les faire en secret, si les faibles en sont scandalisés."[14]

Ici se retrouve, encore plus nettement que chez Pontas, la conjonction entre parole, production esthétique, sexualité et principe féminin, qui caractérise le discours théologique de cette époque sur le scandale. Du principe érigé en dogme absolu que l'effet de propagation, de contagion, est le danger suprême, il découle qu':

> on doit regarder comme grandement coupables de scandale, 1. ceux qui sont dans l'habitude de blasphémer; 2. ceux qui publient des ouvrages contraires à la religion, à la foi ca-

> tholique et aux bonnes mœurs; 3. ceux qui vendent, louent, donnent à lire ces ouvrages à des personnes qu'elles prévoient devoir en être scandalisées; 4. ceux qui composent, répandent ou chantent de mauvaises chansons; 5. ceux qui composent, jouent ou approuvent des pièces de théâtre où la sainteté des mariages, les principes de la religion, les règles de la vertu, sont foulés aux pieds; 6. les artistes, les peintres, les sculpteurs dont les ouvrages blessent les règles de la décence et de la modestie; 7. les modistes et les coiffeurs qui représentent certains modèles sur lesquels on ne peut arrêter la vue. *Quibus nempe repræsentantur mulieres immoderate nudatis uberibus; 8. Mulieres ipse et puellæ quæ immoderatas uberum et scapularum nuditates exhibent.*[15]

Cette déclinaison du scandale sous ses formes suprêmes offre une fois de plus un condensé remarquable de la problématique de l'époque. On y retrouve la cristallisation autour de l'écriture, de la sexualité et de la femme, l'amalgame du corps féminin dénudé et de sa représentation artistique. On y lit aussi la préoccupation face aux modes de dissémination de l'écriture: imprimeur, vendeur et auteur réunis sur le même banc des accusés que les femmes impudiques, comme lors du procès de *Madame Bovary.* Ces facteurs, ainsi que la mention d'outrage aux bonnes mœurs et à la religion, et la mention des chansons, rappellent assez que nous sommes encore bien proches, en 1862, des procès de Béranger et surtout de *Madame Bovary* et des *Fleurs du mal.* La mention des modistes et de la contagion exercée entre un dispositif de publicité sexualisé et le principe féminin qui sert de support à cette représentation, souligne aussi l'impact du développement contemporain de la consommation de masse, un impact qui sera analysé dans le prochain chapitre. Il suffit ici de remarquer la résurgence de l'idée de publication/ publicité artistique comme prostitution. Ici, le discours théologique rejoint et renforce le discours pénal. Ici encore le corps nu de la femme devient l'emblème qui à la fois représente et occulte le scandale dans sa plus pure expression.[16] La manœuvre de recouvrement textuel compensatoire que ce dévoilement déclenche est également révélatrice. Au moment où la nudité féminine apparaît, elle est immédiatement et doublement voilée par les italiques et la langue latine.[17]

Si les notions de texte, de roman et de scandale semblent ainsi étrangement imbriquées dans la problématique du siècle, la critique féministe a par ailleurs récemment souligné et interrogé les rapports étroits et ambigus qui, depuis l'émergence du genre, paraissent lier l'esthétique romanesque à la femme. En effet, comme le remarque Nancy K. Miller, "D'une façon ou d'une autre le roman a toujours eu partie liée avec les femmes." À côté du rôle fondamental joué par le public féminin, les femmes étant considérées comme les lectrices privilégiées du genre romanesque, Miller souligne aussi la dépendance étroite qui lie le genre au dix-huitième siècle à ce qu'elle appelle "une certaine 'obsession' collective pour une idée dénommée 'femme'" (ix).[18] De son côté, Naomi Schor met en relief le fait que la dynamique des textes du dix-neuvième siècle se nourrit de l'exploitation d'une énergie féminine. Selon elle, "la restriction de l'énergie féminine est l'une des (sinon la seule) conditions nécessaires du mouvement de progression du 'texte classique.' Le réalisme est, dans la littérature occidentale, le moment paradoxal où la représentation ne peut ni accepter l'altérité de la femme, ni exister sans cette altérité" (*Breaking the Chain* xi). Schor et Miller se penchent sur l'apparent paradoxe présenté par le genre à ces époques: d'un côté une surabondance de textes que l'on peut appeler "féminocentriques"—c'est-à-dire centrés sur la représentation de personnages féminins (prouvant semble-t-il que le genre se nourrit littéralement du principe féminin)—et de l'autre un statut de plus en plus problématique et négatif de l'héroïne. De nombreuses études ont en outre retracé l'évolution de figures perverses, démoniaques, ou scandaleuses dans tous les domaines artistiques au dix-neuvième siècle, et dans la littérature en particulier (Praz, N. Auerbach, Dijkstra). Même les héroïnes les plus positives s'avèrent ambiguës quand le texte est examiné de près. Nina Auerbach montre en particulier qu'il n'y a jamais loin de l'ange au démon, et que la vénération de la femme idéale n'est que l'envers d'une terreur quasi sacrée de sa puissance potentielle. Le texte romanesque semble donc faire preuve d'une duplicité constitutive à l'endroit de la femme, et privilégier les héroïnes à caractère scandaleux.

Cependant, notre approche s'affine encore grâce au motif central qui organise l'étude de Miller. Cette dernière s'attache en effet à étudier le mode d'inscription de la destinée féminine dans la littérature du dix-huitième siècle. Pour elle, ce "texte de l'héroïne" ne cesse de dire la vulnérabilité sexuelle de l'ingénue. Cette fragilité se traduit en termes quasi physiques: "de façon schématique, l'enjeu de l'expérience féminine se donne à lire dans le proverbe: 'Il n'y a que le premier pas qui coûte.' [...] Car si ce premier pas est le plus difficile à faire, il entraîne cependant aisément et automatiquement les suivants et mène fatalement à l'abîme. [...] Le danger de la relation repose sur la logique du faux pas" (x). Ce motif, superposé aux remarques précédentes, prend une résonance nouvelle quand on le rapproche de la notion de *skandalon,* définie plus haut. La logique du "faux pas" de l'héroïne peut certainement être rattachée sans peine à la notion de scandale, dans tout ce qu'elle a de plus physique. Dans cette optique, l'héroïne condamnée à la logique inexorable du faux pas serait nécessairement une héroïne scandalisée,[19] et le texte de la destinée féminine dans la littérature romanesque entretiendrait, à partir du dix-huitième siècle, des rapports privilégiés avec une mise en intrigue du scandale centrée sur la femme.

Si cette logique textuelle du faux pas est constante, Miller remarque néanmoins un changement de paradigme dans les textes romanesques féminocentriques à partir de la seconde moitié du dix-huitième siècle. La logique du faux pas prend alors une couleur plus funeste pour l'héroïne et interdit sa réintégration, jusque-là possible, à l'intérieur de la société patriarcale (xi). Il semble légitime de dépasser ici le cadre historique de l'étude de Miller et de dire que cette version du trajet de l'héroïne, qui la mène nécessairement à la mort, et qu'elle qualifie de "dysphorique," est aussi celle qui domine au dix-neuvième siècle. En effet, Schor souligne de son côté, en des termes qui rappellent ceux de Miller, l'évolution négative qui intervient dans le courant du dix-neuvième siècle. Selon elle, "ce qui scelle la dégradation du principe féminin dans la fiction française du dix-neuvième siècle, c'est le fait accablant qu'après la Révolution, le protagoniste féminin se voit systématiquement privé de l'attribut minimal de la subjectivité. Cet attribut n'est pas—ou pas seulement—l'usage de la parole, mais plutôt la faculté de se déplacer, le droit de se mouvoir librement" (*Breaking the Chain* 135). Ainsi, si l'héroïne du dix-huitième siècle est représentée comme relativement libre de faire ce premier faux pas qui la "scandalise," l'événement même de faire ce premier pas devient problématique pour l'héroïne du dix-neuvième siècle. Il apparaît donc que le fait même de mettre le pied hors de chez elle, hors de l'univers domestique et familial qui la définit, est potentiellement scandaleux pour la femme de cette époque. Ces phénomènes incitent à considérer le problème d'une "scandalisation" de la femme à l'intérieur du texte romanesque comme particulièrement aigu au dix-neuvième siècle.

Dans cette approche initiale, liée à l'étymologie du *skandalon* et à la logique narrative du faux pas, la notion de scandale prend donc pour l'héroïne romanesque une signification très concrète et précise, qui dépasse largement une simple catégorie thématique. Les réflexions précédentes permettent de définir plus précisément le scandale comme un concept opérationnel fonctionnant à l'intérieur comme à l'extérieur de la fiction romanesque. Si l'on considère tout d'abord ce premier plan, interne à la fiction, la notion de scandale se révèle comme une structure symbolique et esthétique intimement liée, selon des paradigmes qui restent à préciser, au développement du genre romanesque à partir de la seconde moitié du dix-huitième siècle, et jusqu'à la fin du dix-neuvième siècle. Dans cette optique, il s'agit non pas d'une structure statique, mais d'une notion protéiforme dont le mouvement centrifuge, de renversements en contagions, informe tous les niveaux de l'œuvre qui se fonde sur sa dynamique, du contenu diégétique jusqu'à la forme romanesque elle-même. En conséquence, la présente étude est, dans une large mesure, centrée sur ce que l'on pourrait appeler la "mise en intrigue du scandale féminin."

Pour préciser encore les implications de ce concept de "mise en intrigue," il est utile de souligner la duplicité inhérente au terme même d'intrigue. En effet, le mot *intrigue* recouvre plusieurs notions à première vue disparates. Après le sens ancien de "situation compliquée et embarrassante," le *Petit Robert* donne en premier lieu parmi les acceptions modernes, celle d'une conduite sexuelle illicite ("liaison amoureuse généralement clandestine et peu durable"), puis celle d'une machination secrète, politique par exemple, et enfin le sens littéraire de scénario narratif.[20] Narration, faute sexuelle et conspiration sont donc étrangement liées. Cette liaison n'est pas fortuite et dépasse les limites de l'espace sémantique français, puisque le mot anglais *plot,* signifiant à la fois intrigue et complot, souligne avec encore plus d'éclat le caractère retors de la notion. Dans *Reading for the Plot,* Peter Brooks attire l'attention sur cette convergence sémantique. À partir des sept définitions proposées par l'*Oxford English Dictionary,* Brooks distingue en effet quatre catégories principales, dont trois dérivent assez aisément les unes des autres, menant de la circonscription et de l'organisation physique d'un espace géographique au contrôle et à la mise en forme d'un espace narratif. Le quatrième sens de "conspiration" apparaît en revanche à première vue hétérogène aux autres, puisque, selon lui, il est le résultat en anglais de l'influence contaminatrice du mot français *complot* à l'époque de ce que l'on a depuis appelé le "gunpowder plot."[21] Cependant, cette incongruité apparente est selon lui tout à fait significative et pertinente dans une approche de la notion d'intrigue dans la littérature moderne:

> Le principe organisateur de l'intrigue est le plus souvent une forme de complot ou de machination. Il s'agit d'un plan concerté visant la réalisation d'un objectif quelconque qui va à l'encontre des principes légaux qui sont présentés comme dominants à l'intérieur du monde de la fiction, de l'actualisation d'un désir bloqué et refoulé. (12)

Si l'on considère le cas d'une intrigue centrée sur un personnage féminin, cette quatrième acception s'avère tout à fait essentielle. De fait, pour reprendre les termes employés par Brooks, il apparaît clairement, en particulier dans la critique féministe des textes romanesques du dix-neuvième siècle, que la mise en intrigue d'une destinée féminine oscille toujours entre actualisation et blocage du désir de la femme. Lorsque cette destinée s'articule de plus selon une logique du scandale, le caractère transgressif du désir ne peut que s'exacerber. L'intrigue construite selon le mouvement de ce désir prend aisément le caractère d'une machination. Le problème est de déterminer qui sera la victime d'une telle intrigue/machination. Il est vrai, comme l'a montré en particulier Mario Praz, que la femme apparaît souvent dans la littérature du dix-neuvième siècle comme une figure destructrice. Cependant, il convient de se demander si cette image ne recouvre pas une réalité sociale, économique, symbolique et esthétique tout autre. Si l'intrigue attire l'attention sur les "machinations" d'un personnage féminin scandaleux, il demeure possible que la construction de cette intrigue repose sur une victimisation de ce personnage à un autre niveau, particulièrement au niveau esthétique.

Cette duplicité fondamentale de l'intrigue romanesque du scandale, ainsi que la position paradoxale de l'héroïne de cette intrigue, est l'une des questions principales qui retiendront notre attention. Il apparaîtra effectivement, à divers moments de cette étude, que le scandale se lit comme une construction discursive qui place la femme au centre d'une série de configurations qui l'engouffrent, la piègent et la font circuler tout en révélant sa position problématique au sein des échanges économiques, symboliques et esthétiques. En suivant cette direction, il s'agira de faire ressortir une certaine évolution dans les textes fémino-centriques et d'approcher de façon plus serrée les rapports étroits et ambigus qui lient la représentation de l'énergie et du désir féminins au genre romanesque en général et au réalisme/naturalisme en particulier. La critique féministe n'a en effet peut-être pas encore déterminé avec assez de précision les mécanismes qui gouvernent l'exploitation de l'énergie et du désir féminins dans le roman du dix-neuvième siècle, ni dégagé les conséquences directes qu'entraîne le choix de paradigmes précis dans le traitement de la destinée féminine, sur l'esthétique du texte et les limites du genre réaliste.

Cependant, comme nous l'avons vu dans le cas du procès de *Madame Bovary,* le mouvement de propagation du scandale dépasse aussi le cadre de la fiction. En conséquence, une étude de ce scandale se doit de dépasser la simple fiction romanesque et de considérer tout le discours de l'époque dans laquelle cette fiction s'inscrit. Ce sont ces discours non fictionnels qui forment la matière des analyses de la première partie de cet ouvrage, tandis que la deuxième partie s'attache à l'étude de textes romanesques représentatifs de toute l'époque. Sur ce second plan, qui dépasse la fiction romanesque, le scandale est un discours historiquement situé, une construction à la fois socio-économique, symbolique et idéologique qu'il est possible de retracer à travers ses multiples avatars dans le discours du siècle. Il convient de noter également que sur ce second plan encore, loin de déterminer une analyse thématique, le scandale fournit surtout un concept opérationnel. Il s'agit d'une construction à la fois littérale et métaphorique qui sert de révélateur au texte de l'héroïne—conçu dans le sens large de toutes les "fictions" du siècle, littéraires ou non—tout comme un produit chimique révèle un cliché. En ce sens, si le scandale est dans le texte, il est aussi dans l'analyse. Le mouvement de renversement et de contagion ne s'arrête pas aux limites du texte. Comme l'exemple des procès littéraires le prouve, le scandale passe de la fiction à la réalité et de la réalité à la fiction. Il dépasse aussi les limites d'une époque. C'est aujourd'hui le lecteur ou la lectrice nourri(e) d'une tradition féministe qui se trouve scandalisé(e), bien que de façon différente, par le texte romanesque fémino-centrique du dix-neuvième siècle. Nous butons aujourd'hui sur l'obstacle incontournable des négations, des répressions et détournements divers du désir de la femme dans ces textes. Il s'agit du nouveau *skandalon* qui arrête notre lecture, au point que certain(e)s se demandent aujourd'hui pourquoi lire encore ces textes. Il ne s'agit pas ici d'éluder la question, ni d'y répondre naïvement en niant le caractère problématique de certaines de ces œuvres. Cette étude propose au contraire au lecteur et à la lectrice de se laisser scandaliser avec son auteur, de participer au mouvement du texte afin de suivre son parcours, à l'envers, jusqu'au *skandalon* originel.

D'un point de vue méthodologique, la complexité de la notion commande un certain éclectisme théorique. L'approche qui gouverne l'ensemble de ce livre fait en effet intervenir les domaines des recherches socio-historiques, de l'esthétique et de la narratologie, ainsi que de la psychanalyse. Colorant cette triple approche, un point de vue résolument féministe coordonne tous les aspects de l'analyse, dans la tradition de critiques et théoriciennes issues des deux côtés de l'Atlantique, telles que Schor, Jane Gallop, Luce Irigaray et Sarah Kofman, pour ne citer que les influences les plus marquantes.

La perspective socio-historique de cette étude s'attache à faire ressortir les paradigmes de l'époque, en particulier l'émergence de la modernité, en ce qu'ils se rapportent à la question de la femme et des positions féminines considérées comme scandaleuses à l'intérieur de ces paradigmes. Cette approche, inspirée des approches de la nouvelle histoire de ces dernières années, a pour but de mettre en relief les facteurs qui font que la question du scandale peut être considérée comme particulièrement aiguë pour la femme à cette époque, ainsi que les modalités historiques caractéristiques du siècle. C'est à partir des études de Benjamin, de Georg Simmel, et plus récemment de Marshall Berman que la question historique de la modernité, et de son chantre, Baudelaire, est abordée. La nouvelle position socio-économique de la femme, avec son potentiel scandaleux, est également examinée dans ses rapports aux discours nouveaux de l'époque, tels que le discours marxiste, le discours légal et pénal du code civil, le discours historique de Jules Michelet et médical de Jean-Martin Charcot, en ce qu'ils définissent une certaine "normalité" féminine par rapport à laquelle toute déviance est considérée comme scandaleuse.

La perspective esthétique, ou narratologique dans un sens large, s'attache à déterminer en quoi un texte fonctionnant à partir d'une intrigue scandaleuse est en danger de devenir lui-même un texte scandalisé, dans le sens de "victime d'un effet de scandale." Dans cette optique, il ne s'agit pas d'appliquer rigoureusement les catégories et méthodes établies par la narratologie au sens strict, mais plutôt d'étudier les stratégies discursives mises au point par chaque auteur pour contrôler et conjurer les effets de scandalisation déclenchés dans le récit. Cette approche permet de toucher du doigt la problématique d'une inscription masculine ou féminine du texte du scandale féminin à l'époque, en confrontant les "solutions" des auteurs femmes et hommes au problème de la scandalisation du texte. Ces différentes "solutions" posent aussi la question du genre en faisant intervenir les paramètres du réalisme/naturalisme, ainsi que ses limites: romantisme, fantastique ou décadence selon le traitement réservé à la question thématique du scandale féminin. La psychanalyse, quant à elle, figure sur deux tableaux dans cette étude. Comme outil, tout d'abord, elle sert parmi d'autres, d'instrument d'analyse dans l'étude des textes. Le scandale féminin étant avant tout d'ordre sexuel, une perspective psychanalytique ne peut qu'éclairer la question, en faisant notamment ressortir la vraie nature du scandale sous le pseudo scandale offert comme prétexte (pré-texte?) par un texte retors. Cependant, la psychanalyse est aussi appelée à figurer au banc des accusés. Les analyses de Freud constituent en effet, du moins en partie, un texte sur la femme, un texte sur le scandale de son énigme et par là, un texte scandaleux lui-même, un des scandales majeurs même de cette fin de siècle, et aujourd'hui un scandale pour la critique féministe. Ainsi les premiers écrits de Freud sont-ils considérés comme une nouvelle fiction sur la femme et interrogés comme le dernier avatar du texte de son scandale. L'analyse de ces textes repousse, certes, quelque peu les limites traditionnelles du dix-neuvième siècle. Cependant, il faut bien reconnaître que la continuité historique ne respecte pas toujours dans sa périodisation les limites chronologiques arbitraires. En ce sens, si le dix-neuvième siècle commence, pour bien des historiens, avec la rupture de la Révolution de quatre-vingt-neuf, on peut aussi considérer qu'il ne s'achève réellement qu'aux approches de la première guerre mondiale. Ainsi, à cheval sur le tournant du siècle, les théories freudiennes, qui s'articulent autour de la notion centrale de complexe d'Œdipe, se révèlent l'ultime formulation de la mise en intrigue fétichiste du scandale féminin à la fin du dix-neuvième siècle: la psychanalyse est aussi "celle par qui le scandale arrive." Le modèle fétichiste offre de plus un paradigme essentiel des stratégies esthétiques des romanciers confrontés au scandale dans leurs textes. Ce retour de la psychanalyse sur elle-même s'inscrit dans la lignée des travaux de Marie Balmary, Irigaray, Kofman, et Gallop.

La première partie, intitulée "Un siècle scandalisé," s'attache à définir, d'un point de vue historique, les paradigmes du scandale au cours du siècle autour de trois aspects complémentaires: la conjonction écriture romanesque et scandale; la conjonction entre principe féminin, roman, et scandale; et enfin la question de la périodisation et de la spécificité du problème au dix-neuvième siècle. Si les trois perspectives précédemment définies opèrent déjà à ce niveau, ce sont toutefois les questions historiques qui occupent le devant de la scène. Ces questions sont examinées d'un point de vue multiple: socio-économique, esthétique, puis idéologique et psychanalytique. Les questions d'ordre esthétique sont, quant à elles, surtout évoquées dans cette première partie afin de poser les données d'un problème qui ne peut être résolu qu'individuellement, dans le cas de chaque auteur analysé dans la seconde partie.

Le premier chapitre, intitulé "Modernisme, modernité et scandale," traite la question des paradigmes du scandale féminin dans le cadre de la modernité d'un point de vue économique et social, puis d'un point de vue idéologique. Le flâneur baudelairien y rencontre la prostituée, et la consommatrice kleptomane des grands magasins. Freud et Marx y sont également interrogés autour des notions clefs de fétichisme et de narcissisme. L'analyse s'infléchit ensuite dans le second chapitre, "Autour du roman," pour aborder le domaine esthétique et la question de la conjonction roman et scandale autour de la question du désir. Dans cette perspective, l'héroïne, la lectrice et la romancière apparaissent comme trois nouvelles "fictions" complémentaires d'un scandale littéraire surdéterminé, dont l'évolution est retracée dans son mouvement historique, depuis les origines du roman au dix-septième siècle, jusqu'à son apogée au dix-neuvième siècle. Le troisième chapitre, intitulé "Science et mythologie du scandale," examine de plus près les configurations du scandale féminin dans les discours idéologiques de l'époque et fait ressortir les figures principales de la mythologie scandaleuse du féminin à cette époque. Au croisement des discours légaux, historiques, médicaux, scientifiques et finalement psychanalytiques, à travers les textes du code civil, de Michelet, A.-J.-B. Parent-Duchâtelet, Charcot, mais aussi de Cesare Lombroso et Guglielmo Ferrero, de Charles Darwin et les premiers textes de Freud, se définit en effet une déviance féminine qui oscille entre l'image d'une grande criminelle et celle d'une grande malade. Les figures principales de cette "mythologie scandaleuse" incluent la criminelle, la femme adultère, la femme incestueuse, la lesbienne, la prostituée, la syphilitique, et l'hystérique, figures traitées diversement sur un mode pathologique destiné à étouffer un scandale trop fort: celui de la sexualité féminine.

Pour conclure cette partie, et introduire la seconde, "Du texte du scandale au scandale du texte" pose la question de la signification de ce détournement du scandale, observé dans l'ensemble des discours de l'époque, en termes esthétiques dans l'univers du roman. En effet, comment éviter la "scandalisation" du texte qui s'organise autour d'une de ces figures du scandale féminin? Chaque romancier ou romancière doit élaborer sa propre solution esthétique au problème du contrôle de la propagation du scandale à l'intérieur de la fiction. Ce sont les modalités exactes de ces "solutions" qui sont examinées individuellement dans chacun des textes littéraires de la seconde partie, intitulée "Le texte scandalisé." Ces textes, couvrant l'ensemble du siècle, sont choisis de façon à illustrer et interroger un certain nombre des figures de la mythologie féminine scandaleuse dégagées précédemment. Le but est également de mettre en lumière les stratégies esthétiques de chaque auteur et de déterminer les conséquences de ce choix par rapport au genre lui-même. Ainsi sont explorées en particulier les limites du réalisme et du naturalisme. Ces textes sont organisés de façon grossièrement chronologique (malgré quelques exceptions mineures pour raison de rapprochement stratégique), afin de tenter de dégager une évolution au cours du siècle, dans le traitement du scandale féminin.

Ainsi, le chapitre quatre propose-t-il une lecture de *Ferragus,* d'Honoré de Balzac (1833), comme illustration de la question de la flânerie dans la ville de la modernité, ainsi que du processus complexe de détournement et de contagion du scandale. Le chapitre cinq, centré sur *Indiana,* de George Sand (1832), permet quant à lui, de poser la question de la romancière face au problème esthétique de la mise en intrigue du scandale de l'adultère, ainsi que des rapports entre le scandale textuel, contenu dans la fiction, et le scandale vécu par l'écrivain. Le chapitre six présente un contrepoint dans l'analyse avec *Madame Bovary,* de Gustave Flaubert (1857), version masculine de la mise en intrigue de l'adultère féminin. Le chapitre sept se tourne ensuite vers *Germinie Lacerteux,* des frères Goncourt (1865), pour éclairer la figure particulière de l'hystérie. Dans le chapitre huit, une analyse de *La curée* d'Émile Zola (1872) touche du doigt la dialectique des discours de la "grande criminelle" et de la "grande malade" aux prises avec un adultère doublé d'inceste sur fond d'haussmannisation. Le chapitre neuf, confrontant la lecture de deux des nouvelles des *Diaboliques* de Jules Barbey d'Aurevilly (1874)—"Le rideau cramoisi" et "La vengeance d'une femme"—étudie deux versions exacerbées des stratégies fétichistes face aux scandales de la "nymphomanie" et de la prostitution. Enfin, le chapitre dix, traitant de *Monsieur Vénus* de Rachilde (1884), examine le parti pris d'un auteur femme de traiter de front le scandale de la femme désirante, et de l'inversion des rôles sexuels. Ce texte, en montrant au premier plan de l'intrigue un scandale que les autres textes ne disent que de façon oblique, permet de poser la question des limites du scandale dans le texte romanesque. Le parcours esquissé ici aboutit dans la conclusion à une récapitulation synthétique destinée à répondre aux questions essentielles posées au cours de l'étude. Après ce mouvement rétrospectif, l'analyse se tournera enfin vers l'avant afin de poser la question de ce qu'il advient des "fictions" du scandale au vingtième siècle.

En dernière analyse, de Parent-Duchâtelet à Freud, de Balzac à Rachilde et Duras, une même préoccupation centrale unit l'ensemble des développements qui constituent ce livre. Cette préoccupation se rattache aux conditions d'existence de la narration en général, de la narration romanesque et du texte réaliste en particulier, et à l'examen des inflexions et dérapages qui s'observent lorsque ces formes discursives sont confrontées au féminin. L'angle de focalisation restera ainsi résolument centré sur ce que l'on pourrait appeler une héroïne "problématique" ou "démoniaque," par rapport et en opposition au héros défini par Georg Lukàcs dans sa *Théorie du roman.* Ce qu'il importe de découvrir, c'est précisément la façon dont le cheminement entravé de l'héroïne influe sur la forme romanesque elle-même. Cette focalisation permet d'effectuer un retour sur des textes devenus "classiques" et de les faire parler d'une voix nouvelle.

Première partie
Un siècle scandalisé

Chapitre un

Modernisme, modernité et scandale

> CONSOMMATEUR, TRICE... Qui use des produits divers qui sont dans le commerce: *L'accroissement des classes* CONSOMMATRICES *n'est un avantage ni pour l'État ni pour elles* (Bentham).
>
> —Rem. Nous ne trouvons dans aucun autre auteur d'exemple du féminin CONSOMMATRICE. Est-ce une raison pour l'exclure de la langue? Nous ne le pensons pas, et nous n'oserions jamais dire: *Cette dame est un grand* CONSOMMATEUR *de café.*
>
> *Grand dictionnaire* de Pierre Larousse

La question qui retiendra avant tout notre attention dans ce chapitre et le suivant, est celle de l'inscription de la triple configuration femme-scandale-roman, dans une perspective historique. Cette question sera abordée en deux temps: tout d'abord, dans le présent chapitre, un examen des paradigmes économiques et sociaux du scandale dans ses rapports au féminin au dix-neuvième siècle. Dans un second temps, le chapitre deux adoptera une perspective esthétique sur la question du roman et du principe féminin à cette même époque. Notons pour commencer que, si l'on retourne un instant aux réflexions de Girard sur le *skandalon,* il apparaît que pour lui, si la notion de scandale est présente dès les origines, elle est néanmoins soumise à un mouvement historique d'intensification qu'il retrace brièvement:

> À mesure que les barrières entre les hommes disparaissent, les antagonismes se multiplient, les hommes deviennent les uns pour les autres cette pierre d'achoppement que l'Ancien Testament présente comme posée par Yahvé lui-même sous les pas de l'un comme de l'autre [le père et le fils]. De

> même, la pensée moderne, de plus en plus ridiculement, assimile cette même pierre à une loi en réalité toujours plus défaillante. Arriver à la systématisation évangélique, c'est supprimer toute victime émissaire divine ou légale, c'est aller jusqu'au bout du processus, c'est reconnaître que, dans un monde où il y a de moins en moins de barrières fixées et institutionnalisées, il y a de plus en plus de chances pour que les hommes deviennent l'un pour l'autre l'obstacle fascinant, pour qu'ils se scandalisent réciproquement. (*Des choses cachées* 447)

Il semble donc que pour lui, la scandalisation générale, dans toute sa complexité précédemment définie, est un phénomène essentiellement moderne. Le problème est que la notion de "moderne" est par elle-même difficile à cerner, et que Girard ne précise pas nettement, du moins dans ce texte, à quelle époque historique il fait référence.

Lorsqu'il s'agit de modernité, le problème vient surtout de la multiplicité des définitions que l'on rencontre, et des différentes époques qu'elles concernent. De façon grossière, cependant, il est possible de séparer parmi les différents discours sur la "modernité," deux usages principaux du terme. En simplifiant, pour certains, la modernité remonte à la Renaissance, et inaugure l'âge classique, tandis que pour d'autres, on ne saurait parler de véritable modernité avant l'orée du dix-neuvième siècle, au lendemain de la Révolution Française. La définition fondamentale de la modernité désigne selon Jürgen Habermas, "La conscience d'une époque qui se situe par rapport au passé de l'Antiquité afin de se voir comme le résultat d'une transition entre l'ancien et le nouveau" (3). Il rappelle cependant que la première prise de conscience d'une époque en ces termes remonte au cinquième siècle romain. Pour lui, la référence à l'Antiquité se perd avec le développement du romantisme au début du dix-neuvième siècle, qui inaugure une nouvelle conscience moderniste. Cette conscience moderne romantique conserve cependant sa référence au passé, mais se tourne cette fois vers un Moyen-Âge idéalisé pour trouver un modèle. Il distingue alors l'émergence d'une troisième modernité vers le milieu du dix-neuvième siècle. Cette modernité, qu'il qualifie de "radicale,"[1] et qui se libère de toute référence historique précise, établit simplement une distinction abstraite entre la "tradition" et le "présent." Cette modernité englobe pour lui l'époque actuelle et définit le moderne comme "'le nouveau' qui sera dominé et rendu obsolète par la nouveauté du style suivant" (4). Pour Habermas, il semble donc que c'est la référence au passé antique qui sépare les deux (ou trois?) époques principales de la modernité, mais il semble également possible de lire l'histoire qu'il retrace de façon plus continue, dans le sens d'une radicalisation progressive de la conscience dans son opposition toujours plus nette au passé, et aboutissant à la négation pure et simple de ce passé comme point de référence.

Marshall Berman, de son côté, distingue trois phases dans l'histoire de la modernité. La première phase, allant du début du seizième siècle à la fin du dix-huitième siècle, semble correspondre chez lui à une sorte de "proto-modernité," une conscience qui n'en serait qu'à ses premiers balbutiements.[2] La seconde phase, qui commence avec la Révolution Française et ses répercussions, voit pour lui l'émergence brutale d'une sorte de conscience collective dans un grand public moderne. Cette conscience moderne est caractérisée par le sentiment de vivre dans deux mondes différents, à la fois dans le passé, et dans le présent. La troisième phase de la modernité, qu'il situe au vingtième siècle, voit l'expansion mondiale des phénomènes de modernisation, tandis que la réflexion sur le moderne s'épuise et perd la conscience de ses origines (17). Si les phases distinguées par Berman ne recoupent pas exactement celles définies par Habermas, elles semblent néanmoins suivre une évolution semblable, dans le sens d'une radicalisation du phénomène et de l'abandon du passé comme référence dans la pensée moderne. Il est également significatif que ni l'un ni l'autre ne parle de "post-modernisme," privilégiant ainsi une vision continue, malgré les divisions qu'ils établissent.[3]

Ce bref détour par le domaine de la ou des définitions de la modernité permet de tirer quelques conclusions utiles. Tout d'abord, les diverses définitions du terme ne sont pas aussi différentes qu'il y paraît à première vue, et il est, dans un sens, légitime de parler de la montée graduelle et de la radicalisation progressive d'*un* esprit moderne au cours des siècles. Cependant, le dix-neuvième siècle, surtout en son milieu, semble la période clef qui précipite l'avènement d'une modernité qui paraît alors à son apogée. C'est dans ce sens que Girard semble entendre les notions de modernité et d'esprit moderne dans ses écrits. Pour lui, l'avènement du moderne n'est sans doute pas limité au dix-neuvième siècle, mais les phénomènes qu'il décrit comme typiques de cet esprit moderne, sont ceux qui sont le plus généralement associés aux bouleversements de la société française au lendemain de la Révolution. Par exemple, le phénomène d'écrasement des différences, qui s'accélère au dix-neuvième siècle, est universellement reconnu par les études historiques contemporaines et s'insère aisément dans le contexte du monde de la scandalisation accélérée, tel que le décrit Girard: "un monde où il y a de moins en moins de barrières fixes et institutionnalisées." Cette lecture paraît d'ailleurs confirmée par plusieurs réflexions de l'auteur dans le chapitre sept de *La violence et le sacré.* Dans ce chapitre, intitulé "Freud et le complexe d'Œdipe," Girard affirme en effet clairement, d'une part que "le mouvement de la société moderne est la dissolution des différences," et d'autre part que "le surgissement de la psychanalyse est historiquement déterminé par l'avènement du moderne" (260–61). Pour lui, le fait que cette science émerge précisément à la fin du dix-neuvième siècle autour du complexe d'Œdipe, témoigne du "degré d'indifférenciation encore plus poussé" de cette société, "qui entraîne l'effacement complet du rôle paternel" (262).[4] Cet affaiblissement historique du rôle paternel est également à lier à l'exécution de Louis XVI, que l'on peut lire comme le "meurtre" collectif du père de la nation, garant d'une loi de droit divin. Il est certain que cette perte d'un solide point d'ancrage détermine un certain désarroi dans la société du dix-neuvième siècle à l'endroit de la loi, et pour Girard, "l'absence toujours plus complète de toute loi" est "responsable des tensions et aliénations auxquelles l'homme moderne est exposé" (260).

Tous les indices rassemblés jusqu'ici semblent donc lier une radicalisation du phénomène de scandalisation à la montée parallèle de la "modernité" jusqu'à son apogée au cours du dix-neuvième siècle. L'objectif principal de ce chapitre est en fait de démontrer que, loin d'être anecdotiques, les multiples incarnations du scandale rencontrées à cette époque autorisent à voir dans cette configuration symbolique la structure par excellence qui définit le moment historique du dix-neuvième siècle. La société de l'époque apparaît bien comme scandalisée dans sa structure, dans son corps même. Nous verrons également que le mouvement général est de détourner ce scandale structurel sur la femme, bouc émissaire désigné comme auteur de ce scandale. Afin de définir les paradigmes de ce double phénomène, il s'agit en fin de compte, dans la lignée de Berman, de considérer la notion de modernité en tant que dialectique entre les notions complémentaires de "modernisation" et de "modernisme."[5] Ce point de vue permet d'ancrer cette perspective historique dans la réalité socio-économique du siècle.

Dans un article intitulé "The Invisible *Flâneuse:* Women and the Literature of Modernity" (La flâneuse invisible: Les femmes et la littérature de la modernité), Janet Wolff examine les paradigmes de la modernité, telle que nous venons de la définir dans sa phase principale au dix-neuvième siècle, et la place des femmes à l'intérieur de ces paradigmes. Elle remarque que toute une littérature sociologique consacrée à l'étude de cette modernité s'est développée jusqu'à aujourd'hui, une littérature essentiellement masculine dont les figures marquantes sont Simmel, Benjamin, et plus récemment Richard Sennett et Berman. La modernité, ainsi définie par cette tradition masculine, se situe au cœur de l'expérience de la vie publique de la grande ville: "dans la nature fugitive, éphémère et impersonnelle des rencontres en milieu urbain, et dans la vision du monde particulière que le citadin se forme." Comme le remarque Wolff, les villes et l'urbanisation ne datent pas du dix-neuvième siècle, néanmoins, les critiques comme les défenseurs de la modernité s'accordent à souligner le caractère entièrement nouveau que revêt l'expérience urbaine à partir du milieu du siècle. Selon elle, il est utile de prendre cette période d'accélération de l'urbanisme—avec tous les bouleversements concomitants qu'ont connus les domaines du travail, du logement et des relations sociales du fait de la montée du capitalisme industriel—comme point de référence, de la considérer comme les "années cruciales de la naissance de la 'modernité'" ("The Invisible *Flâneuse*" 38). Ce premier paradigme de l'expérience de la modernité s'avère problématique en soi pour les femmes. En effet, dans *The Sphynx in the City* (Le sphynx dans la ville), Elizabeth Wilson explique que dès les origines du mouvement historique d'urbanisation mondiale, la présence même des femmes a été perçue comme un danger, par une conscience urbaine de tout temps essentiellement masculine. Il semble même que la ville contienne en elle-même la source de son propre scandale, et ce scandale est avant tout de nature sexuelle: "La ville ouvre le champ à une sexualité libérée; dans la ville l'interdit—ce qui fait l'objet de plus de craintes et de désirs—devient possible" (5–6). Dès le premier siècle après J.-C., cette transgression de l'interdit est liée à la sexualité féminine qui en devient l'expression même sous la plume du poète Juvénal. La vie urbaine permet à la femme d'échapper à l'autorité de la famille et du mari, "la ville donne libre cours aux instincts lubriques féminins qui, échappant au contrôle, se déchaînent et se corrompent jusqu'à devenir même meurtriers" (Wilson 15). Au dix-neuvième siècle, la femme dans la ville en vient à incarner une des contradictions essentielles de la société de "l'apogée du capitalisme."[6] De fait, cette société se veut à la fois urbaine et patriarcale. Or la ville risque justement de permettre à la femme d'échapper aux structures familiales qui la définissent au sein de cette société. La femme devient ainsi symboliquement la pierre de scandale que les urbanistes du dix-neuvième siècle ne cessent de tenter de déplacer dans leurs immenses travaux de terrassement. Selon Wilson:

> On pourrait décrire ce mouvement d'urbanisme naissant [au dix-neuvième siècle] (un mouvement qui a rendu nos villes pratiquement méconnaissables), comme une campagne d'exclusion concertée, visant à l'élimination totale de l'enfer de l'espace urbain, des femmes et des enfants, ainsi que de tous les autres éléments perturbateurs, comme la classe ouvrière, les pauvres et les marginaux. [...] Au cœur du labyrinthe urbain est tapie, non pas le Minotaure, mais la Sphinge, l'"étrangleuse," ainsi nommée parce qu'elle étranglait tous ceux qui ne savaient pas pénétrer son énigme: celle de la sexualité féminine, de la féminité débridée, de la perte de la nature et de l'identité. (6–7)

C'est en gardant à l'esprit l'image de la pierre de scandale qu'il faut lire métaphoriquement les tas de gravats qui se multiplient au sein de la ville de Paris pendant les travaux d'Haussmann sous le Second Empire. Girard nous apprend en effet que, dans l'imagerie des Écritures, la pierre de faîte, la clef de voûte, est paradoxalement liée à l'obstacle, à la pierre du scandale: "Tout l'édifice culturel repose sur cette clef de voûte qu'est la pierre rejetée par les bâtisseurs" (*Des choses cachées* 451). À l'intérieur du Paris de la modernité, la femme est cette pierre de scandale "rejetée par les bâtisseurs," toujours plus loin, mais ce que Haussmann et les autres grands bâtisseurs du siècle ignorent, est que leurs efforts sont vains, car cette pierre de scandale est aussi la clef de voûte de tous leurs beaux immeubles et de l'édifice de la société tout entière. Son scandale vient justement de sa position paradoxale et contradictoire qui résume et souligne les paradoxes et contradictions de cette société.

Wolff relève aussi de son côté le fait que les femmes occupent traditionnellement une place très marginale dans l'expérience de la modernité, du moins dans cette "modernité" définie par Baudelaire comme étant centrée sur: "le transitoire, le fugitif, le contingent" (*Curiosités esthétiques* 467). Un second facteur essentiel de l'exclusion des femmes de la scène de la modernité réside en outre dans la séparation radicale des domaines publics et privés que décrit Benjamin (*Reflections* 154–55) et que Wolff situe à la moitié du dix-neuvième siècle. Cette séparation radicale a eu pour effet d'exclure les femmes du domaine public pour les restreindre à l'occupation de l'espace domestique. Ce fait explique la relative "invisibilité" des femmes sur la scène de la modernité. Ce n'est pas que les femmes ne puissent s'aventurer dans certains des hauts-lieux de l'expérience publique urbaine—les boulevards, les parcs, les cafés, restaurants, les loges des théâtres, champs de course, etc.—, mais c'est le plus souvent accompagnées d'un homme, généralement un mari ou un amant, qui les réinscrit dans une structure sociale dominée par les hommes. Les femmes qui dérogent à cette règle tacite, et qui s'aventurent seules en public, le font au prix de leur "respectabilité," comme le montrent les schémas de Griselda Pollock. Celle-ci établit une démarcation nette dans la sphère publique entre les espaces des "dames" et les espaces occupés par les femmes déchues, ces derniers comprenant les lieux équivoques, des coulisses de théâtre au bordel.[7] La modernité établit donc une carte urbaine très rigide qui restreint considérablement la mobilité féminine. Cette carte implicite survit aux transformations de l'haussmannisation et a pour effet de "scandaliser" la femme. L'irrespect porté à l'égard de la division de ces espaces a en effet des conséquences quasi ontologiques sur l'identité féminine. Dans un univers de plus en plus indifférencié, il devient de plus en plus problématique d'identifier à coup sûr femmes honnêtes et femmes perdues. C'est la position spatiale de la femme qui devient alors le garant de sa réputation et un simple glissement géographique peut la faire basculer de l'autre côté de ces "territoires érotiques." Le fait même d'entrer seule dans un restaurant peut alors constituer le faux pas fatal et le comportement scandaleux, comme en témoigne cette réflexion de Michelet dans *La femme:*

> Que de gênes pour une femme seule! Elle ne peut guère sortir le soir; on la prendrait pour une fille. Il est mille endroits où l'on ne voit que des hommes, et si une affaire l'y mène, on s'étonne, on rit sottement. Par exemple, qu'elle se trouve attardée au bout de Paris, qu'elle ait faim, elle n'osera pas entrer chez un restaurateur. Elle y ferait événement, elle y serait un spectacle. Elle aurait constamment tous les yeux fixés sur elle, entendrait des conjectures hasardées, désobligeantes. (66)

L'activité privilégiée à l'intérieur de la ville de la modernité baudelairienne est sans conteste la flânerie. En conséquence, le flâneur est la figure centrale de l'essai de Benjamin "Le Paris du Second Empire chez Baudelaire." Comme le remarque très justement Wolff, il ne saurait y avoir de "flâneuse" dans ce Paris de la modernité. À la fois homme du monde et homme des foules, "pour le parfait flâneur, [...] c'est une immense jouissance que d'élire domicile dans le nombre, dans l'ondoyant, dans le mouvement, dans le fugitif et l'infini. Être hors de chez soi, et pourtant se sentir partout chez soi" (Benjamin, *Baudelaire* 57). Transposée au féminin, cette mobilité extrême du flâneur, qui va "herboriser sur le bitume" (*Baudelaire* 57), qui rend équivalents pour lui espace domestique et espace public, ne pourrait donner qu'une figure de scandale.

La mobilité physique du flâneur est d'ailleurs doublée d'une extrême fluidité et ubiquité du moi que Benjamin nomme "intropathie." L'ambition du flâneur, "sa passion et sa profession, c'est d'*épouser la foule*" (Baudelaire, *Curiosités esthétiques* 463). Cette faculté de pénétrer et de s'approprier à volonté la conscience d'autrui constitue ce que Baudelaire appelle "cette sainte prostitution de l'âme" ("Les foules," *Petits poèmes en prose* 60). Benjamin fait une analyse de cette notion en termes marxistes. Selon lui, le flâneur partage la situation de la marchandise. S'il existait une "âme de la marchandise," comme le veut Marx, "elle serait la plus sensible de toutes celles qu'on peut rencontrer au royaume des âmes, car il faudrait qu'elle visse [*sic*] en chacun l'acheteur dans la main et la demeure duquel elle veut se blottir. Or cette 'intropathie' est l'essence même de l'ivresse à laquelle s'abandonne le flâneur dans la foule." En conséquence, la "sainte prostitution de l'âme" pourrait bien "n'être rien d'autre que la prostitution de l'âme de la marchandise" (Benjamin, *Baudelaire* 83–84). Quelle que soit la validité de cette analyse, ce qui est intéressant est que cette faculté héroïque moderne, essentiellement masculine, ne puisse s'exprimer que métaphoriquement en ayant recours à une figure féminine scandaleuse: la prostitution. Il est aussi remarquable que, pour Benjamin, le recours à l'image de la prostituée soit aussi naturel et "logique" que pour Baudelaire.[8] Qu'il s'agisse d'esthétique poétique, ou d'analyse pragmatique en termes de marché, le spectre de la prostituée reparaît.

Qu'elle soit physique ou spirituelle, la mobilité héroïque moderne met donc la femme en échec et débouche, soit sur l'expérience vécue d'une conduite scandaleuse pour la femme, soit sur une expression métaphorique nourrie de cette conduite scandaleuse. Une autre remarque qui découle de cette configuration est que, d'une façon étrange et troublante, il semble que l'expérience de la modernité repose à la fois sur une exclusion de la subjectivité féminine, et sur sa réinsertion esthétique sous la forme du scandale.[9] Selon Wolff, les héros masculins de la modernité baudelairienne—le dandy, le flâneur, l'étranger—partagent une expérience et des rêves communs: ceux du voyage en solitaire, du déracinement volontaire, de l'anonymat d'une vie nouvelle dans un lieu nouveau. Ce sont bien sûr tous des hommes. La structure même de l'expérience urbaine de la modernité, et de la subjectivité qui l'accompagne, fait donc que la femme y est soit invisible, soit marginale. Les catégories héroïques baudelairiennes ne peuvent se féminiser que sous le signe de l'opprobre (la prostituée, la lesbienne, la femme assassinée), ou de la marginalisation (la vieille femme, la femme en deuil) (Wolff, "The Invisible *Flâneuse*" 40–42). Nous aurons l'occasion de revenir sur cet aspect de la question.

Il suffit pour l'instant de noter que, dans le cadre de la modernité, la logique scandaleuse et fatale du faux pas prend une dimension encore plus néfaste pour la subjectivité féminine. Après cette brève analyse des paradigmes qui régissent la subjectivité du héros de la modernité (selon la tradition littéraire et sociocritique depuis Baudelaire), il semble que l'idée même d'une héroïne de cette modernité ne peut que mener au scandale, tant sur le plan du contenu que sur celui de la forme.

Pour poursuivre notre perspective socio-historique, il faut noter qu'un second facteur caractérisant la modernité au dix-neuvième siècle, est l'avènement de la consommation de masse au sein d'un marché mondial. C'est ce processus que décrit Marx dans la première partie du *Manifeste communiste* et qui, selon Berman, constitue "le noyau institutionnel solide de la modernité" (90–91). De son côté, dans *Dream Worlds: Mass Consumption in Late Nineteenth-Century France* (Mondes de rêves: La consommation de masse en France à la fin du dix-neuvième siècle), Rosalind Williams souligne l'importance centrale de ce fait historique et retrace les changements radicaux de style de vie et de mentalité qui l'ont accompagné. Un élément essentiel de cette deuxième période de l'histoire du capitalisme[10] est sans conteste la multiplication des objets qui peu à peu envahissent la vie quotidienne et modifient profondément les rapports sociaux. Selon Williams, nous baignons aujourd'hui tellement dans la culture de cette consommation de masse qu'il nous est difficile de concevoir à quel point notre vie privée et notre existence collective ont été transformées par l'interaction régulière avec les marchandises, et surtout combien ce changement est récent (2–3). Cette nouvelle interaction, sous le signe de la réification des rapports, est ce que Marx appelle "fétichisme des marchandises." Ce sont les implications de ce phénomène de fétichisme des marchandises, ainsi que du nouveau rôle contradictoire de la femme à l'intérieur de cette société réifiée, qu'il s'agit d'examiner en les confrontant à la notion de scandale.

Le corollaire principal de cette multiplication et standardisation des objets de consommation est en effet la séparation de plus en plus radicale des activités de production et de consommation. Ceci ne laisse pas d'avoir des conséquences directes sur la division des rôles dans la société, en accentuant la séparation de la sphère masculine (du côté de la production) et de la sphère féminine (du côté de la consommation).[11] La femme accède alors à un nouveau statut dans la société capitaliste, celle de consommatrice privilégiée. Les marchandises étant de moins en moins produites à la maison, et de plus en plus vendues dans les magasins, la tâche de se procurer ces marchandises échoit aux femmes bien plus qu'aux hommes, et déplace ainsi quelque peu leur sphère d'activité (Bowlby 19). Le fait que le *Grand dictionnaire* de Larousse, cité en exergue, hésite à admettre dans la langue la forme féminine du terme *consommateur,* témoigne assez de la nouveauté radicale du concept. Cette identité nouvelle de consommatrice constitue un paradigme essentiel qui doit être pris en compte dans une analyse des structures du scandale féminin à cette époque. Cette identité s'accompagne d'ailleurs d'un certain accroissement de la sphère de mobilité féminine. Le développement du grand magasin, lieu privilégié de la consommation de masse féminine, permet alors à la "femme honnête" de mettre le pied sur la scène de la modernité (Wolff, "The Invisible *Flâneuse*" 44). Rachel Bowlby souligne aussi cette nouvelle mobilité qui permet à la femme de sortir de chez elle et l'explique par la symbiose réalisée par le grand magasin entre espace public et espace domestique. Le grand magasin offre rafraîchissements, salons de lecture, garderie d'enfants, etc., et devient "un second foyer" (4). Grâce à cette caractéristique, le grand magasin établit un glissement spatial significatif par rapport au premier lieu privilégié du commerce de la modernité: le passage. Comme le remarque Benjamin, les passages sont "des intermédiaires entre la rue et l'intérieur" et "la rue devient un appartement pour le flâneur qui est chez lui entre les façades des immeubles comme le bourgeois entre ses quatre murs" (*Baudelaire* 58). La consommatrice du grand magasin deviendrait-elle donc la "flâneuse" de la fin de siècle? La consommation de masse et le développement des grands magasins permettraient-ils à la femme d'avoir accès à la scène de la modernité en dehors des structures du scandale? Il s'agit de déterminer si cette liberté accrue ne constitue pas au contraire un piège, et dans quelle mesure cette mobilité féminine peut échapper à la logique inexorable du faux pas décrite jusqu'ici.

Dans "Paris, capitale du dix-neuvième siècle," Benjamin met l'accent sur les ambiguïtés qui régissent les rapports sociaux et les produits de la modernité. Selon lui, ces ambiguïtés se retrouvent dans l'œuvre de Baudelaire sous la forme d'"images dialectiques": "Une de ces images est présentée par la marchandise pure: en tant que fétiche. Une autre image est constituée par les passages qui sont à la fois demeure et étoiles. Une autre encore est la prostituée, qui est en même temps vendeuse et produit" (*Reflections* 157). Par un de ces remarquables raccourcis qui caractérisent l'écriture de Benjamin, le statut de la marchandise entre, une fois de plus, en équation avec une position féminine problématique, celle de la prostituée. Pour Bowlby, cette équation est particulièrement pertinente à l'époque du grand commerce. En fait, à lire ses analyses, il ne semble pas que la nouvelle scène du grand magasin change en quoi que ce soit les contradictions et ambiguïtés qui régissent la position de la consommatrice. Le nouveau commerce invite en effet les femmes à se constituer une identité autre, ouvertement sexualisée, par l'achat de nouvelles images plus séduisantes d'elles-mêmes. En un sens, un tel comportement actif de mise en représentation sur le mode mercantile les fait rejoindre la position structurale de la prostituée, bien que ce rôle s'accompagne d'un autre rôle, étranger lui à la prostituée: celui de consommatrice (Bowlby 11).

En réalité, l'image de la prostitution est plus adéquate que jamais pour figurer les conflits qui existent entre la position idéologique de la femme dans la société patriarcale et sa nouvelle position sociale. Selon le code sexuel dominant, la femme occupe la position d'objet, tandis que dans son rôle de consommatrice, elle devient agent par rapport à la marchandise, occupant ainsi la position structurale de sujet. C'est en ce sens que Bowlby affirme que "On peut considérer le rôle crucial et contradictoire que les femmes jouent dans 'le plus vieux métier du monde,' étant à la fois marchandise, ouvrière et (quelquefois) entrepreneur, comme un emblème de leur importance au sein de la révolution commerciale moderne" (10). Une fois de plus, la prostitution s'avère la métaphore privilégiée de la condition féminine dans les nouveaux paradigmes de la modernité. Il est également significatif qu'à cette époque, en 1848, Marx et Engels dénoncent, dans *Le manifeste communiste,* les mécanismes qui font de la prostitution une conséquence logique du développement de la société bourgeoise et une des expressions privilégiées des contradictions structurales qui soustendent l'édifice du capitalisme:

> Sur quoi donc repose la famille actuelle, la famille bourgeoise? Sur le capital, sur l'enrichissement privé. Elle n'existe en son plein développement que pour la bourgeoisie. Mais elle a pour corollaire la disparition totale de la famille parmi les prolétaires, et la prostitution publique. [...] Le mariage bourgeois est en réalité la communauté des femmes mariées. [...] Il va de soi [...] qu'en abolissant les conditions actuelles de la production on ferait disparaître aussi la communauté des femmes qui en est issue, c'est-à-dire la prostitution officielle ou non officielle. (48–50)

L'image de la prostitution représente une fois encore le scandale potentiel que constitue la position de la femme dans cette construction économique et sociale.

En fait, cette image nous invite à examiner de plus près les écrits de Marx sur la situation économique et sociale de l'Europe, et surtout de la France,[12] au dix-neuvième siècle. Berman démontre de façon convaincante que ces écrits, et en particulier *Le manifeste communiste,* constituent un des textes essentiels de la modernité, et éclairent les relations entre les phénomènes de modernisation qui bouleversent la société bourgeoise de l'époque, et la subjectivité moderniste qui en découle.[13] Dans le *Manifeste,* Marx met l'accent de façon très claire sur les contradictions essentielles qui sous-tendent la société bourgeoise capitaliste tout entière et qui la minent. L'aspect essentiel de cette contradiction inhérente au mouvement capitaliste vient de l'énergie même qui est le moteur de ce capitalisme et qui détermine le rythme effréné de toutes les facettes de la vie moderne. Le problème est que la classe dominante de la société bourgeoise, une classe essentiellement conservatrice qui se veut le parti de l'ordre et du statu quo, a aussi "des intérêts matériels du côté du changement, de la crise, et du chaos."

> Dans la première partie du *Manifeste,* Marx expose, d'un côté les polarités qui donneront forme et vie à la culture du modernisme dans le siècle à venir (le thème des désirs et des pulsions insatiables, de la révolution permanente, de l'expansion infinie, de la création et du renouvellement perpétuels dans tous les domaines de la vie), et de l'autre, ses antithèses radicales, les thèmes du nihilisme, de la destruction insatiable, de la ruine et de l'engloutissement de la vie, le cœur des ténèbres, l'horreur. (Berman 95 et 102)

La société apparaît ici comme un corps social scandalisé, au sens biblique du terme. Pour être encore plus clair, la source de la contradiction qui hystérise le corps tout entier de la société bourgeoise de l'époque est la mise en circulation du désir. Les bourgeois apprentis sorciers ignorent la force infinie d'expansion de ce désir. Le premier scandale, c'est le désir, son expansion, son mouvement, qui s'opposent à l'entropie, à la stabilité qui sont nécessaires à la société bourgeoise, et selon Marx, "le capitalisme fondra à la chaleur de sa propre énergie incandescente" (Berman 97). La société bourgeoise s'auto-scandalise: le scandale est organique, c'est son "œil," sa "main" même qui lui est un sujet de scandale. Mais un scandale de cette nature, comme le souligne Détienne, débouche nécessairement sur une procédure d'exclusion: Il s'agit "d'extirper cette chose étrangère, de retrancher cette excroissance. Il y va du mieux-être de l'humanité et du corps social." Il faut donc séparer le scandale de soi, le poser comme "autre." Les Écritures sont formelles: "L'œil, le pied, la main qui nous scandalise, nous devons les arracher et les couper. Un corps se mutile: le sujet charnel retranche l'objet du scandale pour les autres, et, nécessairement, pour lui-même" (Détienne 14–17).

C'est ce mouvement d'extirpation phobique que les textes de la modernité ne cessent de dire. Le dix-neuvième siècle est un corps scandalisé qui trouve son bouc émissaire en la femme elle-même. Cependant, afin de mieux comprendre le mécanisme de transfert du scandale, qui fait de la femme la source délétère du désir qui menace la société, il convient de préciser en quoi le désir féminin peut apparaître à cette époque comme un condensé de la problématique générale du désir. Tout d'abord, il faut noter avec Tony Tanner que, si langage et désir entretiennent des rapports privilégiés selon la logique lacanienne, la problématique du dix-neuvième siècle place aussi ces deux termes à l'intérieur de la société, dans une position isomorphe à celle de la femme bourgeoise. La maison bourgeoise contient en effet un langage vide, d'où toute réalité sexuelle et économique est exclue. Or, c'est précisément le vide, le manque, qui—toujours selon la logique lacanienne—font naître le désir. Dans le contexte de la séparation toujours plus nette de la sphère publique et de la sphère privée, codée à l'époque en termes de différence sexuelle, identité féminine et désir sont donc les produits conjoints et isomorphes de l'espace familial. C'est en ce sens que, selon Tanner, la maison bourgeoise est pour le désir une véritable "serre chaude," parce qu'elle "contient [renferme?] un langage oisif, tout comme elle contient des femmes oisives" (97–100). Il est facile dans ce cas de comprendre le glissement qui fait se superposer féminité et désir à l'époque, et qui fait de la femme, dans l'idéologie du siècle, le lieu d'un désir effréné.

La critique féministe récente a de plus amplement démontré à quel point ce désir de la femme est perçu comme un danger pour l'intégrité masculine dans les textes romanesques du dix-neuvième siècle.[14] Ce désir est fondamentalement illicite. De fait, le scandale est perçu de manière contradictoire: le désir n'est scandaleux que pour la femme. Le désir est masculin dans son essence; Freud l'a bien compris, qui ne distingue qu'un modèle de libido: une libido masculine.[15] Le désir doit donc être réservé à l'homme, le désir féminin n'étant que le résultat d'une usurpation scandaleuse. Il s'agit donc d'un désir contraire à la nature, et par conséquent "autre." Ces perceptions et mécanismes, bien que contradictoires en leur essence, ont néanmoins l'avantage d'attribuer à la femme la source scandaleuse d'un désir universel. La femme est donc scandaleuse parce qu'elle *est* désir quand elle ne devrait pas désirer. Elle en vient à incarner, symboliser la pierre de scandale que la société est pour elle-même. On lui constitue une identité scandaleuse et scandalisée sous le signe de ce désir libéré à mauvais escient. Ce phénomène était déjà apparent dans notre analyse de la position impossible de la femme comme "flâneuse" dans les rues de la grande ville moderne; dans le contexte socio-économique, qui fait d'elle la consommatrice par excellence, ce mouvement s'avère tout aussi évident. Afin de poursuivre dans cette direction, il n'est pas inutile de souligner les principales implications de ce phénomène dans le domaine commercial.

Le titre même du livre de Bowlby, *Just Looking* (On ne fait que regarder),[16] met l'accent sur la relation intime qui s'établit entre spéculaire et spéculation dans la structure commerciale des grands magasins de la modernité. Williams, de son côté, insiste sur la dimension spectaculaire du commerce et de la publicité naissante. Les marchandises s'offrent aux regards des clientes et leur donnent l'illusion d'une profusion illimitée propre à satisfaire tous leurs désirs. La consommation de masse s'accompagne en effet d'un changement radical de paradigme dans les pratiques commerciales. Alors qu'auparavant il s'agissait simplement de satisfaire des besoins stables, le commerce moderne se tourne dans la seconde moitié du dix-neuvième siècle vers l'invention de nouveaux désirs (Bowlby 2 et 18). Puisque la consommation devient le domaine féminin par excellence, le désir féminin devient la préoccupation centrale du commerce. Cependant, s'agit-il de répondre à des désirs réels des femmes ou de leur en inventer de nouveaux, propres à satisfaire les besoins d'expansion du commerce de luxe? La question, qui se pose toujours avec la même acuité à l'époque actuelle, n'admet pas de réponse simple puisqu'il est souvent impossible de séparer désirs authentiques et désirs fabriqués, conditionnés par la structure sociale.[17] Cependant, il faut noter que dès l'avènement de la société de consommation se pose pour la première fois avec une réelle acuité la question que posera bientôt Freud: "Que veut la femme?"

Pour Freud, un des éléments essentiels de la réponse à une telle question réside dans le caractère profondément narcissique de la femme. La position de Freud sur ce sujet est trop connue pour qu'on s'y étende longtemps: la femme n'arrive jamais vraiment à dépasser le stade narcissique de l'enfance et montre peu d'aptitudes pour les "intérêts sociaux."[18] Les féministes, en particulier Kofman et Irigaray, se sont attachées à déconstruire le discours de Freud sur le prétendu narcissisme féminin et en ont amplement démontré le caractère fantasmatique (Kofman; Irigaray, *Speculum*). Cependant, comme le remarque très justement Bowlby, le discours de Freud peut être, soit rejeté pour son caractère misogyne et phallocentrique, soit retenu comme miroir des conditions socio-historiques de la société patriarcale de son époque (31). Dans cette optique, le discours de Freud sur le narcissisme peut être considéré comme une expression des discours implicites de l'époque sur la position sociale et idéologique de la femme et comme rendant compte de la situation réelle des femmes à cette époque. Dans ce sens, les écrits de Freud constituent également un texte essentiel du discours de la modernité. En fait l'idéologie dominante concernant le féminin à cette époque rend la femme particulièrement vulnérable aux tactiques de séductions commerciales qui lui présentent, par la marchandise, un moyen de se mettre en valeur, de se constituer une image d'elle-même plus parfaite, plus valorisée socialement. C'est ainsi qu'un rapport évident s'établit entre l'image narcissique de la femme et sa position sociale de consommatrice. Selon Bowlby, se séduisant et se possédant les unes les autres, dans un rapport double et toujours réversible de sujet à objet, "les femmes et les marchandises font étalage de leurs propres images, qu'elles se jettent mutuellement à la tête, dans un jeu de regards amoureux, qui élargit et renforce à la fois l'image classique de la jeune fille au miroir, perdue dans sa propre contemplation et amoureuse d'elle-même. [...] La société de consommation transforme le miroir narcissique en vitrine de magasin" (32).

Ce qui complique cette situation est que les femmes trouvent dans la marchandise l'image exacte de leur situation sociale. Le pouvoir immense que le grand magasin exerce sur les femmes, vient de ce que ces dernières y sont placées en face de leur double structural au sein de la société capitaliste patriarcale, dans une relation spéculaire tout à fait particulière. Pour les femmes, en effet, les phénomènes de réification des rapports et de fétichisme des marchandises, décrits par Marx dans la première partie du *Capital,* ont des conséquences directes. Bowlby remarque que la terminologie utilisée par Marx pour définir les relations entre les marchandises et les acheteurs repose dans son ensemble sur des images de séduction et de viol (27). Cependant, c'est Irigaray qui va le plus loin dans l'analyse du texte de Marx, en démontrant l'équivalence profonde qui relie les femmes aux marchandises à l'intérieur de l'économie homosexuelle du système patriarcal ("Le marché des femmes," *Ce sexe*). Dans une société fondée sur le principe de l'échange des femmes, l'économie des échanges sexuels reproduit l'économie des échanges des marchandises, de la monnaie et des signes linguistiques.[19] Les femmes, comme les marchandises, subissent un dédoublement entre valeur d'usage et valeur d'échange. Dans cette optique, leur valeur d'usage devient leur fonction reproductrice physique et corporelle, tandis que leur transformation en valeur d'échange sociale dépend d'un travail de l'homme qui leur fabrique une féminité artificielle qui nie leur réalité corporelle.[20] Il devient alors possible de lire le texte de Marx en remplaçant “marchandise” par “femme,” et “producteur” par “homme.” Le passage célèbre sur le fétichisme des marchandises dans *Le capital* prend une résonance nouvelle:

> D’où provient donc le caractère énigmatique du produit du travail, dès qu’il revêt la forme d’une marchandise? Évidemment de cette forme elle-même. [...] les rapports des producteurs, dans lesquels s’affirment les caractères sociaux de leurs travaux, acquièrent la forme d’un rapport social des produits du travail. Voilà pourquoi ces produits se convertissent en marchandises, c’est-à-dire en choses qui tombent et ne tombent pas sous le sens, ou choses sociales. (28)

Il existe bien un rapport des choses physiques entre elles, poursuit Marx, mais le cas est différent quand il s’agit de marchandises: “la forme valeur et le rapport de valeur des produits du travail n’ont absolument rien à faire avec leur nature physique. C’est seulement un rapport social déterminé des hommes entre eux qui revêt ici pour eux la forme fantastique d’un rapport des choses entre elles.” Ce rapport fantastique et illusoire est à rapprocher, selon Marx, des phénomènes religieux, dans lesquels “les produits du cerveau humain ont l’aspect d’êtres indépendants, doués de corps particuliers. [...] C’est ce qu’on peut nommer le fétichisme attaché aux produits du travail, dès qu’ils se présentent comme des marchandises, fétichisme inséparable de ce mode de production” (28–29). Ce sont bien les rapports sociaux des hommes entre eux qui sont projetés, de façon fantasmatique, sur les rapports que les “femmes,” en tant que personnes sociales, sont sensées entretenir entre elles.

À la fin de son premier chapitre, le philosophe ventriloque va d’ailleurs jusqu’à prêter sa voix aux marchandises muettes pour exprimer la nature de leur relation narcissique entre elles: “les marchandises diraient, si elles pouvaient parler: notre valeur d’usage peut bien intéresser l’homme; pour nous, en tant qu’objets, nous nous en moquons bien. Ce qui nous regarde c’est notre valeur. Notre rapport entre nous comme choses de vente et d’achat le prouve. Nous ne nous envisageons les unes les autres que comme valeurs d’échange” (Marx, *Le capital* 33). Ainsi, en poursuivant notre lecture métaphorique, il apparaît bien que si les femmes/marchandises entretiennent des relations narcissiques entre elles, il ne saurait s'agir que de refléter les désirs de relation des hommes entre eux. La mise en regard des femmes ne dépend pas d'elles, mais de l'opération de deux "échangeurs." De plus l'abandon de leur "valeur d'usage" à l'homme, par les marchandises, peut être lu comme l'équivalent d'un renoncement à son corps pour l'être "social" qu'est la femme. C'est dans ce sens également qu'Irigaray analyse ces textes, en montrant que le narcissisme féminin dans la structure commerciale est nécessairement floué: "La marchandise ne se mire pas dans une autre, tel l'homme dans son semblable. Car le même miré quand il s'agit de marchandises n'est pas 'son' même, n'est en rien ses propriétés, ses qualités. [...] Ce même n'est qu'une mesure exprimant le caractère *fabriqué* de la marchandise" (*Ce sexe* 172). On pourrait d'ailleurs ici être encore plus net en traduisant "le caractère *fabriqué* de la marchandise" par: le caractère fabriqué de la féminité sociale. "Le miroir qui enveloppe et transit la marchandise spécularise, spécule le 'travail' de l'homme. *Les marchandises, les femmes, sont miroir de valeur de/pour l'homme.* Pour ce faire, elles lui abandonnent leurs corps comme support-matière de spécularisation, de spéculation" (173; italiques dans le texte). Irigaray en vient même à lier d'une certaine façon ce fétichisme à la notion que Freud développera en 1927. En effet, les femmes, comme les marchandises, peuvent être vues dans l'échange comme "la manifestation et la circulation d'un pouvoir du Phallus, mettant en relations les hommes entre eux" (178).[21] Pour répondre à la question posée précédemment, la consommatrice du grand magasin n'est donc en rien l'équivalent du flâneur. Toujours tributaire d'une spéculation masculine, la femme est en effet piégée par la marchandise dans la relation spéculaire et pseudo narcissique qui les enferme. Sa position est ainsi très différente de la position spéculaire (et spéculative) du flâneur dans la structure d'intropathie baudelairienne, qui est plutôt celle du voyeur.

Il est intéressant de constater à quel point, vus sous cet angle, les textes de Marx et de Freud reflètent un même discours sur le "narcissisme" féminin. Bowlby remarque que, dans son rapport spéculaire aux étalages des vitrines, la femme reçoit d'elle-même une image frappée du signe du manque, un manque essentiel qui doit être comblé par la marchandise (34). Or cette marchandise, nous l'avons vu, est le reflet d'une structure de désir masculine. Irigaray remarque le même "narcissisme blessé," la même vision castratrice, dans les textes de Freud. Le narcissisme de la femme ne serait jamais qu'un pis-aller, un reflet et un soutien du narcissisme masculin: "L'idéal narcissique pour la femme aura été, serait encore, d'être l'homme qu'elle aurait désiré devenir." "Narcissique, en effet, mais par mandat phallique. Car pour ce qui est de la narcissisation de son sexe, on a vu qu'elle ne pouvait y prétendre. Mutilée, amputée, humiliée, en tant que femme" (*Speculum* 129 et 141).

Il ressort de ces textes mis ici en rapport que la femme, dans les structures économiques comme dans les structures symboliques de la société patriarcale de "l'apogée de capitalisme," bute, achoppe, sur les constructions dont elle constitue cependant la pièce maîtresse. La modernité construit son édifice sur son corps, et la met en échec, la "scandalise," au sens girardien du terme. Rien d'étonnant, dans ce cas, qu'il n'y ait qu'un pas de la femme scandalisée à la femme scandaleuse. Flouée dans son narcissisme "social," la femme souvent est amenée à rechercher dans des configurations transgressives, scandaleuses, une autre forme de narcissisme, une définition qui échappe aux paradigmes qui lui sont imposés. C'est ainsi que, dans la fiction de l'époque, la femme est précisément à la fois cette clef de voûte de l'édifice de la modernité et la pierre d'achoppement sur laquelle cette modernité vient buter.

La kleptomanie, en ce sens, peut être considérée comme un exemple particulièrement intéressant d'une conduite scandaleuse vécue comme une solution de rechange, une réponse déviante aux structures commerciales du grand magasin. Dans un excellent article intitulé "The Invention of Kleptomania" (L'invention de la kleptomanie), Elaine Abelson étudie ce phénomène étonnant et le discours médico-social qui l'accompagne au dix-neuvième siècle. Elle remarque que le vol à l'étalage dans les magasins est un phénomène très ancien, mais qu'au dix-neuvième siècle, il suscite un intérêt particulier de la part du public et des institutions médicales parce qu'il prend la forme d'une conduite de déviance dans une catégorie nouvelle de la population, la bourgeoisie, dans un lieu central de l'économie de l'époque: le grand magasin. Très rapidement, cette conduite criminelle est prise en charge par un discours médical qui en fait une maladie mentale féminine liée, comme l'hystérie, à des troubles profonds des fonctions reproductrices féminines. Elle note que le premier diagnostic de kleptomanie apparaît en France dès 1840. Associée aux affections de l'utérus en général et aux troubles de la menstruation en particulier, la kleptomanie s'insère dans les discours dominants de l'époque concernant les catégories de sexe et de classe. Il apparaît ainsi que, grâce à l'invention de ce diagnostic, cette conduite féminine illicite peut être récupérée par l'idéologie dominante qui fait de la femme un être défini par une physiologie qui la condamne à la faiblesse et à l'instabilité.[22] Selon Abelson, qui cite ici le plaidoyer d'un avocat de l'époque, cette stratégie permet alors d'éviter de penser l'impensable: "que des bourgeoises respectables puissent 'sombrer dans un tel cloaque moral et s'exposer à perdre l'estime et l'amour de leurs amis les plus chers pour un flacon de cosmétique'" (143).

Abelson explique que le vol à l'étalage commis par les bourgeoises dans les grands magasins est investi dans la pensée masculine de l'époque, d'une puissance scandaleuse très forte qui suscite immédiatement une stratégie de désamorçage et de diffusion de la force de ce scandale. Envisagé en termes économiques, à l'intérieur des paradigmes définis précédemment, le vol des femmes constitue en effet à la fois l'aboutissement extrême des structures narcissiques d'identification à la marchandise et une transgression des règles de non participation féminine dans les échanges. Il faudrait peut-être voir ici une rébellion inconsciente, une tentative visant à circonvenir la médiation masculine dans les circuits d'échange. On pourrait alors interpréter cette conduite d'appropriation directe comme la réalisation d'un fantasme homosexuel féminin, une tentative d'établissement d'un nouvel échange "des marchandises entre elles,"[23] l'appropriation scandaleuse par la femme de son double en dehors des relations masculines d'argent et de marché. Il est intéressant de remarquer que, en localisant le siège des troubles dans l'utérus, le discours médical de la kleptomanie traduit cette conduite déviante en termes de mauvaise fonction de la femme à l'intérieur de l'économie familiale, centrée sur la reproduction. N'oublions pas que, pour Irigaray, la fonction de la femme au sein de la société patriarcale est d'être "la réserve de/du sang," qui doit assurer la transmission du nom du père dans une filiation légitime (*Speculum* 156). Dans ce cas, quoi d'étonnant à ce que toute transgression scandaleuse par rapport à sa fonction sociale soit codée par le discours médical de l'époque en termes de trouble de l'écoulement de ce sang, de pathologie de la menstruation?

Il est donc évident jusqu'ici que la modernité, telle que nous l'avons définie, à son apogée en France au dix-neuvième siècle, instaure ce que l'on peut appeler l'ère du scandale. La société bourgeoise de cette époque apparaît en effet particulièrement vulnérable aux phénomènes de scandalisation, au sens girardien du terme, et semble, de plus, appeler le scandale. Ce scandale se fait jour selon des paradigmes nouveaux par rapport aux siècles précédents, surtout en ce qui concerne la femme et son identité sociale. Une approche socio-historique de la position de la femme à l'intérieur de cette modernité fait clairement apparaître que si l'insertion de la femme sur la scène publique de cette modernité la codifie en termes de désir scandaleux, ce désir, sur le boulevard comme dans le grand magasin, n'est pas le sien.

Chapitre deux

Autour du roman

> Ainsi travaillé en tous sens, devenu apte à analyser et à tout décrire,... parlant toutes les langues, celles de l'art et de la philosophie comme l'argot des bouges et des tapis francs, le *roman* est devenu la manifestation la plus importante de la pensée au XIXe siècle. Il a absorbé tous les autres genres littéraires... tant sa forme complaisante se prête à toutes les métamorphoses.
>
> *Grand dictionnaire* de Pierre Larousse

Si nous avons jusqu'ici examiné, dans une perspective sociohistorique sur la modernité, la configuration femme et scandale à cette époque, il s'agit à présent d'aborder le troisième terme de notre équation telle que nous la posions en introduction. Quel rôle, la littérature en général, et le roman en particulier, viennent-ils jouer dans la configuration historique du scandale en ce dix-neuvième siècle. De façon plus précise, il s'agit, d'une part de déterminer ce qui explique à cette époque cette force de scandale particulière du roman, et surtout du roman féminocentrique, que nous remarquions dès l'ouverture de cette étude, et d'autre part de définir en quels termes se pose la question de ce danger au dix-neuvième siècle.

Il nous est apparu d'entrée de jeu dans l'analyse que scandale et texte semblent avoir, dès l'origine, partie liée. Dans son étude des procès littéraires au dix-neuvième siècle, Leclerc souligne d'ailleurs qu'il ne faut pas sous-estimer "la force de scandale de la seule littérature." Cette force de scandale tient, selon lui, à la duplicité intrinsèque du texte littéraire. "Les hommes de lettres qui-ne-se mêlent pas de politique s'attirent les foudres du pouvoir précisément en ce qu'ils ne le critiquent pas de façon ouverte, mais par un travail de sape plus fondamental qui touche les codes de représentation et les systèmes symboliques" (64). Certes, ce pouvoir de l'œuvre littéraire—son caractère insaisissable, la pluralité irréductible des sens qu'elle génère par sa fabrique même, et la valorisation du pôle connotatif par rapport au pôle dénotatif du langage—tout ceci n'est pas neuf en ce dix-neuvième siècle et ne suffit pas en soi à expliquer la force subversive des textes de l'époque. Cependant, il semble bien que ce problème fondamental et éternel de la moralité des œuvres littéraires se pose avec plus d'acuité en ce dix-neuvième siècle, au point qu'il faille édicter un texte de loi pour enrayer ce potentiel scandaleux. Comme nous l'avons vu également, Gallagher considère l'association métaphorique de la littérature et de la prostitution comme particulièrement aiguë au dix-neuvième siècle. Dans ce contexte historique, le consensus général est que "seul un but explicitement moral peut transformer la littérature, suspecte par principe, en activité honnête et socialement utile" (Leclerc 29). Leclerc laisse par ailleurs entrevoir dans ses remarques la possibilité d'une position isotopique de la littérature et de la femme dans le discours juridique sur les œuvres littéraires. "La fiction, féminine par genre grammatical et par destination, puisqu'elle s'adresse surtout aux femmes [...], doit remplir une sorte de rôle maternel" (45). Il se définirait ainsi, pour la fiction et la femme, un espace fonctionnel commun dont les limites seraient le scandale. C'est ainsi que Zola remarque dans *Le roman expérimental* les attentes différentes qui permettent au journal d'exprimer ce qui devient scandaleux dans l'œuvre de fiction. Selon Leclerc, "La société ne refuse pas de se voir telle qu'elle est—elle a le journal pour ça—, mais elle a conclu un marché unilatéral avec son imaginaire, avec la production fictive. Si l'écrivain ne respecte pas ce pacte non écrit, il commet un délit. La justice rappelle alors la littérature à son devoir de maternage social" (44–46).

D'autre part, comme nous l'avons également remarqué, la majorité des textes perçus comme scandaleux à l'époque sont des textes romanesques (nouvelles et romans). Dans l'optique d'une sexualisation de la littérature à l'époque, la perspective se précise. En effet, selon Leclerc, le journal "est mâle, lu par des hommes sérieux," mais au sein de la littérature elle-même, les vers sont sans doute encore à séparer du roman, puisque, contrairement à lui, ils s'adressent essentiellement aux hommes (Leclerc 45, 108). Cette sexualisation des genres littéraires, qui sépare le roman du reste de la littérature, trouve ses origines dès la naissance du genre romanesque. Il est certain que dès les débuts du genre, roman et principe féminin sont inséparables. Miller, nous l'avons vu, relève dans sa préface cette interdépendance du roman et d'un principe féminin, une interdépendance soulignée également par deux des grands spécialistes du roman du dix-huitième siècle: Pierre Fauchery et Georges May. Fauchery consacre son ouvrage monumental, *La destinée féminine dans le roman européen du dix-huitième siècle* à l'exploration de la fascination obsessionnelle du roman de ce siècle pour la femme. De son côté, dans *Le dilemme du roman au dix-huitième siècle,* May montre clairement l'importance des femmes comme lectrices, héroïnes, et surtout auteurs de romans, à une époque où le genre est encore un genre décrié, paria de la littérature. Fauchery s'attache également à reconnaître d'entrée de jeu le caractère paradoxal et bâtard de ce genre et il insiste aussi sur les raisons qui fondent à cette époque le lien très fort entre roman et principe féminin (Fauchery 6–10). Cependant, les interprétations de cette liaison chez ces deux critiques sont très différentes. Selon May, le fait que le dix-huitième siècle est "l'âge d'or des grandes héroïnes [...], et des romancières à grand succès" est la preuve des "tendances féministes marquées du public français" de l'époque (175–76). Pour Fauchery, ce "féminisme" d'apparence est pour le moins discutable. Pour lui, le "gynocentrisme imaginaire" qui se manifeste dans le roman du dix-huitième siècle n'est que l'envers mythique et compensatoire d'une "andocratie de fait" dans la société bourgeoise (835). Il analyse de façon subtile les manœuvres de contrôle et d'enfermement qui sous-tendent cette construction d'une mythologie féminine obsédante. D'un point de vue sociologique, on peut faire ressortir le rôle de "police" de ces mythes. La fable romanesque masque sous le chatoiement glorieux de ses figures une volonté collective masculine de confiner la femme dans sa "*condition,*" de l'enfermer dans une idéologie qui la maintient dans "une position flatteusement subalterne" (834). De fait, de notre point de vue, il serait plus exact de voir dans les trois figures réunies—de l'héroïne, de la lectrice, et de la romancière—les trois facettes d'une même fiction du scandale qui accompagne le développement historique du genre romanesque.

En réalité, si les femmes apparaissent comme les lectrices privilégiées, et bientôt, les auteurs par excellence de ce nouveau genre, c'est bien plutôt parce qu'il leur est abandonné par la vaste majorité du public et des auteurs masculins, pleins de condescendance pour un genre qui leur apparaît tour à tour comme "roturier, méprisé, paria, déshérité" ou, dans le meilleur des cas, puéril (May 216, 224–25). En fait, dès le dix-septième siècle, le roman est un genre potentiellement explosif. Tanner souligne aussi de son côté ce caractère problématique du genre romanesque: "À son origine, on pourrait presque dire du roman qu'il est un genre transgressif, en ce qu'il semble disloquer, mêler ou falsifier les attentes associées aux genres de l'époque" (3). Le scandale représenté par le genre romanesque est en effet, en premier lieu, d'échapper aux définitions nettes, de se situer en dehors des catégories littéraires précédemment établies. Le roman, en ce sens, constituerait le faux pas de la littérature, ce qui le rapprocherait de la femme, qui, elle aussi, semble échapper aux multiples tentatives de définition. Selon May, c'est l'absence de règles bridant le genre romanesque qui en a fait longtemps (qui en fait peut-être toujours), dans l'esprit de la critique masculine, un genre convenant tout particulièrement aux femmes. Si les femmes écrivent des romans, et aiment les lire, ce serait en vertu d'"un goût hypothétique" chez elles "pour l'amorphe ou l'anarchique" (224). Pour le critique Jean Larnac, qui publie en 1929 une *Histoire de la littérature féminine en France,* le roman serait "un moule élastique où l'on jette tout ce que l'imagination, si dévergondée qu'elle soit, peut suggérer," et c'est "sans doute pourquoi il convient si bien aux femmes, ennemies de toute contrainte" (cité par May 223). "Amorphe," "anarchie," "dévergondage," sous ces termes se dessinent les facettes d'une triple fiction du scandale qui réunit romancière, lectrice, et héroïne sous le même opprobre. Il s'agit d'une fiction sur la fiction, une fiction au deuxième degré qui, par l'amalgame de l'imagination, cette "folle du logis," et d'un prétendu esprit féminin, scandalise le genre en termes sexuels ("dévergondage"), socio-politiques ("anarchie"), et esthétiques ("amorphe").

De fait, au dix-huitième siècle, l'attitude de la critique à l'endroit du roman varie de l'indignation scandalisée à la condescendance, dans le meilleur des cas, en passant par l'indifférence méprisante, et la "tolérance arrogante et limitée." Encore cette "tolérance" ne concerne-t-elle que des romans résolument non féminocentriques, "ceux qui 'donnent le portrait naïf de la société,' comme *Gil Blas,* ou, mieux encore, ceux qui illustrent 'de grands préceptes,' comme *Télémaque;* en revanche, 'le reste des romans, qui ne sont que purement romanesques, sont méprisés des personnes sensées et qui ont du goût, et on les abandonne volontiers aux femmes et aux jeunes gens qui sortent du collège'" (May, citant le critique Charles Collé 216). Il ressort des remarques de May, qu'en dehors de la bâtardise constitutive du genre, un second facteur vient scandaliser la fiction romanesque: il s'agit de la place privilégiée que l'intrigue fait au motif de l'amour. "C'est l'amour lui-même, ou, du moins, la représentation de l'amour qui fait le scandale," écrit-il. Peu importe en fait que la nature de cet amour soit illicite ou non dans l'intrigue, c'est la mise en circulation du désir même qui le rend coupable (27–28). De plus, c'est cet amour même qui permet, dans l'esprit de l'époque, de renforcer l'équation parfaite femme-roman. Cette équation repose sur un "double postulat," "que l'amour est la condition *sine qua non* du roman, et qu'il joue dans la vie des femmes un rôle prépondérant" (May 217). May reconnaît que ce double postulat est "sans doute contestable." Il serait plutôt tentant d'y lire la configuration la plus primaire de la fiction du scandale du féminin dans sa relation au roman.

Ce n'est pas à dire, cependant, que cette configuration du scandale reste la même du dix-septième au dix-neuvième siècles. Il est important de retracer l'évolution de cette "fiction du scandale" au cours des âges. S'il existe déjà dès les dix-septième et dix-huitième siècles, une position isotopique du roman et du principe féminin, il semble bien cependant que cette coïncidence s'assortisse, au dix-neuvième siècle, de conséquences plus négatives qu'au siècle précédent. Si femme et roman sont souvent décriés ensemble, May retrace cependant, dans l'idéologie du siècle des Lumières, un "parallélisme certain entre l'acceptation de l'égalité des sexes et l'acceptation de l'égalité des genres littéraires." Selon lui, il est significatif qu'à un siècle d'écart, deux auteurs, comme Fénelon et Choderlos de Laclos, aient été à la fois auteurs d'"un roman unique à grand succès et à scandale" et d'un "ouvrage libéral sur l'éducation des femmes" (229–30). Il y aurait sans doute à disputer sur le "libéralisme" des ouvrages en question, mais il semble néanmoins qu'il soit encore possible de séparer, à cette époque, scandale romanesque, même fondé sur la conduite de l'héroïne, et scandalisation de la femme sur la scène publique. Pour May, au dix-huitième siècle, "le goût et la sympathie pour des genres littéraires nouveaux et encore privés du droit de cité dans la République des lettres, préfigureraient celui plus grave pour les nouveaux cadres de pensée, voire pour les nouvelles institutions dans les domaines politique et social" (234). Il en va tout autrement au dix-neuvième siècle, époque où le roman, parvenant à son apogée, n'est plus un genre décrié, sans règles, à abandonner aux femmes. À l'époque de la modernité à son apogée, au contraire, la défense du roman ne s'accompagne plus nécessairement d'un certain "libéralisme" vis-à-vis des questions féministes et sociopolitiques—il suffit de penser, par exemple, aux idées royalistes et réactionnaires d'un Balzac. Il s'opère plutôt, à l'époque, la collusion de la classe dominante et du genre romanesque. Le roman se fait, de plus en plus, le genre littéraire de la bourgeoisie. La conséquence est que l'équivalence femme-roman est pensée en termes tout à fait différents et instaure un nouveau rapport sous le signe de la scandalisation maximale.

Le genre romanesque n'est plus, en effet, considéré comme nécessairement indigne. Les romanciers affirment avec fierté leur vocation "sérieuse": de Balzac, se voulant "historien des mœurs," à Zola, "juge d'instruction" de la société de son époque. Il est vrai que les écrivains restent souvent ambivalents face à l'étiquette de "romancier" et sentent la nécessité d'invoquer une autorité supérieure, celle de la réalité historique d'abord, avec l'avènement du réalisme balzacien, puis celle de la toute puissante science, avec l'école naturaliste. Il reste que dans l'esprit de l'opinion publique, roman et scandale sont désormais séparables. La question, bien sûr, est de bien les séparer, ce qui s'avère problématique. De fait, le roman, au dix-neuvième siècle, est un genre tout aussi paradoxal, et en un sens beaucoup plus scandaleux en soi qu'il ne l'était précédemment.

Pour Tanner, la source du problème vient des rapports contradictoires que le roman entretient avec la société bourgeoise en général, et la structure familiale en particulier. Il note que le roman des dix-huitième et dix-neuvième siècles semble ainsi, d'un côté affirmer la toute puissance du mariage et la sécurité de la continuité généalogique, et de l'autre puiser son énergie narrative propre du côté de forces qui menacent de saper les fondements mêmes de la stabilité familiale qui soutient l'édifice social tout entier. Ainsi, le roman devient un "objet paradoxal" et retors à l'intérieur de la société, "un texte susceptible de subvertir ce qu'il paraît célébrer" (Tanner 4).[1] Nous semblons rejoindre ici les remarques de Brooks au sujet de la quatrième acception du mot *plot*—complot, machination—dans ses rapports à l'esthétique romanesque. Tanner montre bien qu'au dix-neuvième siècle, dans une société qui a perdu ses fondements de légitimité absolue et qui se fonde, pour compenser, sur la notion de contrat, le roman acquiert un potentiel destructeur nouveau. Son intrigue trouve alors son énergie dans la représentation des forces mêmes qui tendent à contester les bases de ce contrat. C'est dans ce sens qu'il faudrait lire aussi l'avènement et le triomphe, au dix-neuvième siècle, du "héros problématique," tel que le définit Lukàcs dans *La théorie du roman*. Le roman est toujours un objet potentiellement scandaleux, et tout particulièrement, à cette époque, dans ses rapports au désir. Nous avons vu déjà, dans le contexte économique de l'apogée du capitalisme, que les structures sociales dépendent de l'énergie et du désir, et en particulier du désir féminin, mais que l'activation de cette énergie, de ce désir, peut mettre en échec toute la construction sociale par ses déviances coupables. Il en est de même pour le roman. Pour Léo Bersani, le roman réaliste est en effet l'un des piliers qui soutiennent l'édifice social. Alors même qu'il semble porter un jugement sévère sur la société, le roman fournit en réalité à cette société, par la cohérence de sa forme, un mythe qui la rassure sur elle-même.[2] Pourtant, si l'on se reporte aux remarques précédentes, il semble que le roman est aussi susceptible de déstabiliser l'édifice social au moment même où il semble le consolider. Le roman, clef de voûte esthétique et sociale, peut, comme la femme, devenir pierre de scandale.

Cependant, les choses se compliquent encore du fait que, malgré cette position isomorphe par rapport au principe féminin, le roman entretient, lui aussi, des rapports fort ambigus avec le désir en général, et le désir féminin en particulier. De fait, le rapprochement de la littérature et de l'image de la mère, rencontré plus haut, indique assez la position paradoxale de la littérature en général, et du roman en particulier, vis-à-vis du désir. S'il est un scandale suprême du féminin au dix-neuvième siècle, c'est bien celui de la mère désirante. Les textes romanesques de l'époque ne cessent de le répéter: c'est l'interdiction du désir et du plaisir qui sépare la "bonne mère," entité désincarnée, de la "mauvaise mère" (Kelly 82–83).[3] Cependant, le roman, par sa vocation de raconter des histoires, de présenter de la nouveauté, se doit d'activer l'énergie du désir, bien que ce mouvement, nous l'avons déjà vu, dans un contexte purement économique, aille à l'encontre des intérêts de l'idéologie bourgeoise, essentiellement conservatrice, ennemie du nouveau et préoccupée de préserver le statu quo.[4] Le roman, par sa mise en circulation du désir, est donc susceptible d'incarner le scandale de la "mauvaise" mère, de la mère désirante. Si nous retournons un instant à notre exemple du procès de *Madame Bovary,* il est possible de trouver dans la leçon de littérature moralisante, qui accompagne le texte du jugement, la confirmation de cette attitude. Nous y lisons, en effet, que la bonne littérature, "comme l'art, pour accomplir le bien qu'elle est appelée à produire, ne doit pas seulement être chaste et pure dans sa forme et dans son expression [mais aussi dans son contenu]" (jugement, Flaubert 504). On ne saurait exprimer plus clairement l'interdiction du désir dans le cadre d'une fonction "maternelle" de la littérature. Dans le cas du roman féminocentrique, lorsqu'il s'agit spécifiquement de la mise en circulation d'un désir féminin, le roman devient alors porteur d'un scandale surdéterminé. Il est possible dès lors de suivre, de la littérature en général, au roman, puis au roman féminocentrique, le mouvement d'une gradation implacable de la transgression.

De plus, si le désir sous-tend l'esthétique réaliste, il n'en représente pas moins un danger pour cette esthétique. Le désir se révèle, au niveau de la forme, être un objet aussi paradoxal que pour les relations sociales qui informent le contenu thématique du roman. Bersani avance l'idée que le désir est une menace pour la forme du récit réaliste: en subvertissant l'ordre social, il "fait aussi éclater l'ordre romanesque [...]. À mesure que le désir perturbe plus fondamentalement l'ordre établi, le roman tend à devenir moins réaliste, plus allégorique." Clef de voûte et pierre d'achoppement du discours, le désir, et tout particulièrement le désir féminin, est donc aussi scandaleux pour l'esthétique romanesque réaliste, qu'il l'est à l'intérieur de la problématique socio-économique. C'est en ce sens que, si le roman réaliste admet les héros du désir, c'est "pour pouvoir les soumettre à des cérémonies d'expulsion. [...] Au dix-neuvième siècle, les personnages qui refusent d'accepter les limites que la société impose au sujet, à sa nature et à l'étendue de ses désirs, deviennent les boucs émissaires de cette société" (Barthes et al. 56–71). La position du roman à l'intérieur de la problématique du scandale de l'époque est donc tout à fait paradoxale. D'un côté, le roman, en son essence même, est plus que jamais scandaleux, du fait de l'énergie qu'il tire de la mise en circulation du désir. Cependant, d'un autre côté, cette énergie perverse intrinsèque semble ignorée, niée, et presque exclusivement déplacée sur le seul roman féminocentrique. En effet, il s'opère, à travers la gradation précédemment esquissée, un glissement étonnant du scandale. C'est ce glissement, et cette surdétermination du scandale dans les textes féminocentriques réalistes de l'époque, qui les rend si intéressants pour nous aujourd'hui.

En réalité, le roman n'est plus, comme il l'était au dix-huitième siècle, condamné en bloc. Tout au long du siècle des Lumières, une proscription uniforme du roman interdisait sa publication, sauf dérogation expresse, sur le sol français. Cependant, comme le montre May, cette proscription générale ne réduisit en rien la production romanesque française. En fait, le nombre de romans s'accrut au cours du siècle, de façon considérable, la plupart étant simplement publiés à l'étranger, ou clandestinement en France, avec des indications fantaisistes quant à leur lieu de publication (May 76–102). Il semble, en fait, que malgré les saisies occasionnelles, comme celle de *Manon Lescaut,* la circulation des ouvrages, même les plus ouvertement scandaleux, se fasse beaucoup plus librement au dix-huitième siècle, qu'au siècle suivant. Il faudra attendre le dix-neuvième siècle pour voir l'arrestation et la citation en justice des écrivains pour le seul crime d'avoir écrit. À cet égard, il peut sembler significatif que le marquis de Sade ne se fasse arrêter pour "crime littéraire" que sous le Consulat, le 6 mars 1801, comme auteur de *Justine* et *Juliette* (Lely 11).[5] Au dix-huitième siècle, tout se passe comme si la reconnaissance tacite de la nature scandaleuse en soi du roman, diffusait et affaiblissait quelque peu la force de ce scandale. Au dix-neuvième siècle, s'opère au contraire dans le domaine littéraire le même phénomène d'extirpation scandalisée que nous observions précédemment dans le domaine économique et social. Comme nous le remarquions plus haut, il s'agit de séparer le bon grain de l'ivraie, ou en d'autres termes, le prix Montyon (prix littéraire de vertu décerné au dix-neuvième siècle)[6] des "délits d'outrage à la morale publique et religieuse, ou aux bonnes mœurs" (jugement, Flaubert, *Madame Bovary* 502). Loin de voir dans la levée de la proscription des romans à la fin du dix-huitième siècle, l'effet d'une diminution de la force de scandale du genre, c'est au contraire la radicalisation de ce scandale qui se laisse lire entre les lignes des grands procès littéraires du siècle. La nécessité d'édicter un texte de loi pour conjurer la force d'énergie perverse du roman, telle qu'elle se manifeste de façon surdéterminée dans les textes fémino-centriques, témoigne de cette force extraordinaire du scandale littéraire à cette époque.

Ainsi que l'a montré Girard, l'avènement du moderne se caractérise par un affaiblissement généralisé des institutions, qui rend la société particulièrement vulnérable aux forces de la scandalisation. C'est la perte des points de repères fixes qui entraîne la propagation des ondes de choc du scandale. Dans ce cas, toute œuvre qui attaque la société dans ses catégories fondamentales, en déconstruisant les oppositions binaires qui font la stabilité de l'édifice, porte en elle une force de transgression très puissante. L'exemple de *Madame Bovary,* analysé par Dominick LaCapra dans "*Madame Bovary" on Trial* (*Madame Bovary* en procès) suffira pour illustrer ce point. Selon LaCapra, le scandale suscité par le roman de Flaubert s'explique aisément. Le texte donne en effet l'image d'un monde que l'avènement de la modernité a rendu familier, un monde "dans lequel les structures—ainsi que toutes les catégories, les identités, les oppositions et les normes qui sous-tendent ces structures—sont trop rigides, fragiles, ou usées pour pouvoir ordonner la vie d'une façon qui soit assez sensée et solide pour permettre une remise en question de son sens même" (212). C'est en ces termes qu'il faut comprendre la force de scandale que représente le roman. Cette force vient du travail de sape qui s'opère à travers le traitement, par Flaubert, de la conduite sexuelle illicite de l'héroïne. Sous sa plume, l'adultère d'Emma déconstruit les catégories sociales:

> Le fait que l'opposition entre le mariage et l'adultère ou entre le sacré et le profane soit intenable témoigne de la perception d'une crise socioculturelle et politique dont l'ampleur est proprement choquante. La conduite d'Emma dépasse la simple déviance ordinaire dans sa tendance inquiétante à révéler la fragilité de carton des deux piliers de l'ordre bourgeois: la famille et la propriété. [...] L'écart même entre ce que les normes devraient produire pour rester viables, et ce qu'elles ne parviennent pas à produire, ou ce qu'elles laissent se produire représente un scandale idéologique et moral. (LaCapra 120)

Ce procès littéraire montre bien, une fois de plus, comment ce scandale est perçu comme celui du corps de la femme lui-même, pierre d'achoppement qui fait s'écrouler les deux piliers qui soutiennent l'édifice social tout entier.

Nous annoncions plus haut que, sous ses multiples avatars, cette fiction du scandale romanesque lié à un principe féminin s'incarnait dans trois personnages, la lectrice, l'héroïne, et la romancière, tout aussi fictifs les uns que les autres. Il s'agit à présent de préciser l'évolution de cette triple fiction du scandale au dix-neuvième siècle. L'intensification d'une énergie perverse précédemment décrite s'accompagne en effet à cette époque du désir d'assainir, de réhabiliter un genre que ses auteurs voudraient à présent plus "masculin." Cette volonté conduit à la séparation, de plus en plus marquée dans la conscience de l'époque, du roman en lui-même, et du scandale, conçu de plus en plus comme externe au genre, et "accidentel." Cette attitude non formulée aboutit à une féminisation de plus en plus radicale de la nature de la contradiction qui menace sa structure même. Cette séparation s'opère en grande partie grâce à l'élaboration de ce que l'on pourrait appeler avec Miller la "fiction" de la lectrice. Dans son livre, Miller met en doute le fait que les textes féminocentriques du dix-huitième siècle soient en rien destinés aux femmes, ou même parlent d'elles. Elle clarifie sa position dans une note: ce n'est pas que les femmes n'aient pas en réalité lu ces romans, mais l'histoire littéraire a amplement montré que le roman féminocentrique et son "corollaire," la "fiction de la lectrice," a servi surtout de "moyen de reconnaissance" pour les hommes entre eux, facilitant en fin de compte l'établissement d'une tradition littéraire en grande partie masculine (149 et 175). Ainsi, il y a bien une réalité de la lectrice, aux dix-huitième et dix-neuvième siècles, mais cette réalité n'a pas grand chose à voir avec la fiction de cette lectrice créée par un nombre grandissant de romanciers, en collusion avec un public masculin soucieux de maintenir ses distances avec un genre encore suspect. Dans son évolution, le roman est de plus en plus écrit par des hommes et pour des hommes, qui se reconnaissent et se rassemblent autour de la fiction masculine de l'héroïne. Si ce rôle d'auteur est de plus en plus clairement assumé au dix-neuvième siècle, celui de lecteur fait cependant encore problème, et la fiction de la lectrice permet de déplacer le phénomène de scandalisation lié à la lecture, sur un public féminin, dont la nature est cependant de plus en plus problématique. Miller montre bien qu'il ne faut pas se laisser prendre à cette double fiction, comme le fait sans doute May, et confondre texte féminocentrique et attitude résolument "féministe."

Déjà, au dix-huitième siècle, la volonté, d'une certaine partie de la critique, de séparer bons et mauvais romans aboutit à rejeter la faute du côté du public féminin. S'il y a de mauvais romans, des romans immoraux, c'est que les femmes ont "un goût déplorable [...] en matière de romans" (May 175). Ce sont les femmes, considérées comme les principales lectrices du genre, qui font obstacle à la fiction romanesque, du fait de leur goût particulier pour les histoires d'amour et de transgression. La lectrice, tout autant que l'héroïne, apparaît alors comme la pierre de scandale qui détermine le faux pas du genre. Au dix-neuvième siècle, ce scandale de l'activité de lecture chez la femme est encore perceptible. Pour Leclerc, "de sorcière, la femme s'est faite liseuse; les séances de lecture au coin du feu remplacent le Sabbat, et 'Satan, multiplié et vulgarisé' (Michelet) s'échappe désormais en figures laïcisées et apparemment inoffensives des livres ouverts. [...] Il y a sans doute quelque chose de satanique dans le pacte de lecture passé entre l'auteur et la lectrice" (104). Cependant, de plus en plus, cette fiction du scandale qu'est la fiction de la lectrice, s'infléchit: de scandaleuse par ses goûts, elle devient plutôt scandalisée, victime passive d'un effet de scandale initié par la séduction du roman.

Il faut bien remarquer avec Leclerc, qu'au dix-neuvième siècle, "la femme emplit [...] le discours pénal sur les livres immoraux" (105). En effet, ce qui est évoqué le plus souvent par ces lecteurs scandalisés que sont les procureurs, c'est le danger que représente le livre immoral pour ses lectrices. Pour revenir à notre exemple paradigmatique du procès de *Madame Bovary,* il apparaît dans le réquisitoire de Pinard que ce sont les femmes qu'il faut avant tout protéger des effets de la lecture d'un livre qui, à travers la fiction de son héroïne, les représente précisément dans l'acte, bien réel, de la lecture:

> Qui est-ce qui lit le roman de M. Flaubert? Sont-ce des hommes qui s'occupent d'économie politique et sociale? Non! les pages légères de *Madame Bovary* tombent en des mains plus légères, dans des mains de jeunes filles, quelquefois de femmes mariées. Eh bien! lorsque l'imagination aura été séduite, lorsque le cœur aura parlé aux sens, est-ce que vous croyez qu'un raisonnement bien froid sera bien fort contre cette séduction des sens et du sentiment? (Flaubert, *Madame Bovary* 499)

Nous retrouvons ici, dans toute sa force, la problématique que nous avions relevée en introduction dans le discours religieux. L'auteur de livres séditieux est vu comme suprêmement coupable, entraînant une série infinie de "scandales des faibles," la femme, ici dans la position de lectrice, étant bien l'être faible par excellence. La force de l'énergie coupable vient donc encore de sa propagation: le scandale de l'héroïne est présenté une fois de plus comme sortant du texte, cette fois pour contaminer ses lectrices scandalisées, lectrices qui à leur tour risquent de devenir objet de scandale. Ou alors, n'est-ce pas plutôt le texte scandaleux qui aspire vers lui ses lectrices, les engloutissant dans sa trame pour en faire, elles aussi, des Emma Bovary, héroïnes de leur propre texte pervers, et vivant leur vie comme un roman à scandale? Étranges ramifications du pacte toujours quelque peu "satanique" passé entre l'auteur et ses lectrices. De l'héroïne à ses lectrices, le scandale se réfléchirait donc en miroir pour scandaliser avec elle l'auteur, l'imprimeur et la fiction tout entière, mais laisserait intact, tout au moins en principe, le public masculin. Mais dans la réalité, le lecteur n'est peut-être pas tout à fait à l'abri de cet effet de retournement qui fait de la scandalisation un nouveau scandale potentiel. Écoutons Pinard:

> Et puis, il ne faut pas que l'homme se drape trop dans sa force et sa vertu, l'homme porte les instincts d'en bas et les idées d'en haut, et chez tous la vertu n'est que la conséquence d'un effort bien souvent pénible. Les peintures lascives ont généralement plus d'influence que les froids raisonnements. (Flaubert, *Madame Bovary* 499)

Qui sont donc ces lecteurs? Apparemment pas "des hommes qui s'occupent d'économie politique et sociale," et pourtant, ne sont-ce pas eux qui crient bien fort au scandale? Le comité de censure chargé à l'époque de la surveillance des romans est bien composé d'hommes. Ces magistrats fort graves sont certes le plus souvent, selon Leclerc, guidés par la presse, qui la première s'offusque de la publication de tels romans (66–77). La presse a parfois le rôle d'"indicateur," signalant aux autorités les livres litigieux en publiant des passages caractéristiques. Cependant, même si les censeurs eux-mêmes ne lisent pas toujours les romans,[7] il faut bien que quelqu'un les lise, et ce ne sont guère les lectrices qui publient dans les journaux ces passages particulièrement choquants. Ces passages, ce sont bien des hommes—et il semblerait même, n'en déplaise à Pinard, des hommes "qui s'occupent d'économie politique et sociale"—qui les déclarent scandaleux. Cette figure de la lectrice scandalisée s'avère donc bien suspecte. Elle est bien ici de nature fictive, destinée à masquer le problème réel d'un lecteur scandalisé, contaminé par la conduite lascive du personnage féminin qui fait échec à sa vertu, puisque cette vertu n'est que "la conséquence d'un effort bien souvent pénible." Le lecteur se révélerait alors comme un être toujours déjà potentiellement scandaleux par ses "instincts d'en bas," et il suffirait de le mettre en présence d'une héroïne bien immorale pour le faire trébucher. Le lecteur scandalisé, c'est bien ici Pinard, subissant la contagion du roman et de son héroïne. Pour reprendre les termes de Girard, il est celui "qui répand le scandale autour de lui."

L'héroïne, second terme de notre équation, voit aussi son statut et sa condition aggravés au seuil du dix-neuvième siècle. Fauchery annonce au terme de son étude une mutation des mythes féminins romanesques, en partie épuisés, à la fin du dix-huitième siècle, mais cette mutation semble finalement faire de l'héroïne du siècle suivant un être encore plus entravé par le poids de sa "destinée." Fauchery fait clairement apparaître la pesanteur du concept de destinée qui est le "nœud des divers procès" par lesquels le roman, dès ses débuts, promeut une certaine idée de la femme et élève la "'femme naturelle' à la dignité du mythe." Cette destinée est colorée dans son essence par le malheur, et s'incarne dans les œuvres par une série de figures mythiques qui ne sont que des variations sur le thème majeur de la femme ployant sous le joug d'un destin implacable. Ainsi, le mythe virginal, tout comme son envers, l'"occupation galante," conspire finalement à une "sacralisation paralysante du corps de la femme" (835). De plus Fauchery reconnaît le côté pernicieux de la contagion qui pousse la lectrice à se reconnaître dans les hypostases de l'héroïne, et même à en imiter les poses. Ainsi le roman est une véritable "école des femmes" (Fauchery 838) qui perpétue les mythes en les ancrant finalement dans la "réalité." De cette façon, de mythiques ces figures se font prophétiques et ne peuvent qu'alourdir le fardeau de la femme. Le danger est bien réel, puisque, pour Fauchery, les lois qui aggravent la situation des femmes au dix-neuvième siècle sont en quelque sorte préparées par les mythes romanesques du siècle précédent. En ce sens, "le roman du dix-huitième siècle peut passer pour un porche somptueux et sinistre du code Napoléon" (854).

De fait, la littérature de l'âge capitaliste va confiner encore davantage la femme au "gynécée bourgeois," et coupera encore bien davantage les ailes de l'héroïne du dix-huitième, encore jugée trop libre. En effet, le roman du siècle précédent, s'il était déjà dominé par l'idée du mariage, faisait néanmoins sa part à ce "mariage dix-huitième" et à l'univers de la galanterie dans lequel diverses figures de la femme "libre" pouvaient évoluer avec une certaine liberté et dirait-on, légèreté (Fauchery 425–509). Bien que Fauchery montre que cette relative liberté de mouvement est, en dernière analyse, assez illusoire, il faut cependant noter que sa possibilité même disparaît au dix-neuvième siècle, dans cette nation décrite par Stendhal comme devenant trop "sérieuse" et "où la galanterie perd du terrain."[8] Désormais les mythes du péché évincent ceux du plaisir, tandis que la "pesanteur tragique" de la destinée féminine se déplace "des affres de la virginité à celles de l'adultère" (854). Fauchery notait par ailleurs les limitations relatives de l'intrigue de l'adultère dans la dynamique romanesque au dix-huitième siècle, à cause du manque relatif de charge explosive de ce comportement dans une société qui, si elle réprouve en théorie cette conduite, l'accueille relativement bien dans la pratique du "mariage dix-huitième" (388–89). Au contraire cette figure scandaleuse deviendra une des notes dominantes du roman féminocentrique du siècle suivant. Il semble alors que l'héroïne du dix-neuvième siècle apparaisse comme entravée dès l'abord par un double fardeau, surdétermination qui l'encercle du côté de la réalité comme de celui de la fantasmagorie fictive. En tant que miroir de la femme réelle de la modernité, elle subit le poids des lois nouvelles qui dépouillent encore davantage les femmes en éliminant les droits non codifiés que leur concédait l'ancien régime; en tant qu'être littéraire fantasmagorique, elle hérite du fardeau des mythes déjà amoncelés sur ses sœurs romanesques du siècle précédent, autant "d'images de la répression et du bonheur impossible." Pour Fauchery, "c'est [...] le souvenir des pièges où leurs aînées sont tombées, qui prête aux héroïnes du dix-neuvième siècle cette démarche hésitante et peureuse" (854). "Pièges," "démarche hésitante": les termes mêmes de Fauchery nous invitent à voir dans cette nouvelle incarnation de l'héroïne de la modernité une figure prédestinée à la scandalisation.

La romancière est sans doute le troisième terme de cette fiction du scandale féminin liée au roman à cette époque. La présence de la femme-écrivain est de plus en plus perçue comme problématique dans un marché des lettres dominé par les hommes. La femme-écrivain peut représenter un scandale surdéterminé à l'intérieur d'un genre déjà potentiellement dangereux en lui-même. Si la séparation grandissante de la sphère publique et de la sphère privée restreint de plus en plus l'activité de la femme, le fait même de *publier* est potentiellement scandaleux. L'usage si répandu des pseudonymes à l'époque, et surtout des pseudonymes masculins, pour les romancières, atteste de la transgression vécue par ces dernières dans l'acte de publication.[9]

Encore faut-il sans doute établir une distinction entre les différents genres littéraires dans leurs rapports aux femmes et au scandale à l'époque. Roger Bellet rappelle que "le XIXe siècle s'est beaucoup méfié de la lectrice de roman," mais que "la femme devient, moins impunément encore, auteur de roman" (*Femmes de lettres* 277). Les genres qui sont généralement "concédés aux femmes-auteurs" sont la poésie, les contes moraux, et les récits didactiques et édifiants. Cette préférence se fonde sur une fiction de la nature féminine: le lyrisme de la poésie est un peu semblable, suggère Bellet, à une "broderie du langage,"[10] et l'on sait assez que le tissage est la seule contribution historique de la femme à l'industrie (276).[11] Quant aux contes moraux, en écrire, "c'est s'en raconter à soi-même, c'est illustrer l'image de la mère et de la préposée à la morale des enfants; c'est aussi [...] protéger la femme contre elle-même et contre les dangers propres à la littérature." Dans la conjonction femme-écriture ressort donc plus que jamais cette fonction de maternage de la littérature au dix-neuvième siècle, et par rapport auquel se dessine la fiction du scandale de la femme-écrivain. Ainsi, selon Bellet, on "abandonne plus difficilement aux femmes-auteurs les ouvrages historiques." Quant au roman, il est de loin le genre le plus scabreux pour la femme-auteur, et surtout le roman autobiographique. Mais, souligne Bellet, dans l'idéologie de l'époque "tout roman est un peu autobiographique" et "l'autobiographie féminine devient vite une dégradation morale, une indécence" (277). Là encore, le problème revient à l'immoralité de la femme étalant sa vie, ses désirs, son corps même, sur la scène (voie) publique. Il s'agit d'une fiction du "génie naturel" de la femme, qui ne saurait venir que de son rapport immédiat, passionné, mais non réfléchi, à l'expérience vécue. Ainsi la femme auteur de roman est-elle bien la mauvaise mère.

Le personnage du "bas-bleu" à l'époque vient renforcer cette image scandaleuse de la femme-écrivain. Le bas-bleu est une virago, un être hermaphrodite qui transgresse la séparation entre les sexes (Dijkstra 273). Le *Grand dictionnaire* de Larousse, qui résume si bien l'idéologie du siècle, reprend dans son article *bas-bleu,* "l'opinion admise" que "quand une femme veut être savante, elle devient un homme."[12] L'image de la publication n'est jamais loin de celle de la prostitution, et pour la femme qui écrit, le problème se pose de façon particulièrement aiguë. Ainsi, le critique Joseph-Marie Quérard écrit-il en 1868, dans son ouvrage *Les supercheries littéraires dévoilées,* que "toutes les vertus" des femmes écrivains, même de celles qui écrivent des livres moraux, "se résument en un peu de facilité." Il continue:

> mais [elles] n'utilisent leurs capacités littéraires qu'après être bien repues d'orgies et de luxure, et lorsque le besoin se fait sentir d'avoir un prétexte [...] pour solliciter de nouvelles faveurs ministérielles pour elles ou leurs adorateurs; car parmi ces aimables précepteurs de la jeunesse, il en est dont les listes de poésies de l'âme et des romans de cœur, tant longues soient-elles, seraient plus courtes que celle de leurs amants. Certaines commencent par des romans érotiques, voire licencieux, pour finir par des prix Montyon d'où évidemment l'usage des pseudonymes. (Cité par Bellet, *Femmes de lettres* 250–51)[13]

Il s'avère ainsi que dans le cas des femmes-écrivains, il est beaucoup plus difficile de séparer le bon grain de l'ivraie, et plus précisément les "prix Montyon" des ouvrages scandaleux. En fait, le scandale semble inévitablement lié à l'écriture romanesque féminine de l'époque. Ces réflexions ne constituent que quelques remarques préliminaires sur un vaste sujet qu'il ne s'agit pas de traiter ici de façon exhaustive. Toutefois, nous aurons l'occasion d'examiner, dans la seconde partie, quelques configurations plus précises du scandale du féminin dans des ouvrages écrits par des femmes, en particulier dans *Indiana,* le roman féminocentrique de l'adultère, de George Sand, et dans *Monsieur Vénus,* de Rachilde, le seul cas de procès littéraire de romancière retenu par Leclerc, et à propos duquel il écrit qu'il s'agit là, dans l'esprit de l'époque, de "la perversité" à "son comble," puisque "c'est le public à protéger qui devient responsable du crime" (110). Cette surdétermination du scandale, pleinement assumée, ne pourra qu'affiner une approche que nous ne faisons qu'esquisser.

Chapitre trois

Science et mythologie du scandale

> L'indignation scandalisée est toujours désir fébrile de différencier le coupable et l'innocent, d'assigner les responsabilités, de dévoiler l'ignominie jusqu'au bout et de la châtier comme elle le mérite. Le scandalisé veut tirer l'affaire au clair; il y a en lui une passion brûlante d'amener le scandale au jour et de le clouer au pilori. [...] C'est toujours le scandale qui appelle la démystification, et la démystification, loin de mettre fin au scandale, le propage partout et l'universalise.
>
> René Girard
>
> *Des choses cachées*

C'est dans l'optique de cette réflexion de Girard que nous proposons de lire la prolifération des discours sur la femme, sur sa sexualité, sa pathologie, sa criminalité, qui caractérise le dix-neuvième siècle. Cette prolifération s'inscrit dans le mouvement de multiplication des discours sur la sexualité que décrit Michel Foucault, cette "*Scientia Sexualis,*" qui se développe à l'époque moderne. Cette "Incitation politique, économique, technique, à parler du sexe" (*Histoire de la sexualité* 33), si elle s'oppose résolument à un *ars erotica,* n'en est pas moins un phénomène beaucoup plus complexe qu'une simple interdiction du sexe. Parmi les différents "foyers" d'où émane cet "éréthisme discursif généralisé," Foucault cite "la justice pénale," "la démographie, la biologie, la médecine, la psychiatrie, la psychologie, la morale, la pédagogie, la critique politique" (42–46). Il n'est pas question ici d'examiner en détail chacun de ces discours, mais plutôt d'en montrer les mécanismes typiques, et la nature profondément scandalisée, à partir de quelques exemples particulièrement importants et représentatifs. Ces exemples font intervenir un ensemble de domaines apparemment disparates, mais en réalité fort liés les uns aux autres à cette époque, ceux du "naturalisme de la femme," tel que le définit Michelet, le code civil, la sociologie empirique de l'hygiéniste Parent-Duchâtelet, l'anthropologie criminelle de Lombroso, la biologie évolutionniste de Darwin, et bien sûr, présidant à tous ces domaines, la médecine et la psychiatrie. Le but est principalement ici de faire ressortir le nœud d'angoisse scandalisée où se confondent science et mythes dans les discours de l'époque, et de dégager les principales incarnations du scandale féminin dans ces discours. Il s'agit également de retracer une évolution au cours du siècle dans cette production de discours, dont le niveau de scandalisation est loin d'être statique.

Ce qu'il faut noter sans doute tout d'abord, c'est qu'au dix-neuvième siècle, cette volonté de "tirer les choses au clair," de "démystifier," qui accompagne la scandalisation, trouve son mode d'inscription privilégié dans la science. Détienne montre bien le fonctionnement de ce mécanisme, en prenant pour exemple une autre entreprise qui se veut "scientifique" en ce dix-neuvième siècle, mais qui n'est que le résultat d'un "effet de scandale." Il s'agit de la naissance et du développement de la mythologie comme science des mythes, qui répond à un désir angoissé de rendre compte et d'expliquer l'indécence et la barbarie des mythes de la Grèce antique, pourtant considérée comme un modèle de civilisation: "Le scandale éclate. On est dans un état de scandale. À la voix étrange et hallucinée qui sort de la mythologie [...], répond l'interprétation qui s'inscrit sur le mode d'une science" (9). Cette science est animée par le "désir fébrile de différencier le coupable et l'innocent" que décrit Girard, cette volonté de "dévoiler l'ignominie jusqu'au bout et de la châtier comme elle le mérite." Dans le cas de la mythologie, étant donné que le langage lui-même est impliqué, il s'agit de "reconnaître le sauvage en nous," afin de l'"extirper" du corps social. "La mythologie qui se donne pour objet le scandaleux se fonde nécessairement sur une procédure d'exclusion. C'est écrit, l'œil qui nous scandalise, nous devons l'arracher" (Détienne 17). C'est le langage froid et raisonné de la science (sa volonté d'objectivité), qui est destiné à maintenir la différence, en offrant un contraste net avec le langage scandaleux de la mythologie antique. Cependant, le phénomène de contagion qui caractérise le discours du scandale, ne saurait épargner le discours scientifique lui-même: "Entre la science qui parle et le scandale qui la fait parler, l'écart semble si court et l'interprétation suit de si près ce qu'elle dénonce et pourchasse que le scandaleux paraît inséparable de l'énoncé produit par une science motivée de la sorte." Ainsi, la science exhibe "ce double mouvement où ce qui la repousse est aussi ce qui l'attire. Signe que son discours fabrique le scandaleux en le parlant, en l'aménageant, en lui imposant des limites" (Détienne 9, 19). C'est ainsi que la science elle-même rejoint la mythologie, devient génératrice de mythes du scandale.[1] C'est ce double mouvement qui caractérise l'ensemble des discours "scientifiques" scandalisés du dix-neuvième siècle. Il s'agit d'une manœuvre d'exclusion angoissée. Les efforts conjugués de la médecine, de la biologie, de l'anthropologie, de la sociologie et de la criminologie visent à "reconnaître le sauvage en nous," et ce mouvement a souvent pour effet de rejeter la faute sur le corps féminin donné comme scandaleux, mais en fait scandalisé par une science dont le discours est lui-même habité par le scandale, et de fait générateur du scandale qu'il se propose d'endiguer. Au dix-neuvième siècle, plus que jamais, le sauvage en nous, c'est elle.

Les différents discours sur la prostitution à l'époque permettent d'illustrer de façon particulièrement nette ces mécanismes, ainsi que de souligner, au cours du siècle, une évolution, dans le sens d'une scandalisation grandissante. Nous avons déjà rencontré le personnage de la prostituée mais, jusqu'ici, sur un mode purement métaphorique dans un contexte qui séparait généralement cette image de tout référent réel. Par la vente de son corps sur la scène publique, la prostituée devrait cependant représenter un scandale clair par rapport à l'économie sexuelle patriarcale qui confine la femme dans l'espace domestique. Sur ce plan, les paradigmes idéologiques au dix-neuvième siècle n'ont guère changé par rapport au dix-huitième siècle: la prostituée détourne l'énergie sexuelle féminine de sa fonction de reproduction légitime et de transmission linéaire du nom du père. Charles Bernheimer remarque ainsi qu'une femme qui "tire parti d'elle-même" soustrait un capital de travail précieux qui échappe à l'entreprise de surveillance masculine. La prostituée élabore également toute une "sémiotique" clandestine, émettant elle-même les signes de sa disponibilité ou non disponibilité vis-à-vis du client. En fin de compte elle usurpe par ses manœuvres le contrôle de la différence entre domaines public et privé qui est à la base de l'organisation sociale (Bernheimer 28).[2] Cependant, à y regarder de plus près, la figure de la prostituée dans les textes du dix-neuvième siècle révèle plus d'ambiguïté qu'il n'y paraît d'abord. Il s'avère que les modalités du scandale qu'elle représente ne sont plus les mêmes que celles qui l'accompagnaient au siècle précédent. À lire en parallèle les analyses de Miller (en particulier son chapitre sur *Manon Lescaut*) et celles de Bernheimer, il semble qu'au dix-huitième siècle, le scandale que représente la prostituée pour l'équilibre patriarcal et familial est à la fois plus clair, plus nettement marqué, et paradoxalement moins chargé d'angoisses primordiales, de fantasmes primitifs qu'au cours du siècle suivant. Ambiguïté et ambivalence caractérisent en effet les attitudes de la société du dix-neuvième siècle vis-à-vis de la prostitution. Deux des ouvrages qui retiendront notre attention dans ce chapitre ont trait à la prostitution, et permettront de faire ressortir l'évolution des discours sur cette configuration du scandale au cours du siècle. Ces ouvrages encadrent la chronologie de notre période: au début du siècle, l'ouvrage de "sociologie empirique" (Corbin, *Les filles de noce* 34) de l'hygiéniste Parent-Duchâtelet, qui publie en 1836 son célèbre *De la prostitution dans la ville de Paris,*[3] et à la veille du vingtième siècle, le texte d'anthropologie criminelle de Lombroso et Ferrero, dont la traduction française, *La femme criminelle et la prostituée,*[4] paraît en 1896.

Le texte de Parent-Duchâtelet est sans conteste, si l'on peut dire, le moins "scandalisé" des deux. De fait, dans son introduction, le médecin-hygiéniste indique clairement son refus de la scandalisation en abordant son sujet. Il a soin de situer son discours par rapport aux réactions de la plupart de ses lecteurs, "personnes, même *des plus éclairées,* scandalisées de voir [qu'il se livrait] à des recherches, suivant elles, si dégoûtantes" (59).[5] Parent-Duchâtelet, quant à lui, refuse de se laisser scandaliser, niant le mouvement de contagion caractéristique, de l'objet scandaleux au discours qui l'examine: "En me livrant à des recherches sur les prostituées, serais-je donc nécessairement flétri par le contact de ces malheureuses?" (59). C'est que pour lui, malgré sa charge scandaleuse potentielle, la prostitution rentre aussi dans une stratégie discursive qui en fait un mal nécessaire (devant être toléré comme exutoire des excès sexuels masculins) et révèle sa position d'envers fantasmatique des mécanismes de cette société. Pour Parent-Duchâtelet, la prostitution est devenue, au même titre que les égouts ou les charniers qu'il a précédemment étudiés, un appendice nécessaire de la vie urbaine moderne. Il établit entre ces deux facettes de son travail un parallèle explicite afin de les soustraire toutes deux à un discours du scandale:

> Si j'ai pu, sans scandaliser qui que ce soit, pénétrer dans les cloaques, manier les matières putrides, passer une partie de mon temps dans les voiries, et vivre en quelque sorte au milieu de tout ce que les réunions d'hommes renferment de plus abject et de plus dégoûtant, pourquoi rougirais-je d'aborder un cloaque d'une autre espèce (cloaque plus immonde, je l'avoue, que tous les autres), dans l'espoir fondé d'opérer quelque bien, en l'examinant sous toutes les faces qu'il peut offrir? (59)

Cependant la tâche qu'il se propose, de refuser la scandalisation, n'est pas aisée. Loin de nier le caractère révoltant de la prostitution, il insiste au contraire sur cet aspect (il s'agit du cloaque "le plus immonde"). De fait, très curieusement, la définition de la prostituée et de la prostitution qu'il a soin de donner dans son premier chapitre, est fondée exclusivement sur la notion de scandale. Ce n'est pas la simple débauche qui définit la prostitution, mais la débauche publique. Ainsi "une femme ou une fille qui s'abandonnent au désordre, qui se livrent au premier venu, ne sont pas pour cela des prostituées" (69). L'on s'attendrait alors à trouver dans le texte, mention de la vénalité comme critère de différenciation. Or il n'en est rien. C'est bien le scandale qui fait la prostituée:

> la débauche publique [...] est le passage d'une vie honnête à l'état d'abjection d'une classe qui se sépare de la société, qui y renonce, qui, par des habitudes scandaleuses, hardiment et constamment publiques, déclare abjurer cette société et les lois communes qui la régissent. Tant qu'une femme se renferme dans les habitudes ordinaires de la vie, l'administration ne peut la considérer que comme un être qui fait

> partie de la société; elle lui doit protection, et n'exerce à son égard aucune surveillance spéciale; mais cette position de l'une et l'action de l'autre changent au moment même où la femme passe dans cet état de brutalité scandaleuse dont l'autorité doit réprimer les excès.
>
> Ainsi, en traitant des prostituées de la ville de Paris, nous n'entendons pas parler de toutes les *débauchées* qui existent dans cette ville; nous bornons nos recherches à ces débauchées d'un genre particulier, qui, *par un concours de circonstances, et par des habitudes scandaleuses hardiment et constamment publiques,* forment cette classe particulière de la société [...] et que nous nommons prostituées ou filles publiques. (70)

Le mot de *scandale* ne revient pas moins de trois fois sur la même page. C'est le souci d'endiguer ce scandale qui fonde toute la théorie réglementariste de Parent-Duchâtelet, telle qu'elle va dicter la politique gouvernementale à l'égard de la prostitution pendant la majeure partie du siècle.[6] La solution est de favoriser la maison close, afin de soumettre la prostitution à une surveillance maximale. De même que les fosses d'aisance, les bordels doivent être à la fois cachés et strictement organisés, assainis et surveillés afin de maintenir, par ce réseau souterrain et semi-clandestin des "maisons de tolérance," l'hygiène et le bon fonctionnement de la vie urbaine.[7]

Malgré la tolérance relative dont elle bénéficie, la prostituée reste néanmoins une figure de danger et doit être soumise à une surveillance très étroite. Elle n'est tolérée qu'afin de préserver le statut de la femme honnête, pour protéger celle-ci des excès du désir masculin. Le scandale est toujours là qui guette. Jusque dans ses détails les plus infimes, les recommandations de l'hygiéniste visent en effet à désamorcer le scandale toujours potentiel de la prostitution sous toutes ses formes, et à maintenir la transparence du système. Ainsi, il faudra éviter à tout prix que deux maisons de tolérance partagent la même entrée, car "il résulte [...] de cette disposition, des erreurs continuelles de la part des habitués, et souvent des disputes et des scènes scandaleuses" (143). L'idéal est un équilibre délicat, difficile à maintenir, entre une parfaite transparence pour les agents des mœurs et une parfaite opacité pour le reste de la population, qui serait scandalisé par le spectacle de la prostitution publique. C'est pour cette raison qu'il est préférable de regrouper les maisons closes dans les mêmes quartiers afin d'endiguer les réseaux du vice, car "dans l'agglomération on peut, d'un coup d'œil embrasser toute l'étendue du terrain où les mauvais lieux existent." Cela est préférable même si l'on risque "l'accumulation des scandales," car au moins ces points névralgiques ne s'étendent pas à l'ensemble de la ville (149). Dans les quartiers où l'on accordera des tolérances, on aura de plus soin de maintenir une harmonie entre la "maison" et le quartier afin que le bordel n'attire pas les regards: "tel en effet qui restera inaperçu sur un point, causera, dans un autre, le plus grand scandale, et attirera à l'administration le reproche de négligence et d'immoralité" (150). Par ailleurs, afin "d'éviter le scandale que présente inévitablement le transport, en plein jour, d'un grand nombre de filles publiques, au travers des rues et des quais de Paris," il convient d'adopter une "voiture suspendue et parfaitement close" (187). Il est évident que le nœud du problème est le mélange, et que son antidote est la séparation, le maintien de la différence: une différence géographique aussi bien que sexuelle.

Ainsi, pour Parent-Duchâtelet et les tenants du réglementarisme, il est possible d'enrayer l'énergie déviante qui constitue le fléau de la prostitution. C'est ainsi que l'hygiéniste note une amélioration nette dans le comportement des prostituées, par rapport notamment à l'époque de la Révolution où il n'était pas rare de voir "des femmes nues se promenant et dansant en plein jour en cet état…" (97). Elles causent à présent moins de scandale. "En public elles n'ont plus le ton insolent, l'air hautain et le regard agaçant qu'elles avaient autrefois. […] Ce changement s'est particulièrement opéré depuis dix à douze ans; en faisant mes recherches […] je trouvais, à mesure que je m'approchais de l'époque actuelle moins de détails de ces scènes d'une lubricité dégoûtante, qui maintenant sont fort rares dans l'intérieur de Paris" (97). Ce succès explique le ton généralement posé du texte de Parent-Duchâtelet, et la relative rigueur scientifique de son analyse. Corbin ne manque pas de souligner l'aspect scientifique moderne de la sociologie empirique de Parent-Duchâtelet, en particulier, chez lui, le "primat de l'observation" et "l'obsession du quantitatif," son constant "souci de vérification" et sa passion pour les statistiques. Il note de plus "la multiplicité des éclairages auxquels il soumet les milieux prostitutionnels." Selon lui "son analyse tour à tour anthropologique, ethnologique, linguistique, socio-culturelle, sociogéographique et médicale ne laisse rien dans l'ombre" (*Les filles de noce* 34–35).

L'hygiéniste s'attache en particulier à reconnaître l'importance des facteurs sociaux, surtout de la misère, dans son analyse des causes de la prostitution, même s'il souligne par ailleurs les facteurs du "tempérament" qui prédisposent certaines femmes à la prostitution. Comme nous l'avons vu dans sa définition de la prostituée, celle-ci est en effet une femme à part, responsable de sa propre marginalisation, et "différant autant par les mœurs, les goûts et les habitudes de la société de leurs compatriotes, que ceux-ci diffèrent des nations d'un autre hémisphère" (*De la prostitution* 1: 4, cité par Corbin dans *Les filles de noce* 17). La relative facilité avec laquelle on peut, selon lui, séparer prostituées et femmes honnêtes explique sa relative immunité face à la scandalisation. Parent-Duchâtelet est ainsi soucieux de dénoncer de multiples opinions populaires concernant la prostitution comme autant de mythes et de légendes. Avec une rigueur scientifique louable, il refuse d'accepter les causes généralement avancées pour expliquer le "caractère viril et désagréable" de la voix des filles publiques d'un certain âge. Plutôt qu'un effet de leur "lascivité," ou de "leurs habitudes de débauche," en particulier ces "goûts infâmes que réprouve la nature" (fellation), cette raucité serait due aux effets de l'alcool et des multiples refroidissements auxquels elles sont soumises (130–31).

Cependant, le maintien de la froideur scientifique demeure fragile. La conjuration du scandale de la prostitution passe par une volonté de panoptisme absolu. L'hygiéniste veut véritablement "tirer les choses au clair," faire sortir la prostituée de l'ombre, afin de la surveiller à tout instant.[8] Cette surveillance s'accompagne d'un besoin de contrôle sémiotique total à l'intérieur des lieux principaux du réglementarisme, qui sont le bordel, l'hôpital, et bien sûr la prison, qui lui apparaît comme le "seul moyen d'arrêter le désordre et le scandale de la prostitution" (189). Il s'agit avant tout de repérer les prostituées, de maintenir les séparations, d'éviter la confusion (la confusion étant, comme le montre Girard, source de scandale). Les agents du service des mœurs doivent donc devenir des experts sémioticiens. Parent-Duchâtelet souligne la "sagacité" et la "perspicacité véritablement remarquables" des médecins du dispensaire, qui ont appris à lire les signes que présente le corps même des femmes qui paraissent devant eux: "Il n'est pas jusqu'à la manière dont s'assoit une fille soumise à leur examen pour la première fois, qui ne les aide à reconnaître si c'est une ancienne ou une nouvelle prostituée" (157). La prostituée n'est donc scandaleuse qu'en tant qu'elle échappe à la récupération sémiotique masculine. Le commerce de ses charmes en lui-même ne constitue pas nécessairement une menace sérieuse pour la société de l'époque. Le scandale de la prostitution recouvre plutôt, au dix-neuvième siècle, le scandale fondamental que représente la sexualité féminine: son opacité angoissante, cette énigme que Freud étudiera et "résoudra" en termes de vide, manque, castration.[9]

Or cette lecture scientifique idéale de l'énigme de la femme, seule capable d'enrayer le scandale, achoppe souvent dans la réalité. Le scandale pour Parent-Duchâtelet, c'est avant tout l'obstacle que représentent pour le système de surveillance réglementariste, l'opacité et le brouillage des signes opérés par la prostitution clandestine. Parent-Duchâtelet est particulièrement révolté par les "insoumises" de bas étage, ainsi que par les "femmes galantes" et "femmes à parties," qui, en échappant à la mise en carte ou en numéro, déjouent le contrôle sémiotique du réseau policier.[10] Ainsi, les "proxénètes"[11] sont-elles très difficiles à repérer. "On peut dire que ces femmes se trouvent partout, et qu'elles sont nulle part: elles existent sous l'appareil du luxe le plus somptueux et sous les haillons de la misère, elles prennent mille formes, et trouvent presque toujours le moyen de se dérober à l'investigation de la police" (123). De plus, elles cachent "des personnes très jeunes [...] qui n'étant pas connues de la police ne sont pas surveillées. Ces prétendues filles publiques sont à la fois le scandale et le fléau de la société" (125). De même, les "filles à soldat" et les "filles de barrière" présentent un obstacle inadmissible à l'entreprise de différenciation angoissée qui sous-tend l'édifice réglementariste. "Comme elles ne raccrochent pas, comme rien ne les distingue des autres ouvrières, et que beaucoup travaillent encore, comment les reconnaître et les saisir?" (126). Quant aux "pierreuses" ou "femmes de terrain," elles peuvent littéralement scandaliser les honnêtes gens, c'est-à-dire déterminer par le seul exemple de leur inconduite publique, le faux pas qui les précipitera à leur tour dans une conduite déviante: “Malheur au père de famille qui sort quelquefois des barrières pour promener ses enfants; une récréation qui devait leur être salutaire peut devenir, pour eux, l'origine des vices et la source des plus grands malheurs” (126). La “pierreuse” est vraiment la bien nommée, puisqu'elle est la pierre de scandale sous les pas de l'unité familiale en promenade. Avec une patience d'entomologiste, Parent-Duchâtelet établit ainsi des distinctions infinies entre les différentes “classes” et “catégories” de prostituées. Tout cet appareil terminologique scientifique tente de conjurer le désordre apporté par la prostitution clandestine. Il s'agit de forcer les insoumises à entrer dans la grille sémiotique scientifique seule capable d'enrayer le scandale, dans la ville de Paris, comme dans le texte de l'hygiéniste. De fait, la tension est grande dans le texte entre cette entreprise de séparation et de mise en ordre par le langage scientifique et le scandale qui toujours menace de faire irruption.

Ainsi, la prostituée menace à chaque instant de déjouer ces manœuvres de surveillance, et si elle met en échec ces contrôles sémiotiques, elle menace le système de différenciation même qu'elle était chargée de maintenir et de protéger. Corbin souligne que la brièveté de la carrière prostitutionnelle est ce qui inquiète le plus Parent-Duchâtelet. En effet, les anciennes prostituées se fondent dans la population honnête: “Elles *rentrent dans le monde,*... elles nous entourent... elles pénètrent dans nos maisons, dans nos intérieurs” (*De la prostitution* 2: 14, cité par Corbin dans *Les filles de noce* 16). Il apparaît que cette réinsertion représente un affront assez fort pour subvertir le langage scientifique, qui dans ce cas devient un langage scandalisé. L'équilibre difficile sur lequel reposait l'objectivité scientifique est rompu: le scandale gagne le texte du sociologue, et le ton froid et posé de la science fait place à la véhémence et à l'indignation.[12] Bernheimer trouve de son côté une manifestation symptomatique des angoisses du siècle face à la menace de l'indifférenciation, dans les écrits de Parent-Duchâtelet. “Femme honnête,” “femme perdue,” “espace public,” “espace privé,” ces trop belles distinctions s'effacent en effet sous le regard scrutateur de l'hygiéniste (Bernheimer 24). De fait, le spectre révoltant de la confusion se glisse parfois au cœur même de l'entreprise de surveillance autoritaire en déconstruisant les catégories sur lesquelles elle se fonde. Ainsi, des honnêtes femmes sont parfois prises pour des prostituées insoumises, lors des arrestations préconisées pour effectuer l'inscription d'office des clandestines. Corbin indique que ces méprises ne sont pas rares et qu'elles donnent lieu à de nombreux scandales (Parent-Duchâtelet 213n7).[13] De plus, les organes sexuels féminins eux-mêmes mettent en échec le beau projet de surveillance de l'hygiéniste: le corps de la femme refuse de livrer l'histoire de sa pénétration par le sexe masculin, il refuse de se laisser lire et demeure littéralement impénétrable face au discours scientifique qui voudrait le dominer. "Clitoris," "petites lèvres," "muqueuse du vagin," "anus" même, dans le cas de la sodomie, tous restent muets sous l'œil scrutateur du médecin (138–41). Il faut se rendre à l'évidence, "les parties génitales des prostituées ne présentent aucune altération spéciale et qui leur soit particulière; sous ce rapport, il n'existe pas de différence entre elles et les femmes mariées les plus honnêtes" (136). Comme le remarque Bernheimer, d'un point de vue moral, cet écrasement des différences est proprement scandaleux (24).[14] Il est intéressant de noter que ce scandale fait irruption au cœur même de l'entreprise de démystification scientifique, puisque Parent-Duchâlet s'attache ici à dénoncer l'opinion populaire "généralement admise et non encore contredite," selon laquelle "les parties génitales des prostituées *doivent* présenter des altérations et une disposition particulière, conséquence inévitable de leur métier" (135).

Cette résistance au contrôle sémiotique masculin de type médical et policier est particulièrement inacceptable dans le cas de l'homosexualité féminine. "Tous les jours on y reçoit [dans la prison des prostituées] quelques-unes de ces filles d'une lascivité effrénée, ou de ces femmes, plus lascives encore, adonnées au vice honteux dont j'ai parlé [lesbiennes]; on examine ces femmes comme les autres, et jamais elles n'ont présenté dans leur organisation, la moindre chose qui les distinguât du reste des prostituées, ou du commun des femmes" (Parent-Duchâtelet 138). Pour l'hygiéniste, les "tribades" constituent en effet l'affront suprême, elles sont "tombées dans le dernier degré du vice auquel une créature humaine puisse atteindre, et par cela même elles exigent une surveillance toute particulière" (119). Elles sont même ostracisées par les autres filles publiques à qui elles inspirent "une sorte d'horreur qui [les] porte à les fuir et à les éviter" (114). Mais surtout le scandale le plus criant est que leur sexe n'est pas simplement muet, comme celui des autres prostituées, mais qu'il peut au contraire parler un langage falsifié qui met en échec le contrôle masculin:

> Elles simulent des maladies pour être mises dans l'infirmerie. [...] Quelques-unes, plus rusées que toutes les autres, et maîtresses consommées dans la connaissance de toutes les ressources du métier, se sont appliqué, sur quelques points des parties génitales, de petits morceaux de potasse caustique, à l'aide desquels elles se procuraient des ulcérations simulant à un tel point les chancres vénériens, que l'homme le plus exercé n'aurait pas pu les reconnaître. (117)

La lesbienne s'approprie ainsi et manipule l'appareil sémiotique masculin. En inscrivant sur son propre corps un faux texte du scandale, la tribade constitue un scandale suprême. Cette conduite criminelle fait totalement dérailler la pose scientifique de l'hygiéniste. Ce dernier cesse de vérifier ses sources et son texte se fait véhicule de la rumeur, ce vecteur privilégié de la contagion du scandale. Ainsi les prostituées lesbiennes seraient plus vulnérables que le commun des filles aux grossesses (119); de plus "il est peu de vieilles prostituées qu'on ne puisse ranger parmi les tribades; elles finissent par avoir les hommes en horreur, et à s'associer aux voleurs et à tout ce qu'il y a de plus abject et de plus crapuleux" (116). Disparue ici l'obsession du chiffre et de la précision statistique. La relation homosexuelle féminine, qui exclut le regard et la présence masculine dans une jouissance "autre," représente un scandale trop fort pour le réglementariste.[15]

Ainsi le discours de la sociologie empirique de Parent-Duchâtelet sur la prostitution se caractérise-t-il par un équilibre instable entre un langage scientifique désireux d'écarter le scandale et une indignation scandalisée qui trahit parfois le ton posé du médecin hygiéniste. Dans l'ensemble cependant, le scandale potentiel de la sexualité féminine tel qu'il se fait jour à travers la figure de la prostituée, est posé comme évitable, contrôlable, toujours prêt à éclater, mais encore possible à endiguer. Bernheimer montre d'ailleurs de façon remarquable comment les discours romanesques, scientifiques et des arts plastiques se rejoignent sur ce nœud fantasmagorique. À lire ses analyses, il apparaît que dans les œuvres où la prostituée est soumise par l'esthétique romanesque à une stratégie de récupération et de contrôle efficace de son énergie, ce personnage n'est en fin de compte nullement scandaleux (au sens strict du terme tel qu'il a été défini jusqu'ici). Il semble également possible de relier ces observations aux métaphores de prostitution qui étaient apparues plus tôt: le recours à la prostitution, dans la mesure où il exprime un aspect de l'indécidabilité profonde de la féminité, tend à s'éloigner de son référent réel. Il s'agit d'une construction fantasmatique masculine destinée à poser et résoudre dans un même mouvement l'énigme scandaleuse de la femme. Cet équilibre instable, cette tension entre un scandale nié et son double fantasmatique qui pointe entre les lignes, caractérise aussi sans doute les autres discours sur la femme, vers le milieu du siècle, et même jusqu'à la chute du Second Empire et l'avènement de la Troisième République. Cette tension se retrouve ainsi dans un autre des discours marquants du siècle, les traités naturalistes de Michelet sur la femme.

Coup sur coup, en 1858 et en 1859, Michelet publie *L'amour,* puis *La femme.*[16] *L'amour* fut sans conteste un "événement social et littéraire," et connut tout de suite un succès de scandale (Thérèse Moreau, préface, F 10–11). Le public fut choqué par le langage médical précis de Michelet, son refus de la pruderie dans ses "leçons de nature" sur la femme, notamment ses multiples références à la menstruation. Pour écrire *La femme,* Michelet tient compte de ces réactions et édulcore son langage. Cependant, si pour certains *La femme* devrait être "le *Vade mecum* de tout jeune homme," un "'médicament social' que le médecin prescrit" à la société malade, pour d'autres, il s'agit de "l'œuvre d'un vieillard 'libidineux et obscène,'" "un livre malfaisant, au même titre que ceux d'un Sade, qu'il faudrait brûler [...] afin qu'il n'en subsiste nulle trace dans la conscience des hommes" (Moreau, F 19–20). Pourtant, dans une démarche qui rappelle celle de Parent-Duchâtelet, c'est apparemment contre le scandale qu'écrit Michelet. Son but est de réhabiliter la femme scandalisée dans sa nature par des siècles de superstition cléricale. Pour le Moyen Âge, en effet, la menstruation constituait le point nodal autour duquel convergeaient fantasmes et hantises vis-à-vis de l'impureté féminine. Au dix-neuvième siècle encore, "L'Église est nettement contre [la femme], et lui garde rancune du péché d'Ève. Elle la tient pour la tentation incarnée et l'intime amie du démon." Ces penseurs rétrogrades "soutiennent (contre la chimie...) que justement, dans sa crise sacrée, le sang de la femme est immonde" (A 111). Michelet proclame au contraire que "ce que le Moyen Âge insultait et dégradait, appelait impureté, c'est précisément [...] ce qui la constitue en objet de religion" (A 16). Ici encore, c'est la science qui est invoquée pour détruire le scandale. Il s'agit dans ce cas de la médecine et de la biologie, de l'ovologie, plus précisément, qui vient de découvrir le mécanisme de l'ovulation et du cycle menstruel de la femme.[17] Le sang menstruel n'est pas un sang impur, les chimistes l'ont testé, "et l'ont trouvé tel qu'il est dans toute l'organisation" (A 441).

La science a en effet résolu l'énigme de la femme. "L'objet de l'amour, la femme en son mystère essentiel, longtemps ignoré, méconnu, a été révélé par une suite de découvertes, de 1827 à 1847" (A 8). En toute logique, plus d'énigme, plus de scandale. Si le corps des prostituées restait muet pour les médecins du service des mœurs, ou parlait un langage falsifié, celui de la "femme" de Michelet ne saurait être plus éloquent, et plus clair. C'est ainsi qu'inlassablement, l'historien passionné de science interroge et, avec l'aide de son ami le docteur Béraud, fait parler les cadavres de femmes et d'enfants. Il évoque en particulier, dans *La femme,* l'examen d'un cerveau de femme:

> Si le cerveau n'était pas large, fort, puissant, comme celui de quelques hommes que j'avais pu observer, il était aussi varié, aussi riche de volutes. Petites volutes accidentées, historiées d'un détail infini—naguère meublées, on le sentait, d'une foule d'idées, de nuances délicates, d'un monde de rêves de femme. Tout cela parlait. [...] celui-ci au premier aspect, me fit entendre un langage. En l'approchant, je croyais par les yeux ouïr encore un écho de ses soupirs. (F 79)

Cependant, si ce cerveau parle, il ne parle guère le langage de la différence: ses volutes sont aussi variées, aussi riches que celles des hommes. En vérité, si l'on regarde le texte de près, il s'avère que ce n'est pas le cerveau qui dit la vérité de l'énigme de cette femme, son histoire pathétique, sa chute, mais bien sa matrice. En fait, c'est l'examen préalable de cette matrice qui fait naître l'intérêt des deux hommes pour cette femme, et déclenche la curiosité du médecin et de l'historien. Il s'agit d'une femme qui "sous un rapport pathologique offrant un cas singulier, obligea M. Béraud à connaître et sa maladie, et ses précédents. J'eus donc ici ce qui me manquait pour ces autres morts, l'histoire de la vie, de la destinée. Cette singularité infiniment rare, c'était un calcul considérable trouvé dans la matrice" (F 78). C'est donc la pathologie féminine qui parle tout d'abord en son organe essentiel, et c'est ce langage qui est ensuite déplacé sur les volutes du cerveau. Ce langage de la matrice, lui, est bien celui de la différence. C'est aussi, de façon tout à fait littérale, un langage scandalisé, car ce qui se découvre aux yeux des deux hommes, c'est une pierre. La pierre de scandale qui a déterminé la chute et la mort de cette femme: "cet organe [matrice] généralement si altéré aujourd'hui, mais peut-être jamais à ce point, révélait là un état bien extraordinaire. Qu'au sanctuaire de la vie génératrice et de la fécondité on trouva ce cruel dessèchement, cette atrophie désespérée, une Arabie, si j'ose dire un caillou..., que l'infortunée se fut comme changée en pierre... cela me jeta dans une mer de sombres pensées" (F 78). Si Michelet déclare ce cas "bien extraordinaire," c'est néanmoins celui qu'il choisit pour illustrer ses découvertes anatomiques sur les cadavres de femmes. Lue de façon symbolique, cette "découverte" peut paraître emblématique de l'ensemble du discours "scientifique" de Michelet sur la femme. Il s'agit en effet d'un discours scandalisé, qui, dans sa passion de créer de la différence, rescandalise la femme à un autre niveau, plus acceptable, et au lieu de désamorcer le scandale, ne fait que le propager sous une autre forme. Le Journal de Michelet le dit bien: "L'homme est un cerveau, la femme une matrice" (cité par Jean Borie, dans Aron 158), et cette matrice est bien le piège, la pierre sur laquelle la femme achoppe. Si Michelet présente la femme humiliée par la fatalité de sa nature comme une moderne Andromède attachée à son rocher (A 36–38), ce n'est certes pas lui qui va l'en délivrer. S'il feint de faire disparaître ce rocher extérieurement, c'est pour que la femme l'internalise, dans sa matrice. Ce rocher se retrouve à chaque instant sous ses pas pour la faire trébucher. "La femme est née pour la souffrance. Chacun des grands pas de la vie est pour elle une souffrance" (F 221). Il est alors aisé de comprendre "pourquoi la femme [est] arrêtée de bonne heure dans son développement" (A 249).

La matrice est aussi le lieu du scandale pour l'historien. Il faut se représenter Michelet pour la première fois en présence de "la peinture exacte de la matrice." La première réaction trahit la rencontre du *skandalon:* "Oh! quelle épouvante!... on recule...." Le langage même se dissout, jusqu'à ce que la science l'ordonne, le récupère sémiotiquement, géographiquement, sous la forme de "l'atlas de Coste et de Gerbe." Alors, la matrice se met à parler un langage domestiqué, comme ordonné "par son réseau infini de fibres rouges, qui semblent des soies, des cheveux pourpres [...]. Et l'on y apprend [...] que l'amour est chose visible. La tendresse que nos mères nous prodiguent, leurs chères caresses [...], tout cela se reconnaît, se sent, se devine" (A 226–27). Le langage "scientifique" de Michelet ne cesse de parler entre les lignes le scandale qu'il voudrait étouffer. Dans leur période de "crise" mensuelle, les femmes sont déchues et perverses. Souvent, à ce moment, "leur humeur difficile provoque la brutalité de l'homme. [...] Elles ont alors des heures, des jours [...], où elles souffrent elles-mêmes (elles l'avouent) du démon de la contradiction, où tout conspire à leur déplaire, où elles ont besoin de choquer" (F 271–72). C'est aussi cette faiblesse de la matrice qui les rend vulnérables à la prostitution et au crime. "Le cinquième des crimes de femmes est fait par les *couseuses.*" L'ouvrière à l'aiguille travaille "quatorze heures par jour assise [...], la tête basse et l'estomac plié, *le siège échauffé, fatigué*" (F 315; nous soulignons). Ne pouvant subvenir à leurs besoins, ouvrières, gouvernantes ou femmes de lettres rejoignent souvent les rangs des prostituées (F 62, 69–74). Mais surtout, la matrice détermine souvent le faux pas suprême et conduit la femme à la conduite la plus répréhensible du point de vue de l'organisation sociale: l'adultère. "Nombre de femmes ne font le premier pas hors du devoir que malgré elles..." (F 289). La cause est souvent physiologique: "Parfois, dès trente-cinq ans, dix ans avant son éclipse normale, le sang circule d'un cours moins régulier, s'arrête, par moments s'engorge. De là des maladies, de là des rêveries orageuses, des langueurs, de cuisantes flammes, le désir d'amour, le regret" (A 330). La femme ne peut guère se défendre, elle "que la nature veut faible et désarme chaque mois par la souffrance" (F 291). Même la plus vertueuse est "obligée de se dire à elle-même qu'elle eût failli sans [son mari] et qu'elle a eu besoin d'être gardée" (A 333).

Il s'agit dans ce cas, véritablement de restreindre ses mouvements, afin qu'il lui soit impossible même de faire ce faux pas tant redouté qui en fait un scandale pour la société tout entière. En effet, l'adultère est perçu par Michelet comme le crime suprême. Il s'agit du "coup d'État de la femme" (F 272). L'adultère de la femme et celui du mari ne sont pas également coupables. "La trahison de la femme a des conséquences énormes que n'a pas celle de l'homme." Véritablement, elle "scandalise" l'homme, l'expose au scandale public: "elle le fait chansonner, montrer du doigt, siffler, charivariser. [...] Il sera assassiné moralement tout le reste de sa vie, ne sachant jamais si l'enfant est bien son enfant, forcé de le nourrir, de doter une progéniture équivoque, ou de donner au public l'amusement d'un procès, dans lequel, gagnant, perdant, il assure toujours à son nom une illustration de risée" (A 318–19). La femme adultère se fait l'assassin de la différence qui forme la base de la société. Il s'agit ici du problème fondamental et de toute éternité incontournable, de l'illisibilité de la filiation pour l'homme.[18] L'énigme scandaleuse de la femme, le gouffre sans fond de sa matrice génératrice d'indifférenciation refait surface. "Seule elle en sait le mystère. Seule elle garde le secret de la religion domestique, le titre qui fait tout l'avenir. Seule, elle peut affirmer la légitime hérédité. Un mensonge de l'épouse peut fausser l'histoire pour mille ans" (A 319). L'enjeu est énorme.

Il n'est pas inutile ici de s'arrêter un instant pour considérer les autres implications du scandale de l'adultère en ce dix-neuvième siècle. L'adultère pourrait bien aussi apparaître comme une conduite transgressive vécue par la femme comme une forme déviante de narcissisme par rapport à un narcissisme "normal" non satisfaisant, inscrit dans le cadre de l'économie familiale du mariage. Une telle lecture trouve certes un support dans les analyses de Tanner qui montre toutes les implications de la passivation de la femme, prisonnière de l'espace de son foyer. Privée de tout rôle économique à l'intérieur de la société, exclue de multiples façons de la pleine réalisation de sa sexualité, l'épouse bourgeoise est abandonnée à elle-même, enfermée avec des mots. "Elle se retrouve seule avec le langage, moins dans la capacité référentielle de ce langage, mais dans sa capacité virtuelle, beaucoup plus dangereuse, et beaucoup plus difficile à maîtriser, à produire le sentiment général d'un vide impossible à combler." Tanner lie cette vacance, ce manque structural, à la logique lacanienne du désir, puisque la maison bourgeoise lui apparaît comme une "serre chaude" dans laquelle le désir prolifère (99). Privée de dérivé satisfaisant à ses désirs à l'intérieur des contrats de la société patriarcale, la femme est amenée à faire glisser, d'objet en objet, son désir en dehors des cadres acceptables. Dans son analyse de *Madame Bovary,* Tanner montre que le recours à l'adultère peut se comprendre en termes ontologiques. Les contrats ratifiés par la société bourgeoise moderne ne permettent pas à la femme de se construire une identité solide. Elle est alors amenée à diriger son énergie du côté de la transgression. Le scandale, ici sous la forme de l'adultère, représenterait alors la tentation de se définir en dehors des contrats sociaux déterminés par le mariage. L'adultère apparaît à Tanner comme une tentative pour établir un "contrat en dehors des contrats," ou plutôt un "anti-contrat" qui menace les principes les plus sacrés, ceux de la perpétuation de l'espèce, de la différenciation des lignées, et de l'inviolabilité du lit conjugal (6).

L'adultère s'avère particulièrement dangereux au dix-neuvième siècle car, dans cet âge du contrat, le mariage représente le contrat suprême, celui qui embrasse, symbolise et résume tous les autres, le microcosme dont la structure reproduit et sous-tend celle du macrocosme de la société bourgeoise tout entière. Selon Tanner, cette structure du mariage est censée harmoniser les catégories du naturel, du familial, du social, et même du transcendantal. La femme adultère, en s'attaquant à ce contrat central, menace donc de mettre en échec, de faire s'écrouler tout l'édifice social. En effet, cet édifice social repose sur des règles strictes qui gouvernent "ce qu'il est permis de mélanger et ce qui doit rester séparé." La femme adultère, elle, introduit des combinaisons illicites: en particulier, elle est à la fois femme, mère et maîtresse, donc figure de sexualité dans un contexte qui l'interdit. La contagion de sa monstruosité peut s'étendre à l'ensemble: elle établit une confusion des êtres, des fonctions et des lieux qui révèle le caractère arbitraire de ces catégories et des distinctions qui les sous-tendent. Une telle figure de scandale, véritable contradiction vivante, rencontre inévitablement un ensemble de stratégies sociales qui visent à l'annuler: "en termes sociaux, la femme infidèle est une entité que la société préférerait ne pas reconnaître, de telle sorte que l'on pourrait dire qu'en tant que catégorie sociale, la femme adultère n'existe pas" (Tanner 12–15). Il faut garder ces configurations sociales à l'esprit car elles sont appelées à trouver des échos dans les stratégies esthétiques qui, dans le roman réaliste, vont accompagner la représentation de la femme scandaleuse en général et de la femme adultère en particulier.

La différence soulignée par Michelet entre le péril suprême représenté par l'adultère féminin, et le danger bien moindre de l'adultère masculin, est reflétée en outre par le statut juridique de la femme en ce dix-neuvième siècle. Le code pénal prévoit en effet des sanctions beaucoup plus fortes pour la femme coupable d'adultère. Le meurtre "commis par l'époux sur son épouse, ainsi que sur le complice, à l'instant où il les surprend en flagrant délit dans la maison conjugale" (art. 324) est l'un des seuls meurtres "excusables," c'est-à-dire non passible de peine de mort. La femme adultère est passible d'emprisonnement pour une durée de trois mois à deux ans. "Mais le mari peut arrêter l'effet de la condamnation en reprenant sa femme" (art. 337). Le mari, lui "ne peut être poursuivi que s'il a entretenu une concubine dans la maison conjugale. Il encourt une amende de 100F à 200F" (art. 339).[19]

Pour en revenir à Michelet, la trahison que constitue l'adultère féminin est emblématique du scandale de la femme pour la société tout entière, et ce depuis la nuit des temps. Pour lui, la femme doit être la clef de voûte de la société. "Élever une fille, c'est élever la société elle-même. La société procède de la famille, dont l'harmonie est la femme" (F 120). Cependant, comme le remarque très justement Moreau, au dix-neuvième siècle, la femme résiste à ce rôle et menace de faire s'écrouler tout l'édifice. "Tous les réformateurs et philosophes y achoppent," en particulier Auguste Comte, Enfantin, et Considérant, pour ne citer que quelques auteurs parmi les plus influents de l'époque (F 7). Pour Michelet, elle est la force rétrograde, conservatrice et réactionnaire qui fait obstacle au grand mouvement de l'histoire vers le progrès. Son influence énorme sur les événements historiques est le plus souvent fatale. Les femmes sont les reines de la guerre, font avorter les révolutions par leurs intrigues, à cause de leur nature faible, de leur passion du lucre, de leur volonté de puissance, ou parfois par leur simple présence involontaire. En particulier, en se donnant corps et âme à la contre Révolution, les femmes, malgré leurs actions parfois héroïques, ont été le *skandalon* qui a déterminé la chute des principes de 89 (Calo 66–110). "Par deux fois elles ont embrassé, lâché, tué la Révolution: premièrement au seizième siècle, quand il s'agissait de la liberté de conscience; puis à la fin du dix-huitième, pour les libertés politiques. Elles sont vouées au passé, sans trop savoir ce que c'est" (F 50). "Pour la généralité, on peut dire le mot de Proudhon: 'La femme est la désolation du juste'" (F 173).

C'est bien ce scandale polymorphe qui fait parler Michelet et qui contamine son langage "scientifique." Ce langage scandalisé, une fois de plus, se trahit par son obsession de la différence:

> L'objet de l'amour, la femme, est un être fort à part, bien plus différent qu'il n'y semble au premier coup d'œil. [...] Elle ne fait rien comme nous. Elle pense, parle, agit autrement. Ses goûts diffèrent de nos goûts. Son sang n'a pas le cours du nôtre [...]. Elle ne respire pas comme nous. [...] Elle ne mange pas comme nous, ni autant, ni les mêmes mets. [...] Ces différences intérieures se traduisent au dehors par une autre plus frappante. La femme a un langage à part. (A 49–50)

C'est le langage "scientifique," gagné ici par une véhémence quasi pathologique, qui est appelé à recouvrir ce langage féminin, scandaleux par son obscurité de fait, et à le soumettre au contrôle sémiotique du père et du mari, devenus médecins et interprètes de leur pauvre Sibylle malade. De fait, l'entreprise de surveillance et de contrôle de la femme chez Michelet ressemble fort aux ambitions réglementaristes de Parent-Duchâtelet. La femme, dans l'idéal, doit être un être isolé, soustrait à l'influence néfaste de la mère (devenue la rivale du mari), de la sœur, des fausses amies, et même de la femme de chambre (F 86; A 133–38, 146–48). Elle doit au contraire se vouer à une existence de totale transparence sous les yeux de son mari, se soumettre à une confession de tous les instants. C'est aussi un être interdit de jouissance. Les femmes n'ont dans l'acte physique que "complaisance et bonté" (A 197); le mari ne peut que "désirer ce doux triomphe: que la douleur ne déplût pas" (F 228).[20]

L'essentiel est de faire dévier l'énergie désorganisatrice et perverse, et de réinscrire ce scandale sous une forme atténuée, manipulable, susceptible d'être endiguée. C'est ainsi que sous la plume de Michelet, la femme, de grande criminelle scandaleuse, se fait grande malade. La femme est une malade dans sa nature même, en toute santé, pourrait-on dire. Michelet en fait le titre d'un chapitre de *L'amour.* Le scandale de la menstruation s'en trouve désamorcé. "La semaine qui précède celle de la crise est déjà troublée. Et dans les huit ou dix jours qui suivent cette semaine douloureuse, se prolonge une langueur, une faiblesse, qu'on ne savait pas définir. Mais on le sait maintenant. C'est la cicatrisation d'une blessure intérieure, qui, au fond, fait tout ce drame. De sorte qu'en réalité, 15 ou 20 jours sur 28 (on peut dire presque toujours) la femme n'est pas seulement une malade, mais une blessée" (A 56–57). Le mari, et le père donc, doivent se faire médecins, épier la femme, l'interroger, la confesser, se faire gynécologues[21] enfin, afin de connaître "la femme." "Dans l'avenir, toute éducation [...] comprendra des années d'études médicales" (A 342). "Qu'est-ce que la femme? La maladie (Hypocrate) — Qu'est-ce que l'homme? Le médecin" (A 345). Il s'agit en effet pour le mari d'interpréter les signes physiques de sa femme, de la lire, afin de la réécrire, en "tenant un petit journal de sa vie physique" (A 159). Ainsi, "sachant l'état de l'atmosphère, l'époque du mois, [...] on peut prédire avec plus de sûreté que les anciens augures. On devine presque à coup sûr ce que sera l'humeur de la femme [...], quel tour prendra sa pensée, son désir, son rêve" (A 55–56).

De même, si le père et le mari doivent se faire médecins, le juge doit aussi être secondé par le corps médical. "Nos magistrats sentiront [...], que, pour juger et punir ce qu'il y a de *libre* dans les actes de la femme, il faut tenir compte de la part de *fatalité* qu'y mêle la maladie. L'assistance *permanente* d'un jury médical est indispensable aux tribunaux" (442). En effet, le scandale d'une femme adultère considérée comme criminelle et responsable est trop fort. Le code pénal, quelque sévère qu'il soit, ne peut rien pour l'endiguer.[22] En réalité, "nulle peine ne serait assez grave si elle savait ce qu'elle fait" (A 319). Il vaut mieux faire d'elle une grande malade. Nous rejoignons ici le phénomène que nous remarquions dans le premier chapitre au sujet de la kleptomanie. De fait, Michelet ne manque pas de prendre cet exemple, beaucoup moins chargé de scandale que l'adultère, pour illustrer ses théories:

> Il n'y a presque aucun article du code qu'on puisse leur appliquer sans modifications, surtout quand elles sont grosses. Une femme prend un objet. Que faire? elle en a eu une insurmontable *envie.* Oserait-on l'arrêter? [...] Allez-vous l'emprisonner? [...] vous allez risquer deux assassinats!... Je voudrais, surtout, quand l'objet est une bagatelle, qu'on se laissât voler de bonne grâce et qu'on s'abstînt de l'arrêter. Les anciennes lois allemandes lui permettaient expressément de pouvoir prendre quelques fruits. (A 442)

Quelques fruits certes, mais lorsqu'il s'agit du fruit de ses entrailles? Une médecine scandalisée prend ici le relais du discours pénal pour se réapproprier le corps de la femme. Il semble d'ailleurs que dans l'ensemble, le discours médical au dix-neuvième siècle est un discours beaucoup plus inquiet, beaucoup plus fantasmatique, en un mot plus "scandalisé" qu'il ne l'était au siècle précédent, et ce malgré les progrès des connaissances, ou plutôt à cause de ces progrès. Jean-Pierre Peter explique que le discours médical sur la femme des siècles précédents était un discours de l'étrangeté, du monstrueux souvent, mais tout au moins un discours de la différence sereine, tranchée, assurée, qui faisait de la femme "la compagne de l'homme, compagne étrange, mais compagne acceptable." Au dix-neuvième siècle, au contraire, les progrès de la physiologie et de l'anatomie pathologique révèlent que la femme est semblable à l'homme dans ses tissus et organes. "Ainsi fait soudain défaut la base savante qui permettait, au siècle précédent, de fonder en toute quiétude et clarté, un discours sur la différence radicale." Cette indifférenciation radicale représente un obstacle infranchissable pour le discours scientifique. C'est véritablement le *skandalon* sur lequel il achoppe et qui détermine le faux pas de son raisonnement. Ces différences d'essence qui n'existent pas, il faudra donc les forger à tout prix,[23] et c'est bien ce que fait ici Michelet.

Il est possible de retracer, au cours du siècle, une montée croissante de ce que l'on pourrait appeler le "degré de scandalisation" des discours sur la femme. Bernheimer note, par exemple, un investissement fantasmatique de plus en plus fort dans les représentations de la prostitution. La sexualité féminine semble chargée d'un potentiel perturbateur grandissant et suscite des stratégies compensatoires de plus en plus angoissées. À la fin du siècle, c'est la santé même de l'organisme social qui dépend de la réussite de ces stratégies (Bernheimer 252). Par ailleurs, sous l'effet de l'échec progressif du projet réglementariste, les trop belles catégories qui permettaient d'établir des différences rassurantes entre les différentes formes de débauche, s'effondrent. Une des conséquences des travaux d'Haussmann est de changer radicalement la géographie de la prostitution telle qu'elle existait sous la monarchie censitaire. L'idéal réglementariste des quartiers obscurs, aux rues sinueuses qui concentreraient le vice dans les maisons closes, rendant ainsi sa surveillance plus aisée tout en l'occultant au reste de la population, est mis en échec par la percée des grands boulevards. On assiste au transfert des prostituées vers le centre. De plus, les grands espaces et l'éclairage au gaz rendent plus visible cette prostitution, et surtout la prostitution clandestine (Corbin, *Les filles de noce* 302). Bernheimer souligne l'accroissement à cette époque du nombre des filles insoumises, ainsi que la baisse des effectifs des filles en numéro (89).[24] Le Second Empire est de plus l'époque de la demi-mondaine et de la femme galante, qu'il est souvent difficile de distinguer de la femme honnête. La diffusion du commerce de masse dans les grands magasins a aussi pour effet une certaine démocratisation du luxe. Les codes vestimentaires se brouillent. Parent-Duchâtelet remarquait qu'il était aisé de reconnaître les différentes classes de prostituées à leur vêtement (120–21); il est à présent souvent impossible de les séparer des femmes honnêtes. Les différentes classes de prostituées sont aussi de moins en moins fixes. Les prostituées circulent plus facilement entre les niveaux de la société, ce qui rend leur repérage impossible (Aron 79–85). En conséquence, une angoisse grandissante accompagne la montée du thème de la clandestinité dans les discours sur la prostitution. Une véritable terreur remplace "l'anxiété négligente de Parent-Duchâtelet" (Corbin, *Les filles de noce* 43). La conduite prostitutionnelle s'accompagne donc d'un pouvoir séditieux beaucoup plus fort dans les esprits. Bientôt, cette énergie déstabilisatrice gagne l'ensemble de la gent féminine. Le grand magasin offre à la femme un espace de rencontre en dehors des lieux de la scandalisation traditionnellement codée. Corbin note que l'adultère s'y multiplie (37).[25] En conséquence, la menace du mélange et de l'indifférenciation grandit, et après la défaite de la Commune, les comportements sexuels féminins sont présentés comme de plus en plus dangereux, non plus une “menace souterraine,” mais bien “une vague déferlante” (Corbin 37). Toutes les conduites de débauche tendent à se confondre dans les esprits pour représenter un seul et même scandale. Corbin note que sous la Troisième République, la démarcation est “moins nette que jamais entre adultère, liberté des mœurs, débauche, vice et prostitution” (43).[26]

Paradoxalement, une fois de plus, les découvertes scientifiques viennent ajouter à cette angoisse à l'endroit de l'indifférenciation, au moment même où la science tente de l'enrayer. Dans le discours de Parent-Duchâtelet, le scandale de la contagion représenté par les maladies vénériennes était compensé par une stratégie visant à conjurer le scandale féminin, puisque ces maladies exprimaient ce scandale et le rendaient lisible. La mutilation syphilitique, symbole de l'effondrement des différences, réintroduisait en effet, dans un même geste, une lisibilité sur le corps féminin délinquant.[27] Portant sur le visage et sur les organes génitaux la marque de son scandale jusqu'alors invisible, la prostituée syphilitique était alors récupérée par le discours médical, et aussi par le discours romanesque qui pouvait alors la soumettre à son esthétique régulatrice. Plus tard dans le siècle, les travaux de Charcot, tâchant d'identifier par autopsie le siège physique des troubles hystériques, représentent une nouvelle stratégie de surveillance et de maîtrise de la déviance féminine. Pour Bernheimer, il faut voir Charcot “lisant” une hystérique comme l'un des agents de police de Parent-Duchâtelet identifiant une prostituée, ou comme un dandy balzacien pénétrant du regard le déguisement d'une parisienne. Dans chaque cas, il s'agit d'un même fantasme masculin scoptophile centré sur l'idée d'un corps féminin transparent livrant ses secrets aux regards de l'expert, qui seul est capable de déchiffrer ses signes culturels et de dévoiler sa nature profonde (43). Cependant, avec la découverte des différentes phases de la syphilis, ainsi que de l'hérédosyphilis, ou “syphilis des innocents,” cette lisibilité du texte du scandale, inscrit sur le corps, se perd. Enfants et femmes honnêtes sont contaminés. On assiste alors à la montée de l'angoisse du péril vénérien. La hantise de la contagion syphilitique accompagne la peur diffuse de la “généralisation des conduites érotiques à l'ensemble du corps social" et de sa contagion par les "classes dangereuses" (Corbin, *Les filles de noce* 44–46). Une fois de plus, les angoisses liées à l'indifférenciation à l'intérieur du corps social "scandalisé" par sa propre sexualité se cristallisent sur la femme, bouc émissaire tout désigné.

Le péril vénérien tend en fait à se confondre dans les esprits avec la prostitution (Corbin, *Les filles de noce* 362). La figure de la prostituée syphilitique devient donc une des figures majeures de la mythologie du scandale féminin de la fin de siècle. C'est ainsi que la référence à la prostituée, en particulier l'insoumise ou la courtisane de haut vol, doublée d'une préoccupation obsessionnelle à l'endroit des maladies vénériennes, se fait, à cette époque, un véhicule privilégié de l'angoisse suscitée par le scandale inhérent au corps féminin. Autour du spectre emblématique de la syphilis se cristallisent les fantasmes masculins confrontés à cette énigme. La syphilis attaque en effet la différence sexuelle en altérant les organes féminins et masculins. Ainsi "la maladie qui provoque l'érosion des membranes différentielles" est associée à "l'érosion des catégories morales" manifestée par la "physiologie sexuelle" de toutes les femmes (Bernheimer 26), puisque, nous l'avons vu chez Parent-Duchâtelet, leurs organes génitaux refusent obstinément de livrer le secret de leur comportement sexuel. Voyeurisme, fantasmes de castration et tactiques fétichistes compensatoires accompagneront cette nouvelle configuration du scandale féminin à travers la littérature de tout le siècle.

Avec la diffusion des travaux de Darwin, cette figure de la prostituée syphilitique polarise de plus l'anxiété biologique jusque là diffuse dans le corps social. Darwin publie en 1859 *On the Origin of Species* (De l'origine des espèces), puis en 1871 *The Descent of Man* (De la descendance de l'homme). Ces livres furent rapidement traduits et exercèrent une grande influence sur la pensée de toute l'Europe. Selon Corbin, l'influence du darwinisme atteint son apogée en Europe entre 1870 et 1880 (*Les filles de noce* 362). La théorie de l'évolution des espèces, et surtout celle de la descendance de l'espèce humaine à partir d'un ancêtre commun, quadrupède simiesque et arboricole, causa grand scandale, surtout en France, dans un siècle préoccupé de la quête de ses origines.[28] Ce qui inquiéta sans doute surtout, ce fut l'envers de cette théorie, la possibilité de la régression et de la dégénérescence. Le spectre de cette régression apparaissait déjà dans *On the Origin of Species,* mais l'idée était peu développée, et limitée aux animaux, en particulier aux animaux domestiques. Dans *The Descent of Man,* au contraire, l'idée de régression est appliquée nettement à l'homme puisque les caractères ataviques de cet ancêtre peuvent soudain réapparaître après plusieurs milliers de générations. Darwin pose d'ailleurs comme "des faits incontestables" que l'homme descend d'une autre espèce, dotée d'un "degré d'organisation moindre," dont il "conserve les rudiments," et qui fait qu'il reste sujet à des "reversions anormales occasionnelles" à ce type primitif (43, 606–07). L'existence de la dégénérescence syphilitique, reconnue comme vérité scientifique, se lie facilement à l'idée de la régression. L'hérédité seconde, qui saute une génération pour frapper les petits-fils des syphilitiques, est considérée comme prédominante dans le cas de la syphilis, et beaucoup plus dangereuse que l'hérédité prime (Corbin, *Le temps, le désir* 161–64). Bientôt, toutes les malformations existantes sont liées à une forme quelconque de parasyphilis, et l'angoisse générale vis-à-vis de la sexualité et des femmes se lie à ces menaces qui pèsent sur la race tout entière.[29] Les discours contemporains, et en particulier les discours sur la femme, s'emparent alors des découvertes de Darwin et parviennent à les adapter pour donner une base "scientifique" au discours ambiant du scandale de la femme. De plus en plus nettement, une science scandalisée va générer et propager une nouvelle fiction du scandale de la femme: la femme comme figure de dégénérescence, *skandalon* faisant obstacle à l'évolution de l'humanité et entraînant dans sa chute toute la race humaine.

Darwin admet en effet que "[chez l'homme], les enfants mâles et femelles se ressemblent beaucoup [...]; de même, ils ressemblent beaucoup plus à la femelle adulte qu'au mâle adulte. Toutefois, la femelle finit par acquérir des caractères distinctifs et, dans la configuration du crâne, on considère qu'elle occupe une position intermédiaire entre l'enfant et l'homme" (*The Descent* 157). Mais comme le remarque très justement Bram Dijkstra, cette formulation ne fait que donner une base scientifique à ce que les discours antérieurs avaient déjà avancé, en particulier ceux de Proudhon, Michelet, et Schopenhauer (163–67).[30] Tous remarquaient combien les femmes étaient proches des enfants. Ils soulignaient aussi leurs talents d'imitation, et leur absence de génie actif, expliquant ainsi leur absence sur la scène des grandes découvertes de l'humanité. Or Darwin écrit que les femmes sont non seulement plus tendres et moins égoïstes que les hommes, mais aussi qu'elles les dépassent par leur faculté d'imitation et d'intuition. Mais, dit-il, "certaines, au moins, de ces facultés sont représentatives d'un degré de civilisation révolu et inférieur" (*The Descent* 563–64). Il n'y a pas loin de ceci à la femme de Michelet, "arrêtée tôt dans son développement," ou entravant la marche du progrès de l'histoire. Quant au génie, cette "force supérieure d'imagination et de raison," il ne se développe guère que chez les hommes, en raison de leurs luttes continuelles pour obtenir les femmes. "Ainsi l'homme a fini par devenir supérieur à la femme." Certes, concède-t-il, les hommes de nos jours ne se battent plus guère pour leurs femelles, cependant, la lutte pour la vie est encore féroce dans le monde moderne industrialisé: "à l'âge adulte, les hommes doivent généralement se livrer à une lutte acharnée pour subvenir à leurs besoins et à ceux de leur famille. Ceci ne pourra que continuer à entretenir ou même à augmenter leurs facultés mentales et par conséquent la présente inégalité entre les sexes" (*The Descent* 565–66). Étant donné les faibles capacités intellectuelles de la femme, peu stimulées dans son faible rôle dans la lutte pour la vie, il apparaît même que le développement de son cerveau est contraire à l'évolution, un obstacle à ses facultés reproductrices. L'énergie intellectuelle dépensée par la femme s'ajoute à sa faiblesse constitutive. Drainée par le sang des règles et les écoulements de l'accouchement, il ne lui reste que peu d'énergie pour la reproduction.[31] Il est donc proprement scandaleux qu'elle détourne cette énergie précieuse. La femme des discours dérivés du darwinisme est donc bien une femme "scandalisée," arrêtée dans son développement, mais cette fois-ci, c'est l'humanité tout entière qu'elle risque d'entraîner dans sa chute.

Inspirée par les travaux de Darwin, et mise en présence du "fait" incontournable de la bête en nous qui menace de resurgir, la science scandalisée, une fois de plus, tente de tirer les choses au clair, de désigner l'origine de la faute comme autre, de l'extirper du corps social. La craniologie florissante tente d'établir une hiérarchie des races, et bientôt des sexes, selon leur degré d'évolution.[32] La femme est ainsi de toutes parts assimilée aux "races inférieures," et aux enfants. La bête en nous, c'est elle, susceptible de causer le faux pas fatal de l'homme, sa chute et sa régression, si elle s'éloigne de ses fonctions purement reproductrices. Désormais toute transgression féminine est codée en termes de dégénérescence. Pour reprendre l'expression de Dijkstra, durant les trente dernières années du dix-neuvième siècle, la misogynie ambiante s'amalgame aux "merveilles" de la science et à la théorie de l'évolution pour former une "sainte trinité" masculine innocente liguée contre "une entité régressive appelée femme" (182).

Le discours de l'anthropologie criminelle de Lombroso est représentatif de cette "scandalisation" maximale de la fin de siècle. En 1895, il publie en Italie, avec la collaboration de Ferrero, un ouvrage immédiatement traduit en français: *La femme criminelle et la prostituée.* Cet ouvrage fit date et malgré de vives controverses, il influença considérablement le discours criminel et prostitutionnel en France, et dans toute l'Europe, où Lombroso était considéré comme une figure scientifique de tout premier ordre, l'égal de Charcot et de Darwin. De fait, Lombroso, médecin de formation, mêle dans cette étude l'anthropologie, l'anthropométrie et la psychiatrie aux théories évolutionnistes de Darwin. Le mouvement précédemment observé de codification de la criminalité féminine en termes pathologiques s'accentue, puisque sous la plume des deux italiens, prostitution et criminalité sont désormais liées sous le même signe morbide: "la prostituée est psychologiquement une criminelle" (470). Or cette assimilation est présentée comme une vérité scientifique sans appel puisqu'elle dérive de l'"observation à outrance des faits" (28).

C'est en effet sous le signe de l'observation à outrance que Lombroso aborde le double scandale féminin de la délinquance et de la prostitution. Son but est de lire littéralement le texte de la dégénérescence féminine sur son corps, afin de l'isoler et de l'exhiber. Le mouvement, une fois de plus, est celui de la différenciation, de la séparation et de l'exclusion, mais cette fois-ci, il atteint un véritable paroxysme. Armé des outils de l'anthropométrie et de l'anatomie pathologique, Lombroso se livre à des mesures infinies, tentant de repérer le "type" de la criminelle, ou de la prostituée née, afin de transcrire le scandale de la déviance féminine et de l'indifférenciation qu'elle apporte dans la société en termes d'atavisme et de dégénérescence. Ainsi, il ne donne pas moins de 23 mesures comparées du seul crâne des femmes normales, des criminelles et des prostituées; il distingue 29 types d'anomalies crâniennes, 33 de la face, 18 du cerveau. Il mesure encore la taille, le poids des femmes de toute origine, l'envergure des bras, la hauteur du tronc, la force des membres, le thorax, les mains, le cou, les cuisses, les jambes, les pieds et les mollets dans leurs diverses proportions les uns par rapport aux autres. Il évalue la capacité crânienne, pèse le cerveau, scrute les cheveux, les yeux, les rides, les dents, etc., dans un mouvement véritablement frénétique qui trahit un degré d'agitation extrême.

De fait, toutes ces mesures sont décevantes. Lombroso l'admet lui-même. "Il ne ressort malheureusement, que bien peu de choses de cette accumulation de mensurations" (271). Cependant, Lombroso ne s'avoue pas vaincu, contrairement à Parent-Duchâtelet, qui renonçait à donner beaucoup de détails statistiques sur le physique des prostituées puisque, plus il essayait de les différencier, plus elles lui apparaissaient semblables à la moyenne des femmes. Lombroso, lui, continue à proclamer l'importance des chiffres qui sont "sa meilleure arme, avec d'autant plus de raison que la rareté de leur différence en augmente la valeur" (224). Il arrive alors à forcer ces différences infimes, à faire parler ces corps scandaleux et à dresser un portrait-robot tiré tout droit des théories de la régression de Darwin: taille, ouverture des bras, longueur des membres sont inférieurs, poids supérieur relativement à la taille, main plus longue, mollets plus développés, pied plus court, diamètres faciaux plus développés, forte mâchoire, cheveux et iris plus sombres, poil et chevelure plus abondants, etc. (271).

Cependant, malgré tous ces efforts, le texte de la dégénérescence criminelle reste difficile à lire chez la femme. En réalité, si les criminelles et les prostituées présentent davantage d'anomalies physiques que les "femmes honnêtes," ces anomalies et monstruosités sont néanmoins beaucoup moins nombreuses que chez l'homme criminel. En particulier, le "type criminel" complet, défini comme "la réunion d'au moins quatre caractères de dégénérescence," est beaucoup plus rare chez les femmes, même chez les prostituées qui pourtant présentent davantage d'anomalies que les criminelles (280, 292–93). Ainsi, le scandale éclate véritablement lorsque Lombroso examine les photographies de criminelles et prostituées: "beaucoup diront qu'en somme, ces visages n'ont rien d'horrible et j'en conviens moi-même en partie, car dans des conditions identiques comparés aux mâles criminels, recueillis [...] dans l'atlas de *L'Homme criminel,* les femmes sont infiniment moins laides; chez quelques-unes même on rencontre un rayon de beauté" (285). Cette relative "beauté," et la rareté des monstruosités chez elle, rendent la femme criminelle et prostituée infiniment plus dangereuse que son homologue masculin, car elle fait littéralement obstacle au contrôle sémiotique du chercheur. Souvent, seul un expert tel que Lombroso est capable d'identifier le type criminel chez une femme que le commun des mortels admire: "Ainsi beaucoup ne trouveront pas avec nous le type criminel dans le n° 10. pl. V., et pas même chez Messaline, qui bien que adulée par les écrivains du temps, ne laisse pas de présenter nombre des caractères de la délinquante et de la prostituée-née, tel que front bas, cheveux crépus, et très abondants, mâchoires volumineuses" (288). La beauté paradoxale des jeunes criminelles, et surtout la "beauté du diable" de la prostituée, représente le *skandalon* de la sexualité féminine qui menace de faire échec aux institutions sociales les plus essentielles, telles que l'appareil légal et judiciaire:

> Très souvent ces caractères sont voilés par la jeunesse, qui voile les rides et qui par l'exubérance de la couche graisseuse sous-cutanée, dissimule le développement exagéré des mandibules et des zigomes, qui cache, dirai-je en somme, l'aspect viril et sauvage de la figure, et par l'abondance et la noirceur des cheveux [...], la vivacité de l'œil nous fait une impression si agréable, que l'influence sexuelle qui a une si grande part dans nos jugements sur la femme, et qui nous la fait juger plus sensible et plus voluptueuse, alors même qu'elle ne l'est pas, nous la montre aussi plus belle et plus dépourvue de caractères de dégénérescence tant qu'elle est jeune; de même aux assises, elle fait excuser comme résultat de nobles passions, des crimes qui souvent ont pour mobile les calculs les plus impudents. (288)

Le scandale ici habite le texte du médecin anthropologue au point de le rendre presque incohérent. Le "nous" trahit l'effet de contagion qui l'atteint à travers "l'influence sexuelle" disséminée par le corps de la femme criminelle. La véhémence de l'expression autorise à retracer chez Lombroso une nette gradation ascendante dans la force du scandale, selon une échelle qui conduit de l'homme criminel à la femme criminelle, à la criminelle jeune, puis à la prostituée, qui par le maquillage cache encore davantage que la criminelle les signes de la dégénérescence, pourtant plus nombreux chez elle, la prostituée jeune offrant sans doute l'exemple le plus marquant de tous.

Une fois de plus, le discours scientifique destiné à répondre au scandale de la déviance féminine bute sur l'obstacle incontournable de l'illisibilité du lieu de la faute. Dans le discours d'anthropologie criminelle de Lombroso, la présence du *skandalon* se donne à lire dès la préface, dans laquelle l'auteur avoue avoir eu bien des difficultés "à résoudre les continuelles contradictions qui entravaient notre marche." Cependant, dit-il, "les phénomènes les plus opposés, [...] ont fini par s'enchevêtrer entre eux comme les pierres d'une mosaïque, pour former bientôt un ensemble organique et complet" (27). Il faudrait sans doute voir dans ces "pierres" autant de manifestations du scandale représenté par la femme, scandale qui habite le discours dans son ensemble. Ce discours est animé par le désir irrépressible de résoudre à tout prix les contradictions factuelles pour atteindre "le but désiré" (27).

Ainsi, si le texte du scandale féminin est si difficile à lire, c'est qu'il est plus interne qu'externe (290). Par exemple, les lèvres charmantes cachent souvent des dents qui se chevauchent. Les organes sexuels eux-mêmes, si on sait les interroger, finiront par livrer leur secret. S'il est vrai que l'on ne peut pas toujours se fier à des déformations évidentes du clitoris, des petites lèvres ou du vagin (279), il suffit de soumettre ces organes au test de la stimulation douloureuse par décharge électrique pour s'apercevoir qu'ils sont beaucoup plus insensibles et "obtus" chez les criminelles et prostituées que chez les femmes honnêtes (323). Le problème fondamental qui, une fois de plus, se donne à lire est celui de l'indifférenciation, cette fois-ci codée en termes de dégénérescence. Le trait essentiel qui caractérise le "type criminel" chez la femme est en effet le virilisme sous toutes ses formes: apparence physique, voix, goûts et perversions dénotant, dans l'esprit de Lombroso et de nombreux savants de la fin du siècle, une tendance atavique à revenir à un stade antérieur de l'évolution humaine, la race étant issue d'un ancêtre hermaphrodite. Donc, "l'influence de la dégénérescence tend de plus en plus à rapprocher et à confondre les deux sexes" (346). La transparence de cette hantise de l'indifférenciation se double d'une affirmation très nette du caractère sexuel de ce scandale. Ainsi, l'équivalent féminin de l'homme criminel est la prostituée, bien plus que la femme criminelle car "la rétrogradation naturelle des femmes est la prostitution, et non la criminalité, la femme primitive étant plus une prostituée qu'une criminelle. Elle doit donc, comme double exception être plus monstrueuse" (361). La sexualité, toujours "exagérée" et "précoce"[33] chez les criminelles, constitue le nœud de la déviance, chez la criminelle comme chez la prostituée. En effet, même lorsque les délits commis n'ont rien de sexuel, même chez la criminelle occasionnelle, la faute trouve le plus souvent son origine dans un faux pas sexuel qui la marquera durant toute sa vie. "Cet érotisme exagéré, anormal pour la femme ordinaire devient pour beaucoup le point de départ de leurs vices et de leurs crimes; et contribue à en faire des êtres insociables, ne cherchant qu'à satisfaire leurs violents désirs, comme ces luxurieux barbares chez qui la civilisation et le besoin n'ont pas encore discipliné la sexualité" (361).

Ainsi, indifférenciation et sexualité sont-ils les éléments clefs qui déterminent les diverses incarnations du scandale féminin sous la plume de Lombroso, et l'autorise à tous les mélanges. De cette façon, il assimile, non seulement crime et prostitution, mais aussi, on va le voir, adultère, suicide, épilepsie, hystérie, et toutes les "perversions" sexuelles: tribadisme, nymphomanie, masturbation, inceste, etc., sous le signe du même opprobre. La prostitution innée a son équivalent dans les hautes classes: "la femme qui provenant des classes pauvres finit par devenir pensionnaire d'un lupanar, dans les hautes classes devient une adultère incorrigible," et il n'y a aucune différence entre "la prostituée vieillie qui, se faisant entremetteuse, vend sa fille, et l'adultère de la haute société, qui, après une série plus ou moins longue d'aventures, marie sa fille à son dernier amant, pour se l'attacher davantage" (468–69). Quant aux délits et aux suicides, "on peut les considérer comme deux branches du même tronc" (421). Les désirs sexuels exacerbés "scandalisent" les sentiments les plus purs, ainsi "quand la maternité et la sexualité au lieu de se combattre se confondent dans l'inceste" (363). La folie, chez la femme, se caractérise par "l'exagération sexuelle." Mais il s'avère que ceci n'est qu'une "exagération de l'état normal [de] surexcitation qui se manifeste à l'époque menstruelle, dans les grossesses et les ménopauses" (187–88). Cette exagération conduit aussi bien au tribadisme, à la kleptomanie, ou à la nymphomanie, qui "transforme la jeune fille la plus timide en une bacchante qui ne peut même pas être comparée en impudeur à la prostituée" (489). La tribade, quant à elle, n'est que le plus pur exemple de régression atavique vers l'hermaphrodisme originel, jointe à une "excessive lascivité" (341). L'hystérique représente une combinaison semblable de lascivité et d'indifférenciation; c'est pourquoi, pour Lombroso, la plupart des tribades sont aussi des hystériques (504).

À la fin du siècle, le fantasme de l'hystérie relaie d'autre part quelque peu celui de la syphilis et joue un rôle assez similaire dans l'imaginaire de l'époque. Foucault a insisté sur le phénomène d'"hystérisation du corps de la femme" qu'il considère comme un motif prépondérant du dix-neuvième siècle (*La volonté de savoir*). Comme la syphilis, mais dans le registre psychiatrique, l'hystérie figure l'horreur et le scandale du corps féminin menaçant l'équilibre de la différence des sexes. L'hystérique ne sait plus si elle est homme ou femme, et elle n'offre plus au narcissisme masculin le miroir rassurant de son altérité; au contraire, elle subvertit les définitions les plus fondamentales de la masculinité (Bernheimer 207–08).[34] Tout comme les tribades pour Parent-Duchâtelet,[35] les hystériques apparaissent à Lombroso comme des faussaires monstrueusement douées. Elles poussent au paroxysme la tendance féminine naturelle au mensonge et à l'imitation. "Elles simulent le suicide, les maladies" et surtout se distinguent par "les lettres anonymes" qu'elles ont la manie de s'envoyer à elles-mêmes. Elles aussi mettent en échec le système judiciaire car "l'hystérisme aide à masquer le faux, en lui prêtant une énergie aussi grande et même plus grande que ne ferait la conscience du vrai" (515). Leur "sagacité" et "ténacité" est un sujet d'étonnement même pour Charcot (504). Elles font preuve également, comme les tribades, d'une perversion du narcissisme féminin naturel, en refusant les modèles que l'homme leur propose, et en s'enfermant dans une relation qui exclut le contrôle masculin. Ce narcissisme pervers apparaît à Lombroso comme un "égoïsme et une préoccupation de soi-même qui les rend [*sic*] avides de scandale et de rumeur publique" (502). De plus, si hystériques et tribades se ressemblent, il est en outre très difficile de différencier les hystériques et les criminelles-nées, puisqu'il ne s'agit que d'une question de degré dans la propension au mensonge, à la mobilité,[36] et à la préoccupation sexuelle (517).

De fait, il s'avère que malgré les tentatives de différenciation, il n'y a pas loin de la femme honnête à la femme criminelle ou prostituée sous toutes ses formes. La flétrissure est en effet inhérente à la nature même de la femme. La conclusion de la première partie de l'ouvrage, consacrée à la femme normale, est que celle-ci "a beaucoup de caractères qui la rapprochent du sauvage et de l'enfant, et par suite, du criminel" (156). Plus loin, Lombroso est plus explicite:

> [La femme] est vindicative, jalouse, portée à exercer des vengeances d'une cruauté raffinée; mais dans les cas ordinaires ces défauts sont neutralisés par la pitié, la maternité, le peu d'ardeur de ses passions, sa froideur sexuelle, sa faiblesse, et sa moindre intelligence. Mais si une excitation morbide des centres psychiques vient à éveiller ses mauvaises qualités et à lui faire chercher dans le mal un assouvissement, si la pitié et la maternité lui font défaut, si l'on y ajoute les impulsions dérivant d'un intense érotisme, une force musculaire assez développée et une intelligence supérieure pour concevoir le mal et l'exécuter, il est évident que de la demi-criminaloïde inoffensive qu'est la femme normale surgira une criminelle-née plus terrible que n'importe quel homme criminel. [...] Nous avons vu [...] combien sont nombreuses les causes qui conservent honnête la femme [...]. Si malgré tant d'obstacles, une femme commet des crimes, c'est une preuve que sa perversité est énorme puisqu'elle est parvenue à renverser tous les empêchements. (360–61)

Le discours ici se déconstruit de lui-même autour du *skandalon* de la sexualité féminine. Toute femme est potentiellement scandaleuse. Ce n'est qu'au prix d'efforts immenses que ce scandale est contenu par une "féminité" artificielle tout entière sous le signe du manque, de la vacance, de la négation. Ces "qualités" féminines ne sont qu'autant d'obstacles jetés sous les pas de la femme pour bloquer son énergie et pour l'enfermer dans un paradoxe sans issue: scandalisation passive de victime si elle accepte son identité de "femme honnête" entravée (telle que la voudrait Michelet), scandalisation active de figure perverse si elle se heurte à ces obstacles et commet le faux pas irréparable.

La "normalité" de la femme n'est que le résultat d'un équilibre précaire qui cache l'anormalité latente. Seule la convention culturelle définit la "femme normale" en dernier recours, et ce au prix de la "scandalisation" de son désir dans le sens double de sa mise en échec et répression chez la femme normale et de l'expression nécessairement scandaleuse de ce désir lorsqu'il refait surface. Ce mécanisme de double piège culturel apparaît clairement dans le cas du mariage et de la virginité: "La virginité, le mariage, sont des institutions sociales appropriées, comme tous les usages et toutes les institutions au type moyen, c'est-à-dire, à la froideur sexuelle [...] de la femme normale" (408). "Au contraire la femme à passions véhémentes trouve plus souvent dans toutes ces barrières que la société oppose à la satisfaction de l'amour féminin, l'écueil contre lequel l'amour de la vie vient se briser" (425). On ne saurait être plus clair: la femme dans le mariage est une femme scandalisée dans son désir. Le mariage, clef de voûte de la société bourgeoise, fait obstacle à son désir. Le maintien de ce désir ne lui laisse que l'alternative de la mort ou du scandale.

Il est clair que le recours aux idées de dégénérescence sert simplement, dans le discours de Lombroso sur la femme, à fournir une base "scientifique" à la misogynie ambiante de cette fin de siècle, et résume tous les discours scandalisés qui l'ont précédé, en particulier ceux de Carl Vogt, Max Nordeau, Comte et Schopenhauer à qui il se réfère abondamment. En résumé, la conclusion majeure qui unifie les trois parties de son ouvrage, est que "la femme est intellectuellement et physiquement un homme arrêté dans son développement" (31). La définition de la femme semble donc passer nécessairement par la notion d'obstacle, et donc de *skandalon.* L'on serait même tenté de voir dans cette formulation l'équation suivante: femme = homme + scandale. La simplification extrême de cette équation permet de faire ressortir la nature du problème pour l'ensemble du dix-neuvième siècle. De plus en plus, à mesure que l'on s'avance dans le siècle, la "féminité" s'avère une construction discursive masculine opérant selon les mécanismes du scandale, comme nous allons le voir à travers les textes de Freud.

C'est ainsi qu'à cette époque une série d'événements scellent, en l'espace d'à peine deux ans, la destinée de la psychanalyse freudienne, telle que nous la connaissons aujourd'hui. En 1895, Freud publie avec Joseph Breuer leurs *Études sur l'hystérie,* qui contiennent la célèbre théorie de la séduction de la fille par le père. À cette époque, Freud ajoute foi au témoignage de ses clientes hystériques, qui inlassablement répètent la même histoire d'une agression de type sexuel commise sur elles par une figure paternelle. Dix ans de recherches l'ont convaincu du fait que le père est la cause de l'hystérie chez la fille. Le 23 octobre 1896, Jakob Freud meurt, et peu après, son fils entreprend son auto-analyse. Le 21 septembre 1897, Freud annonce à Wilhelm Fliess que son auto-analyse est terminée, et dans cette même lettre, il fait mention pour la première fois d'*Œdipe roi.* Enfin, le 9 février 1898, il achève son essai intitulé "Sexualité et l'étiologie des névroses," dans lequel le mot de *psycho-analyse* apparaît pour la première fois dans ses travaux (Lukacher). Chacun sait en effet que la "découverte" de Freud du complexe d'Œdipe est un résultat direct de son auto-analyse, commencée peu de temps après la mort de son père en 1896.[37] Pour Balmary, la première découverte de Freud, la théorie de la séduction, était la véritable découverte. Elle démontre que la découverte ultérieure de la psychanalyse autour du complexe d'Œdipe n'était qu'une ruse du refoulement résultant du travail de deuil et de l'auto-analyse entreprise à la suite de la mort de son père. Elle montre que dans son analyse du mythe, Freud "oublie" que c'est une triple faute de Laïos qui est à l'origine de la tragédie.[38] La faute finale, c'est le meurtre raté de son fils, qu'il fait exposer, les chevilles percées et attachées ensemble. La déformation physique, ainsi que le nom même d'Œdipe (qui signifie "Pied-Enflé"), représente l'inscription sur son corps, et sur sa destinée, du symptôme physique de la faute paternelle (Balmary 22–26). C'est à cause de Laïos qu'Œdipe boite. Il est le *skandalon* qui cause sa chute et le "scandalise." Pourtant, c'est Œdipe qui devient figure de scandale à Thèbes, de même qu'il en vient à incarner le scandale du désir incestueux et du parricide au sein de la psychanalyse.

Balmary découvre entre les lignes des biographies de Freud une série de fautes paternelles qui ont été occultées.[39] Ainsi, un transfert similaire à celui du mythe existerait dans la vie personnelle de Freud et dans les premiers développements de ce qui va bientôt devenir la psychanalyse. Il semble que, sur ces deux routes convergentes, Freud achoppe sur l'obstacle de la faute du père, une faute qu'il lui est impossible de reconnaître. La différence, cette fois, cst que le processus de scandalisation va se reporter sur la femme. Dans son auto-analyse, Freud ne découvre aucune transgression de la part de son père, mais "découvre" une orientation scandaleuse du désir chez lui, ces "sentiments d'amour envers [sa] mère, et de jalousie envers [son] père," désir virtuel qui, selon ses propres mots, cause en chacun une véritable "épouvante" s'il est actualisé, "transposé dans la réalité" (*Naissance,* cité par Balmary 259–60). Freud ne semble retenir que sa propre culpabilité, tout comme Œdipe lui-même, qui ne voit pas que chaque événement de sa destinée répond symboliquement à chacune des fautes de son père qu'il doit expier à sa place. Si le père "n'a joué aucun rôle actif," Freud lui substitue une autre figure de scandale, une gouvernante âgée, qu'il suppose avoir vue nue lors d'un voyage à Vienne, et qu'il désigne comme la "première génératrice" de sa névrose (Balmary 224, 244).

En ce qui concerne les clientes hystériques de Freud, ce transfert se retrouve: les filles sont à présent accusées de mensonge, de calomnie vis-à-vis du père. Elles deviennent donc l'objet de scandale, porteuses de la faute à la place du père. En fait, la contagion atteint jusqu'aux femmes "normales." L'essai ultérieur de Freud, "La féminité," le montre clairement: toutes sont victimes de ce virage scandaleux de la théorie de la séduction au complexe d'Œdipe: "presque toutes mes clientes me déclaraient avoir été séduites par leur père. J'en vins finalement à conclure que ces allégations étaient fausses [...]. Plus tard seulement, je me rendis compte que ce fantasme de séduction par le père était, chez la femme, *l'expression du complexe d'Œdipe typique*" (158; nous soulignons). Ce virage irrésistible, ainsi que la mention des "nombreuses heures" de réflexions "pénibles" que lui ont coûté ces recherches, trahit assez l'enjeu personnel que représente la tâche d'absoudre de toute faute ces pères, surtout à l'époque de la mort de son propre père.

Il est aussi intéressant de noter que, dans ce texte, le poids de la faute est immédiatement reporté du côté de la mère. Freud poursuit en effet: "Dans l'histoire préœdipienne de la fillette on retrouve aussi ce fantasme de séduction, mais c'est alors la mère qui est la séductrice. Ici le fantasme côtoie la réalité, car ce fut vraiment la mère qui provoqua, éveilla même peut-être, les premières sensations génitales voluptueuses, et cela en donnant aux enfants les soins corporels nécessaires" (158). La mère s'avère donc le véritable *skandalon,* celle qui la première initie sa fille à des plaisirs qui deviendront bientôt coupables. De plus, l'attachement préœdipien à la mère est un obstacle sur la route qui mène de l'attachement au père à l'attachement au mari, et qui constitue la "destinée" de la femme. Gallop note, en outre, l'association très étroite chez Freud des figures de la mère et de la gouvernante (Gallop 143–44), ce qui nous ramène bien sûr à la "découverte" de Freud du rôle de la gouvernante dans sa propre initiation sexuelle.

Si l'abandon de la théorie de la séduction au profit du complexe d'Œdipe place la fille en position de culpabilité, à cause de son mensonge, ce brusque virage détermine aussi chez elle un autre scandale: celui de son savoir précoce en matière de sexualité, et la perversité qui en résulte. Le savoir précoce existe certes aussi chez le petit garçon, mais cette réalité apparaît nettement plus pénible à accepter lorsqu'il s'agit de la fille. Il suffit pour s'en rendre compte d'examiner brièvement la célèbre analyse de Freud de l'hystérie chez Dora, analyse datant de 1900 et publiée en 1905, et donc postérieure au virage de la théorie freudienne en faveur du complexe d'Œdipe. Dans ce texte, le problème concerne l'étiologie sexuelle de l'hystérie, mais plus précisément le savoir scandaleux dont fait preuve une jeune fille "vierge" et supposée innocente, et la question de l'origine de ce savoir, une question à laquelle Freud ne cesse de revenir. L'analyse est, en outre, susceptible de scandaliser le lecteur, de faire naître chez lui (Freud semble s'adresser à un public exclusivement masculin) des sentiments à la fois de "surprise" et de "dégoût." Le scandale ici est double: il menace d'englober la personne du médecin psychanalyste, susceptible d'être accusé d'être lui-même à l'origine de ce savoir illicite (d'être donc le séducteur-corrupteur), ou tout du moins de trouver une gratification sexuelle perverse dans de telles conversations avec une jeune fille (*Fragments* 34). Freud, bien entendu, clame bien haut son refus de se laisser "scandaliser" sur ces deux plans. Il fustige l'esprit pervers de ses calomniateurs, et déclare de plus que la corruption d'une jeune fille est impossible, car, "là où se trouve l'hystérie, il ne peut plus être question de 'pureté de sentiments'" (60). Freud nie, en outre, éprouver aucun sentiment d'indignation face à de tels phénomènes. Pourtant, à y regarder de près, sa phrase se déconstruit d'elle-même: "Je trouve, par exemple, superflu qu'un médecin décrivant les déviations de l'instinct sexuel profite de toute occasion pour intercaler dans le texte l'expression de son horreur personnelle de choses si répugnantes" (35). C'est le ton froid et raisonné de la science (la position du médecin) qui est une fois encore appelé à conjurer le scandale. Cependant, la répugnance semble bien exister: il s'agit bien là de "choses répugnantes" auxquelles "*en réprimant nos goûts personnels,* nous allons, j'espère, nous habituer" (35). Il faut de plus noter que la "chose" en question, qui suscite toute cette diatribe et ces circonlocutions oratoires, est le fantasme de satisfaction érotique par "succion du pénis" que Freud attribue à Dora, un fantasme qu'il qualifie plus loin de "pervers" et "tellement choquant," bien qu'ayant "une origine des plus innocentes" (37). Freud, de plus, justifie sa relation psychanalytique avec Dora, en la comparant à la relation que les femmes entretiennent avec leur gynécologue, qui "se permet aussi, dans les mêmes conditions, de leur faire subir toutes sortes de dénudations" (60). L'image est ici significative. Il semble que la découverte de la vérité, de l'énigme de Dora et de son savoir, soit une fois de plus rapprochée de la découverte du corps féminin, et plus spécifiquement des organes sexuels. Or, il n'est guère nécessaire de rappeler que, selon Freud, c'est la vue des organes sexuels féminins qui cause l'angoisse de castration chez l'homme. Ceci nous ramène en outre à son expérience avec sa gouvernante qu'il a vue "toute nue." La quête du mystère de la sexualité féminine nous ramène une fois de plus au fait incontournable de l'indifférenciation de son sexe, codé en termes de castration.

L'origine du savoir scandaleux de Dora reste l'énigme principale tout au long de l'analyse. Tout d'abord, Freud ne décèle que le rôle de la lecture secrète d'une encyclopédie. Mais ce savoir livresque, par trop "masculin," se complète finalement de l'influence corruptrice de la gouvernante de Dora, mais aussi celle de Frau K, véritable "mère phallique" (selon Gallop 147–48) pour Dora, et pour qui elle éprouve les sentiments d'amour les plus profonds. L'origine de la faute, de la scandalisation est donc bien à chercher du côté de la femme. En outre, Freud tend à disculper de façon quasi complète les deux figures masculines principales dans l'étiologie de l'hystérie de Dora. Ainsi il reconnaît tout d'abord que la syphilis du père de Dora est un facteur important dans sa maladie, et que cette affection vénérienne héréditaire joue un rôle important dans la plupart des cas d'hystérie, et dans de nombreux autres désordres qu'il a eu l'occasion de traiter (12). Cependant, de son propre aveu, Freud se garde bien de confirmer les soupçons de Dora, qui tient son père pour responsable (57), et il refuse d'accepter cette réponse à la question de la jeune fille, qui ne cesse de demander pourquoi la maladie l'a atteinte, "elle justement" (54). Au contraire, selon lui, la réponse est à chercher du côté de l'habitude masturbatoire de Dora (55–56). Or, si l'on se tourne du côté de "La féminité," Freud y affirme clairement que c'est la mère, ou son double, la gouvernante, qui a appris à la petite fille à se masturber.[40] De plus, cette masturbation y est considérée comme un résidu dangereux de la phase phallique chez la petite fille, un obstacle sur la voie de sa sexualité féminine "normale," et qu'il convient d'éliminer à tout prix ("La féminité" 168). La masturbation de Dora est donc le "skandalon" principal qui disculpe le père et reporte la faute sur la fille et sur la mère.[41]

Par ailleurs, si Freud reconnaît en partie le bien fondé de l'interprétation de Dora, qui voit dans son histoire un marché passé entre son père et Herr K, un véritable échange de la femme de ce dernier pour Dora, son analyse par la suite disculpe en grande partie les deux hommes. Il semble que Freud, pas plus que le père de Dora, n'ajoute foi au témoignage de la jeune fille, en ce qui concerne la tentative de séduction commise sur elle par Herr K. Son interprétation des symptômes hystériques qui suivirent l'épisode est tout à fait significative. Il voit dans une crise d'appendicite aiguë, suivie d'écoulement menstruel, la représentation hystérique d'un accouchement, Dora donnant naissance neuf mois après la scène du lac, à l'enfant conçu avec Herr K (Freud, *Fragments* 127). Mais c'est surtout son analyse de la claudication de Dora, qui suivit l'épisode d'appendicite, qui est intéressante. En effet, contrairement aux troubles abdominaux, la claudication persiste chez Dora, revenant de façon périodique. Freud lie ce symptôme à un épisode de l'enfance de Dora: "un jour, dans son enfance, elle s'était foulé le même pied en glissant dans un escalier à B...; le pied, celui qu'elle traîna plus tard, enfla, dut être bandé [...]" (77). Selon lui, la réapparition de la boiterie représente de façon littérale le faux pas de Dora avec Herr K, et donc la manifestation de sa culpabilité. Freud ne manque pas, cette fois, de faire part de sa "découverte" à Dora: "vous supportez jusqu'à ce jour les suites du faux pas" (77). Ce symptôme prouve, selon lui, que Dora regrette inconsciemment de ne pas avoir cédé en réalité, à Herr K. Le *skandalon,* une fois de plus, est transféré. En outre, la mention de l'enflure du pied de Dora nous renvoie directement à cet autre personnage au pied enflé, Œdipe. Comme lui, Dora porte sur son corps le symptôme du transfert de la faute paternelle. Nous sommes une fois de plus en présence d'un *skandalon* codé en termes de féminin et qui fait dérailler un discours donné comme froidement scientifique.

De plus, pour le petit garçon, le complexe d'Œdipe n'est guère qu'une étape logique dans un développement continu qui le mène à la formation d'un Surmoi fort et à l'établissement d'une sexualité normale. L'entrée dans la phase cruciale du complexe d'Œdipe se fait sans heurt, car l'attachement à la mère n'est que la continuation de la phase préœdipienne. Quant à la résolution de l'Œdipe, elle trouve dans le complexe de castration une solution théoriquement simple (sinon toujours facile dans la réalité).[42] En comparaison, le chemin qui mène à la sexualité féminine "normale" s'avère un véritable parcours du combattant, une course d'obstacles. Il suffit pour s'en persuader de retourner à l'essai de 1933, "La féminité." La petite fille rencontre en effet deux obstacles majeurs dans sa "pénible évolution vers la féminité" (177). Tout d'abord, elle doit effectuer une transition difficile entre une sexualité préœdipienne clitoridienne de type phallique et active, et une sexualité postœdipienne vaginale et passive. Elle doit aussi changer de sexe dans son choix d'objet, abandonner l'attachement préœdipien à la mère pour l'amour pour le père qui caractérise la phase œdipienne ("La féminité" 153–56). Ces deux obstacles concernent l'entrée dans le complexe d'Œdipe. De plus, contrairement au petit garçon, la petite fille ne résout pas aisément ce complexe; en fait, elle ne le surmonte probablement jamais complètement. Freud décrit cette phase chez la fille comme un "havre de repos" qu'elle est peu disposée à abandonner (169–70). Les femmes conservent toute leur vie un attachement romantique pour leur père, ce qui explique le "fantasme de séduction" qui, on l'a vu, est caractéristique pour Freud du complexe d'Œdipe "typique" chez la femme. Cette difficulté à sortir du complexe représente également pour la femme un obstacle dans la formation du Surmoi, et bride chez elle la formation d'"intérêts sociaux" (170). Il semble clair à présent que la femme au sein de la psychanalyse freudienne, dans sa phase œdipienne, arrêtée dans son développement, est en fait une femme scandalisée au sens fort du terme: elle bute sur le double obstacle que la psychanalyse place sur son chemin, sous la forme du complexe d'Œdipe. Il ne faut donc pas s'étonner si la féminité "normale" n'est que l'une des trois voies possibles pour la petite fille qui découvre le "fait" de la castration, les deux autres menant à des conduites de type scandaleux: "l'inhibition sexuelle ou à la névrose" ou bien "la formation d'un complexe de masculinité" (166). La formule célèbre de Freud: "Nous devons admettre que la petite fille [dans sa phase préœdipienne] est alors un petit homme" ("La féminité" 155) rejoint ainsi la formule de Lombroso: "La femme est [...] un homme arrêté dans son développement," et l'équation femme = homme + scandale. Ici, le *skandalon* porte simplement un nom différent: le complexe d'Œdipe.

Ainsi, c'est sur une erreur d'interprétation du mythe, une faute de lecture (on serait même tenté de dire un scandale textuel), que Freud fait reposer tout l'édifice de la psychanalyse. Freud bute sur la faute du père et élabore le complexe d'Œdipe. À son tour, cette "découverte" devient la pierre d'achoppement qui détermine le faux pas de l'ensemble de la théorie psychanalytique (telle qu'elle est attaquée actuellement), et qui la rend boiteuse. Ce scandale "textuel" se retrouve aujourd'hui: le complexe d'Œdipe est aussi l'obstacle qui nous arrête dans notre lecture de l'œuvre de Freud et en fait un objet de scandale. Cet obstacle nous "scandalise" littéralement.[43] Cependant, comment peut-on expliquer qu'une théorie aussi faussée par son caractère subjectif et sa charge émotionnelle ait pu avoir une influence aussi forte et aussi durable sur l'esprit et l'imagination de tout un siècle?

La réponse principale est que l'élaboration de cette théorie semble apporter un remède contre la phobie de l'indifférencié, phobie qui est apparue jusqu'ici comme le support du scandale de la femme au dix-neuvième siècle. Dans *La violence et le sacré,* Girard montre que la faute d'Œdipe est de mélanger ce qui devrait rester distinct: les générations, les rôles familiaux. Mais le crime d'Œdipe est aussi le crime de tous: il reflète l'état de violence mimétique généralisé et d'indifférenciation absolue qui frappe la société de Thèbes et qui caractérise la crise sacrificielle. En masquant cet état de fait, et en faisant d'Œdipe le seul coupable, le mythe permet de rétablir la différence perdue par le mécanisme de la victime émissaire (103–29). Selon Girard, la théorie freudienne du complexe d'Œdipe occulte aussi la réalité insoutenable de l'écrasement des différences et de l'affaiblissement de l'autorité paternelle, qui marque de façon symptomatique le moment historique où s'élabore cette théorie. Pour que la structure œdipienne fonctionne, il faut qu'il y ait rivalité entre le père et le fils, ce qui n'est possible que dans une société où la figure paternelle est déjà affaiblie et où les rôles familiaux sont déstabilisés. Pour Girard, cette indifférenciation grandissante est emblématique de la modernité (259–60).

Pour Beizer aussi, l'histoire d'Œdipe est le mythe le plus représentatif du dix-neuvième siècle, dans une société où l'affirmation ostensible de l'autorité paternelle masque, en réalité, une inquiétude fondamentale face à l'effondrement progressif de cette autorité. Le développement de la psychanalyse serait alors à rapprocher de celui, à la même époque, de l'histoire, de la paléontologie, de la biologie moderne, de l'archéologie, de l'anthropologie, de l'étymologie, et de la philologie. Toutes ces sciences nouvelles témoignent d'un même effort pour retrouver une figure d'autorité et de filiation, sous la forme d'une nouvelle histoire des origines destinée à remplacer l'autorité aristocratique, généalogique et paternelle de l'ancien régime (Beizer, *Family Plots* 2–10).

Gilles Deleuze et Félix Guattari, dans *L'anti Œdipe,* dénoncent de leur côté "l'œdipianisation forcenée à laquelle se livre la psychanalyse" (61).[44] Pour eux, comme pour Girard, le nœud du problème est la peur de l'indifférenciation que cette œdipianisation à outrance sert à conjurer.[45] Cependant cette "solution œdipienne" nous enferme dans le cercle vicieux d'une double impasse: L'Œdipe crée à la fois le pôle pathologique et le pôle normatif de sa structure, et sortir de l'Œdipe, c'est le recréer et le perpétuer, de génération en génération (93). Ils soulignent par ailleurs le fait que le complexe d'Œdipe dans la psychanalyse a eu pour effet, historiquement, de renforcer l'autorité de type paternel:

> La psychanalyse [accomplit] ce que la psychiatrie asilaire du XIXe siècle s'était proposé avec Pinel et Tuke: souder la folie à un complexe parental [...], faire que la désaliénation passe par le même chemin que l'aliénation, Œdipe aux deux bouts, fonder ainsi l'autorité morale du médecin comme père, et Juge, Famille et Loi. (110)

L'enjeu de cette entreprise de renforcement de l'autorité paternelle est évidente. Le rôle des femmes est d'être les anges gardiens de la cellule familiale en danger, garantes de la légitimité de la lignée. Cependant, ce n'est qu'au prix d'un système d'étroite surveillance et de répression du désir que ce rôle féminin peut être maintenu. Père, mari, juge et médecin, les pôles de l'autorité se rejoignent et se confondent. Il apparaît donc que les mêmes anxiétés concernant l'autorité paternelle et la sexualité féminine se retrouvent chez Freud. Dans son cas, une structure psychique personnelle coïncide avec les préoccupations de l'inconscient collectif contemporain, et les résume. C'est cette coïncidence, cette adéquation, qui fait la force du complexe d'Œdipe, et explique sa puissance évocatrice dans l'imaginaire de l'époque. Ainsi, malgré le scandale apparent suscité par ses théories de l'inceste et du parricide, à travers le complexe d'Œdipe, la psychanalyse fournit en cette fin de siècle des réponses rassurantes aux questions les plus angoissantes, et permet de désamorcer, en le déplaçant, le scandale le plus profond.

La théorie donne en outre, une fois de plus, un fondement "scientifique" aux théories de la misogynie ambiante que nous avons déjà rencontrées. Les femmes sont envieuses, elles n'ont guère le sens de la justice, elles n'ont jusqu'ici que fort peu contribué aux découvertes et inventions de l'histoire de la civilisation, etc. On retrouve de plus chez Freud les mêmes mécanismes précédemment décrits, qui visent à diffuser le scandale trop fort de la femme, considéré du point de vue de la criminalité, et à faire de celle-ci, à la place, une grande malade. Pour Kofman, "Tout se passe comme si Freud [et on pourrait ajouter tout le discours du siècle avec lui] 'savait' comme en rêve que la femme est une grande criminelle et qu'il s'efforçait pourtant [...] de la faire passer pour une hystérique" (77–80).

En fait, il est permis de voir dans le texte de Freud intitulé "Le fétichisme" une véritable mise en abyme des mécanismes qui président, à l'intérieur de sa théorie, au mouvement de découverte, puis de dénégation vis-à-vis du scandale de la faute paternelle. Freud insiste sur la dualité profonde du "compromis" fétichiste. Le fétichiste substitue en effet un objet qui à la fois remplace le pénis absent et commémore sa perte. Ce compromis permet de parler la réalité de la situation, tout en la niant.[46] En fait, la devise cachée du fétichiste—"Je sais bien, mais quand-même" (Mannoni 9–33)—peut s'appliquer à Freud, dans le cas de la femme et de la faute du père. Le complexe d'Œdipe représente une telle manœuvre de substitution, en même temps qu'il donne à lire, entre ses lignes, la nature véritable du scandale, créant ainsi un mémento de ce scandale véritable, au moment même où il l'efface. Une fois de plus, l'expression, prise de façon métaphorique, est significative: "Dans l'instauration d'un fétiche, il semble [...] que l'on a affaire à un processus qui rappelle la *halte* du souvenir dans l'amnésie traumatique. Ici aussi l'intérêt demeure comme laissé *en chemin;* la dernière impression de l'inquiétant, du traumatisant [...] sera retenue comme fétiche." Ainsi, ajoute-t-il, le pied ou la chaussure "sont les fétiches préférés" (Freud, "Le fétichisme" 135–36; nous soulignons). Le point d'arrêt, à mi-chemin de l'interprétation, est évident chez Freud, ainsi que sa fixation fétichiste sur ce pied enflé, qui unit Œdipe à Dora. Cette stratégie de conjuration fétichiste du scandale féminin est appelée à se retrouver sous nos pas dans cette étude.

Shoshana Felman écrit que, dans la réinterprétation lacanienne de Freud, le mythe d'Œdipe n'est pas la traduction directe de la réalité, mais plutôt son "symptôme," sa transposition "métaphorique." Il "confronte quelque chose dans la réalité qu'il ne comprend pas pleinement, mais à quoi il donne une réponse symbolique" (*Jacques Lacan and the Adventure* 151). Il est tentant de réinterpréter cette idée dans le contexte historique de l'évolution des théories psychanalytiques, et voir dans l'élaboration, à la fin du dix-neuvième siècle, de la théorie du complexe d'Œdipe, un "symptôme" de la réalité de cette fin de siècle. Dans cette optique, Freud donnerait sa formulation ultime à ce symptôme qui est une "réponse" collective et "symbolique" à une réalité que ni lui, ni le siècle, ne sont capables d'appréhender pleinement. Les théories se mettent alors à signifier pour nous, de façon métaphorique et symbolique. Il semble que dès que l'homme est mis en présence d'un *skandalon,* il se met à générer un discours "scientifique" qui a nom "la femme" et qui passe par la scandalisation. Le scandale de l'indifférenciation et de l'effondrement de l'autorité paternelle est alors déplacé sur une sexualité féminine définie en termes de déviance et de pathologie. Au cours du siècle, le processus d'intensification de ce péril représenté par le corps féminin s'accompagne de plus d'un mouvement d'internalisation de plus en plus complet du *skandalon* à ce corps. Au fur et à mesure que le scandale est repoussé par le sujet du discours patriarcal, extériorisé par rapport à lui, ce scandale est progressivement intégré à l'objet de ce discours: la femme. Parent-Duchâtelet et Michelet reconnaissent encore, au moins partiellement, l'existence de facteurs de société extérieurs qui contribuent à la chute de la femme,[47] mais à l'orée du vingtième siècle, le discours évolutionniste d'anthropologie criminelle de Lombroso donne une poussée supplémentaire à l'énergie centripète qui repousse le scandale au cœur même du corps féminin, et l'identifie à ce dernier. La théorie freudienne apparaît alors comme l'ultime formulation de ce processus, un dernier avatar de notre "fiction du scandale."

Deuxième partie
Le texte scandalisé

Du texte du scandale au scandale du texte

> En définitive, c'est peut-être par ses contradictions spécifiques que se caractériserait le mieux le discours réaliste, contradictions entre les présupposés de départ formant un "cahier des charges" particulièrement lourd, projet anthropologique et pédagogique [...], et la méconnaissance des contraintes propres du texte et de son écriture.
>
> Philippe Hamon
> "Un discours contraint"

L'exemple des procès littéraires l'a montré: la notion protéiforme du scandale, avec ses renversements infinis, et sa force de propagation par contagion, ne peut que faire ressortir la duplicité du texte de la transgression féminine, à la fois intrigue et complot, vis-à-vis de son héroïne. De plus, tout langage—fût-il en apparence "scientifique"—qui se met à parler le scandale, menace de devenir lui-même un langage scandalisé, contaminé par le désordre qu'il voudrait fustiger. Toute mise en intrigue du scandale, quelle qu'en soit la figure emblématique, est donc susceptible de faire de la narration elle-même un objet scandaleux. Pour le romancier, et tout particulièrement pour le romancier "réaliste," ce problème de la maîtrise du désordre mis en circulation par le langage ne peut que se poser avec acuité. En effet, l'esthétique réaliste suppose un certain contrôle de la narration par rapport à l'objet narré. L'autorité narrative ne saurait se laisser contaminer par le désordre qu'elle représente. Or le scandale instaure précisément une telle contagion. Cependant, le romancier réaliste, qui entend donner une image fidèle de la société, ne peut que parler le scandale qui l'habite. Le réalisme s'avère donc a priori comme le véhicule privilégié du texte du scandale dans ses liens ambigus au principe féminin, tout en lui étant fondamentalement opposé dans les principes de son esthétique. Ainsi, si cette figuration de la déviance représente la plus grande tentation thématique du réalisme, elle risque aussi de se révéler son plus grand danger esthétique. Il s'agirait finalement d'une nouvelle version des contradictions qui caractérisent le discours réaliste, selon Philippe Hamon, et qui déterminent les structures internes de ce discours (dans Barthes et al. 168). En fin de compte, le nœud du problème semble résider dans les rapports ambigus entre un texte du scandale et un scandale textuel potentiel qu'il s'agit, pour le romancier, de conjurer à l'aide de stratégies discursives esthétiques soigneusement élaborées.

Si nous avons parlé jusqu'ici du "romancier," laissant quelque peu de côté la question de la particularité du cas de la romancière, ce n'est pas que cette spécificité soit négligeable. Cependant, d'une certaine façon, la maîtrise autoritaire qui caractérise l'écriture réaliste se code d'elle-même en termes masculins en ce dix-neuvième siècle. L'existence même de la romancière, et a fortiori de la romancière "réaliste" en France, à cette époque, ne peut qu'être problématique. En conséquence, il conviendra de confronter dans nos analyses de textes féminins la question de ce que peut représenter, pour une femme de lettres, le choix ou le refus d'une esthétique réaliste en ce siècle marqué par l'écriture balzacienne. En ce qui concerne, d'autre part, les rapports de la femme écrivain au phénomène de la scandalisation de l'héroïne, il est certain que ces rapports ne sauraient représenter les mêmes enjeux, pour elle, que pour ses homologues masculins. La nature de cette "différence," dans l'écriture du scandale féminin, fait aussi partie des questions qu'il convient de poser dans cette deuxième partie.

C'est en effet la nature des stratégies esthétiques qui accompagnent nécessairement la mise en intrigue du scandale féminin, qu'il s'agit d'examiner à présent, à travers quelques textes représentatifs de la littérature romanesque de l'époque. Dans chaque texte, le but sera d'étudier d'une part les configurations du scandale dans l'intrigue—ce qu'on peut appeler les syntagmes narratifs du scandale dans leur rapport aux personnages féminins et masculins—, et d'autre part les particularités des modalités discursives, élaborées par chaque auteur, pour accueillir, rejeter ou limiter l'énergie désorganisatrice qui habite le texte. Les textes romanesques de cette seconde partie ont été choisis, en partie, pour l'ampleur chronologique qu'ils représentent. Cette ampleur permet d'embrasser le siècle tout entier, ainsi que de cerner le genre réaliste dans son ensemble, aussi bien à travers les textes qui soulignent et testent ses limites que dans sa période d'apogée. Cette couverture temporelle permettra ainsi d'esquisser, au-delà des différences personnelles et idiosyncratiques de chaque auteur, les tendances d'une évolution dans le traitement romanesque du scandale, depuis les lendemains du romantisme sous la Monarchie de Juillet, jusqu'à l'époque "décadence" de la fin de siècle.

Chapitre quatre

Balzac, *Ferragus* (1833)

De la pierre de scandale à la pierre funéraire

> Si le flâneur devient [...] contre son gré un détective, cette transformation vient pour lui à propos socialement, car elle justifie son oisiveté. Son indolence n'est qu'apparente. Derrière elle se cache la vigilance d'un observateur qui ne quitte pas le malfaiteur des yeux.
>
> Walter Benjamin
> *Charles Baudelaire*

Le choix de ce texte comme illustration des mécanismes de la mise en intrigue du scandale féminin peut paraître à première vue surprenant. En effet, le titre attire l'attention sur le personnage éponyme masculin, reléguant, semble-t-il, au deuxième plan de l'intrigue un personnage féminin qui s'avère, de plus, avoir été accusé à tort d'adultère. Cependant, c'est bien ce simple soupçon d'une conduite féminine scandaleuse qui confère à l'intrigue sa forme et son énergie. En tant que cas-limite, *Ferragus* illustre la complexité de la notion de scandale. Une lecture soigneuse du texte permet d'ailleurs de faire ressortir toutes les implications, dans le cas du personnage féminin, de cette complexité liée à l'ambiguïté sémantique fondamentale du terme de *skandalon.* Nous avons vu, du reste, qu'il n'y a jamais loin du personnage scandaleux au personnage scandalisé, et de la pierre de scandale qui fait trébucher, boiter, à la victime de cet obstacle. Cette instabilité sémantique en fait une notion susceptible de se renverser à tout instant. Une intrigue fondée sur ce concept est donc particulièrement favorable aux déplacements et aux transferts, et l'intrigue devient aisément un complot contre celui, ou celle, qui est désigné(e), souvent à tort, comme le véhicule du scandale. Le mouvement de l'intrigue de *Ferragus* reflète précisément cet effet de contagion qui caractérise ce que l'on peut appeler la "logique" paradoxale du scandale. Il permet de poser le problème de l'origine du processus de "scandalisation," en mettant à nu l'effet de transfert qui transforme en fauteur de trouble la victime d'un discours du scandale.

Parmi les trois textes qui constituent *L'histoire des treize, Ferragus* est le seul dont le titre ne renvoie pas au personnage principal féminin. Cependant, lorsqu'on entreprend de rendre compte de l'intrigue, on est obligé de reconnaître que celle-ci concerne bien plus l'histoire de la faute présumée dont est accusée madame Jules, et l'élucidation du mystère que représente sa conduite, que celle de l'ancien forçat et de ses divers complots et machinations destinés à subvertir l'ordre social. C'est l'intérêt suscité par la conduite de la femme qui fait découvrir les secrets de l'ancien forçat, et non l'inverse. Ferragus est surtout un instrument au service du processus de révélation qui donne sa forme à l'intrigue, centrée sur le personnage féminin. La scène qui ouvre le texte témoigne assez de cette polarisation du texte, et constitue, à plus d'un égard, le point nodal de l'histoire et la matrice du discours du scandale qui la sous-tend.

Le récit s'ouvre en effet sur une géographie de la "moralité" parisienne selon les rues et les quartiers. L'accent est nettement mis sur les lieux les moins respectables de la capitale: la place de la Bourse "babillarde, active, prostituée"; les rues "assassines" de l'île Saint-Louis; d'autres encore qualifiées d'"infâme" de "meurtrière"; ou accusées de "mauvaise vie" (52). C'est dans le quartier des Halles, au carrefour de deux de ces rues, la rue Pagevin et la rue Soly, que le texte met en présence deux êtres aux statuts fort inégaux dans cette topographie parisienne: un flâneur et une femme honnête. Jusque dans ces lieux équivoques, le flâneur jouit d'une totale liberté de mouvement qui détermine une communion euphorique avec la poésie de la grande ville. Les flâneurs sont "des hommes d'étude et de pensée, de poésie et de plaisir qui savent récolter, en flânant dans Paris, la masse de jouissances flottantes, à toute heure entre ses murailles." Pour eux, Paris est "le plus délicieux des monstres" (52). Il s'agit bien ici du flâneur de Baudelaire allant "herboriser sur le bitume" (Benjamin, *Baudelaire* 57) et jouissant de la communion entropatique avec la foule, cette "sainte prostitution de l'âme" (Baudelaire, "Les Foules," dans *Petits poèmes en prose* 60). Ce sont là "les amants de Paris" pour qui "chaque homme, chaque fraction de maison est un lobe du tissu cellulaire de cette grande courtisane" (Balzac, *Ferragus* 52). Ces réflexions émanent de la voix narrative, qui assume la position optique du flâneur avant de la transférer au personnage masculin qu'elle va mettre en scène.

En contraste, la femme honnête ne peut mettre le pied dans une de ces rues sans que ce geste constitue le faux pas irrémédiable:

> Il est des rues [...] dans lesquelles une femme appartenant à ce monde ne saurait aller sans faire penser d'elle les choses les plus cruellement blessantes [...], elle y compromet sa réputation d'honnête femme. [...] en vérité, disons-le [...], cette femme est perdue. Elle est à la merci du premier homme de sa connaissance qui la rencontre dans ces marécages parisiens. Mais il y a telle rue de Paris où cette rencontre peut devenir le drame le plus effroyablement terrible, un drame plein de sang et d'amour, un drame de l'école moderne. (52–53)

C'est donc la position privilégiée du flâneur dans la grande ville qui fait obstacle à la femme honnête. C'est par rapport à lui qu'elle devient scandaleuse. Elle est ainsi victime d'un processus de scandalisation qui est posé ici comme l'origine même du drame, c'est-à-dire le contenu diégétique de toute l'œuvre, ainsi que de son esthétique dont la "modernité" est proclamée. Tous les événements qui vont constituer l'intrigue sont à rattacher à cette "scène primitive" complexe.

C'est aux yeux du baron Auguste de Maulincour que la présence insolite de madame Jules dans la rue Soly constitue un scandale. Sa position scopique est bien celle du flâneur par laquelle il prend le relais du narrateur: "il connaissait Paris; et sa perspicacité ne lui permettait pas d'ignorer tout ce qu'il y avait d'infamie possible pour une femme élégante [...] à se promener là, *d'un pied criminellement furtif*" (54; nous soulignons). Plus tard, rencontrant de nouveau cette femme dans un salon, Maulincour songe qu'"il aurait pu la pétrifier en lui disant 'rue Soly'" (63). Cette pétrification, cette mention d'un pied criminel, indiquent assez que nous sommes en présence d'un *skandalon,* d'une pierre de scandale. La rencontre des deux personnages déclenche de fait le mécanisme de ce que l'on peut appeler un effet de scandale. C'est Maulincour qui est scandalisé par la présence de la jeune femme, mais il constitue aussi pour elle l'obstacle qui, par contagion, en fait une femme scandaleuse, scandalisée, s'il est permis de donner à ce terme le sens de "victime d'un effet de scandale."

En vérité, c'est ce simple soupçon d'une conduite scandaleuse qui va entraîner la perte de madame Jules, selon un principe de propagation du soupçon qui va gagner toute la narration jusqu'à causer la mort de la jeune femme. Dans la logique du scandale, la femme est présumée coupable jusqu'à ce que preuve soit faite de son innocence. Ce soupçon prend principalement, dans le texte, la forme de l'adultère. Maulincour tire en effet immédiatement de la rencontre la conclusion que la jeune femme est infidèle à son mari. Le simple déplacement géographique hors des espaces urbains de la féminité suffit à détruire l'image de pureté et de perfection angélique de madame Jules, et à anéantir dans l'esprit de Maulincour l'effet produit par des mois de passion platonique: "cette femme allait le soir rue Soly, près de la rue Pagevin, et sa furtive apparition [...] venait de briser la plus magnifique passion" (62). "Infidèle à son mari, cette femme devenait vulgaire. [...] et son imagination lui ouvrit alors l'immense carrière des plaisirs de la possession. Enfin, s'il avait perdu l'ange, il retrouvait le plus délicieux des démons" (71). Il est clair que "l'effet de scandale" détermine, pour la femme, une perte radicale qui l'atteint dans son être en lui construisant une nouvelle identité dégradée. Cette logique fonctionne de même dans l'esprit de son mari, avec qui Clémence partageait jusque là un bonheur conjugal et un amour sans nuage. Maulincour n'hésite pas d'ailleurs à "scandaliser" le mari en lui racontant "sans en omettre un seul fait [...] et son amour [...] et les détails de l'aventure qui commence cette scène" (103). La scène primitive du faux pas devient alors un véritable texte du scandale féminin destiné à être échangé d'un homme à l'autre, et ce selon la logique girardienne, puisque "c'est le scandalisé qui répand le scandale autour de lui" (*Des choses cachées* 441). Cette propagation sera poursuivie jusqu'à son aboutissement complet, comme en témoigne le diagnostic du médecin qui rattache la maladie mortelle de madame Jules à ses sorties illicites, et donc à la fatalité du faux pas scandaleux: "se lever pieds nus la nuit; sortir quand je l'avais défendu; sortir hier à pied, aujourd'hui en voiture. Elle a voulu se tuer" (134).

Accusée d'adultère, madame Jules est aussi présentée par le texte comme une force perturbatrice en puissance à l'intérieur de l'économie patriarcale fondée sur les fonctions reproductrices au sein du mariage. Tout occupée de l'amour de son mari, Clémence ne désire pas d'enfant. Elle se sent "plus épouse que mère." Elle se trouve ainsi décentrée dans le système familial, sans point de référence par rapport auquel définir sa position: "Tu n'avais ni sœur, ni père, ni mère, ni compagne," déclare son mari (99–100). Cette transgression multiforme se trouve résumée par le narrateur: dans ses rapports avec son mari, Clémence est "plus séduisante que la plus habile des courtisanes" (97). La narration semble donc prendre en charge ce processus de scandalisation observé dans l'intrigue. D'ailleurs, si l'on rapproche ces étiquettes de courtisane, d'adultère et de criminelle (par son "pied furtif"), il devient clair que la voix narrative applique à la femme le même réseau sémantique qu'à la géographie parisienne qui inaugure le texte (rues "assassines," "prostituées," "infâmes," "de mauvaise vie"), selon un processus de contagion métonymique, de la rue à la femme qui y met le pied. Ce glissement métonymique est caractéristique de la logique du scandale, et constitue la base de la liaison métaphorique de la femme à la ville à travers l'image de la prostitution. Ainsi, il apparaît que la scandalisation de la femme constituait d'entrée de jeu un a priori esthétique qui colorait le réseau métaphorique du texte dès son ouverture.

Il est temps à présent d'interroger plus avant les implications symboliques de cette prétendue faute féminine dans ses relations à l'esthétique et à la forme du récit. À y bien regarder, le scandale que constitue la rencontre de la femme pour le flâneur est de type interprétatif. En effet, madame Jules constitue une anomalie, un obstacle au "poème" de la grande ville. En ce sens, elle évoque ce que Schor appelle "la fonction purement sémantique de l'obstacle, le skandalon dans son acception littéraire. [...] le skandalon est le détail dont le contour détermine la rupture de la surface lisse du texte, arrêtant ainsi la lecture, et provoquant le 'déclic' de l'interprétation" (*Breaking the Chain* 83–84). Madame Jules constitue bien le détail qui arrête le mouvement de lecture sereine du texte de la ville pour le flâneur et qui provoque la nécessité angoissée de l'interprétation. Cette interprétation ne pose à première vue aucun problème à Maulincour. Le flâneur sait lire la femme dans sa "démarche": "à la manière dont s'entortille une parisienne dans son châle, à la manière dont elle lève le pied dans la rue, un homme d'esprit devine le secret de sa course mystérieuse" (56). Pourtant, cette lecture s'avère erronée: madame Jules ne se rendait pas à un rendez-vous d'adultère, mais simplement chez son père malade. Placé en dehors de son contexte naturel, le corps de la femme fait donc obstacle au regard scrutateur et à la maîtrise interprétative de Maulincour. Ce corps est le *skandalon* qui fait échec à la lecture transparente du texte de la ville.

Cette mise en échec a des conséquences graves si l'on considère l'esthétique de Balzac, dans cette œuvre comme dans le reste de la *Comédie humaine.* Balzac, auteur d'une *Théorie de la démarche* et de multiples physiologies, se propose toujours de rendre transparent à ses lecteurs le texte social pourtant brouillé depuis la Révolution. Devant l'angoisse suscitée par l'indifférenciation grandissante de la vie moderne, et symbolisée par la jungle parisienne où l'individu se perd dans la foule, Balzac, comme les physiologues, réagit en prétendant être "en mesure de déchiffrer la profession, le caractère, l'origine et la vie des passants" (Benjamin, *Baudelaire* 61).[1] En ce sens, il fait preuve de la même confiance que Maulincour, mais, si le corps de la femme constitue l'obstacle scandaleux pour le flâneur, ne pourrait-il en être de même pour l'autorité narrative? Le corps de la femme pourrait bien être le symbole d'un scandale de type textuel menaçant de faire s'écrouler l'édifice de la narration. La présence physique de la femme constitue pour l'intrigue le même déclic que pour Maulincour. Il se déclenche alors dans la trame textuelle un même délire interprétatif qui va donner sa forme à cette histoire d'intrigues et de complots.

Pour Benjamin, le développement du roman policier à cette époque est à rattacher, tout comme la vogue des physiologies, au phénomène d'angoisse devant le monde indifférencié de la grande ville moderne. Le remède proposé par les physiologues s'avère vite insuffisant, et le genre policier prend alors le relais. Il s'agit de redonner une transparence à la foule en retrouvant les traces du criminel qui s'y cache. C'est ainsi que "le flâneur devient contre son gré un détective" (*Baudelaire* 63). Cette transformation du flâneur en détective et espion est particulièrement visible dans *Ferragus,* où elle détermine un scénario de type policier organisé pour traquer la femme et pénétrer le scandale de son énigme. Maulincour embrasse d'ailleurs avec délices "le métier d'espion." Pour lui c'est "la chasse dans Paris [...] avec tous ses accidents" (71). Plus tard, Jules Desmarets jure à son tour de "pénétrer ce mystère" (115) et n'hésite pas à épier les allées et venues de sa femme à l'aide d'un trou ménagé dans une cloison. C'est cet espionnage qui donne sa forme à l'intrigue. L'enjeu esthétique de ce traitement "policier" du mystère de la transgression féminine est clair. D'ailleurs la correspondance étroite entre la présence scandaleuse du corps de la femme dans le poème de la ville et les préoccupations formelles du texte lui-même, est soulignée à plusieurs reprises. Ainsi, pour Maulincour, le mystère de la conduite de Clémence est "un roman à lire, [...] un drame à jouer où il avait son rôle," et il jure de "pénétrer cette énigme" (71). L'aboutissement logique du scénario est l'élimination de la femme scandaleuse: Clémence doit mourir de cet "effet de scandale."

Cependant, la contagion de la flétrissure, de madame Jules à Maulincour, est trop complète pour permettre que ce dernier soit épargné. Le flâneur, scandalisé dans sa volonté herméneutique, doit aussi mourir. Il meurt donc véritablement de s'être fait le véhicule du scandale et d'avoir propagé le texte de ce scandale. Cette contamination s'exprime d'ailleurs clairement dans le texte, au niveau linguistique, par la même expression, qui se retrouve dans la bouche de madame Jules et celle de Maulincour, pour exprimer le tragique de leur destinée. Clémence exhorte en effet en ces termes son mari à ne pas participer à ce mouvement de scandalisation qui lui sera fatal. "J'ai la conviction que si tu fais un pas de plus dans ce dédale, nous roulerons dans un abîme où je périrai" (100). La syntaxe elle-même, en passant du pronom "tu" au "nous," puis au "je," trahit la vérité du mouvement de scandalisation. Une fois de plus, il s'avère que c'est l'homme qui initie le faux pas qui détermine la chute commune, mais c'est la femme qui en meurt. Maulincour, quant à lui, lorsqu'il se rend compte de l'ampleur du processus qu'il a déclenché, s'exclame: "dans quel affreux dédale ai-je mis le pied?" (115). "Dédale," le mot est le même et souligne l'effet du *skandalon* qui fait dérailler leurs deux destinées parallèles, les condamnant tous deux à une errance mortelle. Le parallèle entre les trajectoires des personnages est en outre souligné par le fait que Ferragus et monsieur Jules, lorsqu'ils se rendent au Père-Lachaise pour se recueillir sur la tombe de Clémence, rencontrent le convoi mortuaire de Maulincour, dont la mort coïncide ainsi avec celle de la femme qu'il avait "scandalisée."

Cette errance, cet aspect labyrinthien, de la destinée des deux personnages, se retrouve d'ailleurs au niveau de l'intrigue, sous la forme du délai et de la répétition. S'il est vrai que le mouvement du texte tire une partie de son énergie de l'inexorable "chasse à la femme" dont Clémence est la victime, cette énergie repose aussi sur le mouvement parallèle de la "chasse à l'homme" entreprise par les treize, et destinée à éliminer Maulincour. Il ne faut pas moins de quatre tentatives successives pour finalement parvenir à l'élimination du dandy. Écrasement sur la voie publique, sabotage de l'essieu de la voiture, duel, puis enfin, semble-t-il, empoisonnement par le cuir chevelu, lorsque Ferragus attaque Maulincour à la sortie du bal et lui passe la main dans les cheveux. Chaque attentat contre Maulincour représente un rebondissement de plus qui permet au récit d'aller de l'avant. Bien qu'elle ne soit pas couronnée de succès, c'est néanmoins la première de ces tentatives d'assassinat qui est paradigmatique de l'entreprise d'élimination du scandale. Ainsi c'est une pierre énorme, de "deux pieds carrés," qui est lâchée sur le cabriolet de Maulincour, depuis le haut d'un échafaudage (81). Cette pierre, destinée à arrêter le mouvement de la voiture, est bien le symbole de la pierre de scandale que représente Maulincour lui-même.

Au délai et à la répétition s'ajoute l'équivoque. L'intrigue est en effet saturée d'épisodes qui témoignent d'une angoisse à l'endroit des textes et de leur lecture. Des lettres en tout genre circulent dans le roman. La lettre d'Ida à Ferragus, perdue par ce dernier, est retrouvée par Maulincour; une lettre anonyme, signée "F," apprend à la baronne de Maulincour les activités de son petit-fils; une lettre de la police fait circuler la fausse nouvelle de la mort de Ferragus; une fausse lettre de la baronne de Maulincour à Desmarets prétend que Maulincour n'est qu'un malade mental; enfin, une lettre codée de Ferragus à madame Jules est interceptée par le mari de cette dernière et décryptée par son ami Jacquet grâce à une grille secrète. Ce décodage n'empêche cependant pas Desmarets de mal interpréter le sens de la lettre, puisqu'il y voit le message d'un amant à sa maîtresse. Partout donc se retrouve le doute quant à l'authenticité des textes et l'identité de l'émetteur: les messages sont détournés de leurs destinataires, et même l'outil de décodage policier ne suffit pas à empêcher les erreurs de lecture. Étrange intrigue policière qui raconte l'échec du système policier sur toute la ligne, étrange récit qui dévoile la fragilité du système interprétatif qui sous-tend son esthétique.

Il semble donc que le vrai scandale, dans *Ferragus,* est de type textuel. Car si l'intrigue débouche sur la découverte de l'innocence de la jeune femme et sur l'absence de fondement du soupçon d'adultère, madame Jules est néanmoins la victime d'un déplacement, qui la "rescandalise" au niveau de l'esthétique, en en faisant le symbole de l'obstacle qui menace le système interprétatif. Le déplacement fait d'ailleurs loi à tous les niveaux dans cette fausse histoire d'adultère. Ainsi, Clémence semble porter le poids héréditaire de la conduite illicite de son père et de sa mère. N'est-elle pas "le fruit de quelque terrible passion adultérine" (66)? Son corps devient le support des crimes de son père, tandis que l'ancien forçat, de son côté, efface de sa chair le texte de son propre scandale en faisant brûler son tatouage. De fait, madame Jules constitue pour la narration un scandale équivalent à celui que représente son père pour la société et le système policier qui en est le garant. Ferragus fait échec au système interprétatif de la police, tout comme Clémence menace de faire obstacle au système de symbolisation. Il ne faut pas oublier que la jeune femme n'a pas "d'état civil" (66), c'est-à-dire qu'elle échappe au contrôle social et sémiotique du Nom du Père. Elle représente bien le *skandalon,* l'obstacle potentiel à l'autorité narrative. C'est selon cette logique qu'elle est vouée à la mort, malgré son innocence proclamée par la ligne claire du récit. En outre, cet acharnement, à première vue paradoxal, sur un personnage dont la conduite n'a que l'apparence du péché, entre en réalité en résonance avec la droite ligne du discours théologique contemporain sur le scandale, tel que nous le présentions en introduction. Nous l'avons bien vu dans l'*Encyclopédie théologique* de Migne, le fait de ne pas éviter une conduite susceptible de scandaliser son prochain, et ce même si cette conduite est motivée par les plus pures intentions, rend le sujet coupable du péché mortel de scandale.

Car ce dont il s'agit avant tout dans ce texte, c'est bien de maîtriser le corps coupable de la femme, et cette maîtrise ne peut s'accomplir que par son élimination. C'est pour cela qu'il ne suffit pas que madame Jules meure. Étant donné la menace que représente Clémence pour l'ensemble du système de la différence, il semblerait a priori légitime d'attendre du mécanisme de la victime émissaire, décrit par Girard, la "solution" privilégiée au problème sexuel et textuel qu'elle présente. Or, le texte de *Ferragus* montre clairement que cette solution, si elle est nécessaire, n'est cependant pas suffisante. Il est significatif que la volonté du père, comme celle du mari, soit de faire brûler le cadavre afin de pouvoir conserver ses cendres. Le corps scandaleux n'a pas plus sa place au Père-Lachaise que dans la géographie des rues parisiennes. Le cimetière est "encore tout Paris avec ses rues, ses enseignes [...], un Paris microscopique" (150), et dans cet espace, le corps échappe au contrôle du mari, qui ne sait comment le repérer et le retrouver. Les autorités refusent cependant de donner satisfaction à Desmarets car "il n'y a pas de loi qui donne aux maris la propriété des corps de leurs femmes, ni aux pères celle de leurs enfants" (145). C'est pourtant bien cette appropriation du corps de la femme par la destruction qui s'avère vitale pour les personnages comme pour la narration. Le texte ne s'achève pas sur la mort de Clémence. Après son décès, l'intrigue prend nettement la forme d'une conspiration dans laquelle père et mari s'accordent pour déjouer l'autorité policière et subtiliser le corps de la jeune femme. Ce n'est qu'après l'accomplissement de cette tâche que le texte peut trouver son dénouement. Le passage d'une mise en intrigue du scandale à un complot narratif contre la victime de ce scandale est ici très net. Une fois le corps de Clémence brûlé, il peut être récupéré par l'appareil sémiotique masculin et recouvert d'une épitaphe où s'affirment l'autorité du père, et celle de l'instance narrative: "INVITA LEGE, CONJUGI MOERENTI FILIOLAE CINERES RESTITUIT, amicis XII juvantibus, MORIBUNDIS PATER" (153).[2] Le père, comme le narrateur, affirme ainsi son autorité, présentée comme supérieure au système policier de la loi mis en échec à l'intérieur de l'intrigue.

L'élimination du corps de Clémence est d'ailleurs doublée par celle du cadavre d'Ida, l'autre femme scandaleuse de *Ferragus,* et personnage clef dans la dissémination du scandale, puisqu'elle vient rapporter au mari les agissements suspects de sa femme avec Ferragus. Son corps est rejeté par la Seine, loin de Paris, et "jeté dans un coin parmi des ronces et des hautes herbes," à la périphérie du cimetière (153).[3] Il est significatif, par contre, que le corps de Maulincour ne soit pas, lui, l'objet d'une telle destruction totale. Il semble que son cadavre ait droit de séjour dans le Paris miniature du Père-Lachaise. Cette différence radicale indique assez que, bien que le dandy soit touché à mort par la contagion du scandale, le scandale masculin reste beaucoup moins fort que celui du corps féminin.

Dans *Ferragus,* c'est la scène primitive du scandale qui génère le texte, un scandale qui menace de faire du texte lui-même un objet scandaleux. La solution esthétique de Balzac à cette crise est double. Tout d'abord, par une manœuvre d'expulsion de type sacrificiel, le texte parvient à maîtriser la force désorganisatrice représentée par le personnage féminin à l'intérieur de sa trame. La femme scandaleuse et scandalisée est la victime émissaire d'une intrigue qui n'est autre qu'un complot textuel reposant sur le processus de contagion de ce qu'il faut bien appeler "l'effet de scandale" de la narration. De plus, grâce à un déplacement habile du plan de l'intrigue à celui de l'esthétique, la femme est à la fois condamnée et disculpée du soupçon d'adultère, par un compromis quasi fétichiste qui permet simultanément de parler et de nier la vérité du problème. La narration réaffirme ainsi son autorité et sa compétence en donnant enfin la "bonne lecture" du texte de la conduite mystérieuse de la jeune femme. L'innocence de Clémence est proclamée. Cette dénégation permet de masquer le scandale véritable: celui de l'illisibilité constitutive du corps de la femme. Sur ce corps est projetée l'angoisse fondamentale de l'indifférenciation ambiante, et sa menace pour le système interprétatif de la narration. Le texte dit ainsi l'échec du système policier tout en masquant la vulnérabilité de son esthétique, elle-même de type policier, et proclame finalement son autorité suprême. Cette stabilisation s'effectue au prix de l'effacement radical du corps féminin, texte raturé par l'épitaphe inscrite sur l'urne, et par le titre, qui rétablissent la stabilité de ce texte donné comme "moderne," et dans lequel il serait permis de voir un des mythes inauguraux de la modernité. De la pierre de scandale à la pierre funéraire, le trajet textuel est aussi labyrinthien que celui de son personnage prisonnier du dédale de la grande ville. La résolution in extremis du conflit explique aussi les oscillations de l'esthétique bâtarde de ce court roman qui mêle une ambition réaliste à une intrigue romantique proche du mélodrame et du roman noir.

Chapitre cinq

Sand, *Indiana* (1832)

"Un rude casseur de pierres"

> Où avez-vous rêvé l'amour? dans quel roman à l'usage des femmes de chambre avez-vous étudié la société [...]?
>
> Vous tranchez hardiment des doutes que je n'oserais pas résoudre.
>
> George Sand
> *Indiana*

Les circonstances de la publication d'*Indiana,* de George Sand, illustrent avant la lettre cette notion favorite de la critique moderne que l'auteur est un produit de la production littéraire et ne saurait se confondre avec la personnalité biographique de l'être humain qui tient la plume. En effet, George Sand n'existe pas avant *Indiana,* et le roman et l'auteur naissent ensemble pour le monde des lettres, en 1832, sous le double signe du succès et du scandale. L'un semble d'ailleurs inséparable de l'autre, puisque c'est le succès initial et retentissant du roman qui entraîne la découverte choquante que "G. Sand" est une femme. C'est parce que les critiques contemporains de Sand assimilent la personne physique à son masque littéraire que le scandale éclate. Et pourtant, pour Sand, la démarcation est nette: "*À Paris, Mme Dudevant est morte, mais Georges Sand est connu pour un vigoureux gaillard,*" écrit-elle au moment de la publication du roman.[1] Pour la presse, il en va tout autrement. Avant que la supercherie du pseudonyme soit connue, la facture du roman paraît déjà hybride à ses premiers lecteurs. Dans *Histoire de ma vie,* Sand évoque ces premières réactions des critiques: "Les journaux parlèrent tous de M. *G. Sand* avec éloge, insinuant que la main d'une femme avait dû se glisser çà et là pour révéler à l'auteur certaines délicatesses du cœur et de l'esprit, mais déclarant que le style et les appréciations avaient trop de vérité pour ne pas être d'un homme" (4: 148). Le critique Jacques Lerond est sans doute représentatif de cette tendance. Dans un article paru dans la *Chronique de la Quinzaine,* il déclare trouver dans *Indiana,* "tout à la fois un amour sensuel, une volupté fougueuse et une exquise délicatesse de sentiments," caractéristiques qui lui semblent à ce point contradictoires que "cette étoffe brillante mais sans harmonie" ne peut être que "l'œuvre de deux ouvriers bien distincts" (*Indiana,* notice 359). Sans nul doute, l'"exquise délicatesse de sentiments" serait l'empreinte d'une femme, tandis que la "volupté fougueuse" et "l'amour sensuel" trahiraient le travail d'un homme. Il est intéressant de noter que si la première partie de l'antithèse de Lerond recouvre assez bien celle évoquée par Sand, la deuxième partie de cette antithèse est, sous sa plume, assez différente. À moins qu'il ne s'agisse au fond de deux choses équivalentes: la vérité du style et des appréciations—qu'on serait tenté de rapprocher d'un certain parti pris réaliste dans l'esthétique—étant à mettre en rapport avec la connaissance et l'expression d'un désir sexuel qui ne peut être que masculin. C'est donc la brusque révélation de l'identité féminine de l'auteur qui fait naître la controverse, et non le seul contenu de l'œuvre en lui-même. En effet, selon Béatrice Didier, soudain les journalistes "s'indignèrent de l'immoralité de ses romans, acceptables sous la plume d'un homme, non d'une femme" (Didier 11). Il est donc scandaleux qu'une femme fasse état d'un tel désir, scandaleux aussi qu'elle usurpe une position narrative aussi autoritaire, et fasse des observations aussi "vraies" sur la société de son époque. La publication d'*Indiana* s'inscrit ainsi sous le signe d'un scandale à la fois social, textuel et sexuel. Plus que jamais, il semble que la problématique d'une intrigue centrée sur le scandale doive se poser en termes d'esthétique et de genre.

Dans les différentes préfaces au roman, Sand ne paraît cependant mentionner que l'une des deux faces de ce scandale littéraire. Selon elle, ce qui a le plus choqué ses contemporains ce sont les "imprudentes atteintes à l'institution du mariage" et de façon plus générale, le "plaidoyer contre l'ordre social" qu'ils y ont lu (préface de 1842 42–43). L'aspect sexuel de la problématique semble occulté. De plus, au fil des préfaces, Sand fait preuve d'une certaine ambivalence vis-à-vis de ces accusations. Si la préface de 1832 rejette la culpabilité sur la société elle-même au nom du principe de mimétisme réaliste, la préface de 1842 paraît accepter ce jugement et exprime même le regret de ne pas avoir poussé plus loin ces "hardiesses," tandis que celle de 1852 fustige ceux qui voulurent voir dans *Indiana* un "plaidoyer bien prémédité contre le mariage" et essayèrent de faire du roman "une proclamation incendiaire sur le repos des sociétés" (42–43).[2] La lettre XII des *Lettres d'un voyageur* pose néanmoins clairement la question de la scandalisation dans ses réponses aux objections du critique littéraire Nisard. Le reproche le plus sérieux de ce dernier, conscient de ce que l'auteur est une femme, est "qu'il serait peut-être plus héroïque, à qui n'a pas eu le bon lot, de ne pas scandaliser le monde avec son malheur en faisant d'un cas privé une question sociale" (940). La femme est une fois de plus reléguée au domaine privé, son sexe est un obstacle sur la scène politique et sociale. En vérité, il semble bien que le scandale véritable, tel qu'il s'incarne dans l'intrigue, et tel qu'il rejaillit sur la personne de son auteur, est une fois de plus celui de la sexualité féminine dans sa relation à l'écriture.

De fait, la problématique du scandale est particulièrement propre à éclairer certains dilemmes de la création littéraire et de l'écriture chez Sand, tels qu'ils apparaissent dans *Indiana* et également dans les *Lettres d'un voyageur.* Yvette Bozon-Scalzitti, dans un article sur l'écriture sandienne dans les *Lettres d'un voyageur,* montre comment dans ce texte, composé entre 1834 et 1836, Sand cherche encore à définir une esthétique qui lui serait propre. Pour elle, en effet, l'idée de la création artistique est encore liée à la masculinité. Son emblème serait la sculpture, image qui fait ressortir le danger potentiel de pétrification qui s'attache à l'art (Bozon-Scalzitti 34–44). Dans ce texte, le voyageur est la métaphore de l'écrivain qui se cherche. "J'ai durci la peau de mes pieds sur les pierres de tous les chemins. Pourquoi suis-je devenu un rocher?" s'interroge-t-il dans la lettre VII (843). Cette horreur de la pétrification se fait sentir à plusieurs points névralgiques. Dans la lettre V, la métaphore de la marche comme parcours initiatique, quête d'une voix artistique personnelle, est filée longuement, tandis que le voyageur-écrivain tente de faire le point sur le chemin parcouru jusqu'ici:

> Oh! que l'on se croit bon marcheur quand on est prêt à partir et qu'on a aux pieds de bons souliers tout neufs. [...] Qui pourra m'arrêter? disais-je. [...] Où sont les obstacles, où sont les montagnes [...] que je ne franchirai pas? [...] cependant, comme je marchais vite... il m'arriva de me heurter contre une pierre et de tomber. [...] Mais je me heurtais encore, et je tombais souvent. [...] Alors je fus forcé de m'asseoir sur une pierre au bord du chemin, [...] mais mon orgueil, d'abord souffrant et abattu, se releva, et décida que, pour être éreinté, je n'en étais pas moins un rude casseur de pierres. [...] Et je repris ma route en boitant et en tombant, disant toujours que je marchais bien, que les chutes n'étaient pas des chutes, que les pierres n'étaient pas des pierres... (773–74)

Toute la thématique du dilemme de l'écriture du scandale et de l'écriture comme scandale est là: tiraillement entre mouvement et obstacle, chute, pétrification et éclatement. Quel serait donc le lien entre laisser le scandale éclater et devenir ce "rude casseur de pierre," un artiste qui chemine en boitant sur la voix rocailleuse de la quête d'une esthétique personnelle, entre féminin et masculin, tentant de préserver la liberté de ses mouvements face aux dangers de la pétrification? Il s'avère que cet angle d'interrogation est susceptible d'éclairer d'un jour différent le premier roman de Sand en tant que lieu d'une venue à l'écriture. Il est certain que le parcours de l'héroïne peut être lu comme emblématique des dilemmes auxquels fait face l'esthétique, autour des notions centrales de pétrification, d'éclatement et de dispersion, mais aussi de centre et de périphérie, dualité où se joue la dynamique d'une force centrifuge qui est à interroger.

Un premier aspect de la réponse de Sand au double problème de la représentation textuelle de la transgression de l'adultère apparaît d'emblée. Les deux faces du scandale complet, social et sexuel, tel qu'il rejaillit sur la personne de son auteur, sont, dans l'intrigue, résolument séparées. Dans l'économie d'*Indiana,* Sand scinde un seul et même scandale et incarne les deux parties séparément dans deux personnages distincts mais complémentaires. Nous l'avons vu à plusieurs reprises dans les chapitres précédents, le scandale de l'adultère est inséparable de celui de l'énergie sexuelle désirante de la femme. Or, dans *Indiana,* nous assistons dans l'intrigue, à une tentative de séparation de ces deux pôles. Selon cette logique, Noun représente l'énergie perverse du désir sexuel féminin, tandis que Indiana représente la passion adultère séparée de tout désir physique et de toute jouissance corporelle. Or, une certaine critique féministe s'est attachée précisément à souligner l'emploi récurrent de doubles féminins, tels que Noun et Indiana, chez Sand. Selon Schor, ce genre d'étude est caractéristique de ce qu'elle appelle la "première génération" de critiques féministes de Sand,[3] qui ont cherché à lier cette présence insistante de doubles féminins à un échec de l'imagination de la part de l'auteur, incapable de représenter un sujet féminin désirant. Selon cet argument, Sand s'insérerait plutôt dans une tradition masculine, celle de la représentation classique d'une féminité divisée, tour à tour mère et putain, et dont "seul le regard d'un sujet masculin désirant (par exemple Raymon dans *Indiana*) pourrait offrir une image synthétique" ("Female Fetishism" 308). Cette interprétation, centrée sur l'"image de la femme" dans l'œuvre de Sand, sans être fausse, néglige néanmoins le caractère d'urgence formelle, ainsi que le côté conscient de ce choix. En opposition, selon un point de vue plus récent de la critique sandienne, celui d'Isabelle Hoog Naginski, il faut dépasser cette problématique du double pour se concentrer sur le caractère fondamentalement androgyne de l'écriture chez Sand, miroir de l'identité littéraire de l'auteur. Pour Naginski, il s'agit de renoncer à l'illusion autobiographique ("autobiographical fallacy") qui consiste à lire la projection du point de vue de l'auteur sur les divers personnages féminins, pour le chercher plutôt dans la dynamique qui s'inscrit entre la voix narratrice masculine et l'ensemble des personnages, masculins et féminins (Naginski 17–31). Nous proposons ici de réexaminer ces positions, entre, pourrait-on dire, pôle dysphorique et pôle euphorique des études sandiennes, en creusant la question des choix esthétiques de Sand dans *Indiana* à partir de notre fil directeur du scandale.

Dans une première approche, on peut avancer que la scission du scandale dans un doublet féminin représente chez Sand moins une incapacité à imaginer, qu'un compromis consciemment assumé afin de préserver la possibilité de représenter plus avant le scandale, à l'intérieur des paradigmes esthétiques qu'elle se donne. Il s'agirait de couper, de casser la pierre de scandale en deux, selon la ligne de rupture suggérée dans les textes des préfaces et des *Lettres d'un voyageur.* Car la question qui se pose est une fois encore de déterminer dans quelle mesure il peut être permis au scandale d'habiter le texte, et ce que la présence de ce désordre signifie pour l'esthétique du texte. En d'autres termes, est-il plus facile pour un texte de femme de suivre le mouvement du scandale de son héroïne? En quoi les stratégies esthétiques mises en œuvre pour contenir cette force dans le roman diffèrent-elles de celles utilisées par un auteur masculin?

Comme nous le verrons, les modalités de l'adultère dans l'intrigue d'*Indiana* sont très différentes de celles rencontrées dans *Ferragus,* et plus tard dans *Madame Bovary.* Cependant, le rapprochement avec Balzac est ici très utile. On sait l'influence qu'eut le maître du réalisme sur Sand. Il est reconnu que l'esthétique d'*Indiana* se rattache encore au réalisme, tout en évoluant vers une forme différente qui sera la manière personnelle de la romancière.[4] Or, nous avons vu précisément dans le chapitre précédent les dangers que posait l'énergie déviante de la femme adultère—et même simplement soupçonnée d'adultère—pour une esthétique de type réaliste. Serait-ce que cette esthétique réaliste, une fois appropriée par une femme, devient capable de donner libre cours au mouvement de ce scandale? On serait tenté, a priori, de répondre par l'affirmative. Indiana, en effet, n'est point soumise à la même cérémonie d'expulsion que l'héroïne balzacienne. Elle survit et connaît à la fin du roman le "bonheur dans le crime,"[5] dans une union avec son cousin Ralph, en dehors du contrat de mariage. Il reste cependant à déterminer, en étudiant de près le traitement du scandale dans ce roman, dans quelle mesure l'esthétique d'*Indiana* demeure effectivement une esthétique réaliste, et dans quelle mesure cette esthétique permet l'inscription du scandale. Cette étude permettra aussi de s'interroger sur les possibilités d'une forme "féminine" du réalisme.[6]

De fait, le narrateur d'*Indiana* est posé comme radicalement masculin. Il intervient fréquemment dans le texte pour juger les personnages, et s'il n'est tendre ni pour les personnages masculins, ni pour les personnages féminins, il semble néanmoins épouser une certaine idéologie misogyne ambiante, qui a été abondamment soulignée. Mais plus encore, c'est sa position de maîtrise subjectale par rapport au "réel" de la fiction qui détermine son codage en termes masculins à l'intérieur de cette fiction. Il est vrai que, dans l'édition définitive, Sand a supprimé plusieurs de ces "interventions d'auteur" dans le roman, et en particulier une remarque qui semblait épouser assez nettement l'esthétique réaliste et condamner l'idéalisme (notice 380). Cependant, le narrateur s'arrête encore assez fréquemment pour souligner son omniscience et nous divulguer les pensées les plus secrètes des personnages. Cette subjectivité tranchée, cette liberté du regard, est marquée du sceau de la masculinité dans le roman.[7]

Il est d'ailleurs possible de rapprocher la position "réaliste" du narrateur, jugeant ses personnages, de celle du personnage de Raymon à l'intérieur de la fiction. Ce n'est pas que la voix narrative se confonde avec celle du personnage—ce dernier est lui-même maintes fois fustigé par le narrateur. Cependant Raymon semble, dans ses jugements sans appel, représenter l'un des pôles de la narration, celui qui se rapproche le plus d'une esthétique réaliste de type balzacien. Dans un passage clef, cette tendance est nettement contrastée avec la tendance inverse, incarnée dans le personnage d'Indiana. Lors d'une visite au Lagny, Raymon demande à Indiana de lui "expliquer" sir Ralph. La jeune femme avoue avoir "de la répugnance à le peindre," et invite son compagnon à le faire à sa place. Suit une description très catégorique du caractère de sir Ralph, tel que le perçoit le jeune homme. La réaction d'Indiana est significative: "Il y a du vrai dans ce portrait, [...] mais il y a aussi de la prévention. Vous tranchez hardiment des doutes que je n'oserais pas résoudre, moi qui connais Ralph depuis que je suis née" (156–57). Cette scène présente en abyme les tensions de la narration aux prises avec le réalisme. Il y apparaît nettement que la subjectivité autoritaire est masculine, et se confond avec le personnage de Raymon. Si cette conjonction est vraie, un second passage révèle en outre que cette esthétique de type masculin ne saurait laisser libre cours à la propagation du scandale.

Le point paroxystique de la trajectoire transgressive d'Indiana est sans aucun doute le moment où la jeune femme, sacrifiant à jamais sa réputation, s'évade de sa chambre en pleine nuit pour aller retrouver son amant chez lui. Lorsque Raymon, rentrant enfin du bal, la découvre dans sa chambre, véritable incarnation du scandale, sa réaction est brutale: "Vous êtes folle! [...] Où avez-vous rêvé l'amour? dans quel roman à l'usage des femmes de chambre avez-vous étudié la société, je vous prie?" (217). Ici, l'expression du libre mouvement du scandale, la vie que lui propose Indiana, est associée à une esthétique dévalorisée. La nature exacte de cette esthétique reste peu claire, mais à coup sûr, il ne peut s'agir du réalisme, nouvelle école en vogue dans les milieux littéraires de l'époque. Plus tard, dans une lettre adressée au jeune homme depuis l'île Bourbon, Indiana reprend à son compte la comparaison de Raymon, et fait sienne l'esthétique qui la sous-tend. Évoquant sa volonté de vivre le scandale, elle écrit:

> C'est que j'étais folle; c'est que, selon votre expression cynique, j'avais appris la vie dans les romans à l'usage des femmes de chambre, dans ces riantes et puériles fictions où l'on intéresse le cœur au succès de folles entreprises et d'impossibles félicités. C'est horriblement vrai, Raymon, ce que vous avez dit là! (247)

Ce qui apparaît nettement ici, c'est que si le réalisme pur ne saurait donner libre cours au scandale féminin, il n'y a guère dans l'esprit de George Sand, au moment où elle écrit *Indiana,* d'alternative viable à cette esthétique. Quels que soient les rapprochements qu'ont voulu faire certains critiques entre la situation biographique de la jeune baronne Dudevant et le personnage éponyme du roman, il est clair que George Sand n'est pas Indiana.[8] Le personnage d'Indiana, avec son amour passionné, est certes celui qui se rapproche le plus de la théorie sandienne de l'idéalisme telle qu'elle l'exprime dans l'*Histoire de ma vie.*[9] Cependant, l'amour passionné et irréaliste de l'héroïne ne suffit pas à faire basculer le roman du réalisme dans l'idéalisme. Si la voix idéaliste d'Indiana représente l'un des pôles de la narration, l'une de ses tentations, ce pôle fait néanmoins l'objet d'une surveillance stricte dans le texte. Pour Sand, jeune romancière ambitieuse en 1832, le texte du scandale féminin qu'elle choisit d'écrire ne saurait se confondre avec les lettres désespérées et tragiques de son héroïne, ni non plus avec celles de l'infortunée Noun, bourrées de fautes d'orthographe.[10] Ce serait là laisser l'imagination s'engluer dans le "ghetto féminin" de l'écriture prescrite aux femmes par son époque.[11] Tourner le dos trop résolument au réalisme lui semble, à ce point, tomber dans la sous-littérature.

Il s'avère donc que pour Sand en 1832, la solution esthétique de la représentation du scandale féminin ne peut procéder que d'un compromis au sein d'un certain réalisme. Cependant, ce compromis réaliste, s'il parvient à se maintenir pendant l'essentiel de l'œuvre, apparaît néanmoins abandonné dans sa conclusion. Sainte-Beuve remarque le premier une discontinuité dans l'esthétique du roman. Il admire le début pour son réalisme, mais il est moins enthousiaste pour la fin du texte:

> Il y a dans le livre un endroit, après la mort de Noun, après la découverte fatale qui traverse l'âme d'Indiana, après cette matinée de délire où elle arrive jusque dans la chambre de Raymon qui la repousse, —il y a là un point, une ligne de démarcation où la partie vraie, sentie, observée du roman se termine; le reste, qui semble d'invention presque pure, renferme encore de beaux développements [...] mais la fantaisie s'efforce de continuer la réalité, l'imagination s'est chargée de couronner l'aventure. (Notice 361)

Ce qui est intéressant dans les remarques de Sainte-Beuve, ce n'est pas tant la rupture esthétique, qu'il n'est pas le seul à avoir vue, mais plutôt les limites qu'il tente de donner à la partie "réaliste" du roman. La "ligne de démarcation" qu'il évoque est assez floue, mais les deux grands jalons entre lesquels elle oscille sont révélateurs car ils correspondent, dans l'optique de ce chapitre, aux deux pôles du scandale tel qu'ils sont présentés dans le scénario narratif.

Il est évident dans le roman que Noun représente l'aspect sensuel de la transgression, et Indiana son aspect social et spirituel. En conséquence, Raymon aime Noun "avec les sens," et "madame Delmare de toute son âme" (99). Indiana est représentée comme incapable de désirer, innocente dans tous les sens du terme. C'est cette innocence qui la sépare du reste de la société:

> Quelle différence entre cet être chaste qui semblait ignorer la possibilité d'un dénouement à son amour, et toutes ces femmes occupées seulement à le hâter en feignant de le fuir! Lorsque par hasard Raymon se trouvait seul avec elle, les

> joues d'Indiana ne s'animaient pas d'un coloris plus chaud, elle ne détournait pas ses regards avec embarras. (173)

La rhétorique est tout entière ici du côté de la dénégation. Mais cette insistance même met en question la netteté de l'opposition. De fait, l'intrigue ne fait que souligner que Noun et Indiana sont parfaitement interchangeables. Cependant, malgré sa fragilité, la scission du personnage scandaleux permet à Sand d'aller plus loin que Balzac dans la représentation de l'énergie féminine, et ce dans le cadre même de l'esthétique réaliste qui précède la rupture évoquée par Sainte-Beuve. Le corps de Noun permet à Raymon de consommer par procuration l'adultère avec Indiana, tout en conservant la virginité (l'impénétrabilité) de cette dernière.

Si Indiana survit, le personnage de Noun est, de son côté, soumis à une cérémonie d'expulsion assez classique. Celle-ci, qui rappelle d'ailleurs la mort par noyade d'Ida dans *Ferragus* et la fin de la *Duchesse de Langeais,* est destinée à préserver l'ambiguïté sexuelle d'Indiana, et à maintenir séparées les deux faces du scandale qui, à tout moment, menacent de se rejoindre. Le mécanisme qui mène à la mort de Noun correspond assez bien à celui de la crise sacrificielle décrite par Girard. La différence critique entre les deux femmes, qu'il s'agit de préserver à tout prix, menace de s'effondrer. Noun est trop semblable à Indiana, et le corps de l'une se substitue trop facilement à l'autre. Noun meurt afin que l'autre face du scandale puisse aller plus loin. Le scandale complet, double, à la fois social et sexuel, est trop fort pour la narration. Il s'agit là du véritable scandale textuel qui est la limite de la représentation. Une fois Noun éliminée, l'histoire d'Indiana peut aller plus avant. Ainsi, tout en s'approchant toujours de plus près de ce point limite, la narration évite l'affirmation de la consommation sexuelle de l'adultère, qui représenterait l'accomplissement de la transgression dans toute sa force.

Malgré ses dehors passionnés, Raymon s'avère peu désireux d'atteindre la "félicité" qui couronnerait son triomphe. Il se contente de jouir de l'intervalle du délai, et des succès qu'on lui suppose. Il est en réalité "peu pressé de triompher d'un amour dont la chasteté naïve avait pour lui l'attrait de la singularité" (178). Au moment d'accomplir avec Indiana le double suicide qui referme la quatrième partie, Ralph confirme d'ailleurs que

"Raymon n'avait pas été aussi heureux qu'il avait eu l'audace de le prétendre" (328). Mais cette dénégation est encore insuffisante; la consommation même du mariage entre Indiana et Delmare est frappée de doute. Le colonel est en effet présenté comme un vieillard impuissant. "Trop affaibli par l'âge et les fatigues pour aspirer à devenir père de famille, il était resté vieux garçon dans son ménage, et il avait pris une femme comme il eût pris une gouvernante" (271). Ainsi la narration est-elle animée d'un double mouvement contradictoire: d'un côté la volonté de faire une place maximale au scandale, et de l'autre, la négation de l'accomplissement suprême de ce scandale. La mort de Noun et la négation de la défloration d'Indiana fournissent un compromis provisoire qui permet au scandale de progresser plus avant. C'est dans les limites de ce compromis fragile que s'inscrit le texte du scandale dans ce que l'on peut appeler la partie "réaliste" du roman, c'est-à-dire avant la lettre/conclusion qui suit la fin de la quatrième partie. Ce serait peut-être là l'empreinte "féminine" de George Sand que ce réalisme à caractère schizophrène? Avant de trancher cette question, il convient d'examiner plus avant les termes et les limites de ce compromis esthétique, dans la solution particulière qu'il propose au dilemme de l'inscription du scandale.

L'on serait tenté ici de parler de fétichisme, plutôt que de schizophrénie. Ce serait peut-être la solution la plus logique d'une esthétique désireuse de maintenir l'ambiguïté à l'endroit de la vérité de la sexualité féminine. De fait, les scènes de fétichisme sont fréquentes chez Sand, et sont souvent liées à des épisodes mettant en abyme la question de la représentation réaliste. Cependant, Schor montre bien que ces scènes ne sauraient se résumer à la simple appropriation et reproduction par la romancière de mécanismes de défense masculins.[12] En fait, ce que nous avons dans *Indiana* est plutôt la mise en abyme dans l'intrigue d'une stratégie fétichiste masculine qui se déconstruit sous nos yeux. Ainsi, le fétichisme de la scène d'amour entre Raymon et Noun est évident. Noun se pare des vêtements de sa maîtresse, et s'abandonne à Raymon entre deux panneaux de glace:

> Peu à peu le souvenir vague et flottant d'Indiana vint se mêler à l'ivresse de Raymon. Les deux panneaux de glace qui se renvoyaient l'un à l'autre l'image de Noun jusqu'à l'infini

> semblaient se peupler de mille fantômes. Il épiait dans la profondeur de cette double réverbération une forme plus déliée, et il lui semblait saisir, dans la dernière ombre vaporeuse et confuse que Noun y reflétait, la taille fine et souple de madame Delmare. (104)

Le double reflet de la glace correspond tout à fait ici à la double postulation fétichiste de Raymon. Madame Delmare est présente, tout en étant absente; elle est et n'est pas pénétrée: "Si [Noun] n'eût pas été ivre comme lui, elle [...] l'eût vu baiser l'écharpe et les rubans qu'avaient portés Indiana, [...] froisser dans ses mains ardentes l'étoffe qui avait protégé son sein. [...] S'il baisait ses cheveux noirs, il croyait baiser les cheveux noirs d'Indiana" (104–05). L'écharpe, les rubans et les cheveux sont les supports fétichistes par excellence. Ils sont chargés de protéger Raymon contre la puissance castratrice du corps féminin dénudé et en proie au désir. Cette vérité se donne en outre à lire dans le déplacement métonymique qui préside à l'inscription du fétiche sur le paysage lui-même lors de la découverte du cadavre de Noun. Aux yeux d'Indiana, la rivière est tout entière noyée d'un brouillard qui l'enveloppe comme "une écharpe flottante," tandis que le cadavre de sa sœur de lait n'est plus qu'un "monceau d'étoffes" entraîné par le courant. L'évacuation du corps sensuel au profit de l'enveloppe textile est nette.

Cependant, le compromis fétichiste lie inexorablement les deux femmes l'une à l'autre, comme les deux faces du plaisir de Raymon. Le résultat est que, malgré son absence, Indiana est scandalisée par contagion métonymique pendant cette scène d'amour. L'objet textile, protection fétichiste de nature métonymique, dans un renversement étonnant, devient alors le support du glissement du scandale, lui-même métonymique:

> moi [Raymon] qui ai souillé ta robe de mon haleine maudite et ta ceinture pudique de mes infâmes baisers sur le sein d'une autre; moi qui n'ai pas craint [...] de verser jusque sur ce lit que respectait ton époux lui-même les influences de la séduction et de l'adultère! [...] Quels fantômes de vice et d'insolence ne viendront pas ramper sur le lin virginal de ta couche? [...] N'ai-je pas ouvert au démon de la luxure l'entrée de ton alcôve [...] et l'ardeur insensée qui consume les flancs de cette créole lascive ne viendra-t-elle pas, comme la robe de Déjanire, s'attacher aux tiens pour les ronger? (105–06)

L'image de cette "robe de Déjanire" est bien celle du fétiche brusquement retourné, et qui souligne la castration au lieu de la dissimuler.[13] Le fétiche, dans ce cas, s'avère incapable de fonctionner jusqu'au bout, et la scène s'approche trop de la représentation de l'irreprésentable: le corps d'Indiana comme corps sexué et pénétrable.

Il apparaît clairement à plusieurs reprises dans le texte que l'image sensuelle de Noun est liée à une terreur qui ne peut être que l'angoisse de la castration. Or la mort de Noun et les tentatives fétichistes de Raymon ne suffisent pas à préserver ce dernier de cette terreur. Lors de sa première visite au Lagny après la mort de la servante, les lieux de son ancienne félicité ne cessent de renvoyer à son imagination en délire l'image de Noun. Raymon en est "glacé de terreur" (137). Au cours de sa visite de la fabrique de Delmare, le cadavre de Noun est encore évoqué, cette fois par un ouvrier du colonel qui remarque que le corps avait été rejeté par la crue de la rivière à la place même où se tient à présent Raymon. "Le malheureux jeune homme devint pâle comme la mort; il jeta un regard effaré sur l'eau qui coulait à ses pieds; il lui sembla, en voyant s'y répéter sa figure livide, que le cadavre y flottait encore" (139). Cette fois le jeu de miroir ne permet plus le compromis fétichiste, et c'est le corps de la femme qui, dans un effet de castration, se superpose à l'image masculine. Le cadavre de la femme dans toute l'obstination de sa présence incontournable est bien le *skandalon* dans sa plus pure expression.

Dans un effet de redoublement et de surdétermination, la déconstruction du fétichisme à l'intérieur de la narration est représentée en abyme dans une scène clef du roman qui vient porter sa conclusion logique à l'épisode que nous venons de décrire. Il s'agit encore une fois d'un jeu de miroir qui se retourne et se renverse de façon perverse. Après la mort de Noun, alors qu'ils sont tous deux hantés par son image, Indiana donne rendez-vous à Raymon chez elle. Chaque détail de cette soirée est destiné à rappeler le rendez-vous parallèle entre Noun et Raymon. Indiana porte la pelisse qu'avait revêtue sa servante, de sorte qu'elle apparaît à Raymon comme l'imitation de Noun travestie, qui n'était elle-même que l'imitation de sa maîtresse. La rivière est en outre noyée par le même brouillard que lors du suicide de Noun, dans un tableau qui, une fois de plus, évoque un paysage sexualisé: l'eau se charge de la sourde hantise du corps féminin occulté par les vêtements qui nient provisoirement la réalité de la castration (185). L'indécision est renforcée par le turban qui cache la chevelure d'Indiana, et qui rappelle le madras qui était la coiffure ordinaire de Noun. Raymon est saisi de terreur et manque de s'évanouir, "croyant voir ses idées superstitieuses se réaliser" (191). Mais bientôt Raymon se rassure en voyant ce qu'Indiana tient entre ses mains: "une masse de cheveux noirs irrégulièrement longs qui semblaient avoir été coupés à la hâte" (191). Raymon croit que ces cheveux sont ceux d'Indiana, et croit recouvrer son fétiche. Cependant, c'est Indiana ici qui caresse le précieux fétiche, et ce reflet en miroir, cette appropriation du fétiche ne peut que pervertir son intention. En effet, ce sont les cheveux de Noun qu'Indiana tend à Raymon, ces cheveux coupés qui rappellent le corps sexuel de la femme et sa castration. Indiana ici détruit le fétiche de Raymon, et, dans le même geste, détruit son désir à jamais. "Il frissonna de la tête aux pieds, et roula évanoui sur le parquet. Quand il revint à lui, madame Delmare [...] lui demandait grâce; mais Raymon ne l'aimait plus. —Vous m'avez fait un mal horrible, lui dit-il; un mal qu'il n'est pas en votre pouvoir de réparer" (193). Il semble significatif que ce soit Indiana, puisqu'elle représente à un certain niveau la tentation d'une esthétique autre, qui opère la destruction du fétiche. Il est sans doute légitime, par ailleurs, de lier la tendance fétichiste de Raymon à la ligne réaliste de la narration. L'échec de ce fétichisme serait donc à rapprocher d'un certain échec du réalisme. L'échec du fétichisme de Raymon suggère que le compromis fétichiste au sein de la narration réaliste n'est pas capable d'enrayer le scandale représenté par la femme désirante. La schizophrénie, comme figure de la "cassure" d'un art pétrifié, paraît une solution préférable au fétichisme, qui est une stratégie par trop masculine.

Pourtant, malgré sa fragilité, ce compromis permet la représentation d'un personnage féminin qui appelle le scandale et choisit de le vivre quelles que soient les pressions exercées par la société.[14] Indiana a été élevée en dehors de cette société. Elle est véritablement un corps étranger, un *skandalon* potentiel par son irrespect des lois de l'"honneur" féminin. Sa déclaration d'amour à Raymon est révélatrice. Pour elle, l'éclat public est la conséquence logique de son choix: "Il faut m'aimer sans partage, sans retour, sans réserve; il faut être prêt à me sacrifier tout, fortune, réputation, devoir, affaires, principes, famille; tout monsieur, parce que je mettrai le même dévouement dans la balance et que je la veux égale" (148). Son erreur vient bien sûr de son ignorance des règles du jeu. En matière de liberté de mouvement et de scandale, la balance ne saurait être égale entre elle et son amant. Cette disparité est rendue manifeste à maintes reprises.

Raymon semble ainsi doté d'une liberté de mouvement qui lui permet de franchir presque tous les obstacles, de forcer tous les lieux sans jamais donner véritablement prise au scandale. Sa trajectoire peut être qualifiée de typiquement centripète: il pénètre à chaque fois de l'extérieur vers l'intérieur, de la périphérie vers le centre. Ainsi, dès la première scène du roman, il s'introduit dans le domaine de monsieur Delmare en escaladant le mur. Certes, sa témérité est punie d'un coup de fusil, mais c'est sur les deux femmes, Noun et Indiana, que pèse la menace d'un scandale, tandis qu'il parvient aisément à se disculper. De plus, par deux fois, il réussit à forcer l'espace privé de madame Delmare, et par deux fois il parvient à éviter le déshonneur public. Ce premier exploit est accompli après sa nuit d'amour avec Noun dans la chambre d'Indiana. Il est surpris par cette dernière qui menace de le punir, précisément en le livrant au scandale. Il est significatif que ce soit grâce à l'intervention d'un autre homme, sir Ralph, que l'éclat est évité (116). C'est que Ralph sait bien que le scandale, en éclatant, ne saurait frapper Raymon exclusivement, et qu'il atteindrait nécessairement aussi Indiana, avec des conséquences beaucoup plus désastreuses pour cette dernière.

Le second épisode a lieu quand Raymon, déçu de ne pas retrouver Indiana au bal à Paris, décide d'aller la chercher jusque dans l'appartement de sa tante, madame de Carjaval. Dans le traitement de cette scène, un parallèle explicite est établi avec la scène initiale du roman, entre l'assaut livré aux murs de la propriété du Lagny, et la façon désinvolte dont Raymon renverse tous les obstacles pour s'introduire auprès d'Indiana. L'ironie, cependant, est que Raymon ne rencontre en fait aucun obstacle. Il passe "sans rien dire au concierge," "sans se faire annoncer," et "tous les autres domestiques [sont] couchés" (92). Il est dit à plusieurs reprises dans le roman qu'il est dans la nature de Raymon de "s'irriter des obstacles" (117), mais c'est une erreur de perception qui fait croire à Indiana à une égalité possible entre elle et son amant vis-à-vis du scandale. Elle ne voit pas que ces prétendus obstacles ne sont que des tremplins pour l'énergie amoureuse de son amant, alors que pour elle, ils sont autant de pièges qui l'entravent et la "scandalisent." La situation amoureuse de Raymon coïncide parfaitement avec sa position vis-à-vis de la société, et sa stratégie politique est en parfait accord avec ses exploits amoureux. Il y porte "la même hardiesse, les mêmes ardeurs" (131). "Un insatiable besoin d'événements et d'émotions dévorait sa vie. Il aimait la société avec ses lois et ses entraves, parce qu'elle lui offrait des aliments de combat et de résistance" (127). C'est ainsi qu'il défend la monarchie et la Charte, et se révèle adepte de cette "modération politique" qui lui a appris, comme à tant d'autres, à "combattre sans scandale et sans bruit" (129). Pour Indiana, il est impossible de combattre ainsi les obstacles, "sans scandale et sans bruit."

Inversement, Indiana, pierre de scandale, est, tout comme Noun, soumise à une force centrifuge qui la rejette vers l'extérieur chaque fois qu'elle tente de pénétrer vers le centre masculin. Dans la structure de ce roman, toute en échos et miroirs, deux scènes viennent souligner cette disparité de façon ironique, en offrant deux reflets inverses des scènes d'intrusion masculine. De plus, ces deux reflets sont eux-mêmes structurellement disposés l'un par rapport à l'autre. L'un concerne en effet une visite secrète de Noun chez monsieur de Ramière à la campagne, tandis que l'autre est la fameuse scène où Indiana s'évade de sa chambre pour rejoindre Raymon chez lui à Paris. Dans chacun de ces épisodes, chacune des deux jeunes femmes s'introduit jusque dans la chambre de son amant. La visite de Noun constitue en quelque sorte la note mineure qui fait écho à l'audace d'Indiana; cette dernière donnant sa note majeure au thème de l'audace féminine dans le roman. Ainsi le narrateur note le "courage avec lequel [Noun] lui sacrifiait sa réputation." Or la réaction de Raymon est un mélange d'horreur, de dédain et de dégoût: "La femme d'un pair de France qui s'immolerait de la sorte serait une conquête précieuse; mais une femme de chambre! [...] Avec l'une un monde de rivaux jaloux vous envie; avec l'autre, un peuple de laquais scandalisés vous condamne" (75). Si Indiana n'est pas la femme d'un pair de France, son sacrifice devrait cependant émouvoir quelque peu Raymon. Or, il n'en est rien, sa réaction est tout aussi horrifiée que pour Noun. Sa réflexion sur les "romans à l'usage des femmes de chambre" constitue de plus un rappel du vain sacrifice de Noun.

Si Raymon peut sans grand dommage escalader les murs, Indiana sait bien que pour elle, le seul fait de faire un pas hors de l'espace domestique qui la définit socialement, constitue une chute irréparable, quelle que soit l'innocence de sa conduite sexuelle. Elle met Raymon devant le fait accompli:

> je ne vous ai pas même consulté pour franchir à jamais le seuil de ma maison. Ce pas décisif, il est fait [...]. À l'heure qu'il est, Raymon, je suis déshonorée. [...] et maintenant, quoique le jour naissant trouve mon front aussi pur qu'il l'était hier, je suis une femme perdue dans l'opinion publique. (218)

Cet aspect tout à fait physique du scandale pour la jeune femme apparaît de façon aussi claire que dans le texte de Balzac. Il est significatif qu'Indiana, repoussée par son amant, refuse de prendre un fiacre et reparte à pied. La géographie physique de la grande ville accentue à chaque pas la force de l'entrave qui fait littéralement trébucher la jeune femme: "Aux premiers pas qu'elle fit dans la rue, elle sentit ses jambes tremblantes prêtes à lui refuser le service; il lui semblait à chaque instant sentir la rude main de son mari furieux la saisir, la renverser et la traîner dans le ruisseau" (226). Indiana se perd dans le labyrinthe de cet espace qui lui est hostile. Elle est l'incarnation du *skandalon* errant, pierre vivante rejetée par la ville comme un corps étranger jusque sur les bords du fleuve, dans cet espace liminal où elle s'apprête à disparaître. "Cherchez mes pieds que j'ai égarés sur ces cailloux," dit-elle à Ralph, venu la sauver (228). Ces pieds littéralement pétrifiés de scandale s'opposent de façon nette à ceux de Raymon au même instant, "enveloppés de cachemire," et qu'il chauffe "voluptueusement" au coin du feu (239).

La trajectoire désespérée d'Indiana la conduit finalement d'un bout à l'autre du monde, dans un trajet doublement circulaire, sans qu'elle puisse se définir un espace. La force de son énergie transgressive la rejette trois fois d'un continent à l'autre sans qu'il y ait, semble-t-il, de refuge possible autre que la mort. À l'île Bourbon, son journal, ainsi que les anciennes lettres de Raymon, sont découvertes par son mari. Ce dernier, ivre de colère, la jette à terre, et la marque au front du talon de sa botte. Elle porte ainsi sur le visage le texte d'un opprobre qui atteint son mari, une trace qu'elle refuse de dissimuler (270). L'ancien espace utopique de l'enfance est alors marqué par le scandale. Indiana ne rêve plus que de fuite. Ce fantasme impossible prend la forme de Madagascar où elle rêve de trouver "la protection de ces peuplades que n'a pas flétries le joug de nos lois et de nos préjugés" (273). Le caractère utopique de ce rêve est souligné par la voix narrative. La conclusion logique du trajet d'Indiana, dans cette partie "réaliste" du roman, ne peut être que circulaire, un retour désastreux au point de départ où la jeune femme se dissout tout entière dans le néant de son scandale.

Revenue en France à l'appel de Raymon, Indiana débarque à Bordeaux après une seconde fuite clandestine, cette fois depuis l'île Bourbon. Le texte invite à voir un parallèle implicite entre la situation de la jeune femme égarée dans la ville et sur le port, et les événements de la révolution de 1830, vouée à l'échec, véritable *skandalon* historique qui bouleverse le cours de l'histoire. Indiana, abandonnant tous ses biens sur le navire, se met "à parcourir la ville dans une sorte d'égarement" au milieu de la "violente agitation" des événements. Perdue et isolée, elle aboutit à l'hôpital, et à sa sortie se réfugie dans les décombres d'une maison, s'identifiant une fois de plus à ces pierres inutiles, en marge de la société (290–93). Ce serait là une façon d'expliquer le fait que la révolution n'est pas décrite dans le texte. Indiana prend sa place et la résume. Elle a lieu quelque part dans l'espace de non existence que la jeune femme passe à l'hôpital "inscrite sous la désignation d'inconnue" (293). Sans la présence d'un homme qui la définisse, elle n'a plus d'identité, elle n'est plus rien. Elle n'occupe plus aucun espace, tout comme la révolution est réduite à néant. En marge de l'Histoire ou de l'histoire, la question se relie bien évidemment à celle de l'écriture telle que nous la présentions au début.

L'image frappante des pieds pétrifiés d'Indiana ne peut d'ailleurs que rappeler l'épisode de la grotte d'Oliero dans la première des *Lettres d'un voyageur,* datée de 1834 à Venise. Le voyageur qui pénètre au centre de la grotte en passant à gué d'une roche à l'autre au milieu de l'eau glacée, sent le froid l'envahir et il a le sentiment de se pétrifier lui aussi. Immédiatement après, le narrateur évoque le roman encore inédit de *Jacques* en comparant le personnage de Jacques à une statue rigide. Mais conclut-il, "la gelée fend les marbres" (667). Cette même dialectique de la pétrification et de l'éclatement liée à l'art se retrouve dans un passage d'*Histoire de ma vie* qui relate aussi un épisode du voyage à Venise. En proie à la fièvre, Sand se sent "glacée" malgré le "temps superbe," et "en regardant le *Persée* de Cellini et la chapelle carrée de Michel-Ange, il me semblait par moments, que j'étais statue moi-même. La nuit, je rêvais que je devenais mosaïque, et je comptais attentivement mes petits carrés de lapis et de jaspe" (4: 186). Le pouvoir pétrifiant de la tête de Méduse brandie par Persée se rattache à celui du scandale, de la représentation du scandale dans l'écriture, mais aussi du scandale de l'écriture elle-même, surtout dans son pôle masculin réaliste qui fait alors obstacle à l'imagination sandienne. Pourtant le modèle inverse de l'éclatement fait naître une autre horreur, celle de la dispersion et de la dissolution de l'être fragmenté (la "mosaïque"). Persée est aussi celui qui libéra Andromède attachée à son rocher. Peut-il y avoir à ce point de libération esthétique qui détache Andromède de son rocher? Si Andromède n'apparaît guère dans les *Lettres d'un voyageur,* son double masculin y apparaît cependant sous la forme de Prométhée, figure du poète tel que le voyageur l'évoque. Plus qu'enchaîné à son rocher, Prométhée est présenté comme terrassé par le poids de son rocher qui l'écrase.[15]

De fait, le réalisme se pétrifie et s'avère incapable de donner suite à cette histoire. Il est encore, en cela, trop semblable au personnage de Raymon, trop lié à la représentation mimétique, et donc à la préservation du statu quo.[16] Tout comme Raymon, l'esthétique réaliste se nourrit des obstacles qui fournissent un tremplin à la force de son énergie linéaire, mais cette énergie refuse de se laisser bloquer par la présence d'un *skandalon* qui éclate de toute sa force. Même séparée de la dimension sexuelle de sa révolte, Indiana doit finalement elle aussi être soumise à une cérémonie d'expulsion, vers le suicide.

Pourtant, le roman ne s'achève pas avec la mort d'Indiana.[17] Le suicide n'est pas consommé. Dans la conclusion du roman, la jeune femme semble vivre dans une union illégitime avec Ralph. Cependant, tous les critiques, depuis Sainte-Beuve, s'accordent à voir dans cette conclusion un morceau hétérogène, par son contenu comme par son esthétique, une sorte de corps étranger, raccroché au roman comme un appendice "coupable." En effet, l'esthétique réaliste ne peut aboutir qu'à une impasse: comment représenter le bonheur de Ralph et d'Indiana, jouissant pleinement et en toute quiétude de leur position scandaleuse par rapport à la société? La rupture brutale du récit, au moment où Indiana et Ralph s'apprêtent à s'élancer dans l'abîme, témoigne de cette impossibilité. La conclusion ne reprend d'ailleurs pas la narration là où elle avait été interrompue. Il est impossible de faire un raccord exact entre les deux fragments. Il semble que la pierre de scandale, scindée en deux, soit soumise à une force centrifuge qui la rejette du centre vers la périphérie: depuis le centre de la chambre circulaire d'Indiana—où la question limite de la possibilité de la défloration d'Indiana est traitée sur le mode fétichiste—vers la périphérie de la métropole, dans l'insularité circulaire de l'île Bourbon, où peut-être s'accomplira le mouvement final de l'éclatement, dans une esthétique qui permettrait de conjurer la menace de pétrification réaliste et au véritable texte du scandale féminin de s'écrire. Dans cette perspective, la lettre-conclusion périphérique est-elle le lieu d'un recentrement, d'un éclatement libérateur du scandale de l'héroïne et de l'esthétique qui permette de transcender la dialectique masculin/féminin?

Les liens ambigus qu'entretiennent le corps du roman et cette zone liminale se donnent à lire dans la rupture absolue qui précède la conclusion. Après la rencontre du narrateur et de Ralph, qui est donnée comme la scène originale de la transmission du texte du scandale, nous apprenons que sir Ralph vient de raconter "son histoire jusqu'à l'endroit où nous l'avons laissée dans le précédent chapitre" (339). Jusqu'à ce point donc, cette pseudo conclusion, qui se pose comme un "après" de la narration, n'a en fait été qu'un "avant," une analepse narrative. Parvenu à ce point, Ralph fait "une longue pause" que le narrateur vient interrompre par "une dernière question." La nature de cette question n'est pas spécifiée, mais se donne à lire entre les lignes de la réponse de sir Ralph: "Mon jeune ami, me dit-il, il est des souvenirs qu'on déflore en les racontant" (339). Cette remarque souligne les rapports entre narration et défloration, surtout dans les termes d'une esthétique réaliste, dont la logique est toujours de "dévoiler." Ce qui suit ne peut que procéder d'une autre esthétique, sur le mode de l'irréel, et ne donne que l'illusion d'aller plus avant dans la représentation du scandale. Le reste de l'histoire de Ralph et d'Indiana est en fait placé sous le mode de l'incertitude et de la prétérition,[18] dans un ailleurs spatio-temporel détaché du reste du roman.

Il faut en effet un saut esthétique supplémentaire pour écrire la fin impossible du texte du scandale d'Indiana. Il s'agit ici, semble-t-il, d'une lettre adressée à Jules Néraud, ami de George Sand, et source d'une grande partie de ses connaissances sur l'île Bourbon. Le narrataire est donc ici un homme, à qui s'adresserait ainsi l'ensemble du récit que nous venons de lire. De plus, bien qu'il soit présenté comme la même personne, le narrateur de cette conclusion n'est plus celui du corps du roman. Il s'agissait jusqu'ici d'un narrateur de type extra-hétérodiégétique selon la classification de Gérard Genette (*Figures III* 204, 256), c'est-à-dire un narrateur extérieur de type omniscient, ne faisant pas partie du monde de la fiction et ne participant pas aux événements du récit. Dans la conclusion, un renversement absolu s'opère. Le narrateur est à présent présenté comme faisant partie de la fiction, d'une narration à la première personne, et comme participant aux événements racontés. Ainsi il rencontre Indiana et Ralph, et recueille le récit de ce dernier. De plus, c'est lui qui fait pénétrer le scandale à l'intérieur du sanctuaire que s'étaient ménagé les deux reclus, en rapportant à la jeune femme les rumeurs que sa conduite suscite au sein de la communauté de l'île Bourbon.[19] C'est par le narrateur que commence véritablement le mouvement de dissémination du scandale d'Indiana qui aboutit à sa "publication" sous forme de roman, et ce malgré les admonitions de sir Ralph, qui le conjure de ne point répandre cette histoire afin d'éviter "la contagion de l'exemple" (337).

Dans cette conclusion, le narrateur perd, semble-t-il, toutes ses facultés omniscientes pour s'inscrire dans la fiction à côté des autres personnages. Il passe bientôt le relais de la narration à sir Ralph lui-même. Ce brusque décrochage produit l'impression d'un narrateur schizophrène et plonge plus encore la lettre-conclusion dans l'irréalité. De plus, en basculant dans la diégèse, le narrateur paraît déplacer totalement le personnage d'Indiana, qui s'efface presque complètement à son profit. Le discours enflammé de Ralph à Indiana, qui clôt le chapitre précédent, est remplacé par un autre discours de Ralph, mais qui cette fois s'adresse au narrateur, et non plus à la jeune femme. Cette dernière n'est plus qu'un fantôme rapidement esquissé, et qui n'a plus guère droit à la parole: elle ne prononce qu'une réplique assez insignifiante sur les vertus réparatrices de la nature (339). Naginski tente de rendre compte de ce silence brutal d'Indiana que le lecteur risque de trouver "décevant sinon incompréhensible" (75). Son point de vue est que l'équilibre du roman repose sur les tensions entre les trois personnages principaux (Ralph, Raymon, Indiana), et que la conclusion met en scène à travers le personnage de Ralph une résolution, ou plutôt transcendance, des différents tiraillements de l'esthétique dans le roman. Si nous avons proposé de voir deux pôles esthétiques de la narration incarnés entre Indiana et Raymon, Naginski reconnaît six "solutions" possibles, chacune représentée par un personnage, à la question centrale du roman qui est celle du Verbe ("the Word"). Pour elle, *Indiana* est un roman d'apprentissage qui représente en abyme la quête de l'écrivain d'une voix propre et personnelle. Le cheminement de Ralph (qui, d'infirme linguistique dans les trois premières parties, se transforme finalement en un éloquent poète philosophe) représente l'avènement au langage de l'auteur dans la conclusion, après les diverses expérimentations du reste du roman, dominé par les voix opposées d'Indiana, de Noun, de Raymon, de Delmare et de Laure de Nangy. Ainsi, malgré le silence d'Indiana, à travers Ralph, la conclusion proclame la "transfiguration du silence dans la parole," dans ce roman qui est, bien plus que "l'histoire d'un amour malheureux," celle du "triomphe du texte" (Naginski 63–76).

Malgré l'intérêt que représente cette interprétation, un sentiment d'insatisfaction demeure. Ce point de vue moderniste évacue un peu trop nettement le fait, incontournable dans notre étude, de l'impossibilité de la représentation par la femme du texte de son propre scandale. L'histoire d'Indiana est transmise d'homme à homme sans qu'elle puisse donner son empreinte à ce texte. De fait, à y regarder de près, c'est l'expression de la curiosité du narrateur envers sir Ralph qui imprime le mouvement de recherche du narrateur, pour déboucher enfin sur la rencontre des deux hommes et l'échange de l'histoire d'Indiana entre eux. À l'origine du récit, comme moteur premier de l'action dans cette scène qui s'avère la matrice de l'intrigue, se trouve le désir d'un homme pour un autre homme. Si donc la conclusion représente une tentative de représentation de l'aboutissement heureux d'une intrigue du scandale, cette inscription est illusoire et se fait au prix de la dissolution quasi totale du personnage scandaleux, et la dépossession encore plus complète de son histoire. "Quant à madame Delmare, nous dit le narrateur, sa retraite avait été si absolue, que son existence était encore une chose problématique pour beaucoup d'habitants" (334). En fait, elle reste, à bien des égards, également problématique pour les lecteurs, tant sa "retraite" paraît absolue dans cette conclusion.

Au cours de sa promenade dans l'île, avant de rencontrer les protagonistes, le narrateur se repose près d'une "cristallisation basaltique [...] taillée à facettes comme l'œuvre d'un lapidaire," qui lui semble porter "une large inscription," des "impressions hiéroglyphiques" qu'il s'efforce vainement de déchiffrer (333). Le corps de la femme, où devrait s'inscrire son scandale, est remplacé par la pierre, comme une statue "à facettes." La pétrification se retrouve au centre du paysage de cette conclusion décentrée. De plus, les hiéroglyphes refusent de livrer leur secret et de répondre à la question fondamentale qui demeure celle de la virginité problématique d'Indiana. Y a-t-il eu finalement défloration? Indiana et Ralph ont-ils finalement réuni les deux faces du scandale, sexuel et social, en consommant leur union illicite? L'équivoque demeure. Certes, au moment de s'élancer dans l'abîme, Ralph avait parlé du "bonheur" de "[la] posséder sur terre" (328), et il affirme à présent qu'ils ont "goûté le bonheur dans sa plénitude" (340). Cependant, Ralph refuse de parler de son "bonheur," et au narrateur qui l'interroge sur la nature de leurs "crimes," il déclare que leurs jours passent "rapides et purs comme ceux de [leur] enfance" (342). En fin de compte, c'est sur le mode du déplacement que Ralph répond véritablement à la question du narrateur, puisque cette dénégation sur le plan sexuel s'accompagne d'une autre réflexion qui semble réinscrire la transgression, mais sur le mode économique et social: "la majeure portion de nos revenus est consacrée à racheter de pauvres Noirs infirmes. C'est la principale cause du mal que les colons disent de nous" (342). En donnant comme source des rumeurs scandaleuses l'affranchissement des esclaves infirmes, Ralph fait écho aux multiples passages qui, dans le roman, présentent clairement le mariage comme une forme d'esclavage pour la femme (90, 232). Cependant, si les esclaves sont libérés, Andromède-Prométhée semble ici encore enchaîné(e) au rocher qui l'écrase et étouffe sa voix.

C'est sur ce monolithe aux hiéroglyphes illisibles que le roman finalement achoppe, témoignant, plus que d'une synthèse androgyne heureuse, d'un tiraillement et d'un déchirement qui se retrouveront aussi dans les *Lettres d'un voyageur.*[20] Dans *Indiana,* la question du scandale et de son écriture demeure éludée. Elle ne se donne à lire que dans la solution de continuité, dans la rupture entre le centre de la chambre circulaire d'Indiana et l'insularité circulaire de l'île Bourbon. Si le cheminement de l'écrivain est celui d'un "rude casseur de pierres," la simple scission du scandale dans *Indiana* ne permet pas encore un éclatement libérateur. C'est sur une série de compromis, d'illusions et de décrochements que repose la dynamique de ce texte placé sous le double signe de la pétrification et de la cassure. L'effet produit par cette cassure initiale est celui d'une schizophrénie généralisée. Celle du personnage féminin, tout d'abord, dépossédé de la dimension sexuelle de son scandale qui ne vient s'inscrire que sur le mode de la dénégation, avant de disparaître presque complètement dans la conclusion. Schizophrénie du narrateur ensuite, déjà pris entre deux voix contradictoires dans le corps du récit, et qui devient tout à fait autre dans la conclusion. Celle de l'esthétique enfin, qui maintient la conscience de son propre fétichisme au sein même du réalisme, avant de basculer dans l'irréel. Cet irréel n'est pas encore le parti pris résolument idéaliste qui caractérisera par la suite les œuvres de Sand. Schizophrénie enfin peut-être de l'auteur et de son pseudonyme, à la fois homme et femme, ni homme, ni femme, mais en qui seul se rejoignent les deux parties du scandale sexuel et textuel tel qu'il était apparu au début de ce chapitre. Car après tout, la lettre à Laure Decerfz de juillet

1832 montre que l'écriture du roman précède l'abandon définitif par Sand du fameux "s" dans son pseudonyme, coupure qui, pour Naginski, témoigne de l'intégration pleinement réussie qui fait de la position narrative sandienne une force pleinement et fondamentalement androgyne. En fin de compte, à travers les tiraillements de son esthétique, *Indiana* témoigne avant tout des problèmes posés par la poétique réaliste à l'expression d'une voix féminine.

Chapitre six

Flaubert, *Madame Bovary* (1857)

Argent, adultère et arsenic

> ROMAN Il y a des romans écrits avec la pointe d'un scalpel. Ex: *Madame Bovary.*
>
> ENCRIER Se donne toujours en cadeau à un médecin.
>
> *Dictionnaire des idées reçues*

Madame Bovary marque un certain virage dans nos analyses des "fictions du scandale" au dix-neuvième siècle. Jusqu'ici, la mise en intrigue du scandale passait par sa dénégation, tout au moins partielle, dans la diégèse. Ainsi, l'intrigue de *Ferragus* reposait sur le simple soupçon d'une conduite illicite, tandis que celle d'*Indiana,* niait son aboutissement sexuel. Avec *Madame Bovary,* semble-t-il, la transgression de l'adultère apparaît dans tout son éclat. Cependant, si le scandale fournit la trame du texte de *Madame Bovary,* son éclat, on l'a vu, dépasse largement le cadre du roman. L'exemple du procès de 1857 nous était déjà apparu comme paradigmatique du mouvement de contagion infinie du scandale, qui liait inexorablement la transgression de l'héroïne à celle de l'auteur. Le procès témoigne nettement de l'enjeu esthétique de la mise en intrigue de ce que Pinard nomme la "glorification de l'adultère" (493). De fait, les seuls mots "madame Bovary" évoquent à la fois titre et personnage, de sorte qu'entre procès et adultère, les deux faces de l'énoncé sont à jamais réunies dans l'histoire littéraire et juridique sous le signe du scandale. Le procès de 1857 a fait l'objet de nombreuses études, parmi lesquelles plusieurs, en particulier celle de Leclerc, et surtout celle de LaCapra, ne se font pas faute d'interroger les liens qui unissent la thématique de l'œuvre et celle des procédures judiciaires.[1] Il est cependant étonnant, à en juger par la *Bibliographie* de David Colwell, qu'aucune étude n'ait jusqu'ici traité la question de front, à partir de la notion même de scandale, en explorant les liens complexes qui mènent du roman au procès dans toute la complexité de la conjonction écriture-scandale. Sartre, on le verra, traite dans *L'idiot de la famille* plusieurs aspects de cette conjonction, mais sans la lier spécifiquement à la question de *Madame Bovary* et de son procès.

Pourtant, le fait même du procès témoigne du dilemme central à l'œuvre: celui de l'inscription d'un scandale qui ne peut que scandaliser le texte qu'il habite, et faire à son tour de ce texte un objet scandaleux. Flaubert voulait, avec *Madame Bovary,* bâtir une œuvre qui puisse tenir debout "par la seule force de son style." Il s'agira, finalement, d'interroger cette proposition par rapport à l'objet paradoxal qu'est le scandale. Sur quel mode ce "style" permet-il l'inscription du scandale? Mais cette question est également pertinente à l'intérieur de la fiction, pour le personnage d'Emma, et la façon dont elle "vit" son scandale. Ce sont les principaux mouvements de cette figure ainsi définie que nous voudrions suivre ici. En examinant la nature du scandale et les modalités de son inscription dans le roman, il s'agira donc de retracer les principales ramifications et conséquences du mouvement imprimé par la fiction, pour le personnage, le livre, et finalement son auteur.

Au niveau le plus visible du récit, le texte est marqué par la prolifération de figures symboliques très physiques du scandale, à travers la thématique de la chute. Tanner a remarqué le nombre surprenant des accidents, maladies et faiblesses diverses qui affectent le pied et la jambe dans *Madame Bovary* (322). Plus qu'une simple manifestation d'un intérêt fétichiste chez Flaubert, il faudrait voir dans cette suite d'épisodes symptomatiques comme le fil directeur du texte du scandale qui se tisse dans la trame du roman. Il est aisé de retracer les principales étapes de ce trajet scandaleux et ses principaux jalons. Ce qui se fait jour est alors une série de syntagmes narratifs qui s'organisent selon une véritable "grammaire" perverse du scandale.

Emma, on l'a souvent remarqué, est avant tout éprise de mouvement. Cette énergie chez elle est sans doute imprimée par la logique linéaire et substitutive de son désir, qui donne aussi sa forme à la narration. "Le dérangement m'amuse toujours; j'aime à changer de place," dit-elle à Léon en descendant de la diligence qui la mène de Tostes à Yonville (118). Ce mouvement, lié au désir, ne peut que déboucher sur la transgression. Comme toutes les autres héroïnes de nos fictions du scandale, Emma ne peut mettre le pied hors de chez elle sans faire de faux pas. Ainsi, lors de sa première sortie après la naissance de Berthe, dès qu'Emma pose le pied sur le trottoir, elle éprouve une faiblesse à marcher et ressent de façon aiguë les "cailloux du trottoir" qui la blessent (131). Cette première atteinte annonce la scandalisation qui se précise avec la rencontre de Léon, qui lui propose de l'accompagner chez la nourrice. "Dès le soir, cela fut connu dans Yonville, et Mme Tuvache, la femme du notaire, déclara devant sa servante que *Mme Bovary se compromettait*" (132; italiques dans le texte). La réaction des villageois se matérialise sous la forme d'un handicap moteur qui affecte Emma pendant tout le reste de la promenade avec Léon: "La terre, à un endroit, se trouvait effondrée par le pas des bestiaux; il fallut marcher sur de grosses pierres vertes, espacées dans la boue. Souvent, elle s'arrêtait une minute à regarder où poser sa bottine, —et, chancelant sur le caillou qui tremblait, les coudes en l'air, la taille penchée, l'œil indécis, elle riait alors, de peur de tomber dans les flaques d'eau" (136). Plus tard, au moment de sa liaison avec Rodolphe, le terrain offre un semblable obstacle physique au mouvement de sa marche, lors de ses visites clandestines à la Huchette: "la berge était glissante; elle s'accrochait de la main, pour ne pas tomber, aux bouquets de ravenelles flétries. Puis elle prenait à travers des champs en labour, où elle s'enfonçait, trébuchait et empêtrait ses bottines minces" (221). Cette dramatisation du processus de scandalisation trouve sa confirmation verbale dans les paroles de Rodolphe, qui observe, à la page suivante, qu'Emma "se compromettait" (222).

Ce phénomène d'objectification du faux pas moral sous la forme de l'entrave physique atteint son paroxysme lors de la dernière course folle d'Emma, avant son suicide. Emma apparaît comme rejetée physiquement hors de son foyer par la force même de sa transgression. Telle une bête traquée, elle se précipite tour à tour chez Guillaumin, chez Binet, chez la mère Rollet, puis chez Rodolphe, "poussée par une sorte d'épouvante qui la chassait de sa maison" (396), et à chaque fois, elle se heurte contre un nouvel obstacle, qui est chaque fois une nouvelle incarnation de son scandale. Elle sort enfin de chez Rodolphe,

> en trébuchant contre les tas de feuilles mortes que le vent dispersait. Enfin, elle arriva au saut-de-loup[2] devant la grille [...]. Puis, cent pas plus loin, essoufflée, près de tomber, elle s'arrêta. [...] Le sol sous ses pieds était plus mou qu'une onde, et les sillons lui parurent d'immenses vagues brunes qui déferlaient. (402–03)

Le désir d'adultère passe nécessairement chez elle par des fantasmes de voyages, depuis les "chevaux de poste que l'on crève à toutes les pages" de ses lectures de couvent (64), jusqu'à la "malle-poste" de la fuite rêvée avec Rodolphe et qui l'emporterait "au galop de quatre chevaux" (259), en passant par les charrettes des mareyeurs qu'elle suit "dans ses pensées, montant et descendant les côtes, traversant les villages, filant sur la grande route" vers Paris, le lieu privilégié de ses rêves de rébellion et de liberté (90). En conséquence, la configuration du scandale est liée de façon particulièrement étroite aux chevaux et aux voitures de toutes sortes dans le roman. De multiples *skandalon*s se retrouvent sous les pas des chevaux, et entravent la marche des voitures dans un réseau d'épisodes qui se font écho les uns aux autres et s'éclairent mutuellement.

Ainsi, la manière dont le fameux porte-cigares fait son entrée dans la vie d'Emma indique assez sa fonction dans le processus de contamination qui frappe la jeune femme. Il est le symbole métonymique du vicomte et de sa vie dissolue qui représente la première tentation de l'adultère pour Emma. Or, Charles le trouve "entre les jambes de son cheval," lors d'un arrêt nécessité par la réparation du "reculement" du boc "qui était rompu" (87). La "coïncidence" de ces notations invite à lire une relation de cause à effet. Un phénomène semblable se retrouve lors de l'épisode de la "chute" avec Rodolphe. Il est significatif que la consommation de l'adultère ait lieu lors d'une promenade à cheval. De plus, après le "fait," l'acte sexuel, qui n'est pas décrit, est néanmoins suggéré par une série de remarques apparemment fortuites, en particulier la mention de Rodolphe qui "raccommodait avec son canif une des deux brides cassées" (218). Il est aussi, et surtout révélateur que l'épisode le plus scandaleux du texte—celui qui choquait le plus Maxime du Camp—, concerne la consommation de l'adultère avec Léon dans le fameux fiacre. Ce fiacre est la manifestation de la "fureur de locomotion" (321) qui tourmente Emma. Il est peut-être le symbole le plus fort et le plus complexe du scandale dans le roman. Il représente, à un niveau, le mouvement erratique du désir d'Emma. Par une substitution lexicale qui ne saurait être gratuite, le fiacre devient "la voiture" et se trouve donc marqué grammaticalement du féminin. Comme Emma, elle "vagabonde," "sans parti pris ni direction, au hasard." Le hasard est bien, comme le désir, une figure de glissement métonymique, qui marque aussi le parcours scandaleux de la jeune femme. Comme elle, la voiture se heurte à une série d'obstacles, "accrochant par-ci par-là," épuisant toutes les possibilités et finissant par tourner en rond.[3] Le fiacre est aussi ce qui scandalise les Rouennais, un corps étranger dans le tissu des signes de la petite ville de province: "les bourgeois ouvraient de grands yeux ébahis devant cette chose si extraordinaire en province, une voiture à stores tendus, et qui apparaissait ainsi continuellement" (322). Il s'agit d'un choc d'ordre interprétatif qui rappelle la stupeur du dandy balzacien. Dans la suite de la liaison d'Emma avec Léon, le fiacre est remplacé par l'Hirondelle comme symbole de la transgression d'Emma. L'aveugle représente alors le *skandalon* qui entrave la marche d'Emma, et vient compléter la signification de l'épisode du fiacre. En effet, l'aveugle s'accroche à diverses reprises au "marchepied" de la diligence et provoque son arrêt. Nous aurons l'occasion de revenir sur la signification du personnage de l'aveugle dans l'inscription du scandale d'Emma.

Mais surtout, une série d'épisodes place Emma directement en position de *skandalon* sous les pas des chevaux des personnages masculins. La première visite de Charles aux Bertaux a lieu, on s'en souvient, à l'occasion de la chute du père Rouault. Il n'est pas fortuit qu'il souffre d'une jambe cassée, ni surtout que le cheval de Charles, qui a jusqu'ici évité maintes ornières, prenne peur et fasse "un grand écart" en entrant dans les Bertaux (35). Ce qui semble autoriser une telle lecture, c'est la récurrence de cette figure, de plus en plus fréquente à la fin du roman. Elle réapparaît une première fois après le dernier échec d'Emma auprès de Léon. Le jeune homme a en effet résolu de ne pas la suivre dans la voie des détournements de fonds qu'elle lui propose. Emma, dans une hallucination, croit alors voir le tilbury du vicomte et manque de tomber devant les roues de la voiture (386). Mais surtout, après l'empoisonnement d'Emma, le père Rouault, qui se précipite à Yonville sans savoir si sa fille est encore vivante, a une hallucination révélatrice: "elle lui apparaissait morte. Elle était là, devant lui, étendue sur le dos, au milieu de la route" (430). Or, au moment où il reprend la route après l'enterrement, il est noté que "son bidet boitait" (435). Une fois de plus, l'obstacle par excellence est le cadavre de la femme, dans toute son évidence incontournable.

Mais cette apparente saturation de la narration par des *skandalons* de toutes sortes ne doit pas tromper. Si le scandale habite le texte, c'est d'une façon qui recouvre et détourne la façon dont Emma elle-même tente de le vivre, puis de l'inscrire. On peut situer clairement ce dérapage en notant qu'il a lieu entre le sens primaire que nous avions souligné en introduction, celui de piège physique et de chute, et le sens dérivé de blâme et d'éclat public. Tout se passe comme si le texte manifestait un refus obstiné du passage dangereux à ce niveau thématique dans l'intrigue. Ce sont les implications et les conséquences de ce refus qu'il s'agit d'examiner.

Tanner insiste sur l'enjeu ontologique de la transgression de l'adultère pour Emma. Rodolphe le dit bien, "Madame Bovary!... Eh! tout le monde vous appelle comme cela!... Ce n'est pas votre nom, d'ailleurs; c'est le nom d'un autre" (211). Ce nom recouvre et efface toute trace de l'identité propre d'Emma. Son narcissisme nécessairement floué, elle ne cesse d'essayer une série de rôles, tour à tour épouse vertueuse, mère exemplaire, sainte, avant de s'arrêter à ce qui sera sans conteste son meilleur rôle, celui de femme adultère (Tanner 305–12). Ces tentatives de définition s'organisent autour d'une série de scènes représentant "Emma au miroir," et que Tanner lie de façon convaincante à la théorie du stade du miroir définie par Lacan.[4] Pour Tanner, Emma se prend au piège de l'identification à des fantasmes d'images totales que lui propose le miroir, que ce soit celle d'une mère idéale ou celle d'une femme adultère, mais demeure finalement essentiellement morcelée (309). Cette interprétation a l'inconvénient d'ignorer la spécificité de l'identification scandaleuse de l'adultère, dans son adéquation complète et jubilatoire à la forme du désir.

Il est certain que dans les autres scènes les images narcissiques demeurent dysphoriques. La première scène a en effet lieu à la Vaubyessard, alors qu'Emma fait sa toilette pour le bal "avec la conscience méticuleuse d'une actrice à son début" (80). Si cette scène a valeur de paradigme—la métaphore théâtrale dénotant le caractère artificiel de l'image d'Emma—, le reflet narcissique d'Emma ne nous est donné qu'indirectement, à travers le regard de Charles, qui "la voyait par derrière, dans la glace, entre deux flambeaux" (80). Cette image perçue par Charles fait obstacle à la jouissance de l'identification narcissique pour la jeune femme. Ce que Charles voit ne correspond en rien à ce qu'Emma perçoit dans la glace. Il essaie de l'embrasser, et elle le repousse brutalement. La seconde "scène du miroir" a lieu alors qu'Emma s'efforce de résister à la tentation que représente Léon, et tente de se construire une identité qui reflète ce nom de "madame Bovary," et qui corresponde donc à sa position sociale de femme de médecin. Emma prend à cœur la direction de son ménage, retourne régulièrement à l'église, retire Berthe de chez la nourrice, et déclare "adorer les enfants" (150). "Puis l'orgueil, la joie de se dire 'Je suis vertueuse,' et de se regarder dans la glace en prenant des poses résignées, la consolait un peu des sacrifices qu'elle croyait faire" (152). Il s'agit cependant encore d'une image inadéquate, et si le regard des habitants de Yonville la lui renvoie en miroir ("Les autres mêmes n'échappaient point à cette séduction" [151]), ce reflet ne lui procure aucun plaisir. Emma effectivement "maigrit, ses joues pâlirent, sa figure s'allongea" (151). Cette image va dans le sens d'un appauvrissement de l'être, d'une dissolution de sa personne et de sa chair. L'image que réfléchit le miroir n'est pas suffisante. Ce rôle qu'elle joue demeure un jeu solitaire auquel personne ne participe. Personne ne lui renvoie l'image de son désir, pas même Léon. "Elle aurait voulu que Léon s'en doutât; et elle imaginait des hasards, des catastrophes qui l'eussent facilité" (152). En contraste, après la consommation de l'adultère avec Rodolphe, son miroir lui renvoie enfin une image euphorique:

> en s'apercevant dans la glace, elle s'étonna de son visage. Jamais elle n'avait eu les yeux si noirs, ni d'une telle profondeur. Quelque chose de subtil épandu sur sa personne la transfigurait. Elle se répétait: "J'ai un amant! un amant!," se délectant à cette idée comme à celle d'une autre puberté

> qui lui serait survenue. [...] Alors elle se rappela les héroïnes des livres qu'elle avait lus, et la légion lyrique de ces femmes adultères se mit à chanter dans sa mémoire avec des voix de sœurs qui la charmaient. (219)

Pour elle peut-être plus que pour toute autre héroïne de ces "fictions scandaleuses" du dix-neuvième siècle, le scandale est une façon de se définir dans sa féminité ("une autre puberté"). La transgression la place de plus dans une généalogie autre: de "femme," "mère," ou "fille," Emma devient "sœur."

Cette identité scandaleuse positive est renvoyée en miroir par l'instance narrative, qui est ici davantage que le simple reflet des impressions de l'entourage d'Emma: "Jamais Mme Bovary ne fut aussi belle qu'à cette époque; elle avait cette indéfinissable beauté qui résulte de la joie, de l'enthousiasme, du succès, et qui n'est que l'harmonie du tempérament avec les circonstances" (258). L'éclat qui transfigure le personnage préfigure l'éclat public qu'elle finira par rechercher et qui lui sera impitoyablement refusé. On pourrait objecter que cette euphorie d'Emma n'est que la manifestation de l'accomplissement final de ce que Lacan appelle "l'assomption jubilatoire de son image spéculaire par l'être encore plongé dans l'impuissance motrice et la dépendance" (*Écrits I* 90), jubilation illusoire qui nous ramènerait inexorablement au stade du miroir. Cependant, si l'on creuse davantage la façon dont le scandale est vécu par l'héroïne, on s'aperçoit que la duplicité de la notion fait place à la possibilité de la subversion, et ce dans l'espace de l'écriture.

Au premier niveau, c'est sur le mode ironique que l'identité scandaleuse d'Emma est liée à la question du texte. Loin d'être originale, son identité d'adultère émane directement des fictions dont Emma s'est repue et qui fournissent la forme de son scandale. Ces œuvres, pour la plupart romanesques, sont essentiellement d'auteurs masculins: Bernardin de Saint-Pierre, Chateaubriand, Walter Scott, mais aussi Eugène Sue et Balzac. Il est certain, pour reprendre les termes de Girard, que son désir est de nature mimétique, esclave de cette médiation externe que constituent ses lectures de jeunesse (*Mensonge romantique* 18–24). L'exemple d'Emma confirme en cela l'idée que nous avancions en introduction, à savoir que tout scandale est texte. Mais ce qui importe ici, plus que la nature mimétique de son désir, c'est la présence en elle-même de ce désir, mis en circulation par ces romans, et qui, sur la scène du réel, ne peut s'actualiser que sous la forme d'une conduite illicite. De fait, le désir est au cœur du triple scandale que représente Emma à l'intérieur de la fiction.[5] Un scandale sexuel, mais aussi un scandale économique et linguistique. Ainsi, elle est susceptible de mettre en échec non seulement les structures socio-économiques de l'édifice bourgeois, mais aussi la représentation réaliste de cette société et de ses points de rupture.

Il est sans doute inutile à ce point de s'attarder sur l'aspect sexuel du désordre introduit par l'adultère, et sur la menace qu'il représente pour la société bourgeoise. En revanche, les liens qui rattachent cette dimension sexuelle aux aspects économiques et linguistiques de ce scandale méritent d'être quelque peu détaillés. Si Emma est "scandalisée" par le mouvement du désir imprimé par les fictions dont elles se repaît, elle l'est aussi par cet autre désir mis en circulation par Lheureux. Le "marchand de nouveautés" est bien le maître de la fabrication du désir selon le mode capitaliste (Ahearn 31–75).[6] Sa première visite à Emma trahit assez sa maîtrise parfaite de la nature et du mouvement du désir. Lheureux présente à la jeune femme "une demi-douzaine de cols brodés." Emma répond qu'elle n'a "besoin de rien." Mais Lheureux, loin de se décourager, exhibe devant elle un assemblage d'objets hétéroclites, sans aucun rapport, semble-t-il, les uns avec les autres, et peu susceptibles de correspondre aux "besoins" éventuels de la jeune femme: "Trois écharpes algériennes, plusieurs paquets d'aiguilles anglaises, une paire de pantoufles en paille, et enfin quatre coquetiers en coco, ciselés à jour par des forçats." "Avec les dames, ajoute-t-il devant le refus d'Emma, je me suis toujours arrangé" (147–48). Lheureux sait bien que le désir naît précisément là où finit le besoin, et même que ce désir est d'autant plus fort que le besoin est faible.

Sa stratégie prend du reste tout son relief quand on la confronte à la théorie lacanienne du besoin et du désir, telle qu'elle apparaît dans "La signification du Phallus" (*Écrits II* 685–95). En effet, selon Lacan, la logique du désir est inséparable des éléments complémentaires que sont la demande et le besoin. Le besoin est l'élément le plus simple, celui qui nous rattache au règne animal. Mais, parce que nous sommes avant tout des êtres de langage, ce besoin, en s'exprimant, ne peut que se dévier et s'aliéner sous la forme de la demande. Cette demande est toujours une incommensurable demande d'amour, une demande jamais satisfaite puisque cet amour est précisément "ce que [l'Autre] n'a pas."[7] Le désir, quant à lui, s'inscrit entre le besoin et la demande: "C'est ainsi que le désir n'est ni l'appétit de la satisfaction, ni la demande d'amour, mais la différence qui résulte de la soustraction du premier à la seconde, le phénomène même de leur refente" (*Écrits II* 690–91). Cette relation peut donc s'inscrire de façon simplifiée sous la forme: demande - besoin = désir, ou désir + besoin = demande. Par conséquent plus la valeur du besoin est faible, plus celle du désir augmente. Les objets de Lheureux "fabriquent" du désir, par leur inutilité même, et ce désir ne peut être que scandaleux. Toujours selon Lacan, "la phénoménologie qui se dégage de l'expérience analytique, est bien de nature à démontrer dans le désir le caractère paradoxal, déviant, erratique, excentré, voire *scandaleux,* par où il se distingue du besoin" (690; nous soulignons). Le désir est bien le *skandalon* qui fait dévier le rapport à la marchandise. Parmi tous les objets de Lheureux, ce sont les écharpes qui retiennent l'attention d'Emma. Elle est la victime d'un effet de scandale d'origine textile aussi bien que textuelle et sexuelle. À plusieurs reprises, l'instance narrative dénonce la confusion d'Emma entre les domaines économiques et sentimentaux ("Elle confondait, dans son désir, les sensualités du luxe avec les joies du cœur" [91]),[8] mais il s'agit moins d'une confusion coupable que d'une logique du désir qui ne peut que déterminer la chute de la jeune femme.

Ainsi, la façon dont Emma dilapide l'argent est en rapport direct avec la dissolution de son être, avec le vide ontologique qui la constitue et qui appelle la compensation transgressive. Tanner met l'accent sur l'aspect paradoxal à l'extrême de ce rapport. D'un côté nous assistons à un mouvement d'accumulation vertigineux d'objets, de vêtements, et même d'argent, qu'Emma obtient de Lheureux, et de l'autre à un appauvrissement radical de la jeune femme, dans un sens aussi bien spirituel qu'économique. Son désir de plus en plus frénétique de se dévêtir devant ses amants semble en opposition directe avec cet amoncellement d'accessoires et de tissus qui engouffrent son corps et déterminent sa ruine (Tanner 298). Ainsi, non seulement le scandale économique d'Emma redouble son scandale sexuel, mais encore, sous un angle différent, ce second scandale vient recouvrir et entraver le mouvement du premier. Son identité déviante, à la fois sexuelle et textile, tire sa personne selon deux directions contradictoires: d'un côté, le dévoilement et la nudité, de l'autre, le recouvrement et l'opacité. Cette conjonction du vêtement et du scandale apparaît merveilleusement condensée dans le déclic mental qui détermine chez Emma sa brusque décision d'accepter la proposition de Rodolphe de lui faire faire des promenades à cheval, décision qui entraînera sa "chute" morale: "l'amazone la décida" (213).

Ces deux pôles, dans leur tension, se retrouvent au niveau de la narration et de l'esthétique. La tendance fétichiste du récit chez Flaubert a fait l'objet de plusieurs études. Tanner en particulier note le déplacement généralisé de l'érotisme, du corps sur le vêtement dans les descriptions d'Emma: c'est le craquement de ses bottines et le sifflement de son fouet qui excitent le désir des hommes autour d'elle (Tanner 269; Schor, "Fetishism and Its Ironies"). De même, c'est la "robe de mérinos bleu garnie de trois volants" qui retient d'abord l'attention de Charles aux Bertaux (35). Plus tard, pour Léon qui l'attend dans la cathédrale, Emma se résume à une suite d'impressions textiles: "mais un froufrou de soie sur les dalles, la bordure d'un chapeau, un camail noir… C'était elle!" (316). S'il est vrai que le mode narratif de Flaubert joue avant tout sur l'incertitude et qu'il est le plus souvent impossible de répondre à la question "qui parle,"[9] il est aussi vrai que cette confusion même établit comme une concurrence entre les points de vue, entre les perceptions des personnages et celles du narrateur. Pour LaCapra, le narrateur rivalise avec Charles et les amants d'Emma. "Il leur dispute le droit de la décrire, de la vêtir et de la dévêtir avec des mots—un droit qui, dans le cas d'un personnage de fiction revient à la possession complète. Dans un sens le narrateur devient l'un des hommes d'Emma" (156). Or, il est évident que, de Charles à Justin, en passant par Léon et Rodolphe, tous les "hommes" d'Emma sont des fétichistes convaincus.

Dans ce recouvrement du corps, le vêtement devient également le lieu de la différence sexuelle. Emma est connotée comme femme par son vêtement. Encore ce dernier est-il parfois ambigu. Emma, on l'a remarqué, porte un "lorgnon d'homme" lors de sa première apparition (38). Plus tard, elle "roule ses cheveux comme un homme." Lors de l'épisode crucial de la "chute" avec Rodolphe, elle porte une amazone, et enfin, elle se travestit franchement en homme à la fin du roman, lors du bal de la mi-carême auquel elle assiste avec Léon à Rouen (Schor, *Breaking the Chain* 23–24). Cette identité textuelle et textile est donc très fragile. Baudelaire le premier l'a remarqué, lui qui voyait en Emma une androgyne, féminine en apparence, mais essentiellement masculine par l'énergie de son désir.[10] Emma, la femme adultère qui menace les différences sur lesquelles se fonde l'ordre social, est aussi une menace pour la différence essentielle, celle des identités sexuelles. Ainsi, ce fétichisme, qui représente l'une des tentations de la narration, est bien en liaison directe avec le fétichisme des marchandises qui recouvre le corps d'Emma et lui constitue une identité scandaleuse.

Cependant, au niveau strict du personnage, scandale économique et scandale textuel sont encore liés sur un autre plan: celui de la valeur attribuée au signe. De fait, dès sa jeunesse au couvent, Emma fait une lecture des textes romanesques selon un axe économique qui les subvertit. "Il fallait qu'elle pût retirer des choses une sorte de *profit* personnel; et elle rejetait comme inutile tout ce qui ne contribuait pas à la *consommation immédiate* de son cœur" (63–64; nous soulignons). L'expression est claire: Emma entretient des rapports semblables vis-à-vis du texte romanesque et du texte économique. Dans les deux cas, c'est la matérialité du signe qui retient son attention. D'ailleurs ne lit-elle pas Eugène Sue pour les "descriptions d'ameublement" (90)? De plus, Emma croit à une correspondance nécessaire et stable entre le signe et la chose. Elle lit tout texte selon le principe de l'illusion réaliste d'une correspondance exacte entre le texte et la réalité: "Emma cherchait à savoir ce que l'on entendait au juste dans la vie par les mots de *félicité,* de *passion* et d'*ivresse,* qui lui avaient paru si beaux dans les livres" (61; italiques dans le texte). Le problème est que son mode de lecture est réaliste à l'extrême, littéral plus que littéraire, sans aucune conscience de l'illusion qui permet "l'effet de réel." Pour reprendre l'expression de Bersani, c'est comme si quelqu'un s'attendait à posséder l'objet "chaise" en prononçant le mot qui désigne cet objet (Bersani 96).[11]

De même, si Emma refuse de reconnaître le flottement des signes linguistiques, elle ignore aussi le flottement des signes monétaires dans l'économie capitaliste moderne fondée sur la spéculation. Pour elle, il existe encore une équivalence stable entre le signe monétaire et la réalité des espèces sonnantes et trébuchantes. Sa réaction au moment où Lheureux lui propose de transformer le produit de la vente de la propriété de Barneville en quatre billets à ordre qu'il fera escompter par son ami Vinçart, est significative: "Emma s'embarrassait un peu dans ses calculs, et les oreilles lui tintaient comme si des pièces d'or, s'éventrant de leurs sacs, eussent sonné tout autour d'elle sur le parquet" (356). Par son attachement à la matérialité de l'étalon or, elle occupe une position archaïque dans cette société en pleine transition économique.[12] Elle ne perçoit pas le mécanisme de l'inflation qui permet à sa dette de s'enfler, par simple prolifération des signes de cette dette (les billets à ordre), sans garder aucune mesure avec la valeur initiale de la dépense.

Dans les domaines économique et textuel, Emma croit également à la réversibilité de l'encodage. Son mode de lecture va dans le sens de la réalisation, de l'actualisation des fictions qui lui sont présentées, et ce à travers la face matérielle des symboles et des signes.[13] Elle tente de conjurer magiquement le référent en invoquant le signifiant: "D'après des théories qu'elle croyait bonnes, elle voulut se donner de l'amour. Au clair de lune, dans le jardin, elle récitait tout ce qu'elle savait par cœur de rimes passionnées et lui chantait [à Charles] en soupirant des adagios mélancoliques" (73). De même, elle acquiert peu à peu tous les objets romanesques qui sont pour elle les signes de l'amour passionné, dans l'espoir de réaliser cet amour. Plus tard, au théâtre, elle inverse de même l'illusion réaliste de la représentation. Contemplant le ténor Lagardy, au lieu de voir le personnage à travers l'homme, elle voit l'homme dans l'acteur: "entraînée vers l'homme par l'illusion du personnage, elle tâcha de se figurer sa vie, cette vie retentissante [...] qu'elle aurait pu mener" (297). Ce renversement s'opère, bien sûr, sur le mode scandaleux: la "poésie du rôle" qui l'envahit est celle du rôle de maîtresse du ténor, en accord avec la réputation de ce dernier. De façon semblable, dans le domaine économique, Emma tente de renverser l'ordre: devant l'ampleur de l'inflation de sa dette, dans un effort dérisoire, elle tente de reconvertir les objets en espèces. "Pour se faire de l'argent, elle se mit à vendre ses vieux gants, ses vieux chapeaux, la vieille ferraille; [...] puis, dans ses voyages à la ville, elle brocanterait des babioles, que M. Lheureux, à défaut d'autres, lui prendrait certainement" (373). De la sorte, en un sens, Emma incarne la contradiction même du mode réaliste, dans sa prétention à n'être que le reflet d'une réalité préexistante. Sa conduite illustre le leurre de l'illusion d'une relation stable entre le signe et la chose, entre le signifiant et le référent, et témoigne des tiraillements d'une esthétique prise dans ce que Culler appelle "la collision et la collusion" des principes de la représentation et de l'anti-représentation ("The Uses of *Madame Bovary*" 9).

Ainsi, les trois aspects du scandale d'Emma—sexuel, économique et linguistique—sont bien liés à travers la thématique de la lecture des textes. Ils le sont cependant bien davantage encore, et de façon plus significative, dans le phénomène de la production des textes, l'écriture. Depuis que Schor a attiré l'attention des lecteurs sur les "activités scripturales" d'Emma, il n'est plus possible d'ignorer cet aspect essentiel du roman (*Breaking the Chain* 14–28).[14] De fait, dès les jours de Tostes, Emma s'achète "un buvard, une papeterie, un porte-plume et des enveloppes, quoiqu'elle n'eût personne à qui écrire" (93). Schor souligne le fait qu'Emma n'a pour le moment pas de destinataire, et ne peut se mettre à écrire que lorsque Rodolphe devient son amant.[15] Et pourtant Emma écrit déjà avant sa "chute" dans l'adultère. Il s'agit, certes, d'un texte fort différent, mais déjà de nature épistolaire, et qui trahit son talent pour ce genre: "Elle envoyait aux malades le compte des visites, dans des lettres bien tournées qui ne sentaient pas la facture" (71). Ces missives "économiques" sont cependant inadéquates. Emma ne reconnaît pas les malades de Charles comme ses vrais destinataires. L'écriture ne commence véritablement pour Emma que lorsque celle-ci se fait véhicule narcissique du scandale qui est devenu son être. Pour elle, la matérialité de la lettre signifie en elle-même, comme signe métonymique de sa personne, et de celle de son amant. Le contenu de la lettre n'a en lui-même guère d'importance: elle a la même valeur que le porte-cigares, cet autre signe de la passion illicite (il aurait en effet été brodé par une maîtresse du vicomte), dont "les fils de soie entrelacés n'étaient que la continuité de la même passion silencieuse" (89). C'est ainsi que les lettres de Rodolphe sont toujours "trop courtes" (220), et qu'au temps de l'affaiblissement de sa passion pour Léon, celles d'Emma se remplissent "de fleurs, de vers, de la lune et des étoiles" (366). L'important est de continuer à écrire. Si le scandale naît du texte écrit, il passe aussi nécessairement par l'écriture. "Elle n'en continuait pas moins à lui écrire [à Léon] des lettres amoureuses, en vertu de cette idée *qu'une femme doit toujours écrire à son amant*" (376; nous soulignons). On ne saurait assez souligner l'enjeu ontologique de cette nécessité. L'identité nouvelle d'Emma n'est complète que lorsqu'elle passe par la reconnaissance de l'autre, et cette reconnaissance se fait par l'écriture.[16]

Mais de même que, pour Emma, tout scandale passe par le texte, de même, tout texte devient rapidement scandale. Les innocentes missives aux malades des jours de Tostes basculent, en effet, et se font à la fin du roman le véhicule de l'aspect économique de sa faute: "Alors Madame expédia des factures chez deux ou trois clients, et bientôt usa largement de ce moyen, qui lui réussissait. Elle avait toujours soin d'ajouter en post-scriptum: 'N'en parlez pas à mon mari, vous savez comme il est fier...' [...] Il y eut quelques réclamations; elle les intercepta" (372). De fait, la production de signes écrits d'Emma est faite aussi bien des billets à ordre qu'elle signe pour Lheureux, que de ses lettres d'amour. Parfois les deux domaines sont inséparables. Ainsi les lettres que Rodolphe exhume de sa "boîte à biscuits" et relit avant de composer sa lettre de rupture: "elles étaient pleines d'explications relatives à leur voyage, courtes, techniques et *pressantes comme des billets d'affaires*" (267; nous soulignons). L'écriture, encore plus que la lecture est bien le lieu de la conjonction des pôles sexuel, économique et linguistique du scandale que représente Emma.

Cependant, la reconnaissance de l'autre que lui offre le mode épistolaire lui semble par moments trop restreint et fragile. Emma rêve parfois d'un autre mode d'écriture qui lui permettrait de consolider son image narcissique: "Que n'avait-elle, au moins, pour mari un de ces hommes d'ardeurs taciturnes qui travaillent la nuit dans des livres. [...] Elle aurait voulu que ce nom de Bovary, qui était le sien, fût illustre, [...] répété dans les journaux, connu par toute la France" (94). Si la forme épistolaire reste codée en termes féminins, le livre et le journal lui paraissent des formes masculines de l'écriture. Pour elle, toute forme de reconnaissance par ces media passe donc nécessairement par le détour de l'écriture masculine. Au moment de sa première désillusion dans sa liaison avec Rodolphe, un détour de cette nature lui apparaît comme une stratégie compensatoire à opposer à la correspondance de son amant et à son contenu scandaleux de plus en plus dégradé. Emma tente alors de revenir à son ancien rôle de femme vertueuse, mais elle se heurte, dans ses efforts, à la surface mate de Charles qui refuse de lui renvoyer cette image en miroir: "il n'offrait pas grande prise à ces retours du sentiment, si bien qu'elle demeurait fort embarrassée dans sa velléité de sacrifice, lorsque l'apothicaire vint à propos lui fournir une occasion" (233). Cette occasion est l'utilisation du support de l'écriture d'Homais. Le pharmacien est bien, dans le roman, celui qui écrit livres et articles de journaux.[17] Ce qui convainc Emma de pousser Charles dans l'aventure de l'opération du pied-bot, c'est bien la possibilité du passage à l'écriture qu'offrirait l'article d'Homais, une perspective qui semble ouvrir un horizon de possibilités infinies:

> qui donc m'empêcherait d'envoyer au journal une petite note là-dessus? Eh! mon Dieu! un article circule… on en parle…, cela finit par faire boule de neige! Et qui sait? qui sait? En effet, Bovary pouvait réussir; […] et quelle satisfaction pour elle […]? Elle ne demandait qu'à *s'appuyer sur quelque chose de plus solide que l'amour.* (234; nous soulignons)

Ce quelque chose de plus solide est l'écriture. Il s'agit pour elle, par la contagion métonymique du nom, de recueillir les fruits de cette nouvelle forme détournée d'inscription textuelle. Quand au contenu de cette narration, il est également hautement significatif. En effet, il faut sans aucun doute lire l'épisode de l'opération du pied-bot comme la représentation symbolique de la tentative d'Emma de renoncer au scénario de l'adultère qui s'est avéré décevant avec Rodolphe. La claudication d'Hippolyte lui renvoie en effet l'image de sa propre "scandalisation," sur un mode qui nous est à présent fort familier. Effacer la marque de ce *skandalon* équivaudrait à étouffer le scandale qui la rend moralement boiteuse et permettre la restauration de son ancienne identité. Le récit de la "guérison" représenterait la possibilité de la confirmation par l'écriture d'une identité non scandaleuse. Bien entendu, cette tentative échoue de façon éclatante. L'amputation d'Hippolyte ne fait qu'amplifier sa claudication, et marque à jamais la vie d'Emma du sceau du scandale. Le texte salvateur tant espéré bascule également pour se faire texte du scandale, le scandale de l'incompétence pitoyable et absurde de la tentative médicale. Un déshonneur qui, s'il frappe d'abord Charles, atteint aussi Emma: "Cela se répandrait jusqu'à Forges! jusqu'à Neufchâtel! jusqu'à Rouen! partout! Qui sait si des confrères n'écriraient pas contre lui? Une polémique s'ensuivrait, il faudrait répondre dans les journaux. [...] Il était là, [...] sans même se douter que le ridicule de son nom allait désormais la salir comme lui" (246–47). Tout texte qui touche de près ou de loin à Emma, ne peut que devenir texte du scandale, et seule l'identité déviante d'Emma accède à la confirmation de l'écriture.

Cet épisode représente le pivot central du parcours du personnage. Peu à peu, les possibilités ouvertes par l'écriture se referment devant elle. Après le fiasco du livre et du journal, la correspondance amoureuse continue à se dégrader, et si Emma continue à écrire, il est indéniable que son euphorie scripturale disparaît. Devant les déceptions de la sphère Symbolique, Emma se tourne de plus en plus, dans la troisième partie du roman, vers la sphère du Réel pour y lire la confirmation de son identité. Ce mouvement souligne la dégradation implacable de sa quête, ainsi que son côté de plus en plus dérisoire et désespéré. Emma, qui dans les débuts de sa liaison avec Léon s'inquiétait encore de l'opinion publique, se met soudain à afficher sa liaison avec de plus en plus d'arrogance. "Elle se promenait avec [Léon] dans les rues, tête haute, sans peur, disait-elle, de se compromettre. [...] Un soir, elle ne rentra pas à Yonville" (359). Elle semble vouloir inconsciemment forcer le scandale à éclater, cherchant à scandaliser son entourage de force, afin de lire dans les yeux de tous la confirmation de son narcissisme scandaleux. L'éclat de la notoriété criminelle et du blâme public lui paraît une compensation à opposer à l'échec de l'éclat scriptural. Nous le remarquions plus haut, d'une forme de gloire à l'autre, il n'y a qu'un (faux) pas. Mais là encore Emma rencontre l'échec. Charles, Homais, et les autres s'obstinent littéralement à ne rien voir. Emma joue son drame toute seule, sans partenaire pour lui donner la réplique. L'attitude de Charles est la même sur la scène du réel qu'au théâtre de Rouen. Pendant la représentation de *Lucie de Lamermoor,* il ne comprend rien à l'intrigue, ni surtout aux rôles, confondant, de façon significative, le père et l'amant! (295). L'intrigue, en fin de compte, place Emma au sein d'une conspiration généralisée, qui d'un côté semble la pousser vers le scandale complet, et de l'autre lui refuser la confirmation de son rôle, en ne lui renvoyant jamais le reflet de son image scandaleuse. N'oublions pas que c'est Charles qui pousse sa femme à accepter les promenades à cheval avec Rodolphe, et qui même lui achète un cheval et un costume d'amazone à cet effet, malgré les réticences d'Emma qui craint que cela ne semble "drôle" (213). Plus tard, ce sont Homais et Bournisien qui poussent Emma à aller au théâtre, où se nouera la liaison avec Léon, et ce, sous les yeux du mari. Bientôt, c'est tout le village qui facilite la liaison en appuyant le prétexte des leçons de piano avec mademoiselle Lempereur (340–41).

Mais surtout, plus l'intrigue avance, plus se multiplient les épisodes dans lesquels le scandale "manque" d'éclater. À chaque fois, et de façon de plus en plus improbable, le danger est écarté. Déjà, dans la seconde partie, Emma avait rencontré Binet, lors d'une de ses escapades matinales à la Huchette. Malgré l'excuse absurde qu'elle fournit au percepteur (elle prétend qu'elle va chez la mère Rollet voir Berthe, alors qu'il est de notoriété publique que l'enfant a été retirée de chez la nourrice il y a un an), rien ne se passe: Binet ne "bavarde" pas (224–25). Le narrateur prend soin de justifier quelque peu la conduite du personnage, en expliquant que Binet est lui-même en position "illégale," de par son braconnage. Cependant, cette explication reste peu convaincante, et la lectrice ne peut s'empêcher de soupçonner quelque logique supérieure d'un tout autre ordre. De fait, les épisodes de ce type se précipitent à la fin, selon un processus d'accélération et d'accumulation frappant et presque comique par son degré d'invraisemblance.

Successivement, Charles rencontre mademoiselle Lempereur qui lui déclare ne pas connaître Emma, alors qu'elle est censée lui donner des leçons de piano (352), puis Bournisien, de passage à Rouen, apprend qu'on ne voit guère Emma à l'Hôtel de la Croix-Rouge, alors que celle-ci prétend y descendre chaque jeudi (353). C'est ensuite Lheureux qui la voit sortir de l'Hôtel de Boulogne au bras de Léon (353). Emma a peur qu'il ne bavarde mais ce n'est pas dans l'intérêt du marchand-prêteur sur gages, ni non plus de la logique narrative elle-même. Enfin, Emma n'étant pas rentrée un jeudi, Charles part la chercher à Rouen, et après une nuit d'errance, la trouve, par un hasard extraordinaire, dans la rue où habite mademoiselle Lempereur. Cet épisode reste mystérieux. Emma était-elle réellement chez la maîtresse de piano, ou s'agit-il d'une coïncidence extraordinaire? Cette fois, le texte ne s'arrête pas pour fournir une explication, mais cette figure du "hasard," qui si souvent revient dans le texte, apparaît ici comme le déguisement suprêmement ironique d'un déterminisme narratif implacable. Dans son acharnement à refuser à Emma la jouissance pleine de la force du scandale, le texte atteint un niveau d'absurde qui est la véritable tragédie d'Emma Bovary, celui de la fameuse "blague cosmique."[18]

Cette ironie est l'un des éléments qui empêchent de lire la mort d'Emma dans le sens de la logique sacrificielle girardienne. Inutile de s'attarder sur cette parodie pitoyable, qui renvoie à la face d'Emma, comme un soufflet, ses rêves de différence et de vie exceptionnelle. L'érosion généralisée des différences est l'un des aspects du roman les plus souvent soulignés, et cette indifférenciation n'est que plus grande encore après la mort d'Emma. Le texte insiste presque trop lourdement sur ceci, —notamment avec la réconciliation du pharmacien et du curé par-dessus le cadavre de la jeune femme, ou celle du mari et de l'amant autour de ses lettres—pour qu'on puisse l'ignorer ou pour qu'il soit nécessaire d'insister sur ce point.[19]

De fait, rien n'est connu de la vérité du scandale d'Emma Bovary jusqu'à sa mort. Et même après sa disparition, pendant très longtemps, seule une partie de l'aspect économique de sa conduite est perçue. Les affiches de vente aux enchères et les billets à ordre soumis par Lheureux sont les seuls textes de la faute d'Emma qui parviennent à Charles et au reste de la communauté. Quant aux lettres d'amour elles-mêmes, la partie essentielle du texte féminin scandaleux, dans toute sa résonance sexuelle, elles ne sont découvertes que très tard, et ce délai semble en affaiblir la portée, si bien que l'énergie de la transgression d'Emma semble se diffuser dans l'inertie généralisée, dans un mouvement d'entropie qui désamorce le scandale.

Charles d'abord "[recule] devant les preuves" (438), puis il finit par se réconcilier avec Rodolphe, participant par procuration aux jouissances de l'adultère. Il pervertit ainsi, et détourne à son profit le texte du scandale d'Emma.[20]

Cette perversion du texte féminin de la déviance est emblématique de la stratégie narrative en général. Il apparaît clairement que la fin du roman s'inscrit dans le sens d'un détournement et d'un recouvrement du texte du scandale originaire: celui d'Emma Bovary. Après les multiples délais de l'intrigue, et la montée progressive d'une énergie qui naît de l'anticipation de la catastrophe, le texte s'achève sur une série de tours de passe-passe narratifs qui détournent l'énergie dangereuse. La première substitution consiste à remplacer la mise à nu du scandale par la longue description clinique de l'empoisonnement, de l'agonie et du cadavre d'Emma. Tout au long du roman, Homais et Charles portent un regard médical sur Emma, qui obscurcit leur lecture des signes de sa conduite perverse. Tour à tour, Charles craint un cancer, puis la tuberculose devant les symptômes d'Emma. Mais la jeune femme est habile à manipuler les signes. Pour accentuer la mystification, et obtenir le départ de Tostes, elle boit du vinaigre pour se faire maigrir et parvient à contracter "une petite toux sèche" (101). Il est significatif que même l'ancien maître de Charles, qu'il va alors consulter, se laisse prendre, et ne voit chez Emma qu'une "maladie nerveuse" (101). Quant à Homais, qui se targue de savoir lire les "symptômes auxquels on [reconnaît] qu'une femme [a] du tempérament" (364), son aveuglement se passe de commentaire. Cependant, si ces tentatives pseudo-médicales sont tournées en ridicule, il semble bien que le narrateur lui-même épouse le point de vue d'un médecin et diagnosticien supérieur au moment de la mort de son héroïne. Dans sa correspondance, Flaubert reproche d'ailleurs à Lamartine de ne pas adopter une vision "médicale" de la vie et de la vérité, et prône un style qui aurait le tranchant et le pouvoir de pénétration d'un "scalpel" (cité par Schor, *Breaking the Chain* 27).

Le traitement de la mort d'Emma entre dans la stratégie de détournement du scandale par un diagnostic pathologique qui nous est à présent fort familière. En effet, si le regard pénétrant du narrateur se propose de découvrir, froidement et en toute lucidité, le secret du corps scandaleux de la femme—corps qui devrait être porteur de l'inscription originaire du texte de son scandale—ce qui nous est finalement livré n'est qu'une description fétichiste et érotisée qui recouvre le corps plus qu'il ne le dévoile:

> Le coin de sa bouche, qui se tenait ouverte, faisait comme un trou noir au bas de son visage; les deux pouces restaient infléchis dans la paume des mains; une sorte de poussière blanche lui parsemait les cils, et ses yeux commençaient à disparaître dans une pâleur visqueuse qui ressemblait à une toile mince, comme si des araignées avaient filé dessus. Le drap se creusait depuis ses seins jusqu'[...]à la pointe des orteils. (423)

Tanner remarque que le détail précis de la description du cadavre contraste avec l'absence de tels détails physiques dans tout le reste de l'œuvre. Il semble bien qu'il ne soit possible de décrire Emma que lorsque la mort en a fait un objet inoffensif, dépouillé de sa dimension érotique. Cependant, il faut aussi noter que les seules parties du corps qui font l'objet de la description clinique, sont ceux que l'arsenic a marqués de signes lisibles et contrôlables. Ainsi, le "trou noir" de la bouche semble une version pathologique et effrayante du secret indéchiffrable de son sexe. Tout le reste du corps est voilé, métaphoriquement dans le cas des yeux, ou réellement, comme le reste du corps. Ce corps sous le linceul devient alors chargé d'un érotisme qui a été souvent souligné.

Ce fétichisme d'un regard clinique est à rapprocher d'une remarque antérieure à cet épisode. Lors du procès verbal de sa saisie, Emma se sent violée dans son intimité par le regard des huissiers: "Ils examinèrent ses robes, le linge, le cabinet de toilette; et son existence, jusque dans ses recoins les plus intimes, fut, comme un cadavre que l'on autopsie, étalée tout du long aux regards de ces trois hommes" (382). Cette remarque annonce évidemment l'épisode de l'agonie, mais ce qui est plus significatif encore est la façon dont la comparaison de l'autopsie est appliquée à la description des vêtements d'Emma, et non véritablement à celle de son corps. Cette tendance du récit nous ramène à ce que nous disions plus haut du lien qui existe dans le texte entre le fétichisme des marchandises et le fétichisme narratif dans son rapport au personnage éponyme. En fin de compte, Emma est soumise à une manœuvre de recouvrement textuel aussi bien que textile. Ce recouvrement est complet à la fin du roman et coïncide exactement avec l'ensevelissement et l'enterrement d'Emma. En effet, si le corps scandaleux "[disparaît] sous son voile et sa robe de satin," c'est pour cacher une réalité non représentable. Lorsque Charles, pris d'une "curiosité terrible," soulève ce voile, il pousse "un cri d'horreur" (427). Mais ce recouvrement textile n'est pas encore suffisant, il est complété, selon les vœux de Charles, par "*trois cercueils, un de chêne, un d'acajou, un de plomb*" (421; italiques dans le texte). De plus, le texte précise que "comme la bière était trop large, il fallut boucher les interstices avec la laine d'un matelas" (428). Il est certain que dans l'écriture flaubertienne, aucune répétition n'est innocente. Or, cette expression se retrouve, mot pour mot, dans une scène ultérieure, lors de la rencontre finale de Charles et de Rodolphe. Dans son embarras, l'ancien amant parle culture, "bouchant avec des phrases banales tous les interstices où pouvait se glisser une allusion" (445). Cette correspondance invite à voir dans la "laine" du matelas et les "phrases" de Rodolphe deux éléments interchangeables. Ce qui recouvre, étouffe et ensevelit le scandale vécu d'Emma, c'est bien des mots, et plus encore du texte. De plus, il est significatif que la requête de Charles, à propos des cercueils, se fasse par écrit. En outre, deux autres indices viennent confirmer cette lecture. Au moment de la toilette funéraire d'Emma, "Il fallut soulever un peu la tête, et alors un flot de liquides noirs sortit, comme un vomissement, de sa bouche" (425). La nature exacte de ce liquide se donne à lire dans la mention de "cet affreux goût d'encre" qui emplit la bouche d'Emma après l'ingestion de l'arsenic (406). Il est aussi révélateur que ce goût d'encre se manifeste au moment précis où Emma vient de commettre son dernier acte d'écriture, cette lettre qu'elle destine à Charles et dont nous ne connaîtrons jamais que les premiers mots: "*Qu'on n'accuse personne*" (407; italiques dans le texte). Ce qui emplit la bouche d'Emma à en déborder, ce qui bouche l'affreux et terrifiant "trou noir" de sa bouche, et occulte le scandale de son sexe, c'est bien de l'encre, dans laquelle le narrateur trempe sa plume, comme dans un encrier…

Cette stratégie fétichiste de la narration est liée de façon étroite, nous l'avons vu, à l'aspect économique de la transgression d'Emma. Or, cet aspect économique est bien celui qui mène

Emma au suicide, et c'est l'aspect le mieux connu de son scandale (dans le monde de la diégèse). L'accentuation de l'aspect financier de la transgression, au détriment de la dimension sexuelle de l'adultère, représente une autre manière de déposséder Emma du texte de son scandale. Lorsqu'Emma, acculée à la ruine, se précipite chez Guillaumin pour implorer son aide, elle n'a guère besoin de lui narrer son histoire. "Maître Guillaumin la connaissait [...]. Donc, il savait (et mieux qu'elle) la longue histoire de ces billets, minimes d'abord, portant comme endosseur des noms divers..." (390). De fait, dans la suite de ce passage, c'est du point de vue du notaire que cette "histoire" est contée. Quant au "récit" d'Emma entremêlé de "récriminations contre Lheureux," il ne nous est pas donné.

Ce transfert et détournement de l'énergie scandaleuse sur le mode économique trouve son aboutissement dans le glissement final qui s'opère du personnage d'Emma à celui de l'aveugle dans la fin de la narration. En effet, comme chacun sait, *Madame Bovary* ne s'achève pas avec la mort d'Emma. Les dernières pages sont occupées en grande partie par l'ascension sociale du pharmacien et ses démêlés avec le mendiant. Le scandale de l'aveugle, tel qu'il est présenté par Homais dans ses articles, prend un caractère non seulement esthétique, mais surtout économique, puisqu'il est accusé de prélever "un véritable impôt sur les voyageurs" (439). Les divers aspects de la thématique qui lie Emma à l'aveugle ont fait l'objet de nombreux commentaires. Il est en particulier indéniable que les plaies vives du mendiant, surtout les trous de son visage, ses "orbites béantes" et les "liquides" qui en sortent (348), ne sont pas sans rappeler la description finale du cadavre d'Emma. Cependant, il nous semble qu'un aspect essentiel du symbolisme qui lie ces deux personnages a été jusqu'ici méconnu. Ils sont tous deux l'objet de fictions hallucinatoires de nature scandaleuse étonnamment semblable. Nous avons déjà fait mention du père Rouault, et de ses visions du corps d'Emma en travers de sa route. Or Homais invente, au sujet de l'aveugle, des anecdotes routières qu'il publie dans les journaux afin de scandaliser la population: "'Hier, dans la côte du bois Guillaume, un cheval ombrageux...' Et suivait le récit d'un accident occasionné par la présence de l'aveugle" (440). Dans cette version ultime de la fiction du scandale dans ce roman, le corps de l'aveugle a pris la place de celui d'Emma. Le "bois Guillaume" n'est d'ailleurs pas sans rappeler la figure de "Guillaumin" le notaire, et son rôle essentiel dans la ruine économique d'Emma. Mais il est surtout révélateur que lors de son dernier trajet de Rouen à Yonville, Emma donne au mendiant une "pièce de cinq francs" qui est "toute sa fortune. Il lui semblait beau de la jeter ainsi" (388). Beau certes, par ce symbolisme de transfert économique du scandale d'une personne, et d'un sexe à l'autre. Emma, qui rêvait de voir son nom dans les journaux est ainsi remplacée par l'aveugle dans le texte d'Homais, alors que ce dernier invente "un mensonge" pour cacher la vérité de l'empoisonnement de la jeune femme, dans l'article qu'il rédige pour le *Fanal de Rouen:* une "histoire d'arsenic qu'elle avait pris pour du sucre, en faisant une crème à la vanille" (420).

La pierre funéraire d'Emma est d'ailleurs aussi couverte d'un texte qui vient raturer celui de la jeune femme. Sa tombe porte l'inscription "*amabilem conjugem calcas!*" (441), fruit des efforts d'imagination d'Homais, soucieux de décharger le mari éploré de cette tâche douloureuse, selon une manœuvre qui n'est pas sans rappeler l'inscription de l'urne de Clémence dans *Ferragus.* Le sens de l'inscription, telle que l'entend le pharmacien, est bien sûr "imite (calque) l'épouse aimable (digne d'amour)." Cependant, le sens littéral du verbe latin utilisé (*calco, calcare,* racine étymologique du verbe *calquer*), est "piétiner," "fouler du pied." Une fois encore la trace du scandale reparaît, sous une forme déguisée et perverse qui prend ici une résonance agressive.[21] En fin de compte, entre ces trois réécritures de la fiction du scandale, celle de l'accident routier, celle de la crème à la vanille, et celle de la pierre tombale, disparaissent le corps d'Emma et la vérité de son identité sexuelle, ensevelis sous les couches du texte.

Ainsi, ce sont les mots eux-mêmes qui piègent Emma, faisant obstacle à l'accomplissement de son scandale. Les mots sont pierres et pétrifient le personnage, l'engluent dans leur matérialité même et l'entraînent dans leur chute.[22] En ce sens, l'écriture de Flaubert, son fameux style, est bien le scandale suprême qui habite l'œuvre. Récupérée au niveau de l'esthétique, l'énergie déviante du personnage nourrit le projet démoralisateur de l'Artiste, tel que Sartre le décrit dans *L'idiot de la famille.* En effet, l'Artiste vole la parole aux bourgeois et la leur renvoie investie de la beauté du "Mal radical," qui est pour lui la vérité de la création du monde. Cette vérité, l'Artiste force le langage constitué ("pratico-inerte") à l'exprimer malgré lui, scandaleusement. Sartre le dit bien, "la forme est un langage... parasitaire puisqu'il se constitue aux dépens du langage réel et sans cesser de l'exploiter, en l'asservissant à exprimer ce qu'il n'est pas fait pour nous dire" (2: 1617).[23] Cette forme est aussi, en un sens, parasitaire du personnage et de son projet. Les mots restent seuls pour briller, rutiler de l'éclat qui lui est dénié. De la sorte, les "idées reçues" les plus anodines se revêtent d'un éclat subversif refusé à la femme adultère. Mais si le personnage est pris au piège, c'est plus encore le lecteur qui se voit piégé, et ce, inexorablement, puisque le langage habite et constitue la pensée du lecteur, qui "doit subir comme une déroute intérieure la beauté inattendue, imprévisible d'une œuvre qui s'impose à travers la dégradation de celui qui la lit" (*L'idiot* 2: 1621). La démoralisation est complète, puisque tout sens que le lecteur, guidé par les structures du texte, croira avoir dégagé au terme de sa lecture "s'effondrera sous ses yeux *malgré lui,* en montrant de lui-même son inanité" (2: 1981). Nouveau piège, nouvelle chute radicale.

Or, il suffit de lire les textes du réquisitoire, de la défense, et du jugement pour se persuader que, au delà de l'accusation "d'outrage aux bonnes mœurs et à la morale," c'est bien ce pouvoir démoralisateur absolu qui est finalement en cause lors du procès de 1857. Comme le souligne LaCapra, ce qui indigne Pinard, c'est que dans le système du roman, il n'y a pas de point de vue supérieur ou extérieur pour juger Emma, pas de point fixe où se réfugier contre l'effondrement des valeurs qu'elle détermine (LaCapra 39, 54–56). Pour lui, par la force même de son style, le roman sape les fondements de l'édifice bourgeois, il déconstruit les oppositions fondamentales entre les catégories de mariage et d'adultère, du sacré et du profane. Les deux piliers de l'ordre bourgeois, la famille et la propriété, sont atteints, et ceci est bien un scandale idéologique et éthique (120). Les lecteurs scandalisés que sont les magistrats sont bien aussi pris au piège, puisque c'est le langage lui-même qui se défait, jusqu'à contaminer et invalider les catégories de celui qu'ils utilisent dans le cadre du procès.[24]

L'effet de contamination qui caractérise la "logique" du scandale doit nous rappeler que Flaubert a toujours été fasciné par l'effet de contagion de l'objet représenté au support de la représentation, quelle que soit la force ironique ou critique du mode de représentation. Ce dilemme était particulièrement aigu pour lui en ce qui concerne la question centrale de la bêtise, et surtout de la transcription, de *l'écriture* de la bêtise. Sartre a écrit une étude magistrale de cette question. Il montre bien la fascination qui est l'envers de l'horreur que Flaubert éprouve face à la bêtise. Le piège se referme sur l'artiste qui veut la traquer: en l'inscrivant, il la perpétue, en raffermit la consistance, la grave dans la matière. Mais il y a plus, Flaubert connaît aussi une jouissance indirecte dans cette chute vers ce que Sartre nomme le "sublime d'en bas," dans lequel il rêve de se perdre un instant. La "bêtise fondamentale" serait sa tentation, en elle il rechercherait à la fois la matérialité et l'intégration sociale. La bêtise c'est la plénitude de l'être, socialisé, minéralisé, une minéralisation qu'il se prend parfois à rêver, furtivement. C'est là l'envers du scandale de l'écriture, le danger, la tentation de se laisser pétrifier avec les mots, devenir pierre, comme ce touriste imbécile qui fascine tant Flaubert, et qui a inscrit son nom: Thompson, sur la colonne de Pompée à Alexandrie. Sartre le dit, "l'imbécile et l'artiste ont la même ambition." Dans le cas de la gloire, il s'agit simplement d'une "forme supérieure" de minéralisation. L'inertie du livre-objet risque de compromettre l'ambition de l'œuvre, que Flaubert veut "une victoire du langage sur sa matérialité." Laisser son nom au dos d'un livre ou sur une colonne, "il n'y a pas tant de différence" (*L'idiot* 1: 625–32). Son nom au dos d'un livre, c'était aussi le rêve d'Emma. Et le livre-objet est bien la *matière* du procès, la pierre jetée sous les pas de l'artiste, et dans laquelle il vient s'engluer avec le personnage.

De fait, c'est dans la prolifération scandalisée des textes du procès qu'aboutit l'éclat ultime du scandale. C'est le lieu du coup de pouce supplémentaire, de l'ultime "tour d'écrou" du mouvement instauré par l'œuvre. Dans la salle d'audience, le processus de renversement et de contagion s'emballe dans un mouvement de tourniquet vertigineux et paradoxal. Des lettres d'Emma au jugement du procès, la contagion du scandale ne saurait être séparée de la production et de la prolifération radicale des textes. Le passage de la lecture à l'écriture reproduit de façon perverse le processus dont était victime l'héroïne. Si le scandale du procès naît de l'écriture et de la lecture du texte de Flaubert, il passe ensuite nécessairement par son inscription dans la création d'autres textes, ceux du réquisitoire, de la défense et du jugement, suppléments désormais inséparables du roman lui-même dans les éditions modernes. Ces textes refusent le point d'arrêt, le butoir que Flaubert tentait d'instaurer aux renversements du scandale à l'intérieur de son œuvre.

Le procureur Pinard, lecteur scandalisé, a compris, obscurément, la force destructrice de ce que Sartre nomme la "liberté maligne" qui gouverne la création flaubertienne (*L'idiot* 2: 1618). Ce qui est remarquable, c'est la façon dont il exprime cette idée, pour clore sa péroraison, en reprenant l'image d'Emma: "L'art sans règle n'est plus l'art; c'est comme une femme qui quitterait tout vêtement." La comparaison peut à tout moment s'inverser. Comme nous l'indiquions en introduction, si, de l'adultère d'Emma c'est au procès de la littérature tout entière que nous sommes parvenus au terme de ce réquisitoire, par un ultime retournement nous revenons finalement encore au corps d'Emma dénudé. Avec cette phrase, par un effet de choc en retour, ce corps revient pour frapper son auteur à la face. Si l'art occultait et étouffait le corps de la femme adultère, ce corps monstrueux, grandi à l'infini, en vient finalement à occulter à son tour la littérature, la mettant irrémédiablement en échec. À l'intérieur du procès, bien que ce soit ostensiblement l'écriture dans toutes ses incarnations qui soit en cause, c'est bien en définitive la présence spectrale d'Emma qui domine. Continuellement, dans le plaisir pervers de la citation, c'est elle que Pinard exhume patiemment des couches du texte pour projeter son image sur celle de son créateur.

Cette revanche de la matière marque l'ironie tragique et montre la face suprêmement scandaleuse de l'écriture, qui toujours peut se faire "crime parfait, acte de pure bêtise, inerte et virulent" (Sartre, *L'idiot* 2: 627). Comme le notait Leclerc, le procès déjoue la stratégie de l'auteur qui voulait "s'absenter de son œuvre," et qui se voit à présent "convoqué dans une salle d'audience." "Le procès transforme Flaubert en véritable auteur de *Madame Bovary,* son nom sera inséparable de l'œuvre et de son scandale" (80–81). Si Emma accédait à sa véritable identité scandaleuse par l'écriture, le texte de Pinard est à son tour le lieu où se constitue l'identité pénale de l'auteur à l'image du personnage. Pour paraphraser une remarque célèbre, plus que jamais dans le procès, madame Bovary, "c'est lui." Emma s'était brûlé les ailes, prise au piège de l'éclat trompeur de l'écriture de son propre scandale. Le roman retraçait les mouvements d'une quête de plus en plus dégradée qui la menait à se heurter à chaque fois contre les mêmes murs aveugles, sur la scène de l'Imaginaire, du Symbolique et du Réel. Cette scandalisation généralisée se faisait au prix du détournement de la gratification ontologique de la conduite scandaleuse telle qu'elle était vécue par le personnage. Ce sont en effet les obstacles sur lesquels elle bute dans l'intrigue, qui rescandalisent l'héroïne à un second degré, supérieur, où son énergie peut être récupérée par une esthétique de type fétichiste, qui privilégie les pôles économiques et textuels afin de mieux contrôler la dimension sexuelle de la transgression. Dans l'optique de cette stratégie, la cérémonie d'expulsion s'avère inutile et dérisoire. L'esthétique flaubertienne permet alors, bien plus que le triomphe de l'adultère, celui du texte et de l'écriture. Dans le procès, le piège se referme et retourne comme un gant la polarisation moderniste qui déréalisait le personnage au profit de l'esthétique. Là résiderait en fin de compte la "revanche" d'Emma, l'éclat public de sa transgression enfin restitué: son nom enfin sur la couverture d'un livre et dans tous les journaux, sous le sceau d'un scandale éclatant, qui entraîne l'auteur avec elle dans sa chute.

Chapitre sept

Les Goncourt, *Germinie Lacerteux* (1865)

La Méduse hystérique

> 17 août 1862. [...] nous étions à faire inscrire le décès [de Rose] à la mairie, —que de papier, mon Dieu, griffonné, paraphé, pour une mort de pauvre!
>
> 12 novembre 1864. Nous avons hâte d'en finir avec les épreuves de *Germinie Lacerteux.* Revivre ce roman nous met dans un état de nervosité et de tristesse. C'est comme si nous renterrions cette morte.
>
> Les frères Goncourt
> *Journal*

L'anecdote qui a servi d'inspiration à Edmond et Jules de Goncourt pour l'écriture de *Germinie Lacerteux* est bien connue: après la mort de leur vieille servante, Rose Malingre, qui pendant vingt-cinq ans s'est dévouée à leur service, les deux frères apprennent que celle-ci menait une double vie scandaleuse:[1]

> J'apprends hier, sur cette pauvre Rose [...], les choses qui m'ont le plus étonné depuis que j'existe; des choses qui, hier, m'ont coupé l'appétit comme un couteau coupe un fruit. Étonnement prodigieux, stupéfiant, dont j'ai encore le coup en moi et dont je suis resté tout stupéfié. [...]
>
> Elle avait des hommes, qu'elle payait. [...] Toute une vie d'orgies terribles, de découchages! Des fureurs des sens qui faisaient dire à ses amants: "Nous y resterons, elle ou moi!"
>
> [...] Et pour tous ces hommes, une ardeur si malade, si extravagante et qui la ravissait si fort, qu'elle—si honnête, si insensible à l'argent—nous volait [...]. (271–72)

L'expression tout entière est ici marquée par le scandale, et contraste fortement, dans sa véhémence et le souffle haletant de son rythme, avec l'écriture polie et "achevée"[2] qui caractérise le *Journal* dans son ensemble. C'est donc d'un choc réel que part le mouvement d'écriture qui aboutit, en 1865, à la publication de *Germinie Lacerteux,* troisième roman des Goncourt, et, sans conteste, le plus controversé de leurs textes. "On se représente mal aujourd'hui," écrit Danielle Thaler, "la surprise et le scandale provoqués par la parution [...] de *Germinie Lacerteux*" ("Deux frères" 103). L'outrage représente d'ailleurs le seul impact de cette œuvre sur le public de l'époque: "un bref et misérable succès de scandale," sans mesure avec l'importance littéraire que revendiquaient les auteurs dans leur préface, et que la critique a depuis reconnue à cette œuvre, "premier manifeste du naturalisme" (Satiat 12).

Le mouvement de la scandalisation, que nous avons vu si souvent dépasser les limites de la fiction, part ici de la réalité, pour finalement y revenir après un double détour par l'écriture. D'ailleurs, si l'origine de la transgression féminine n'est pas ici textuelle, le scandale détermine néanmoins immédiatement le phénomène, qui nous est à présent familier, de la prolifération des textes et de leur accumulation sous le signe du supplément. En effet, après la soudaine révélation, les deux frères qui, la veille, trouvaient que les simples formalités d'enregistrement du décès à la mairie étaient bien trop de papier "griffonné, paraphé, pour une mort de pauvre," se mettent brusquement à noircir plus de papier que la pauvre Rose avait jamais inspiré avant sa mort. Le texte du journal du 21 août est long et haletant. Les deux frères semblent cependant pardonner à leur vieille servante. Pourtant, l'épanchement du *Journal* ne suffira pas. Seule la fiction se révélera capable, deux ans plus tard, de mettre un point final à l'histoire de Rose et à la scandalisation des deux frères. La fiction, chronologiquement supplémentaire du journal et de la réalité, va désormais passer au premier plan. Par un effet de renversement étonnant, c'est à présent le texte du *Journal* qui fait figure de supplément à la fiction. En fait, depuis l'édition illustrée de 1886, préparée par Edmond, les extraits du *Journal* ayant trait à la révélation de la vie clandestine de Rose accompagnent le texte du roman, sous la forme d'un appendice utile mais secondaire à la fiction. Ce sont les implications de ce processus de réécriture qui retiendront notre attention dans ce chapitre. L'examen des stratégies esthétiques choisies par les Goncourt dans *Germinie Lacerteux,* touchera aussi à la question du genre. Il n'est sans doute pas indifférent, du reste, que ce roman ait été tant admiré par Zola, qui y a puisé une partie de son inspiration. La forme d'écriture "nouvelle" qu'est le naturalisme à cette époque, semble trouver, elle aussi, sa plus parfaite expression dans la représentation de la transgression féminine. Il conviendra de s'interroger sur la signification de cette adéquation, et sur l'inflexion que l'esthétique naturaliste apporte à l'écriture du scandale féminin.

Si l'on s'interroge sur la nature du scandale littéraire que représente la publication de *Germinie Lacerteux,* il est permis d'hésiter un instant entre l'aspect social et sexuel de la question. Si l'on se réfère uniquement à la préface/manifeste des auteurs, leur grande innovation serait d'avoir permis l'accession des "basses classes" au roman (55). Cependant Thaler montre que, dans les romans des Goncourt, "ce n'est pas vraiment le peuple qui a accès au roman, mais un individu qui en est issu," glissement qui, selon elle, "réduit considérablement la portée scandaleuse de la provocation initiale contenue dans la préface" (103). De plus, Schor montre que, dans le roman, la différence de classe s'appuie en fait sur une différence de nature sexuelle. C'est en effet la prétendue propension au vice de Germinie qui est présentée comme la clef de sa destinée, et qui semble offerte, dans l'économie du récit, comme une sorte de justification de son infériorité sociale. Les deux analepses narratives sur lesquelles s'ouvre le roman, mettent d'ailleurs en relief les multiples ressemblances qui unissent Germinie à son aristocratique maîtresse. Leurs destinées parallèles illustrent le processus de victimisation de la femme au sein de la société patriarcale. La laideur commune des deux femmes les pousse dans la voie de la servitude: mademoiselle de Varandeuil devient la servante de son père, avant que Germinie ne devienne la sienne. Ce qui véritablement sépare les deux femmes, c'est la sexualité. La maîtresse demeure pure et vierge, tandis que la servante est définie par l'intensité pathologique de ses appétits charnels (Schor, *Breaking the Chain* 127–34). Pour les Goncourt, le nouveau type de la "femme du peuple," selon les codes du naturalisme qu'ils créent, est bien une femme hantée et dominée par sa sexualité. De multiples commentaires narratifs témoignent de ce fait. L'exemple suivant peut être considéré comme paradigmatique: Germinie est décrite "au milieu des jeux et des libertés auxquels s'enhardissent à la nuit les ivresses de plaisir, les joies de ripaille et les sens en goguette de la femme du peuple" (109). Une des premières lectrices du roman, la Princesse Mathilde, a bien perçu la nature et la portée du scandale de Germinie. "Elle jure ses grands dieux que cette bonne ne lui inspire aucun intérêt," écrivent les deux frères dans leur journal, "et que ce qui la révolte dedans, c'est qu'elle soit condamnée à faire l'amour de la même manière que ces malheureuses" (*Journal,* cité par Billy 172). La différence de classe, en ce qui concerne le féminin, est subordonnée au commun destin "biologique," et si la sexualité constitue la véritable différence, alors la Princesse peut être contaminée par les débordements de la bonne.

Malgré les revendications de la préface, c'est donc bien l'inscription d'une destinée féminine gouvernée par le pouvoir du sexe et l'attrait de la jouissance qui rend le roman scandaleux, et non vraiment sa prétendue portée "sociale." Avec *Germinie Lacerteux,* les "basses classes" ont bien droit au roman, mais ce n'est que sous le signe de la déviance féminine et du danger que représente son désir. Il faut bien reconnaître qu'il n'y a rien de bien nouveau à cela. La portée sexuelle scandaleuse du roman ne fait d'ailleurs que refléter l'effet initial de la révélation des détails de la vie dissolue de Rose sur les deux frères. Le dégoût qu'ils ressentent dépasse toute considération de classe. Ce n'est pas simplement la "femme du peuple" qui devient odieuse à leurs yeux, mais la femme en général. Il suffit pour s'en persuader de retourner à leur journal du 21 août 1862: "La défiance nous est entrée dans l'esprit, pour toute la vie, du sexe entier de la femme. Une épouvante nous a pris de ce double fond de son âme, de ces ressources prodigieuses, de ce génie consommé du mensonge" (274). Pour bien comprendre l'effet quasi castrateur de cette "épouvante" (n'oublions pas l'image du "couteau qui coupe un fruit," rencontrée plus haut), il faut rapprocher ce passage de celui qui le précède immédiatement. "Notre pensée est remontée à notre mère, si pure et pour laquelle nous étions tout; puis de là, redescendant à ce cœur de Rose, que nous croyions tout à nous, nous avons eu comme une grande déception à voir qu'il y avait tout un grand côté que nous n'emplissions pas" (274). Le rapprochement, dans l'esprit des deux frères, de la mère et de la servante est significatif. La servante est bien, dans la vie des frères orphelins, la remplaçante de la mère, celle "dont ma mère avait mis en mourant les mains dans les nôtres," écrit l'un d'eux le 16 août (267). Mais, de même que la Princesse Mathilde se sentait contaminée par le personnage romanesque, dans l'esprit des deux frères, la mère se trouve atteinte par l'inconduite de la bonne. Le danger représenté par Rose Malingre recouvre bien le scandale suprême: celui de la mère désirante, de la mère folle de la jouissance de son corps.

Dans le travail de réécriture que constitue le roman, c'est d'abord cet aspect du scandale qu'il s'agira d'occulter. La mise en scène, dans le roman, d'une femme âgée, mademoiselle de Varandeuil, dans la position occupée par eux dans l'événement biographique, a plus d'un avantage pour les auteurs. Tout d'abord, ce personnage permet d'introduire une figure maternelle dans la fiction, tout en intervertissant les rôles originels. Il est certain que mademoiselle de Varandeuil considère Germinie comme "une fille d'adoption" (159). De son côté, la bonne éprouve des sentiments filiaux pour sa maîtresse. Ainsi, au lieu d'une figure maternelle scandalisant ses fils, la fiction met en scène les angoisses de la fille craignant de scandaliser la mère: "Dans l'horrible comédie qu'elle [Germinie] jouait, un sentiment pieux, presque religieux se glissait, pareil au sentiment d'une fille mentant aux yeux de sa mère pour ne pas lui désoler le cœur" (179). La substitution et le renversement des rôles permettent de sauvegarder l'image de la mère. La faute est tout entière du côté de la fille. La mère, quant à elle, ne désire pas. Ainsi interprétée, cette donnée de l'intrigue peut aussi éclairer une autre différence qui sépare l'incident réel de sa transposition romanesque. On a remarqué que si les deux frères semblent avoir immédiatement "pardonné" à leur bonne, le ressentiment de mademoiselle de Varandeuil à l'endroit de sa servante est beaucoup plus fort, son pardon beaucoup plus lent à venir (Satiat 21). Le texte romanesque contient donc de violentes diatribes contre la pécheresse. Ces diatribes sont absentes du journal, mais elles jettent, néanmoins, une lumière nouvelle sur ce premier texte. Dans ces pages, il faudrait voir, non seulement la revanche de la mère souillée, mais aussi celle des fils criant leur ressentiment d'avoir dû partager l'amour de Rose: "Comme elle l'avait trompée! Comme elle faisait semblant de l'aimer, la misérable! [...] Elle repensait à ses caresses... Tout cela mentait! Le bonheur de ses baisers, l'amour de ses lèvres mentaient!" (256). En outre, le ton rappelle ici la jalousie d'un amant, plutôt que la déception d'une patronne.

La sauvegarde de la figure maternelle permet de révéler, en toute sécurité, le scandale de Germinie, celui d'un corps féminin tout entier en proie au désir:

> De cette femme laide, s'échappait une âpre et mystérieuse séduction. [...] Tout en elle, sa bouche, ses yeux, sa laideur, même, avait une provocation et une sollicitation. Un charme aphrodisiaque sortait d'elle, qui s'attaquait et s'attachait à l'autre sexe. Elle dégageait le désir et en donnait la commotion. Une tentation sensuelle s'élevait naturellement et involontairement d'elle, de ses gestes, de sa marche, du moindre de ses remuements [...]. À côté d'elle, on se sentait près d'une de ces créatures troublantes et inquiétantes, brûlantes du mal d'aimer et l'apportant aux autres, dont la figure revient à l'homme aux heures inassouvies, tourmente ses pensées lourdes de midi, hante ses nuits, viole ses songes. (97)

Ce passage est gouverné par le point de vue de la maîtresse qui contemple sa servante. Il s'agit de la première description du personnage, dont l'itinéraire, de la maison paternelle jusqu'à l'appartement de mademoiselle de Varandeuil, vient de nous être raconté. Ce passage présente Germinie comme incarnant le principe de contamination du désir. Le mouvement de "scandalisation" semble initié par elle, alors que les événements de l'intrigue la présentaient plutôt comme la victime d'un processus qui déterminait inexorablement sa chute. En réalité, loin de communiquer le désir, elle en a subi la contagion dans l'atmosphère délétère du bar où elle est devenue serveuse dès son arrivée à Paris. "[Les garçons] touchaient avec des demi-mots d'ordure à la naïveté de ses quatorze ans [...]. Il y avait [...] des gestes, [...] dont elle se sauvait pure, mais qui altéraient sa candeur en effleurant son innocence" (85–86). La violence qu'elle a subie semble, dans le passage cité plus haut, entièrement retournée contre elle dans les termes utilisés: "provocation," "s'attaquait," "commotion" et surtout "viole" qui inverse les rôles du drame initial qui a projeté à jamais Germinie du côté de la dépravation. En effet, la jeune fille a été violée, à quatorze ans, par un vieux garçon de café. À la suite de ce viol, elle s'est retrouvée enceinte. Maltraitée par ses sœurs qui la jugeaient responsable, elle a subi une fausse couche à quatre mois. La narration semble ici prendre le parti de ceux qui jugent Germinie fautive: c'est elle ici qui "viole" les esprits des hommes qui la côtoient. Ce point de vue est repris, en écho, par le prêtre à qui Germinie se confie: "il s'étonnait, il s'effrayait quelquefois des lueurs qui se levaient d'elle, [...] de ses retours vers cette scène de violence, [...] où sa très sincère volonté de résistance paraissait au prêtre avoir été trahie par un étourdissement des sens plus fort qu'elle" (93). Ainsi, le mode d'écriture de la description de Germinie fonctionne comme l'inscription d'un récit second, qui inverse et retourne contre le personnage la logique inexorable de l'intrigue.

On a pu écrire que l'instance narrative du roman faisait preuve d'une certaine sympathie pour le personnage.[3] Cependant, il faut bien reconnaître que celui-ci semble rassembler la plupart, sinon tous les stéréotypes nés des angoisses masculines vis-à-vis du féminin, tels que nous les avons rencontrés dans les analyses de la première partie de cette étude. Germinie est en premier lieu hystérique. Les auteurs ont d'ailleurs eu soin de consulter les meilleurs ouvrages de l'époque sur ce désordre, pour la documentation de leur roman. L'hystérie s'allie, chez elle, à une faiblesse constitutive des bronches pour former la pathologie qui gouverne le désir du personnage tout entier. C'est déjà le diagnostic que les frères faisaient au sujet de leur bonne: "Une passion, des passions à la fois de toute la tête, de tout le cœur, de tous les sens, où se mêlaient toutes les maladies de la malheureuse fille: l'affection pulmonaire, qui rend furieuse de jouissance, l'hystérie, la folie" (*Journal* du 21 août 272).

C'est ce syndrome polymorphe qui est présenté comme l'origine de toutes les transgressions de Germinie, et qui s'offre comme explication "médicale" à travers la voix narrative. Cette voix attribue par exemple à "un effet ordinaire des désordres nerveux de l'organisme," le dérèglement qui pousse à l'excès les sentiments "naturels" de joie et de peine chez Germinie (167). Ce déséquilibre physiologique la pousse à voler, et lui donne même des tentations criminelles hallucinatoires. En effet, tombée au plus bas de ses amours avec Gautruche, elle a la tentation de l'assassiner "pour rien, —pour tuer." Elle connaît avec l'ouvrier ivrogne des amours avinées "terribles, acharnées, funèbres, des ardeurs et des assouvissements sauvages" qui la font ressembler à une "bête féroce" (220–21). Germinie est décrite par ailleurs comme "simiesque" (96). Si elle tient de l'animal, elle tient aussi de l'enfant, en particulier dans ses rapports avec sa maîtresse. Elle est bien, par ce côté, parente de la femme dégénérée des fantasmes de la fin du siècle.

Selon cette logique, son intelligence même, qui la distingue du commun des femmes du peuple, est un facteur de sa mise en échec. Sans doute, c'est "l'air, le souffle vif du quartier Breda plein de la verve de l'artiste et de l'atelier" qui a "aiguisé, dans Germinie, ces goûts d'esprit, et lui [ont] créé des besoins, des exigences." En conséquence, cette "scandalisation" par l'esprit anticipe et prépare la chute physique: "Bien avant ses désordres, elle s'était détachée des sociétés honnêtes, des personnes 'bien' de son état et de sa caste" (211). Germinie est aussi une avide lectrice de romans: elle passe ses nuits à les dévorer, ainsi que tous les feuilletons de journaux sur lesquels elle parvient à mettre la main (210). Telle la femme des théoriciens évolutionnistes, nourris de darwinisme mal digéré, Germinie semble affaiblie et criminalisée par le sang que son cerveau détourne de sa voie naturelle: celle de l'écoulement menstruel et de l'enfantement. Elle a "ce cerveau trouble où, sous l'affluence et la soudaine montée du sang, la raison chancelait, se voilait au moindre choc de la vie" (212). En toute logique, seule la maternité, qui rétablirait le flot "naturel" du sang, pourrait la sauver. Germinie, enceinte, sent "d'avance son cœur de mère apaiser et purifier son cœur de femme" (148). Après la mort de son enfant, elle bascule définitivement dans l'hystérie, la boisson, et finalement les amours de rencontre, "ce que le hasard fait trouver à la femme qui vague." Elle tombe ainsi "au-dessous de la honte, au-dessous de la nature même," plus bas encore que les femmes vénales, puisqu'elle a perdu jusqu'au "dégoût," "ce qui reste aux prostituées pour conscience et pour personnalité" (226).

Mais tout ceci, que les deux frères "découvrent" dans la vie de leur bonne et transposent dans leur fiction, fait trop partie des discours ambiants, de la "doxa" de l'époque, pour être véritablement la source de l'horreur et de l'outrage qui les anime. Ils "savent" depuis longtemps que la femme est un être "naturellement" faible et malade. Ils connaissent toutes ses tentations et ses perfidies, sa pathologie même. Ce qui est véritablement scandaleux dans le cas de Rose Malingre, et dans l'histoire de Germinie Lacerteux, c'est que la femme parvienne à occulter les symptômes de ses désordres. La débauche de Rose est restée illisible aux yeux de ces professionnels de l'observation. Dans leur journal, les "experts" expriment leur désarroi face à la "puissance de mystère" de Rose, "tous ses secrets renfoncés, cachés, sans une échappade à nos yeux, à notre oreille, à nos sens d'observateurs, même dans les attaques de nerfs..." (21 août 1862; 273). En effet, ils ont observé tous les symptômes physiologiques de la maladie—notant avec précision dans leur journal les altérations du physique de Rose, la fréquence de ses quintes de toux, la progression de sa maladie—sans jamais interpréter ces signes, sans y lire le texte de son scandale.

La fiction permet, au contraire, de réécrire ce scandale tout en le désamorçant. Une fois de plus, c'est par une manœuvre de transfert et de déplacement que le roman procède. L'incapacité herméneutique est transférée sur un personnage féminin, celui de mademoiselle de Varandeuil, qui occupe dans la fiction une position équivalente à celle des auteurs dans la réalité: "Le miracle de cette vie de désordre et de déchirements, de cette vie honteuse et brisée, fut qu'elle n'éclata pas. Germinie n'en laissa rien jaillir au-dehors, elle n'en laissa rien monter à ses lèvres, elle n'en laissa rien voir dans sa physionomie, rien paraître dans son air, et le fond maudit de son existence resta toujours caché à sa maîtresse" (176). Le rythme répétitif de la dénégation instaure, de plus, une véhémence qui rejette la faute du côté de Germinie: "et comment mademoiselle eût-elle pu deviner les dégradations de Germinie et l'horreur de son secret? dans ses chagrins les plus poignants, [...] la malheureuse gardait l'incroyable force de tout retenir et de tout renfoncer. De sa nature passionnée [...], jamais ne s'échappait une phrase, un mot qui fût un éclair, une lueur" (177). Ainsi mademoiselle de Varandeuil est disculpée. Son innocence n'est pas de taille à lutter avec la perfidie de sa bonne, qui brouille les signes, allant jusqu'à "faire mentir tout son corps" (235).

Ce double déplacement permet, en outre, d'enregistrer l'illisibilité de la transgression de Germinie sur le plan de la diégèse, tout en instaurant une nouvelle lisibilité au niveau de la narration. "Les abaissements, les dégradations de Germinie commencèrent à paraître dans toute sa personne" (184). Tous les vagues indices, que la vieille aristocrate n'interprète pas, se mettent à signifier pour les lecteurs guidés par une instance narrative perçue comme nettement masculine. En effet, l'identité d'un narrateur double se donne à lire dans une notation précise. Les "égarements infinis" de Germinie sont décrits comme de nature à faire "travailler [...] le cœur du penseur et la pensée du médecin" (227). Soumis au regard scrutateur de ces narrateurs, le mutisme même de Germinie devient un signe et se met à parler. Il devient une marque pathologique obstinément mise en travers d'un besoin d'épanchement "naturel" chez Germinie, et donc indice de son scandale.

Ainsi, sous la plume des Goncourt, les symptômes de la déchéance de Germinie deviennent lisibles au jour le jour, dans une progression linéaire du récit qui renverse effectivement le mouvement chronologique de la scandalisation initiale. Dans la réalité, tout commence pour les deux frères par la révélation des secrets de Rose. Cette révélation initie chez eux un parcours herméneutique de réinterprétation du passé, remontant d'étape en étape jusqu'aux sources de ce drame. Dans le roman, ce parcours est inversé. Après les deux récits rétrospectifs qui ouvrent le roman, le cheminement du texte suit le mouvement linéaire qu'avait déjà le journal, mais cette fois, la progression du drame s'y lit à chaque pas. La fiction est bien la réécriture du journal, ce que le journal aurait dû être. Ce subterfuge permet de réintroduire une lisibilité et l'illusion d'une logique causale a priori. De cette manière, la découverte finale du scandale devient le telos logique de ce qui n'est plus une énigme, mais bien plutôt une destinée implacable.

Le mouvement de recouvrement et de réécriture du véritable texte du scandale—du texte scandaleux—se retrouve également dans le détail de la structure du récit, et en particulier dans l'agencement de la double analepse narrative qui inaugure le roman. Germinie, dans un mouvement d'épanchement, se met à raconter à sa maîtresse l'histoire de sa vie. Son récit occupe le chapitre un. Cependant, le début du chapitre deux révèle que mademoiselle de Varandeuil n'écoute pas sa servante. Le récit de la vie de la maîtresse vient alors recouvrir et occulter celui de la servante. Il s'agit en effet d'un recouvrement plutôt que d'une simple interruption. Le début du chapitre trois indique que Germinie a continué à parler pendant la rêverie de sa maîtresse: "La parole de la bonne s'arrêta, et le reste de sa vie qui était sur ses lèvres ce soir-là, rentra dans son cœur" (84). Un deuxième décrochement intervient alors. La narration omnisciente prend le relais et inscrira jusqu'au bout le texte "officiel" de la vie scandaleuse de Germinie: "La fin de son histoire était ceci" (84).[4]

Tout au long du roman, la voix de Germinie, dans ses efforts pour se raconter elle-même, sera ainsi étouffée. Nous avons vu déjà le recouvrement du texte de la confession de Germinie par l'interprétation, pour le moins tendancieuse, qu'en faisait le prêtre. Germinie a pourtant le don de la narration. Elle excelle à "peindre les gens," "esquisser les silhouettes." Elle possède "une facilité d'expressions vives, de traits heureux et échappés, un piquant et parfois un mordant d'observation singuliers dans une bouche de servante." Sa maîtresse prend plaisir à lui faire raconter "la chronique de la maison," mais ce n'est jamais sa propre histoire qu'elle raconte (210). Un épisode, pourtant, représente mademoiselle de Varandeuil écoutant attentivement sa servante. Germinie parle en dormant, et semble à sa maîtresse, penchée sur elle, "un cadavre possédé par le rêve." Cependant, les seules paroles de Germinie qui soient transcrites dans le texte expriment le refus: "je ne veux pas le dire…" (210). Le reste du "secret" de Germinie ne sera pas livré, ses "paroles coupées" sont soumises à une description qui s'arrête à la forme du signifiant sans atteindre le signifié: "C'était comme une langue de peuple purifiée et transfigurée dans la passion. Germinie accentuait les mots avec leur orthographe; elle les disait avec leur éloquence. Les phrases sortaient de sa bouche, avec leur rythme, leur déchirement, et leurs larmes, ainsi que de la bouche d'une comédienne admirable" (191). Schor remarque de plus que la mention ici d'une comédienne, puis plus loin, celle du "théâtre," ainsi que la comparaison de Germinie avec l'actrice Rachel, indiquent que ce texte n'est plus celui de Germinie, mais un texte préparé par quelqu'un d'autre, qu'elle ne fait que réciter (*Breaking the Chain* 133).[5] Mais surtout, il semble clair que cette référence au théâtre, et aussi à "l'orthographe" des mots, indique que les paroles de Germinie, perçues par sa maîtresse, sont déjà transformées en texte, réécrites sous un mode qui en étouffe le sens premier.

Le mouvement de réécriture, généralisé dans le roman, prend la forme d'un ensevelissement qui enfouit le texte primaire sous les couches du texte secondaire. Si les paroles de Germinie sont aisément étouffées, leur texte original se retrouve néanmoins inscrit à même son corps. “Son secret, ses lâchetés, ses fautes” forment un texte qu’elle porte “caché sur elle et cousu dans son cœur” (213). Le mot *cousu* indique d’une part le mode d’écriture de ce secret sur le corps, ainsi que le recouvrement de ce secret par une matière textile (les vêtements qui cachent ce corps), et d’autre part l’écriture fétichiste qui redouble ce recouvrement.[6] Le corps délictueux est en effet le corps hystérique de Germinie en proie à sa première crise, après la mort de son enfant:

> mademoiselle la vit, se renversant et se tordant, rouler à bas de sa chaise et tomber à terre. [...] Germinie était agitée de mouvements convulsifs si violents que la vieille femme fut obligée de laisser retomber sur le parquet ce corps furieux dont tous les membres contractés et ramassés un moment sur eux-mêmes se lançaient à droite, à gauche, au hasard, [...] jetaient à bas tout ce qu’ils cognaient. (146)

C’est ici un corps habité par le scandale, qui mime ce scandale et la chute morale qu’il occasionne. Pour reprendre la métaphore théâtrale, il s’agit de la pantomime, de la mise en scène muette de l’effet de scandale. C’est aussi la transcription, sur le corps de la mère, de la lettre qui lui annonce la mort de son enfant (147). C’est un texte que personne ne saura lire, pas plus le médecin que mademoiselle de Varandeuil.

Une fois encore, l’expression symbolique la plus forte du scandale de la femme est son cadavre. Le journal contient, à cet égard, une comparaison métaphorique révélatrice. La découverte du secret de Rose, écrivent les deux frères, “c’est comme l’autopsie de quelque chose d’horrible dans une morte tout à coup ouverte” (273). Le cadavre de la servante s’avère le *skandalon* suprême qui fait reculer les frères au seuil de l’amphithéâtre où ils étaient venus reconnaître le corps. Ils s’enfuient (*Journal* 268–69). Dans le texte de la fiction, la maîtrise du scandale est suffisamment forte pour permettre la confrontation du cadavre. Mademoiselle de Varandeuil pénètre dans l’amphithéâtre, mais ce qu’elle y voit est terrifiant. C’est un visage aux yeux et à la bouche ouverts, “cette bouche tordue d’avoir vomi son dernier souffle” (251). Ce cadavre à la bouche ouverte est bien le corps qu'il faut à tout prix recouvrir pour l'empêcher de parler, de dire lui-même un scandale intolérable. Seule l'écriture romanesque, qui rature et oblitère le corps, peut conjurer le danger. Le second passage cité en exergue montre bien, d'ailleurs, que les deux frères avaient confusément conscience de s'être livrés, avec l'écriture de leur livre, à un second enterrement de Rose. Ce second ensevelissement, fictif, de la pierre obstacle, va cependant plus loin que le premier enterrement. D'ailleurs, le corps de Germinie semble se dissoudre dans la fosse commune, au point qu'il est impossible à mademoiselle de Varandeuil venue se recueillir sur sa tombe, de repérer son emplacement. La destruction du corps va plus loin encore que dans *Ferragus,* où du moins, subsistaient les cendres de la femme. Germinie, quant à elle, n'occupe plus aucun lieu, ni spatial, ni temporel, et mademoiselle de Varandeuil s'agenouille entre deux croix, entre deux dates (262). De même, le scandale de Germinie/Rose se donne à lire entre deux couches du texte.

Le mode d'écriture, ou plutôt de réécriture du scandale dans ce roman, passe ainsi par un contrôle quasi absolu du désordre qu'il représente, un contrôle qui en dissipe en grande partie la force initiale. En particulier, toute jouissance d'une identité de type transgressif revendiquée par la femme est interdite à Germinie. Cette caractéristique la sépare nettement d'Emma Bovary. En effet, jamais le scandale ne constitue pour la servante une image narcissique jubilatoire. Germinie au miroir est "scandalisée" par sa propre image: "La glace lui jeta son visage. Devant cette figure qui était la sienne, elle eut peur; elle recula d'épouvante et de honte comme devant la face de son crime: c'était la tête d'une voleuse qu'elle avait sur les épaules!" (184). Loin d'affirmer son identité, le scandale détermine la dissolution toujours plus totale de cette identité: "Il y avait des jours où elle ne se reconnaissait plus, et où elle se demandait si elle était toujours la même femme" (180). Toute reconnaissance narcissique, dans le scandale, ou en-dehors de celui-ci, est niée au personnage. En effet, sa mère meurt alors qu'elle est encore tout enfant. Un instant, cette relation narcissique perdue semble se retrouver dans la relation spéculaire de Germinie à sa fille. Cependant, cette relation n'atteint jamais le stade du langage. L'enfant meurt à six mois, et leur dialogue est interrompu, littéralement, à la première syllabe. Ce dimanche où Germinie entend “la première syllabe sortir de la bouche de sa fille” (143) est leur dernière rencontre. Leur dialogue, dans lequel aurait pu se transmettre l'histoire orale de Germinie, est interrompu par la violence de la lettre qui annonce la mort de la petite fille. Un autre épisode, trivial en apparence, vient confirmer, symboliquement, ce recouvrement de l'identité narcissique de Germinie par l'écriture des autres. Épuisée par ses débauches, Germinie néglige le travail de la maison. Mademoiselle de Varandeuil, pour lui faire honte, écrit “le nom de Germinie avec le doigt sur la poussière de la glace” (186). Au lieu de lui renvoyer son image, le miroir porte donc une identité écrite, sans signification pour elle, et qui fait écran à son narcissisme.

De même, si Germinie partage la force irrépressible du désir de Rose, elle ne semble pas connaître la jouissance: “dans le plaisir même, elle ne pouvait s'oublier entièrement et se perdre. [...] Sa conscience souillée [...] ne lui laissait pas même une seconde la pleine jouissance du vice, l'entier étourdissement de la chute” (175). Germinie demeure la simple victime de son scandale. Jamais elle n'en désire l'accomplissement, jamais elle n'entrevoit, comme Emma, dans l'éclat du scandale, la possibilité d'une reconnaissance de son être par autrui. La servante vit dans la terreur de la révélation de son secret. Cette hantise l'amène au bord du suicide. Cette terreur du personnage, vis-à-vis de son propre scandale, permet la révélation finale de celui-ci. Il s'agit dans le roman d'une simple punition qui prend la forme d'une revanche inexorable et logique du “destin.” La forme de cette fatalité devient, dans le texte, remarquablement lisible, limpide. La trajectoire scandaleuse de Germinie suit une spirale descendante dont la ligne et le symbolisme ne sont pas dépourvus d'une certaine beauté formelle. Il s'agit là, sans doute, de la récupération de l'énergie de la transgression du personnage, au niveau de l'esthétique, qui maîtrise la mise en intrigue de ce scandale.

La dissolution finale du corps de Germinie dans la fosse commune est l'aboutissement du processus d'exclusion qui détermine le rejet du personnage de tous les espaces, tout au long du roman. Issue de la campagne, elle est littéralement un corps étranger à la ville, dans la sphère domestique aussi bien que dans les espaces publics parisiens. Nous l'avons vue déjà, en proie à l'hystérie, se heurter aux meubles de l'appartement de mademoiselle de Varandeuil. Anne Martin-Fugier souligne que, dans l'imaginaire de l'époque, la bonne représente "le sexe dans la place," un potentiel corrupteur qui en fait aisément un corps étranger menaçant l'unité organique de la famille (dans Aron 34).[7] Germinie est bien ce corps porteur d'une sensualité débridée, la pierre de scandale rejetée par la sphère domestique.

Le scandale est, en effet, inséparable, chez Germinie, du mouvement, du déplacement, et ce déplacement la jette de plus en plus vers l'extérieur. C'est son déplacement initial, de la province à Paris, de la maison familiale au café où elle sera violée, qui détermine sa chute. Cependant, le mouvement s'accélère au fur et à mesure qu'elle descend plus bas, se perd davantage. Au moment de ses premières amours avec Jupillon, une "énergie nerveuse" vient transformer complètement son "tempérament lymphatique." "Il lui fallait toujours aller, marcher, courir, agir, se dépenser" (111). Ainsi, Germinie descend-elle continuellement de l'appartement dans la rue: "Elle montait et descendait pour un rien. Sur un mot de mademoiselle, elle dégringolait les cinq étages. Quant elle était assise, ses pieds dansaient sur le parquet" (111).

Germinie s'aventure, peu à peu, de plus en plus loin. Elle suit bientôt son amant, Jupillon au bal de la "*Boule Noire.*" Là encore, Germinie est perçue comme différente. Sa mise et sa distinction en font un corps étranger rejeté par la communauté (125–29). Germinie est donc le scandale au sein même du lieu scandaleux, et rejeté par lui. Le bal mal famé contamine sa personne, tout comme l'air du quartier Breda, la "corruption de ce quartier pourri" qui la pousse au vol (183). Le quartier, bientôt, la rejette à son tour. Quand le bruit se répand qu'elle fréquente les bals: "Le scandale éclata, et, en une semaine, la pauvre fille, traînée dans toutes les médisances du quartier, baptisée et saluée des plus sales noms de la langue des rues, tomba d'un coup de l'estime la plus hautement témoignée, au mépris le plus brutalement affiché. [...] Elle ne pouvait faire un pas sans marcher dans le mépris et recevoir sa honte sur la joue" (130). La corruption semble monter des pavés mêmes, comme plus tard la prostitution (226). La pierre des bâtiments devient, dans sa matière, le reflet de son scandale: "La maison l'avait vue et pouvait parler. [...] Il y avait dans chaque boutique un visage qui lui renvoyait sa honte et spéculait sur sa faute" (193). Le miroir de pierre semble prendre le relais de la glace de l'appartement.

Ce mouvement de rejet, auquel Germinie est soumise, s'accompagne d'une dépossession toujours plus complète de sa personne. À la fin du roman, après ses amours avec Gautruche, elle vit presque totalement dans la rue, de la rue, sans presque jamais rentrer chez mademoiselle de Varandeuil. Elle est alors comme hors d'elle-même, "comme jetée hors de son sexe" (226). Le scandale lui imprime, dès lors, un mouvement, qui occupe tout son être et la définit. Elle, à qui tout narcissisme heureux est nié, n'est plus alors qu'énergie déviante, mouvement pervers. Cette circulation effrénée est bien celle du désir, l'énergie des ébats furieux avec Gautruche, la même force qui, chez Rose, scandalisait déjà les deux frères. Germinie n'existe plus, ne pense plus, que par le mouvement. Chez elle, les moments de léthargie, pendant lesquels son être semble se dissoudre et sa pensée s'endormir, alternent avec une énergie furieuse. "Faudra-t-il que je t'écrive du régiment?" "As-tu fait tes réflexions?" lui demande Jupillon. La réponse de Germinie est à chaque fois: "Marchons" (163–64). Son intelligence est tout entière de mouvement, une "disposition de tête à s'agiter" (175).

Sa marche est alors l'expression corporelle, la pantomime de ce scandale qui remplace la parole: "Elle recommença, sans parler, sa marche saccadée, violente, agitée de tous les tumultes de son âme. Ses pensées passaient dans ses gestes. L'égarement venait à son pas, la folie à ses mains" (164). Elle est possédée par cette déambulation scandaleuse, plus qu'elle ne la possède. Elle devient sa seule expression, sa seule réaction. Soupçonnant Jupillon de lui être infidèle, elle ne peut que le suivre "machinalement" dans la rue. Elle le surprend entrant dans un hôtel avec sa cousine. Les velléités de crime qui s'emparent de sa pensée (elle imagine qu'elle les défigure avec du vitriol), s'effacent bientôt et se dissolvent dans la seule nécessité de marcher: "ses pieds se mirent à marcher. Son pas alla devant elle [...]. Et elle sortit en trébuchant de la boutique" (170).

La "scandalisation" de Germinie imprime à sa marche un mouvement nettement centrifuge. Rejetée par les pierres mêmes des bâtiments de la grande ville, Germinie est irrésistiblement attirée par la périphérie de la capitale. Deux épisodes parallèles illustrent ce mouvement de fuite du personnage vers les lieux liminaux, dans un effort désespéré, semble-t-il, pour échapper aux pierres qui la scandalisent. Le premier épisode raconte, sur le mode itératif, les multiples promenades de Germinie et de Jupillon à la barrière de Clignancourt. Le parcours des amants leur fait traverser les lieux intermédiaires de la ville, là où sont rejetés les pierres inutiles, les édifices éventrés et les débris de toutes sortes: "Après les jardins, [...] les constructions jetées en avant dans les rues projetées et tendant au vide leurs pierres d'attente, les murailles pleines à leur pied de tas de culs de bouteille [...]. La descente finissait, le pavé cessait. À la rue succédait une large route, blanche, crayeuse, poudreuse, faite de débris, de plâtras, d'émiettement de chaux et de briques" (114–15). Ces pierres semblent poursuivre Germinie, s'attacher à ses pas, comme l'image de son scandale. La pierre de scandale n'est-elle pas, après tout la "pierre rejetée par les bâtisseurs" selon les Écritures?[8] Après une interminable traversée du désert, Germinie ne respire qu'à l'entrée des champs. Sa marche alors, devient plaisir, jouissance sensuelle de la "fraîcheur" et du "chatouillement" des blés contre ses jambes (117). Mais bientôt, il lui faut revenir, et dès les "premiers réverbères," les pierres la reprennent au piège et entravent sa marche: "lassée par la route dure à ses pieds, [...] elle tombait d'un rêve sur le pavé" (118).

Le second épisode reprend cette fuite, mais sur un mode encore dégradé. Germinie se joint à un groupe de bonnes et d'ouvriers qui se promettent "une fière noce" au bois de Vincennes (202). Le bois présente le même lieu intermédiaire, où "la Nature [semble] sortir des pavés" (203). Ce lieu liminal, encombré de pierres, une fois de plus, reflète le destin de Germinie. C'est "une promenade banale et *violée*" (203; nous soulignons). Cette fois, Germinie n'atteint jamais les champs. Les pierres la poursuivent et l'épisode marque un degré supplémentaire dans sa chute: sa liaison avec l'ouvrier ivrogne Gautruche. La façon dont ce dernier attire l'attention de Germinie et entame ses "avances," lors de cette excursion, est d'ailleurs symbolique: "Tout à coup un gros pavé, lancé en l'air, tomba à côté de Germinie, près de sa tête; en même temps elle entendit la voix du peintre qui lui criait: —As pas peur! c'est votre chaise..." (205).

Ainsi, à mesure que son scandale augmente, l'ampleur de son déplacement va en diminuant, en même temps que la vitesse de ce mouvement s'accélère. Ce motif atteint son aboutissement dans l'épisode où Germinie attend, dans la rue, le retour de Gautruche. L'intensité paroxystique de l'énergie déviante rend la circularité particulièrement visible. Le paysage urbain est marqué par l'hostilité, la fermeture et le crime. Ce ne sont que des "boutiques fermées, scellées," des "pans de murs maudits," des "allées noires barrées de fer," des "logements de meurtre," des "jardinets mortuaires" qui rejettent Germinie toujours plus loin vers l'extérieur. "Elle passait et repassait, faisait vingt pas, revenait. Puis comme si elle allongeait son attente, elle faisait un tour plus long, et, allant toujours plus loin, finissait par toucher aux deux bouts du boulevard" (215). Cependant Germinie ne peut plus échapper aux pierres qui la font trébucher, qui la rendent moralement et quasi littéralement boiteuse. Elle revient toujours vers le logement de Gautruche. L'appartement contient, d'ailleurs, le symbole vivant de son scandale, la misérable colombe "éclopée et boiteuse" de l'ouvrier, cet "infirme oiseau de Vénus" qui observe les étreintes furieuses du couple (221).

Le médecin, que mademoiselle de Varandeuil appelle au chevet de Germinie mourante, reconnaît bien que c'est là le cœur de la pathologie de la bonne. Il ne cesse, en effet, de s'étonner de l'"énergie," de la "vitalité nerveuse prodigieuse" de Germinie (233, 239, 243). Cette dernière meurt, tout comme Clémence dans *Ferragus,* de la forme ambulatoire de son scandale. C'est ainsi qu'au plus profond de sa déchéance, elle rencontre une dernière fois Jupillon et sa maîtresse dans la rue. Elle se met à les suivre pendant des semaines, "contente de mettre le pied où [Jupillon] avait mis le sien," marchant "dans leurs rires, dans leurs paroles" (230). Elle finit par passer toute une nuit sous la pluie à les épier, et contracte ainsi la pleurésie qui l'emportera.[9] Si la marche fatale, qui est l'expression du désir de Germinie, finit par la tuer, le mouvement est néanmoins, on l'a vu, son seul mode d'existence. Germinie éprouve une véritable terreur à l'idée de s'aliter: "le lit, pour elle, faisait mourir" (233). Elle refuse de se coucher et marche jusqu'au bout. Elle descend elle-même l'escalier une dernière fois, et refuse de se faire porter du fiacre jusqu'à la porte de l'hôpital (243). L'immobilité signifie la dissolution de son être, une dissolution qui sera complète dans la mort et l'ensevelissement dans la fosse commune.

Au fur et à mesure que la mort se rapproche et la force à ralentir sa marche, Germinie est progressivement frappée de pétrification, comme si, à force de se heurter à toutes ces pierres, elle devenait pierre elle-même. Dans la rue où elle épie Jupillon et sa maîtresse, lors de cette fatale nuit, elle "[ressemble] à une statue d'ombre assise sur une borne" (227). Plus la maladie progresse, plus la ressemblance s'accentue: "chaque jour, quelque chose d'humain quittait cette âme de femme qui paraissait se pétrifier" (241). La transformation atteint son aboutissement dans la rigidité du cadavre. La façon dont ce cadavre apparaît à mademoiselle de Varandeuil mérite que l'on revienne un instant sur cette image.

Contrairement aux auteurs, le personnage de la vieille dame pénètre dans l'amphithéâtre. Germinie morte a toutes les caractéristiques de la figure mythique de Méduse, telle que Freud l'analyse: "mademoiselle ne vit rien qu'une bière, dont le couvercle ne montant que jusqu'au cou laissait voir Germinie les yeux ouverts, les cheveux droits sur la tête" (251). Selon Freud, l'image terrifiante de la tête décapitée de Méduse figure l'horreur de la castration ("La tête de Méduse").[10] Or, la bière qui remonte jusqu'au cou de Germinie donne bien l'impression que sa tête est tranchée. C'est cette tête qui hante plus tard la vieille dame, une tête qui semble flotter toute seule dans les airs. Selon Freud, un autre élément important du symbole de Méduse est sa chevelure, le plus souvent représentée sous la forme de serpents se tordant sur la tête de la Gorgone. Dans les terreurs de mademoiselle de Varandeuil, les cheveux de Germinie surtout l'obsèdent. "Elle était là, avec ses cheveux, ses cheveux terribles, rebroussés, tout debout sur sa tête! Ses cheveux! cela surtout poursuivait mademoiselle" (251). Ces cheveux étaient déjà apparus dans la description initiale du personnage, des cheveux qui, précisément, "se tortillaient en ondes revêches, en petites mèches dures," qui évoquent l'image du serpent (97). Pour Freud, l'image de Méduse, malgré la terreur qu'elle inspire, sert aussi à dissiper cette terreur. Les serpents remplacent le pénis dont l'absence, sur le corps féminin, fait naître l'horreur. De plus, selon la légende, la tête de Méduse change en pierre quiconque la regarde. Freud interprète cette pétrification comme l'image d'une érection rassurante qui conjure la terreur de la castration. L'érection confirme en effet à l'homme qu'il possède bien toujours son pénis. L'image de la tête de Germinie, telle qu'elle apparaît, tout droit issue de l'imagination scandalisée des deux auteurs, participe de ce mouvement de conjuration de l'angoisse, avec cependant un tour supplémentaire. Si les frères étaient pétrifiés d'horreur à l'idée d'entrer dans l'amphithéâtre, c'est ici Germinie qui semble victime de ses propres pouvoirs de pétrification. C'est comme si Méduse s'était elle-même regardée dans la glace, dans le miroir du texte que lui tendent ici les "précurseurs" du naturalisme.

Ainsi, la réécriture du scandale, sur le mode naturaliste des Goncourt dans *Germinie Lacerteux,* permet-elle la maîtrise quasi totale de ce scandale. La stratégie esthétique de recouvrement, une fois mise en évidence, trahit l'illusion sur laquelle repose ce "roman vrai" (Goncourt, préface 55). Certes, rien n'est inventé, dans ce récit, que la forme, mais la forme ici est tout. Cette forme signifie la dépossession complète du personnage et la diffusion de son énergie transgressive, récupérée au niveau de l'esthétique. À la fin du roman, Germinie, vidée de sa substance, se pétrifie. Elle est alors rejetée, une dernière fois, avec les autres pierres inutiles à la périphérie de la ville. Le cimetière Montmartre est bien un autre lieu liminal du roman. Là a lieu la "solution finale," l'évaporation, la "sublimation," serait-on tenté de dire, de la pierre de scandale enfouie sous les couches du texte. Nous nous interrogions, en introduction, sur ce que pouvait signifier cette esthétique "nouvelle" du naturalisme, pour l'écriture de la femme et de son scandale. Force nous est de reconnaître qu'il n'y a pas grande nouveauté, par rapport au modèle balzacien, ou flaubertien de l'ensevelissement de la femme et de la dissolution de son corps. Simplement, du Père Lachaise à la fosse commune de Montmartre, si l'on veut bien nous passer le jeu de mot, il ne s'agit même plus d'un enterrement de première classe.

Chapitre huit

Zola, *La curée* (1872)

Tragédie, allégorie et haussmannisation

> La littérature romanesque de la seconde moitié du dix-neuvième siècle nous livre une longue procession de femmes malheureuses et passionnées [...], Emma Bovary, Germinie Lacerteux, Jeanne, Thérèse Raquin, Renée, à qui leurs créateurs confient la mission honorable et dangereuse d'entretenir la flamme tragique au royaume de la banalité.
>
> Jean Borie
> Préface à *La curée* de Zola

Dans le cycle des *Rougon Macquart, La curée* est "la note de l'or et de la chair." Dans sa préface à la première édition du roman, Zola déclare avoir voulu montrer "l'épuisement prématuré d'une race qui a vécu trop vite et qui aboutit à l'homme-femme des sociétés pourries; la spéculation furieuse d'une époque s'incarnant dans un tempérament sans scrupules enclin aux aventures; le détraquement nerveux d'une femme dont un milieu de luxe et de honte décuple les appétits natifs." C'est donc tout le scandale du Second Empire qui se cristallise autour de ces "trois monstruosités sociales" formant la "peinture vraie de la débâcle d'une société" (préface de 1871 370). Mais si l'ambition de Zola est triple au départ, c'est bien autour du personnage principal, Renée, que s'organise l'unité de l'œuvre. Du reste, si elle est sans conteste la figure du "détraquement nerveux féminin," Renée est aussi, par ses côtés androgynes, "l'homme-femme des sociétés pourries," au même titre que Maxime, et se trouve dotée, comme Saccard, d'un "tempérament enclin aux aventures," qui entraînera la perte de ses scrupules. Renée peut donc résumer à elle seule le scandale de cette époque, dont la figure principale sera, cette fois (contrairement à la situation de *Ferragus*), un adultère bien réel, doublé en outre d'un inceste.

La conduite scandaleuse de Renée, dans la lignée des héroïnes du dix-huitième siècle, entre aussi dans la logique du "faux pas," de la chute sexuelle. À l'origine, un viol brutal lors d'un séjour à la campagne, dès la sortie du couvent. Ce viol fait de Renée, en quelque sorte, la sœur de Germinie Lacerteux. On connaît l'admiration de Zola pour le roman des Goncourt et la valeur d'inspiration de ce texte pour les développements du naturalisme zolien. Comme Germinie, Renée conçoit un enfant du viol et, comme elle, fera une fausse couche après quatre mois de gestation. Le premier pas de Renée dans l'espace social constitue donc, pour elle aussi, le faux pas fatal. C'est ainsi que bien que victime, Renée est perçue, comme Germinie l'était déjà, comme porteuse de la faute. De "scandalisée," elle devient véhicule du scandale dont elle porte le stigmate lisible sur le corps: sa grossesse illégitime est susceptible de mettre en échec toute la lignée respectable des Béraud Du Châtel. Si le nom des Béraud Du Châtel est ensuite (littéralement) racheté par le mariage ignoble contracté avec Aristide Saccard, suivi d'une fausse couche fort commode, Renée n'en est pas moins marquée à vie du sceau du scandale, qu'elle a intériorisé sous la forme de l'adage bien connu qu'il n'y a que le premier (faux) pas qui coûte: "La faute qui amena plus tard son mariage avec Saccard, ce viol brutal [...] la fit ensuite se mépriser, et fut pour beaucoup dans l'abandon de toute sa vie. Elle pensa qu'elle n'avait plus à lutter contre le mal, qu'il était en elle, que la logique l'autorisait à aller jusqu'au bout de la science mauvaise" (148).

Mais en réalité, l'origine de la faute remonte à encore plus loin, et coïncide pour Renée avec sa sortie de la maison paternelle. Le texte dit de façon claire que c'est l'éducation pernicieuse du couvent qui a causé la chute de Renée en la détournant de "cette race calme et prudente où fleurissent les vertus du foyer" (148). Cette éducation a toutes les caractéristiques d'une perversion sexuelle de la femme, par la femme. Selon la "doxa" de l'époque, qui trouve sa voix en particulier chez Michelet, rien n'est plus dangereux, en effet, pour l'économie patriarcale fondée sur la famille, que le "commerce" des femmes entre elles. Dijkstra souligne de plus que, à partir des années 1860, les enquêtes "scientifiques" toujours plus fiévreuses, destinées à scruter le comportement féminin et à en percer les secrets, se mettent à livrer des résultats de plus en plus alarmants. La femme, que l'on pensait jusque là "naturellement" froide, se révèle porteuse de désirs et avide de jouissance. À partir de 1870, les "experts" sont particulièrement préoccupés par le penchant qu'ils croient découvrir chez les jeunes femmes, pour les plaisirs solitaires, ou pire encore, partagés entre elles. La masturbation féminine revêt, dans l'imaginaire masculin de l'époque, l'aspect d'une perversion criminelle endémique angoissante. Selon les autorités en la matière, tels que Nicholas Francis Cooke, les pensions pour jeunes filles et les couvents sont les lieux où naît le vice, et où il se transmet le plus aisément, causant des ravages irréparables (Dijkstra 64–68).[1] C'est bien là ce qui est arrivé à Renée: "Chez les dames de la Visitation, libre, l'esprit vagabondant dans les voluptés mystiques de la chapelle et dans les amitiés charnelles de ses petites amies, elle s'était fait une éducation fantasque, apprenant le vice" (148). C'est cette "scandalisation" initiale qui fait que Renée est perçue comme fautive, et en quelque sorte responsable de son viol.

La masturbation féminine est de plus liée étroitement, dans l'imaginaire de l'époque, avec l'homosexualité féminine. Zola, qui se veut le "juge d'instruction de la littérature" (*Le roman expérimental*), accumule dans ce cas toutes les pièces à conviction contre son personnage. Renée est souvent flanquée de ses deux amies de couvent, Adeline et Suzanne, "les deux inséparables" (43).[2] Les mœurs saphiques de ces dernières ne font pas de doute. Les commentaires de la narration à leur égard sont assez explicites. De plus, toute la gestuelle de leur double personnage est destinée à signifier plaisirs coupables et homosexualité. Leur première apparition dans une voiture découverte au bois de Boulogne, "couchées côte à côte, avec une langueur amoureuse," est à cet égard, révélatrice (43). En effet, leur nonchalance est à rapprocher d'un topos que Dijkstra fait ressortir dans son étude de la peinture de l'époque. De nombreux tableaux se plaisent alors à représenter des jeunes femmes ensemble, à demi assoupies, dans un état qu'il décrit comme "un état avancé d'épuisement physique d'origine douteuse" (72). Cette langueur féminine en vient donc à signifier en elle-même, elle devient à l'époque, l'un des signes visibles des excès et de la perversion de la sexualité féminine. Renée, elle-même, est marquée par cette nonchalance coupable. Dans la scène initiale de la promenade au bois, elle est "allongée au fond de la voiture, comme dans une chaise longue de convalescente [...] s'abandonnant au bercement voluptueux de toutes ces roues qui tournaient devant elle" (40–42). Cette pose la caractérise pendant tout le roman. Plus tard, elle est "renversée à demi dans une causeuse" (73). Toutes ses "crises" se traduisent par "des langueurs de créole" (200). Il est aisé de deviner la nature de ces "crises," et de quelle "maladie" relève cette "convalescente." La nonchalance de Renée n'est, en réalité, que l'envers de la fureur de ses ébats amoureux. Elle fait alors preuve d'une frénésie qui n'est pas sans rappeler les débordements de Germinie Lacerteux.

Mais si Renée est, en quelque sorte, prédisposée à l'inconduite par son éducation et par son viol, son mariage avec Saccard la plonge plus profondément encore dans cette structure de scandale, en y ajoutant une dimension économique. La jeune femme devient le support et la victime des spéculations frauduleuses de son mari qui dilapide sa dot et parvient à s'emparer de ses terrains de Charronne. "Tu es une des colonnes du second Empire," lui dit Maxime (45). Il faut, sans aucun doute, prendre très au sérieux cette boutade. Renée symbolise la clef de voûte de tout l'édifice de la spéculation, et nous savons par Girard qu'il n'y a pas loin de cette clef de voûte à la pierre de scandale. Exploitée et dupée par Saccard, Renée devient pour lui un simple signe extérieur de richesse, un objet de luxe au même titre que les autres: "Il la regardait un peu comme une de ces belles maisons qui lui faisaient honneur et dont il espérait tirer de gros profits. Il la voulait bien mise, bruyante, faisant tourner la tête à tout Paris. Cela le posait, doublait le chiffre probable de sa fortune" (147).

La comparaison qui lie Renée aux "belles maisons" de cette période de l'haussmannisation, est révélatrice. Si la jeune femme est une des colonnes du Second Empire, elle ressemble aussi beaucoup aux statues de pierre qui soutiennent la façade de l'hôtel de son mari, "de grandes femmes nues, les hanches tordues, les pointes des seins en avant" (52). En effet, dans la description de Renée qui suit ce passage, le parallèle est implicitement établi: "Décolletée jusqu'à la pointe des seins, [...] la jeune femme semblait sortir toute nue de sa gaine de tulle et de satin, pareille à une de ces nymphes dont le buste se dégage des chênes sacrés" (57). Ce rapprochement métaphorique trahit le fait que la jeune femme est très littéralement la pierre de touche de la spéculation de son mari. Ainsi, la jeune femme est-elle contaminée par les manipulations immobilières de son mari. Par cette contagion, elle en vient à figurer le scandale économique et géographique de l'haussmannisation.

Dans le roman, la chronique des malversations de Saccard, et à travers ce personnage, celle de toutes les transformations imprimées au vieux Paris par l'entreprise d'Haussmann, reprend sur une note mineure les mouvements du destin de Renée. La jeune femme est prise inexorablement dans "le vaste projet de la transformation de Paris, le plan de ces démolitions, de ces voies nouvelles et de ces quartiers improvisés, de cet agio formidable sur la vente des terrains et des immeubles, qui allumait, aux quatre coins de la ville, la bataille des intérêts" (91). Ainsi, les malversations financières de son mari redoublent-elles sa transgression sexuelle personnelle. L'inscription de ces bouleversements immobiliers sur le plan de la ville est déjà une forme de texte géographique qui figure le texte de son propre scandale. Une fois de plus, un scandale de nature économique accompagne et redouble un scandale sexuel. D'ailleurs, le "nuage de plâtre" dans lequel s'abîme Paris, les "gravats" qui recouvrent l'herbe, rappellent la "pierre rejetée par les bâtisseurs" des Écritures, et trahissent la présence du scandale dans la cité (142–43). À cet égard, l'inscription du destin de Renée, tel qu'il apparaît dans ce roman, illustre le rapprochement métaphorique esquissé dans le premier chapitre, entre la position de la femme, pierre de scandale dans la grande ville moderne, et les travaux d'urbanisme et de terrassement qui marquent le dix-neuvième siècle.

De fait, si Renée ressemble aux "belles maisons," son image se retrouve aussi dans les gravats des terrains en démolition. Ce lien est particulièrement visible dans l'épisode où Saccard, accompagné de quatre messieurs de la commission d'enquête du jury d'indemnités, se promène dans "la trouée de démolitions que creusait le futur boulevard du Prince-Eugène" (318). Les cinq hommes sautent "de pierres en pierres" entre les décombres de l'ancien quartier (320). Ces ruines sont celles des "petites maisons" que les marquis, sous Louis XV, utilisaient comme "retraites pour leurs parties fines," explique un médecin (323). Tout émoustillés par les explications du médecin, ces messieurs s'attardent entre ces "vieilles pierres," au point que Saccard, pris d'impatience, leur crie: "Vous aurez beau chercher, ces dames n'y sont plus..." (324). Il semble bien au contraire qu'elles y soient encore. Le trafic frauduleux de la spéculation immobilière prend appui sur les fondations offertes par ces pierres, qui semblent figurer la pétrification de ces femmes vénales, offrant ainsi, une nouvelle fois, l'image d'un scandale économique qui recouvre et efface un scandale sexuel.[3] En partant, le médecin détache d'un coup de pioche "une petite tête d'Amour peinte" qu'il met dans sa poche. Cette tête de pierre, s'allie rétrospectivement à une autre image, celle des "bâtisses éventrées, montrant leurs entrailles blafardes" (319), pour annoncer le symbole final dans lequel Renée lira sa destruction morale. À la fin du roman, dans son ancienne chambre de la maison paternelle, la jeune femme découvre en effet une poupée de son éventrée: "tout le son avait coulé par un trou, et la tête de porcelaine continuait à sourire de ses lèvres d'émail" (337).

La fragilité de la position de Renée dans l'économie de la spéculation est reflétée par sa faiblesse dans l'économie spéculaire. De façon symbolique, Renée est frappée de myopie. Dans sa promenade au Bois, le regard qu'elle porte autour d'elle doit être relayé par "un binocle d'homme, à garniture d'émail," c'est-à-dire un instrument à connotation nettement masculine (40).[4] Ce relais spéculaire dénonce le caractère artificiel des identifications narcissiques de la jeune femme. La nouvelle identité offerte à Renée, sous le titre de "la belle madame Saccard," correspond à celle d'une marchandise mise en circulation sur la scène de la spéculation et de l'inflation capitalistes. Prise au piège du fétichisme des marchandises, privée d'une identification narcissique solide, elle se livre à la dépense à corps perdu et se soumet à la baguette magique du tailleur Worms qui lui fabrique chaque jour une nouvelle identité de chiffon, qui n'est jamais qu'un travesti:

> Il faisait mettre Renée debout devant une glace, qui montait du parquet au plafond [...]. Et, au bout de quelques minutes, le maître, comme pris et secoué par l'inspiration, peignait

> à grands traits saccadés le chef-d'œuvre qu'il venait de concevoir, s'écriait en phrases sèches: "Robe Montespan en faille cendrée..., la traîne dessinant, devant, une basque arrondie [...]. Nous poserons dans les cheveux, sur cette tête rieuse, le papillon rêveur de Psyché aux ailes d'azur changeant. (139)

L'identification narcissique de la femme est gouvernée par le regard de l'homme. De la grande glace à Psyché, l'identité de Renée se perd dans un jeu de miroirs, dans un tourbillon d'étoffes qui laissent entrevoir le vide sur lequel elles sont tendues. Ce vide marque du sceau du manque le narcissisme de la jeune femme. Vêtue d'un costume compliqué et surchargé, créé par Worms, elle se contemple dans une glace de l'hôtel et murmure, "Il manque quelque chose... bien sûr qu'il manque quelque chose..." (132). Ce manque est un manque ontologique que nulle accumulation textile ne peut combler.

C'est bien le sentiment du vide de sa vie, l'ennui ontologique qui mine la jeune femme, qui lui fait concevoir le crime de l'inceste lors de la promenade au Bois. "Vois-tu, je m'ennuie," dit-elle à Maxime (44). Le désir inoccupé ne peut trouver son expression qu'à travers la transgression:

> Renée, dans ses satiétés, éprouva une singulière sensation de désirs inavouables, à voir ce paysage [...] dont la grande nuit frissonnante faisait un bois sacré, une de ces clairières idéales au fond desquelles les anciens dieux cachaient leurs [...] adultères et leurs incestes divins. Et [...] il lui semblait que le crépuscule emportait derrière elle [...] l'alcôve honteuse et surhumaine où elle eût enfin assouvi son cœur malade, sa chair lassée. (47)

L'inceste s'impose à Renée dans un contexte mythologique qui le grandit. Plus tard, la référence explicite à Phèdre vient confirmer la dimension tragique et mythique du scandale pour elle. Lors d'une représentation de la tragédie, à laquelle elle assiste avec Maxime, Renée s'identifie en effet à l'héroïne antique (241). Dans ses notes de travail, Zola avait d'ailleurs écrit: "Décidément, c'est une nouvelle *Phèdre* que je vais faire" (*La curée* 377). Jean Borie oppose cette référence tragique à la "description clinique" que fait Zola de son héroïne dans ses notes préparatoires ("une névrose sous la double influence de l'hérédité et du milieu"). Renée est un "personnage que son créateur ne peut introduire autrement que par un diagnostic." Selon Borie, la double référence au discours médical et au discours tragique place Zola "devant une contradiction redoutable qu'il ne semble pas [...] percevoir clairement." Pour ce critique, le modèle tragique au sein du roman est quelque peu "ridicule," une "maladresse," que Zola abandonnerait, heureusement, bien vite dans les marges (préface 9, 33–34). Dans une perspective contraire, cependant, loin d'être une maladresse, la présence de ce double registre pourrait bien plutôt s'avérer l'élément essentiel sur lequel repose la "solution" esthétique de *La curée.* Cet élément doit attirer notre attention sur ce qu'on pourrait appeler la duplicité fondamentale du discours narratif: de fait, toute la dialectique de la mise en intrigue du scandale de Renée repose sur l'affrontement de deux lectures contradictoires de ce scandale.

La première lecture, de type tragique, est sans conteste celle que fait Renée de sa conduite. Cette lecture la place dans le registre de la criminalité. Renée se voit comme renouvelant le "crime antique" (241). Ce crime scandaleux est vécu par elle comme une tentative de se définir en dehors des paradigmes de la société, dont les structures la mettent en échec et blessent son narcissisme: "Elle finissait par croire qu'elle vivait au milieu d'un monde supérieur à la morale commune, où les sens s'affinaient et se développaient, où il était permis de se mettre nue pour la joie de l'Olympe entier" (243). Dans l'orgie banalisée du Second Empire, au milieu de l'indifférenciation ambiante, le crime suprême offre à Renée une occasion de se distinguer. En ce sens, l'adultère n'est plus suffisant, tout le monde s'y livre, et Renée elle-même a déjà eu plusieurs amants. En revanche, l'inceste lui semble encore "le mal que personne ne commet" (214). L'inceste devient alors une identité nouvelle, un fondement ontologique, un point d'ancrage pour mettre fin à la dérive de son regard et de sa vie: "L'inceste mettait en elle une flamme qui luisait au fond de ses yeux et chauffait ses rires. [...] et elle regardait les autres femmes [...] d'un air d'adolescent vantard, d'un sourire fixe signifiant: 'J'ai mon crime'" (226). Cette formulation n'est pas, d'ailleurs, sans rappeler le "J'ai un amant" d'Emma Bovary.

Mais cette logique exige que le scandale éclate, que la grande criminelle devienne la victime émissaire susceptible de mettre fin à la violence déclenchée par la crise des différences. De fait, les conditions nécessaires au mécanisme de la crise sacrificielle semblent réunies. L'ambiance du roman est bien, en effet, dominée par l'effondrement généralisé des différences qui hante l'imaginaire de cette fin de siècle. Les êtres, comme les objets, sont interchangeables au royaume de l'argent, cet équivalent général que manipule si bien Saccard: "il était [...] né pour battre monnaie avec tout ce qui lui tombait sous les mains, femmes, enfants, pavés, sacs de plâtre, consciences" (147). Les différences de classes sont abolies chez les Saccard, où se côtoient anciennes familles et parvenus de la plus basse extraction, et où le duc de Rozan et le conte de Chibray ressemblent à s'y méprendre au perruquier de Maxime (155). Les mêmes hommes, les mêmes conversations et le même ennui circulent dans le grand monde et dans le demi-monde. La séparation des espaces domestique et public s'efface aussi dans l'architecture de l'Hôtel Saccard, dont les larges glaces du rez-de-chaussée ressemblent aux vitrines "des grands magasins modernes" (53). La différence des sexes mêmes disparaît. Maxime, mais aussi Renée, Louise de Mareuil et la tante Sidonie sont, à des degrés divers, marqués par l'hermaphrodisme. Mais surtout, les rôles familiaux s'effondrent avec la démission du père comme principe de différenciation et d'ordre. "Le père n'était jamais là" (224). Renée est "aussi peu mariée que possible" (147), et elle et Maxime sont les "deux enfants" de Saccard (229). La famille se dissout, père, mère et fils devenant "des camarades," partageant une vie d'étudiants. Le père et le fils deviennent même "rivaux," partageant "les mêmes épaules," rencontrant leurs mains "autour des mêmes tailles" (156–57).

Dans ce contexte, le "crime" de Renée, crime contre la différence suprême et l'ordre des générations, est bien le crime de tous. Cependant, si la logique sacrificielle fonctionne à l'intérieur de la tragédie,[5] force nous est de reconnaître son échec à l'intérieur du roman. Malgré tous les efforts de Renée, son scandale fait long feu, et sa mort, loin de restructurer la famille et la société, ne fait que confirmer l'indifférenciation initiale. L'échec du modèle sacrificiel s'explique en partie par le moment historique, trop moderne. L'indifférenciation, dans ce Second Empire finissant, est devenue trop consciente d'elle-même. L'effondrement des différences se fait trop visible, trop lisible: le texte le dit trop clairement. Certes, Renée n'est ni plus ni moins coupable que la communauté, et son crime est le crime de tous. Cependant, ce fait est trop perceptible. Pour que l'expiation sacrificielle fonctionne, il faut que les membres du groupe en ignorent les mécanismes profonds. Ils doivent pouvoir croire à la différence profonde qui sépare d'eux la victime émissaire et son "crime." Or la narration ne cesse de banaliser l'inceste de Renée, d'en faire la conséquence logique, l'expression de la dégénérescence ambiante. L'inceste est consommé pour la première fois dans le cabinet privé d'un restaurant aux fenêtres ouvertes. Durant toute la scène, le récit mêle le bruit, les images et les odeurs du boulevard, avec son cortège de prostituées, à l'accomplissement de la "faute." Lorsque tout est consommé, Renée, "penchée sur l'ombre," respire "cette senteur d'alcôve, comme un encouragement qui lui [vient] d'en bas, comme une assurance de honte partagée et acceptée par une ville complice" (187). Plus tard, Maxime est décrit comme "l'amant assorti... aux folies de l'époque" (217) et l'inceste comme "l'amour du nouveau Paris" (228). Les notations de ce genre saturent le texte et bloquent le processus de scandalisation entrepris par Renée.

L'intrigue et l'instance narrative font donc échec à la consolidation narcissique de l'identité déviante de Renée, en refusant de renvoyer à la jeune femme son image de grande criminelle. De fait, Renée, encore plus qu'Emma Bovary, se joue tout un drame sans spectateurs. Sur le modèle de la tragédie qu'elle contemple sur scène, elle hallucine tout un scénario: "Elle était dans la serre, sous les feuillages ardents, et elle rêvait que son mari entrait, la surprenait aux bras de son fils. Elle souffrait horriblement, elle perdait connaissance, quand le dernier râle de Phèdre, repentante et mourant dans les convulsions du poison, lui fit rouvrir les yeux. [...] Aurait-elle la force de s'empoisonner, un jour?" (242). L'éclat de la découverte publique n'est vécu que sur la scène de l'imaginaire. Lorsque le drame se produit dans la réalité, Maxime, comme tous les personnages masculins rencontrés jusqu'ici, exprime une peur panique du scandale et conjure Renée de revenir à elle-même. La jeune femme, elle, appelle l'éclat. Elle veut partir avec Maxime pour Le Havre. Pour elle, comme pour Emma avant elle, le scandale signifierait enfin la reconnaissance de son être par autrui: "Je m'en moque du scandale! Si tu refuses, je descends dans le salon et je crie que j'ai couché avec toi et que tu es assez lâche pour vouloir maintenant épouser la bossue [Louise de Marcuil]" (306). Cependant, Renée se rend vite compte que le scandale n'est même plus une arme entre ses mains. Attiré par le bruit, Saccard entre et surprend sa femme embrassant son fils. Le père feint de ne rien voir et redescend calmement avec son fils, laissant Renée devant sa glace, face à une image qu'elle ne reconnaît plus. Le miroir du narcissisme criminel est brisé à jamais: "Alors le drame était fini? Son crime [...] aboutissait à cette fin plate et ignoble. Son mari savait tout et ne la battait même pas. [...] Elle s'aperçut dans la haute glace de l'armoire. Elle s'approcha, [...] toute préoccupée par l'étrange femme qu'elle avait devant elle. La folie montait" (309). Renée essaie alors de "scandaliser" de force le père et le fils, de les faire buter sur son corps mis en travers de leur relation: "elle força son mari à connaître l'inceste [...] elle jetait à la face des deux hommes l'infamie qu'ils avaient mise en elle" (327). Le roman offre, en fin de compte, le scénario paradoxal d'une victime émissaire qui rêverait elle-même son sacrifice pour mettre fin à la peste qui ravage la cité. Cette ultime tentative échoue, et père et fils se réconcilient avant même la mort de Renée.

Cet échec du modèle sacrificiel de la victime émissaire, qui fonctionnait si bien dans la tragédie de l'inceste, nous invite à reposer la question de l'origine de ce scandale. L'inceste pourrait bien n'être là que pour faire diversion, pour cacher autre chose. Car si l'inceste est banalisé, il existe néanmoins un scandale dans le texte. C'est sans doute dans les scènes où l'inceste s'accomplit dans son espace privilégié, la serre,[6] que cette autre chose est le plus lisible. Le texte opère, en effet, un déplacement significatif en projetant sur le décor une partie de l'angoisse qui accompagne l'accouplement de Renée et de Maxime. Il s'avère que la serre est un lieu ambigu, où les catégories d'intérieur et d'extérieur, de végétal et de minéral, de nature et d'architecture se brouillent.[7] L'énergie sexuelle perverse de Renée est perçue comme émanant de ce lieu trouble: "C'était le rut immense de la serre, de ce coin de forêt vierge où flambaient les verdures et les floraisons des tropiques. [...] La sève qui montait au flanc des arbres les pénétrait [Maxime et Renée] aussi, leur donnait des désirs fous de croissance immédiate, de reproduction gigantesque. Ils entraient dans le rut de la serre" (218). Cette dynamique est ici codée en termes de cycle naturel et de fertilité, mais il s'agit d'une fécondité rendue monstrueuse par sa toute puissance. Dans ces passages, la "nature," représentée par les plantes exotiques, est en outre soumise à une sémantique de la pathologie et de l'artificialité. Les euphorbes d'Abyssinie sont "contrefaits," "pleins de bosses honteuses." Les orchidées poussent leurs "rejets [...] noueux et déjetés comme des membres infirmes" (77–78). Leur description fait appel aux registres des métaux, de la faïence et du verre. Des images à la fois phalliques et castratrices saturent le texte, depuis les panadus de Java, "minces comme des épées, épineuses et dentelées comme des poignards malais," jusqu'aux fleurs de l'"Hibiscus de la Chine," semblables aux "lèvres rouges, molles et humides, de quelque Messaline géante, que des baisers meurtrissaient, et qui toujours renaissaient avec leur sourire avide et saignant" (78). Cette nature ambiguë et artificielle, codée en termes de féminité à la fois castrée et castratrice, dit assez l'angoisse qui sous-tend toute sexualité et qui constitue le pôle négatif du principe de fécondité.

La nature artificielle de la serre est d'ailleurs à replacer dans le contexte de l'esthétique de la décadence.[8] Ces plantes déjetées, par lesquelles la nature imite et rejoint l'artifice, préfigurent les expériences de botanique de Des Esseintes dans *À rebours.* Pour l'esthétique décadente, le naturel est haïssable car il représente la logique aveugle de la perpétuation de l'espèce à l'intérieur de laquelle l'individualité se perd. La prédilection pour la nature en déviance de la serre, correspond à la "volonté inconsciente du décadent de se soustraire au cycle menaçant de la nature, et d'échapper à la loi du devenir" (Gaillard 78). C'est cette angoisse face au devenir qui contamine le corps sexuel de la femme, perçu comme puits d'indifférenciation, et par là doté fantasmatiquement, dans l'esthétique de Huysmans, mais déjà ici chez Zola, de pouvoirs destructeurs et castrateurs. Rien d'étonnant, en ce cas, à ce que la bouche de Renée soit associée aux images castratrices qui accompagnent l'hibiscus de la Chine (220). Rien d'étonnant non plus à ce qu'elle soit comparée, à plusieurs reprises, au "grand sphinx de marbre blanc," "Dieu" de ce "temple monstrueux" (219). Car la grande faute qui marque de son sceau le personnage de Renée, l'obstacle qui détermine sa "faute" dans le roman, est bien le scandale inhérent au corps sexuel de la femme, à son énergie désirante. Le sphinx, à la fois décapité, castré et phallique (Bernheimer 249), résume par son caractère énigmatique ses "cuisses luisantes" et sa chair de marbre impénétrable, la menace insupportable que représente le manque illisible du corps sexuel féminin, ce manque perçu comme une blessure terrifiante qui menace la différence des sexes. C'est dans ce contexte qu'il faudrait alors lire l'inversion des rôles sexuels entre Renée et Maxime et l'indifférenciation qui contamine leurs corps: la femme devenant homme à mesure que l'homme se féminise. "Renée était l'homme, la volonté passionnée et agissante. Maxime subissait. Cet être neutre [...] devenait, aux bras curieux de la jeune femme, une grande fille, avec ses membres épilés, ses maigreurs gracieuses d'éphèbe romain" (216–17). Derrière l'inceste de Renée se cache donc un scandale plus simple, mais aussi plus dangereux: celui d'une sexualité féminine débridée. Il s'agit, chez la femme qui désire, d'une capacité de jouissance protéiforme, qui inclut hétérosexualité, inversion des rôles, mais aussi homosexualité et masturbation.

Mais comment expliquer que ce scandale, non résolu dans l'intrigue, n'entraîne pas la désintégration de l'esthétique narrative? Tout d'abord, la maîtrise du désordre dans le roman est en partie effectuée par un discours médical qui diffuse et dissout le scandale sur le plan de l'esthétique romanesque. Ce discours met en échec la lecture tragique que fait Renée de sa propre transgression, et fait ainsi obstacle à son identification narcissique de type criminel. Au théâtre, Renée réfléchit sur la fatalité. "Phèdre était du sang de Pasiphaé, et elle se demandait de quel sang elle pouvait être, elle, l'incestueuse des temps nouveaux" (241). De cette grande question tragique, le discours romanesque fait une simple question médicale, et de la fatalité une affaire d'hérédité névrotique. Tout au long du texte, un discours de type médical propose en effet une lecture de l'inceste en termes pathologiques faisant appel au registre de la dégénérescence, de l'appauvrissement sanguin: "l'acte brutal ne fut que la crise aiguë de cette inconsciente maladie d'amour" (212), "une de ces débauches de décadence qui, à certaines heures, dans une nation pourrie, épuise une chair et détraque une intelligence" (217). Le scandale est soumis à un contrôle sémiotique scientifique qui le recode et en fait une névrose à caractère nettement hystérique:[9] "[Renée] vieillissait, ses yeux se cerclaient de bleu, son nez s'amincissait, la moue de ses lèvres avait des rires brusques, sans cause. C'était la fin d'une femme" (327). Cette image de Renée, gouvernée par le point de vue extérieur de la narration, est la même que celle que l'héroïne perçoit dans son miroir. Son narcissisme est tout entier soumis à l'interprétation médicale de sa personne:

> Elle s'aperçut dans la haute glace de l'armoire. Elle s'approcha, [...] toute préoccupée par l'étrange femme qu'elle avait devant elle. [...] La ride de son front se creusait si profondément qu'elle mettait une barre sombre au-dessus des yeux, la meurtrissure mince et bleuâtre d'un coup de fouet. Qui donc l'avait marquée ainsi? [...] Et ses lèvres l'étonnaient par leur pâleur, ses yeux de myope lui semblaient morts. (309)

Ces descriptions cliniques utilisent, de plus, un vocabulaire codé qui signifie de façon précise pour le lecteur averti de l'époque, nourri des textes "scientifiques" sur les perversions féminines. Il suffit pour s'en persuader, de rapprocher tous les éléments fournis par le texte sur le personnage de Renée, de la description des signes cliniques de la masturbation, selon Cooke. En effet, les "symptômes" qui permettent de reconnaître ou de suspecter ce crime sont: "un état général de langueur, de faiblesse et de décharnement," une "absence de fraîcheur et de beauté," la perte de la couleur du teint, et du "vermillon" des lèvres, attributs qui sont remplacés par "une physionomie pâle, sèche, flasque, boursouflée et livide; des cernes bleuâtres autour des yeux," qui apparaissent "creux, éteints et morts; un air triste, une toux sèche," une respiration haletante et oppressée au moindre effort, en un mot tous les signes avant-coureurs de la "consomption" (*Satan in Society,* cité par Dijkstra 74). Les descriptions de Renée, mises bout à bout, contiennent tous les éléments du texte scientifique. Le passage du miroir, ci-dessus, est particulièrement révélateur. Renée, sous la gaze de son maillot, se paraît toute nue. Cependant, sous le recouvrement textile se retrouve un recouvrement textuel. C'est ici le texte scientifique qui s'inscrit à même le corps et le "marque" de façon si indélébile. La description clinique rend lisible le corps de la femme. Son corps hystérisé devient un ensemble de symptômes visibles que la narration se charge de montrer et d'interpréter. C'est ainsi que Renée, loin de s'empoisonner comme Phèdre, meurt "d'une méningite aiguë" (338). Soumise à l'effet réducteur de ce diagnostic clair, l'énergie scandaleuse est désamorcée, neutralisée. Comme plus tard Freud, Zola fait de la grande criminelle une grande malade, une névrosée et une hystérique.[10]

Dans le roman, l'omniprésence du discours médical, qui maîtrise le scandale du corps féminin castré et castrateur, est en outre renforcé par une esthétique de type fétichiste. La mise en scène de ce corps féminin devient le théâtre où se joue la sujétion de l'énergie déviante, entre texte du scandale et scandale du texte. La métaphore théâtrale n'est pas ici gratuite, car ce phénomène est particulièrement visible dans la scène des tableaux vivants présentés par Hupel de la Noue dans le salon de l'Hôtel Saccard. Cette représentation fonctionne d'ailleurs sur le même mode fétichiste que le texte, et tout le passage peut être lu comme une mise en abyme des phénomènes qui soustendent cette stratégie discursive.

Dans ce passage, les femmes soigneusement costumées sont disposées en une série de compositions statiques destinées à figurer "les amours du beau Narcisse et de la nymphe Écho." Le sujet du "drame" n'est pas fortuit. Dijkstra montre que ce motif était particulièrement en vogue à la fin du siècle. Figurant à la fois les thèmes de la femme au miroir et de la femme-miroir, l'histoire de Narcisse et Écho permettait de concentrer tous les lieux communs de l'époque sur la nature narcissique de la femme. La fin de siècle voyait en Narcisse l'éphèbe obsédé par sa propre image, la parfaite incarnation de l'immaturité et de l'efféminement. Quant à Écho, la nymphe condamnée à répéter éternellement les paroles d'autrui, elle semblait offrir l'image exacte de la nature imitative de la femme. Pour Dijkstra, les amants réunis figuraient en fin de compte les deux faces complémentaires d'une seule et même identité féminine "imitative, circulaire et narcissique" (144). Maxime est donc parfait dans son rôle d'éphèbe. Quant à Renée, son emploi trahit le caractère floué de son narcissisme. Son rôle, ainsi que celui des autres femmes est strictement muet. Leur corps à toutes, recouvert de tissus et d'ornements, devient alors le support du texte de l'allégorie du préfet. Ce dernier déclare qu'il "[avait] songé à faire cela en vers," mais qu'ainsi "c'est plus sobre de ligne" (278). Le double sens du mot *ligne* suggère que c'est le corps de ces femmes qui va porter le texte. Cependant, ces corps "possédés de sémiotique"[11] ne peuvent parler que par le truchement du préfet. Celui-ci "lit" les tableaux vivants pour les spectateurs. En traduisant les poses des femmes, il soumet leur corps à un contrôle sémiotique, et ce décodage est présenté comme essentiel à l'intelligence de son texte: "L'explication n'était pas inutile, car peu de spectateurs, dans le salon, comprenaient le sens exact des groupes" (278).

Le poème du préfet, malgré ses prétentions au "vrai esthétique," s'éloigne des paradigmes du réalisme: c'est en effet une allégorie, c'est-à-dire une construction essentiellement métaphorique, qui attire l'attention sur la matérialité du texte et dans laquelle se perd le référent. "La robe de la nymphe Écho était à elle seule, toute une allégorie; elle tenait des grands arbres et des grands monts [...] elle était rocher par le satin blanc de la jupe, taillis par les feuillages de la ceinture, ciel pur par la nuée de gaze bleue du corsage" (280). C'est donc le tissu qui, voilant la réalité du corps féminin, est chargé de représenter la "nature." Dans cette "représentation," tout n'est que textile: "Le décor était fait d'une soie tendue à grands plis cassés, imitant des anfractuosités de rocher," tandis que le "velours rouge" figure "une grotte" (278–79). Le miroir tendu à Narcisse et Écho est aussi un miroir textile qui pervertit la relation spéculaire. La matérialité de l'étoffe du miroir rejaillit sur les corps reflétés. Ces tissus privilégiés que sont la soie et le velours utilisés pour le décor, sont aussi, d'ailleurs, les métaphores par excellence de la peau féminine. De fait, chairs féminines et tissus se fondent de façon troublante dans cette savante mise en scène: "la gaze, les dentelles, toutes ces étoffes légères et transparentes se fondaient si bien avec les épaules et les maillots, que ces blancheurs roses vivaient, et qu'on ne savait plus si ces dames n'avaient pas poussé la vérité plastique jusqu'à se mettre toutes nues" (279). Cette référence à la "vérité" esthétique, associée au "nu," dénonce l'artificialité du référent, de cette peau féminine qui se confond avec le tissu qui la recouvre. Le bon mot de la marquise, répété à loisir par Hupel de la Noue, trahit la supercherie de l'illusion référentielle: "Mes compliments, marquise. Votre costume est délicieux—J'en ai un bien plus joli dessous!" s'exclame-t-elle (277). Sous le costume, le corps de la femme est encore un déguisement, un travesti textile et textuel.

Du reste, depuis Roland Barthes et *Le plaisir du texte,* on ne peut plus guère penser textile, sans penser immédiatement texte, car si le texte est tissu, la métaphore ne peut, par définition, que se renverser (*Le plaisir du texte* 100–01). Dans un autre passage révélateur, Renée examine à la loupe les photographies des femmes du tout Paris, réunies dans l'album de Maxime. Ce regard scrutateur, relayé par une prothèse optique qui rappelle le "binocle d'homme" rencontré plus tôt, peut être interprété comme la parfaite figuration de la volonté de découverte voyeuriste de la narration naturaliste. Or, ce regard découvre "un léger fil d'or," sur le nez d'une courtisane, c'est-à-dire encore un signe textuel à lire et à interpréter (155). La métaphore barthésienne de la tresse semble autoriser cette lecture, en invitant à voir dans la chevelure et la pilosité féminines une autre métaphore privilégiée du travail textuel. À mesure que l'on croit s'approcher du référent, celui-ci se dérobe et le texte ne renvoie qu'à lui-même, dans un jeu de miroir troublant.[12]

Troublant, certes, car poils et tissus sont, selon Freud, les supports privilégiés de la formation du fétiche.[13] Irigaray lie par ailleurs le travail d'allégorisation et de métaphorisation, auquel est si souvent soumis le principe féminin, à l'économie fétichiste. Elle évoque ainsi "le voile métaphorique de l'éternel féminin recouvrant ce sexe vu comme châtré," puis lie cette image à la technique du tissage ("Copie [...] du modèle que la nature a fourni dans les poils pubiens") que Freud considère comme la seule contribution féminine à l'histoire des découvertes et inventions de la civilisation (*Speculum* 99, 143–44). Le recouvrement métaphorique textuel s'avère, une fois de plus, la défense fétichiste privilégiée pour maîtriser le scandale de la castration féminine. Le corps de Renée, recouvert de sa robe allégorique, qui n'est autre que la matérialité du texte, devient pure figure de style, une construction textuelle qui occulte et étouffe le scandale sous le voile pudique du fétiche. Le manque scandaleux de la femme est déplacé sur le support de la représentation. L'absence du référent et l'auto-référentialité du texte sont compensés par une construction artificielle de la "féminité" qui est ainsi rendue lisible. Renée est alors lue comme "la nymphe Écho," un simple support neutre qui répercute la voix narrative, au lieu d'être "Phèdre," la grande incestueuse criminelle. En la réduisant au silence, l'esthétique étouffe et disperse son scandale.

Cette stratégie textuelle est essentielle à la domination du scandale féminin, mais il faut souligner qu'elle menace de pousser l'esthétique réaliste et naturaliste jusqu'à sa limite extrême. En effet, le réalisme repose sur l'illusion référentielle, la ferme conviction que le texte représente, donne à voir, le réel. Le signifiant est considéré comme un lien transparent qui donne accès directement au référent. Ce signifiant branché directement sur la réalité est bien sûr une illusion, mais c'est une illusion que le texte réaliste se doit de dissimuler à l'aide de ses "effets de réel" (Barthes). Or, dans le cas du corps de la femme, l'angoisse qui accompagne la vision claire du référent empêche le bon fonctionnement du mécanisme. Le texte est incapable de "donner à voir" la castration, ni même de maintenir de façon convaincante l'illusion. Le scandale sexuel devient ainsi un scandale textuel, en ce que le corps de la femme devient le *skandalon* sur lequel vient buter le mécanisme de l'illusion réaliste. Dans les passages où se joue la représentation du corps féminin, la mise en scène craque, laisse entrevoir l'envers du décor, et le caractère illusoire du référent se donne à lire au lieu de rester caché. Le tissu réaliste laisse alors apercevoir ses coutures et exhibe les symptômes d'une ambivalence esthétique de type fétichiste, en ce sens qu'il ne peut affirmer la présence du référent (le corps sexuel féminin) sans aussitôt le soumettre à une savante manœuvre de dénégation.

La solution narrative de Zola dans *La curée* repose ainsi sur un recours plus net que jamais aux stratégies d'enrayement médicales et fétichistes. L'inefficacité de la solution sacrificielle face au scandale de la femme en cette fin de siècle se donne aussi à lire de façon tout à fait claire dans ce roman. Le naturalisme zolien semble mettre au premier plan ce qui restait plus diffus dans les textes antérieurs. La force du contrôle narratif, ainsi que la visibilité de l'échec sacrificiel inscrit au cœur de l'intrigue, sont sans doute déterminés, en partie, par l'intensification de la charge scandaleuse des données premières de cette intrigue. L'adultère y est bien réel, multiple, et l'énergie de son désordre potentiel est en outre renforcé par la transgression incestueuse qui le double. Cependant, malgré les audaces apparentes de l'intrigue, le scandale réel et profond est toujours le même, et Zola, pas plus que Balzac, Flaubert ou les Goncourt, ne peut laisser libre cours à la propagation de l'énergie scandaleuse. Par la duplicité constitutive de son discours, le texte de *La curée* permet de mettre en scène le scandale de l'héroïne, tout en le dispersant dans un même geste. Lecture tragique et lecture médicale s'affrontent et désamorcent la transgression au niveau de l'intrigue. La tentative du personnage, qui lutte pour se créer une identité narcissique de type criminel, est vouée à l'échec. L'esthétique fétichiste vient renforcer cette dispersion entropique de l'énergie déviante et la récupère au niveau de la matrice textuelle. Le texte s'érotise alors aux dépens de la femme décorporalisée, et utilise l'énergie de son scandale tout en la niant. Cette double manœuvre de recouvrement permet l'allégorisation totale du personnage, dont le corps devient le support de textes multiples—poétiques, médicaux, mais aussi géographiques et économiques—en devenant une des figures voilées du scandale de l'haussmannisation. Cette solution, par son caractère extrême, s'avère néanmoins particulièrement fragile car le déplacement et l'ambivalence fétichistes menacent plus que jamais de transformer le texte du scandale en scandale textuel, et risquent de mettre en échec l'esthétique réaliste en la tirant vers sa limite extrême.

Chapitre neuf

Barbey d'Aurevilly, *Les diaboliques* (1874)

Relais, délais et détournements

> Il est dans la logique de l'œuvre que les femmes despotiques des *Diaboliques* se retournent (se "renversent") contre l'auteur qui révèle et relève leurs *dessous.*
>
> Yvan Leclerc
> *Crimes écrits*

"La vengeance d'une femme"

"La vengeance d'une femme" commence par un prologue de quatre pages dans lequel le narrateur déplore la "défaillance inexplicable, mais frappante dans la littérature" de son temps (295). Celle-ci en effet "n'exprime pas la moitié des crimes que la société commet mystérieusement et impunément tous les jours" (293). Cette lacune est particulièrement visible dans le cas de l'inceste: "je ne sache pas de livre où l'inceste, si commun dans nos mœurs, [...] ait jamais fait le sujet, franchement abordé, d'un récit qui pourra tirer de ce sujet des *effets* d'une moralité vraiment tragique" (294; italiques dans le texte). La rédaction de cette nouvelle, probablement la dernière des *Diaboliques,* date de 1870–71, et serait donc à peu près contemporaine de celle de *La curée.* Il est intéressant de noter que, dans ce prologue, Barbey semble prendre pour point de départ les conclusions mêmes que nous avons tirées de l'analyse du texte de Zola, et dénonce l'incapacité du roman, non tant à parler du crime, qu'à en donner une lecture pleinement tragique, restituant au scandale toute son intensité. La valeur de la nouvelle que ce prologue introduit sera donc de donner un "échantillon" de "ce genre de tragique" (296). Il est également à noter que les exemples que Barbey donne dans ce prologue, des "Myrrha,"

"Agrippine" et "Œdipe" modernes qui devraient faire le sujet de ces tragédies, concernent exclusivement les débordements criminels de personnages féminins. C'est donc à travers les femmes que Barbey entend renouveler des rapports privilégiés entre la littérature et le scandale. Le nœud du problème semble en outre résider, pour Barbey, dans la technique narrative. Si la "pauvre littérature" ne rend pas justice au vice, c'est qu'elle "ne saurait même par quel bout prendre de pareilles histoires" (294–95). Dans "La vengeance d'une femme," "rien n'appartient à l'invention de celui qui le raconte, si ce n'est la manière de le raconter" (296). C'est donc cette "manière de raconter" qu'il faudra examiner dans cette nouvelle et dans "Le rideau cramoisi," deux textes qui traitent de façon particulièrement directe du scandale féminin et de sa dissémination.[1] En déterminant "par quel bout" Barbey prend ces histoires, il sera possible de déterminer quels rapports la narration entretient avec la femme et sa transgression.

"La vengeance d'une femme" installe le désordre et la violence au cœur de la narration puisqu'il s'agit de l'histoire d'une vengeance par le scandale, ou plutôt d'un projet de vengeance par le scandale car, comme nous le verrons, sa réalisation est quelque peu problématique. Pour se venger de son mari, qui a fait tuer par ses laquais Don Esteban, avec qui elle entretenait une passion toute pure et platonique, et qui a poussé la cruauté jusqu'à jeter son cœur en pâture à ses chiens, la duchesse de Sierra-Leone a résolu de venir à Paris vendre son corps. En devenant une "fille du plus bas étage" (298), elle entend déshonorer le nom de son mari, le traîner dans la boue, le changer "en honte, en immondice, en excrément" (323). Pour la duchesse, l'éclat public est une arme privilégiée, un choix délibéré et adopté en toute conscience. "Je l'ai choisie entre toutes comme on choisit de tous les genres de poignards celui qui doit faire le plus souffrir" (322). Cette vengeance est pire que la mort car elle constitue une attaque suprême contre le principe Symbolique du nom du père, clef de voûte de l'ordre patriarcal. En se prostituant, la duchesse fait de son corps un obstacle mis en travers du mouvement linéaire de la lignée familiale. Il est à noter à ce propos que le scandale, dans ce texte, ne vient pas de l'acte de prostitution en lui-même, mais du fait que la prostituée est en réalité une duchesse, une femme honnête qui mêle deux catégories qui doivent rester distinctes pour le bon fonctionnement de la société. Tressignies, client de la duchesse et récepteur de son histoire, n'a aucun mal à savoir se conduire avec elle tant qu'il croit qu'elle est réellement une fille. C'est la révélation de son identité réelle qui le scandalise: "cette découverte abominable le frappait à la poitrine et au front d'un coup de massue de glace." Il tente par la suite désespérément de séparer dans son esprit les deux faces de la duchesse, la prostituée et la femme du monde: "la fille du boulevard était alors entièrement effacée. On eût juré d'un masque tombé, et que la vraie figure, la vraie personne reparaissait" (317).

Pour la duchesse, la transgression s'accompagne d'un investissement libidinal et ontologique très fort. Le scandale devient principe vital ("cette vengeance qui est ma vie" [329]). Elle déclare par ailleurs "jouir" de "l'idée enivrante que [elle] déshonore" son mari (324). L'éclat anticipé est vécu intensément dans l'imaginaire. C'est cette pensée qui donne à la duchesse cette ardeur extraordinaire que le pauvre Tressignies prend pour des transes orgasmiques dues à ses prouesses amoureuses exceptionnelles (307–08). Le scandale est donc lié de façon explicite à la sexualité féminine. La "furieuse" et "hennissante ardeur" de la duchesse a des effets castrateurs sur le dandy: "positivement, elle lui soutira son âme, à lui, dans son corps à elle" (308), et nous avons déjà noté plus haut le "coup de massue de glace" produit par la révélation de son identité.

Bien que la duchesse soit espagnole, le lieu privilégié de l'actualisation de son scandale est bien entendu Paris, "le centre de tous les échos" (328). En effet, même si elle est déjà vécue dans l'imaginaire, la vengeance par le scandale passe néanmoins par la propagation de ce scandale sur la scène publique. Le "bruit" de la conduite de la duchesse doit un jour ou l'autre atteindre le duc. Le véhicule choisi par la duchesse est la narration de ce scandale. Le récit qu'elle fait de ses outrages doit être propagé par ses clients afin d'atteindre un jour, de relais en relais, son destinataire propre: le duc de Sierra-Leone. C'est pourquoi elle est si désireuse de faire de Tressignies un de ces relais: "Voulez-vous savoir mon histoire? Le voulez-vous? [...] Moi je voudrais la dire à tous ceux qui montent ici! Je voudrais la raconter à toute la terre!" (313). Cependant, cette diffusion s'avère problématique. Les clients de la duchesses refusent cette fonction de conducteur de scandale. Ils refusent de se laisser "scandaliser" par le récit de l'histoire de la duchesse et de devenir ainsi les véhicules du scandale féminin. "J'ai voulu bien des fois déjà la raconter à ceux qui montent ici; mais ils n'y montent pas, disent-ils, pour écouter des histoires. Lorsque je la leur commençais, ils m'interrompaient ou ils s'en allaient, brutes repues de ce qu'elles étaient venues chercher! [...] Ils ne me croyaient pas" (314). Au moment où s'ouvre la nouvelle, la duchesse a déjà connu trois mois d'échec. Tressignies lui apparaît alors comme le véhicule privilégié de sa narration et de son scandale car, l'ayant connue au temps où elle était encore la duchesse de Sierra-Leone, lui la croira. De fait, Tressignies n'interrompt pas la duchesse. Il reçoit son récit et donne toute apparence d'en être, littéralement, scandalisé. "Il ne savait plus que lui dire. [...] En jetant son histoire entre elle et lui, elle avait coupé comme avec une hache, ces liens [...] qu'ils venaient de nouer" (326–27). Ici, c'est la narration elle-même qui fait figure de pierre de scandale jetée sous les pas de Tressignies. La narration du scandale devient narration scandaleuse, contaminée par le scandale. L'image de la hache montre bien que l'histoire de la duchesse a, pour Tressignies, le même effet castrateur que la sexualité déviante de la prostituée. En outre, la figure de la Gorgone qui, dans l'esprit de Tressignies, se substitue à celle de la duchesse, confirme cette lecture: "Il frémissait [...] de sa tête, devenue une tête de Gorgone: il lui semblait voir autour de cette tête les serpents que cette femme avait dans le cœur" (322). C'est bien sûr la présence pétrifiante de Méduse qui resurgit ici, de la même façon que chez les Goncourt, pour figurer fantasmatiquement la réalité physique de l'effet de scandale.

La duchesse et son histoire constituent pour Tressignies un scandale à plusieurs niveaux. La prostituée représente d'abord pour lui le fait incontournable et effrayant de l'illisibilité du corps féminin et de sa sexualité. En effet, elle fait obstacle aux talents d'observateur par lesquels se définit le dandy. Tressignies est présenté comme un spécialiste ès femmes, ayant fait ses classes en Orient où il a "vu l'animal femme dans toutes les variétés de son espèce et de ses races" (297–98). Cependant, il ne reconnaît pas la duchesse. De plus, l'indépendance castratrice du désir de cette dernière fait échec à ses talents d'expert et elle reste pour lui une "statuette indescriptible" (306).[2] La duchesse, en voulant faire de lui un simple maillon dans la chaîne du scandale, attaque par ailleurs la position "privilégiée" de Tressignies. D'amant exceptionnel, il retombe au rang d'instrument ordinaire. De sujet, il devient objet, et cette déchéance attaque dans son essence l'identité du dandy qui toujours veut être distingué et en position de maîtrise. En outre, la transgression multiforme qui est au cœur de sa vengeance, en visant le principe même de l'ordre patriarcal et symbolique, ne peut que le contaminer dangereusement. La chambre de la prostituée lui semble un "lieu malsain d'infection" (331) où il respire "un air dangereux" (330). Le récit de la profanation, en attaquant le principe de symbolisation (et littéralement le phallus), ne peut être qu'un texte problématique, et scandaleux; sa dissémination doit donc être enrayée à tout prix. La duchesse compte pourtant aussi sur un autre support, plus direct, pour la transmission du texte de son scandale.

C'est sur son corps qu'elle compte donc inscrire ce texte, afin de le rendre visible et lisible à tous. Cette inscription se fera par les stigmates des maladies vénériennes qu'elle contractera par ses activités: "il arrivera bien qu'un jour la putréfaction de la débauche saisira et rongera enfin la prostituée, et qu'elle ira tomber par morceaux et s'éteindre dans quelque honteux hôpital" (324). Il importe donc de maîtriser également ce texte scandaleux inscrit à même le corps de la femme. Ce détournement doit se vérifier au niveau de l'intrigue, mais doit aussi s'accompagner, dans la forme du récit, de stratégies narratives visant à éviter la "scandalisation" anarchique du texte de la nouvelle tout entier. C'est ainsi qu'à tous les niveaux, le récit va mettre en échec le texte de la duchesse et le soumettre à une stratégie de délais, relais, détournements et falsifications visant à désamorcer la bombe du scandale.

Ainsi Tressignies, comme les autres clients de la duchesse, refuse-t-il de transmettre l'histoire de la profanation. Il ne dit pas un mot de son aventure. Il se calfeutre dans sa chambre, se retirant de la circulation afin d'être sûr de ne pas faire circuler le texte du scandale. "La duchesse ne lui avait-elle pas demandé de raconter à tout venant son histoire, et de la faire rayonner aussi loin qu'il pourrait la faire rayonner?... Il la garda pour lui au contraire. Il la mit et la scella dans le coin le plus mystérieux de son être, comme on bouche un flacon de parfum très rare, dont on perdrait quelque chose en le faisant respirer" (332). Tressignies s'approprie ainsi l'investissement imaginaire de la transgression qui était celle de la duchesse. Ce faisant, il récupère aussi la charge érotique de ce texte imaginaire. Il le "savoure" "comme un poème étrange et tout puissant, auquel il n'avait rien lu de comparable," il reste dans son fauteuil "à feuilleter rêveusement en lui les pages de ce poème d'une hideuse énergie" (331). Cette énergie, c'est bien l'énergie sexuelle déviante, détournée de son but pour servir à ses plaisirs solitaires. Tressignies détourne le scandale de son destinataire: le duc de Sierra-Leone. Le texte devient ainsi un talisman secret, un fétiche qui rend au dandy la jouissance qu'avait menacée le désir castrateur de la duchesse. Ce détournement libidinal vient confirmer le glissement du désir pour la femme au désir pour l'histoire qui était déjà apparu clairement dans l'appartement de la duchesse. Dès la révélation du scandale, Tressignies avait en effet cessé de désirer la femme: "La certitude que c'était là réellement la duchesse de Sierra-Leone n'avait pas ranimé ses désirs, éteints aussi vite qu'une chandelle qu'on souffle [...] et l'envie ne le prenait pas de la toucher du bout du doigt" (312). La rhétorique, toute de dénégation, indique la destruction du désir qui est transféré du corps de la femme à son récit. "'Voulez-vous savoir mon histoire? Le voulez-vous? —reprit-elle avec une insistance exaltée [...] —Dites-la!'—fit Tressignies, crocheté par une curiosité et un intérêt qu'il n'avait jamais ressentis à ce degré, ni dans la vie, ni dans les romans, ni au théâtre" (313–14). L'expression hyperbolique indique assez l'enjeu libidinal de la narration pour le dandy.

Cependant, la solution est fragile. La grande peur de Tressignies est que quelqu'un partage son secret, lui vole son talisman en propageant le récit scandaleux. Il craint qu'un de ses amis ne s'approprie le secret, et ne le dépossède ainsi de son fétiche: "ni au Café de Paris, ni au cercle, ni à l'orchestre des théâtres, [...] il n'aborda jamais un de ses amis sans avoir peur de lui entendre raconter, comme lui étant arrivé, l'aventure qui était la sienne; et, cette chose qui pouvait arriver faisait surgir en lui une perspective qui, dans les dix premières minutes d'une conversation, lui causait un léger tremblement" (332). La duchesse sait bien, par ailleurs, que tôt ou tard, l'éclat du déshonneur atteindra son mari. Tout n'est qu'une question de délai. C'est sur ce délai, prolongé, étiré au maximum, que compte Tressignies. Aux trois mois d'attente de la duchesse s'ajoute bientôt une année complète durant laquelle le dandy quitte Paris avec son "poème" et voyage. À son retour, cependant, a lieu, semble-t-il, la mise en scène et mise en circulation du scandale qu'il semble tant redouter. Au cours d'une partie de Whist, le "partner" de Tressignies sort son calepin sur lequel il a copié le texte de l'inscription du catafalque de la duchesse, morte la veille à la Salpêtrière. Il fait part de la nouvelle à l'ambassadeur d'Espagne, au grand scandale de l'assemblée. Cependant, comme le fait remarquer Bernheimer, l'information est incomplète, l'histoire de sa vengeance manque et Tressignies se garde bien de la donner (Bernheimer 80) et de compléter ainsi le texte copié par le joueur de Whist. Au lieu de cela, Tressignies se précipite pour lire l'original du texte de l'épitaphe à la Salpêtrière. Ce texte porte, avec le nom de la duchesse, la mention de "fille repentie," une faute d'interprétation de la part du prêtre, qui n'a rien compris à l'histoire de la duchesse. Le prêtre a pourtant eu accès au texte original du corps syphilitique de la prostituée, mais ce corps "liquéfié et fondu" par la maladie était devenu illisible (336).[3] Illisible pour tous, sauf pour Tressignies qui garde seul, à la fin de la nouvelle, le texte complet du scandale. Comme le remarque Bernheimer, l'histoire de la duchesse atteindra sans doute un jour le duc, mais cet accomplissement de la vengeance dépasse le cadre de la diégèse (81). À l'intérieur de la nouvelle, le scandale n'aboutit pas à son destinataire. Le texte de la duchesse (de son corps syphilitique à l'épitaphe du prêtre, de cette épitaphe à la copie qu'en fait le joueur de Whist, de cette copie enfin à l'ambassadeur qui demande de plus amples renseignements) est soumis à une série de relais qui le falsifient et en épuisent l'énergie. Jacques Petit considère la duchesse comme "le seul [personnage] vainqueur" des *Diaboliques;* il semble au contraire que c'est Bernheimer qui a raison quand il affirme que "La vengeance d'une femme" est en réalité la vengeance d'un homme.[4]

C'est sur le même principe de délais et de relais que fonctionne l'esthétique narrative de la nouvelle. Le récit ne pouvant contenir l'énergie de la pleine explosion du scandale, ce n'est que dans l'espace ouvert par le délai que peut s'écrire le texte. L'histoire de la duchesse ne nous est en effet donnée qu'après un long prologue sur le statut de la littérature, suivi du long récit de la filature de la duchesse par Tressignies à travers les rues de Paris, et de leurs ébats dans son appartement (296–314). Dans le prologue, le narrateur semble être une hypostase de l'auteur, tandis que dans le récit suivant, il s'efface pour donner un récit focalisé sur le personnage de Tressignies. Après le récit de la duchesse, de type métadiégétique,[5] celui du narrateur, focalisé sur Tressignies, reprend jusqu'à la fin (331–36). La duchesse n'a donc droit à la parole que brièvement, et son histoire se fait longtemps attendre. L'encadrement de son récit et les relais (de Tressignies au narrateur à l'hypostase de l'auteur) ont pour effet de falsifier le texte de la transgression originaire, et de détourner son énergie. C'est grâce à cette stratégie narrative que peut se stabiliser la narration et s'établir la forte paternité du récit, manifeste dans le ton autoritaire et didactique du prologue. Cette récupération du scandale communique son énergie au texte, mais c'est au prix de la mise en échec du projet de la duchesse.

"Le rideau cramoisi"

"Le rideau cramoisi" est l'histoire d'un scandale qui n'a pas lieu, ou qui plutôt a lieu en dehors de la narration. Non pas après le temps du récit comme dans "La vengeance d'une femme," mais dans ses interstices, dans l'un des trous qui percent l'espace-temps de la diégèse. L'énergie de la transgression s'incarne cette fois dans le personnage d'Alberte, en apparence une jeune fille respectable de la haute bourgeoisie d'une petite ville de garnison, mais en réalité une "nymphomane"[6] qui n'hésite pas à séduire le jeune officier que ses parents hébergent. Comme dans la nouvelle précédente, la conduite scandaleuse est un choix délibéré, bien plus qu'un simple faux pas. De plus, cette transgression s'accomplit à l'intérieur de la maison paternelle, précisément dans l'espace qui devrait protéger la jeune fille de la faute. Une fois de plus, la conduite du personnage féminin est marquée, chez Barbey, d'une charge scandaleuse à la fois très claire et très forte.

Le comportement agressif d'Alberte attaque directement la différence des sexes: l'expression brutale de son désir pour le jeune homme renverse les rôles conventionnels de la séduction et la fait paraître masculine. Sans avoir jamais adressé la parole à Brassard autrement que dans le cadre de la politesse la plus froide, elle s'empare un jour brusquement de sa main sous la table, et ce pendant le dîner, au nez et à la barbe de ses parents. Cette main apparaît à Brassard comme "un peu grande et forte comme celle d'un jeune garçon." Alberte lui impose sa volonté avec un "despotisme si intensément passionné" que le jeune homme se sent "honteux [...] d'être moins homme que cette fille hardie qui s'exposait à se perdre, et dont un incroyable sang-froid couvrait l'égarement" (55). Brassard se demande comment ensuite "*nouer* bel et bien une *intrigue*" (58; italiques dans le texte), mais là encore l'initiative appartient à Alberte. Après plus d'un mois, pendant lequel Brassard cherche désespérément à obtenir d'elle une lettre, ou du moins un signe de connivence, elle se rend une nuit dans sa chambre et se jette dans ses bras, toujours sans un mot.[7] Dans ses transports amoureux, Alberte apparaît comme une femme phallique: ses traits de princesse ont "l'immobilité et la fermeté d'une médaille" et ses "belles lèvres" sont "rouges et érectiles" (69). En contraste, Brassard est présenté dans ce texte comme pratiquement vierge sexuellement, en accord avec son "pucelage de soldat" de dix-sept ans qui n'a jamais vu le feu (48). La séduction d'Alberte est un quasi-viol qui l'infantilise. Sa jouissance est quelque peu gâchée par sa terreur d'être surpris par les parents de la jeune fille. De son côté, celle-ci semble galvanisée par le danger, s'enivrer de la charge scandaleuse de sa propre conduite. Toutes les deux nuits, elle traverse la chambre de ses parents endormis pour rejoindre l'officier, et se donne à lui sans même fermer la porte à clef. Comme la duchesse, Alberte mêle énergie scandaleuse et plaisir érotique. Contrairement à Brassard, jamais elle ne se blase: "jamais elle ne perdit la sensation—la stupeur de la première fois!" (71).

Le danger instauré par Alberte est bien encore, d'ailleurs, une figure du scandale fondamental du corps féminin et de son désir, perçu comme illisible, impénétrable et castrateur. Jamais elle ne se départ de sa "froideur inexplicable," elle ne répond jamais à Brassard que "par de longues étreintes. Sa bouche triste [demeurant] muette de tout" (71). Elle est "l'incompréhensible Alberte," "l'énigmatique Alberte" contre laquelle vient buter le regard de l'officier pourtant présenté (comme celui de Tressignies) par le narrateur comme particulièrement pénétrant.[8] Le fait inadmissible est bien l'impénétrabilité paradoxale de cette femme, dont la chair de "marbre" (72) résiste aux interprétations malgré la pénétration de son corps. Rien d'étonnant, donc à ce que, comme Renée dans *La curée,* elle soit associée aux multiples figures de sphinx qui décorent le mobilier de la chambre: "[elle] me paraissait plus sphinx à elle seule, que tous les Sphinx dont l'image se multipliait autour de moi, dans cet appartement Empire" (72). Symboliquement, la première nuit où Alberte rejoint Brassard, celui-ci est occupé à dessiner le visage de la jeune fille (67). Par ce geste de transcription, l'officier trahit son désir de récupération sémiotique de ce corps scandaleux. Plus tard, dans leurs étreintes, il tente de "lire" le langage purement somatique de ce corps sexuel afin de le maîtriser: "Ses étreintes [...] étaient pour moi un langage si expressif que, si je lui parlais toujours, moi, [...] je ne lui demandais plus de me répondre et de me parler" (76). Cependant, cette apparente maîtrise est une illusion. Une nuit, Alberte meurt dans les bras de Brassard, et ce dernier prend les spasmes de la mort pour ceux de la jouissance sexuelle, et ne sait interpréter la rigidité de ce corps devenu cadavre: "J'avais l'expérience des spasmes voluptueux d'Alberte [...]. Mais mon expérience fut trompée..." (77). Ce défaut d'interprétation est à rapprocher directement des erreurs de lecture de Tressignies tentant vainement de pénétrer le langage du corps de la duchesse en proie à l'orgasme.

La jouissance sexuelle scandaleuse est donc ici encore fortement liée à la violence et aux fantasmes de meurtre. Déjà, Tressignies regardait la duchesse "comme s'il avait désiré assister à l'autopsie de son cadavre" (314). Ici le scandale du corps sexuel féminin est figuré par la présence muette et obstinée du cadavre d'Alberte dont Brassard ne sait comment se débarrasser. Pris de panique, l'officier imagine de le jeter par la fenêtre, puis de le reporter dans la chambre de ses parents: "Je m'efforçai de raisonner [...] et d'arrêter, pour les fixer et les examiner, toutes les idées qui me fouettaient le cerveau comme une toupie cruelle, et qui toutes allaient, à chaque tour, *se heurter à ce cadavre qui était chez moi,* à ce corps inanimé d'Alberte qui ne pouvait plus regagner sa chambre, et que sa mère allait retrouver le lendemain dans la *chambre de l'officier,* morte et déshonorée!" (79; nous soulignons par les premiers italiques, les seconds sont dans le texte).

Le cadavre est bien la pierre de scandale qui fait trébucher l'officier. Celui-ci est halluciné par la vision de ce corps, illisible pour lui dans la vie, et devenu dans la mort porteur du texte du scandale; un texte par trop lisible pour le reste du monde ("sa mort disait tout" [78]). "Hallucination effroyable! par moments le cadavre d'Alberte me semblait remplir toute ma chambre et ne pouvoir plus en sortir" (79). Brassard est pris de panique devant l'effet de "scandalisation" initié par ce cadavre. Contaminé par la transgression de cette femme déshonorée, l'officier va en effet devenir lui-même objet de scandale, et il lui importe d'enrayer à tout prix ce mécanisme. Sa solution est la fuite pure et simple.[9] Il se décharge de toute responsabilité sur la figure paternelle de son colonel qui lui conseille de "décamper de la ville," et il ne remet plus les pieds dans ce lieu funeste (82).

Brassard n'a jamais cherché à savoir ce qu'il était advenu de ce cadavre si problématique. Le texte insiste sur les multiples occasions qu'il a repoussées, pendant trente-cinq ans, d'apprendre le dénouement de l'histoire. C'est que le dénouement coïncide précisément avec l'éclatement de la charge explosive du scandale contenu dans cette nouvelle, et c'est une énergie que ni le personnage, ni le texte, ne peuvent accueillir sous cette forme. Les rapports de Brassard et d'Alberte n'étaient acceptables que dans le délai qui séparait l'acte de la transgression de l'explosion finale du scandale: "il était évident, pour qui sait faire le moindre calcul des probabilités, qu'un jour… une nuit… Il y aurait un dénouement," commente Brassard (75). Mais ce dénouement représente la limite du récit, qui ne peut que s'en rapprocher à la manière d'une asymptote, sans jamais le rejoindre. De même que Brassard, la narration scandalisée vient buter sur le cadavre d'Alberte et tourne court: "Et après?" demande le narrateur de la nouvelle à qui Brassard vient de faire le récit de son aventure. La réponse de Brassard est révélatrice: "—Eh bien! voilà […] il n'y a pas d'après!" (83). De la même façon que l'aventure érotique de Brassard, la nouvelle ne fonctionne que dans l'espace du délai entre le déclenchement du principe de scandalisation et son aboutissement final, sans être capable de penser un "après."

La stratégie narrative à l'œuvre dans ce récit du scandale mime l'attitude de son personnage principal, et fonctionne encore plus clairement que la nouvelle précédente selon une savante logique de délais et de relais. Le sérieux de l'enjeu dans cette fuite du scandale se laisse deviner par l'effet de l'aventure sur Brassard. Ayant frôlé de si près l'éclat et le déshonneur, l'officier en a conçu une peur quasi ontologique qui, par son intensité et ses effets, évoque les profondeurs des fantasmes les plus archaïques: "Ce fut de la peur, de la peur complète, de la vraie peur, et non plus pour Alberte, mais pour moi, et pour moi tout seul!" (75). C'est cette peur qui, dit-il, l'a toujours empêché de chercher à savoir le dénouement de son histoire (84), et c'est encore l'évocation de cette peur qui détermine l'échange du récit entre Brassard et le narrateur de la nouvelle. La simple mention de la peur fait naître la curiosité du narrateur à laquelle répond Brassard: "je puis bien, si vous en êtes curieux, vous la raconter, cette histoire, qui a été un événement mordant sur ma vie comme un acide sur de l'acier, et qui a marqué à jamais d'une tache noire tous mes plaisirs de mauvais sujet" (43). L'expression indique assez l'enjeu sexuel, et l'effet castrateur de l'expérience pour l'officier. C'est pourtant le désir de connaître l'origine de cette peur qui fait naître le désir de l'histoire chez le narrateur, et inaugure ainsi l'espace narratif de la nouvelle. C'est donc de l'évocation et de la maîtrise d'un savoir castrateur (car savoir de la castration?) qu'il s'agit dans cette nouvelle, à travers l'échange d'un récit entre deux hommes.

Dans l'agencement des récits imbriqués et des relais narratifs qui constituent la nouvelle, le personnage d'Alberte est en réalité effacé et évacué (comme son cadavre), au point qu'il ne reste plus en présence que deux hommes qui évoquent son histoire pour passer le temps lors d'un voyage en diligence. La nouvelle est en effet bâtie sur trois niveaux narratifs: un niveau extradiégétique (l'acte de rédaction de la nouvelle par le narrateur), un niveau intradiégétique (comprenant la rencontre et le voyage des deux hommes, ainsi que l'acte de narration de Brassard), et enfin un niveau métadiégétique (les événements qui constituent l'"aventure" de Brassard et d'Alberte).[10] Le cadavre de la malheureuse est donc comme enseveli dans les couches successives de la trame du texte. Un délai de trente-cinq ans sépare en outre l'aventure de Brassard de sa narration. Cette narration occupe elle-même un espace-temps diégétique puisqu'il s'agit de meubler un délai à un poste de relais à cause d'un accident qui a bloqué la marche de la diligence: "...cette fenêtre, j'eus le loisir de la considérer plus de temps que le temps d'un simple relais. Un accident venait d'arriver à une des roues de notre voiture..." (38). Nous somme ici en présence d'un *skandalon* semblable qui rappelle de façon étonnante l'épisode du porte-cigarettes, qui avait arrêté la marche et déterminé la cassure de la sangle du "boc" de Charles et Emma dans *Madame Bovary*. Cet obstacle matériel en travers de la route, ce relais, ce délai, sont symptomatiques de la nature de la trame narrative elle-même, dans ce récit "scandalisé."

Le secret de l'origine de la peur n'est finalement donné qu'après une série d'introductions et de délais qui occupent plus des trois quarts de la nouvelle. Cette série d'encadrements successifs permet d'étirer le récit, depuis la rencontre du narrateur et de Brassard, le portrait détaillé de ce dernier, la description du paysage nocturne depuis la diligence dans laquelle voyagent les deux hommes, jusqu'à l'offre d'échange du récit. Brassard prend ensuite le relais comme narrateur métadiégétique de sa propre histoire. Le mouvement de son récit est encore retardé par une longue description de la ville de province et de la vie de garnison à l'époque de l'aventure, puis par les débuts de ses rapports avec l'énigmatique Alberte, avant de finalement tourner court devant le cadavre de la jeune fille. La fin de la nouvelle est ensuite fort abrupte et consiste en un bref retour de deux pages à la diligence jusqu'au moment où celle-ci se remet en marche. La fin du texte coïncide donc avec l'évacuation de l'obstacle qui bloquait la diligence, et symboliquement, semble-t-il, par l'évacuation de la pierre de scandale que constituait le cadavre d'Alberte, et la conjuration de la peur castratrice qui avait bloqué l'acte narratif de Brassard pendant trente-cinq ans.

Le relais de Brassard au narrateur de la nouvelle se fait autour d'un objet fétiche, le fameux rideau cramoisi qui bloque la vue de la fenêtre où le drame s'est déroulé. À la vue de ce rideau, toujours le même après tant d'années, Brassard pâlit. Il est clair que pour lui la peur se concentre et se projette sur ce rideau: "cette fenêtre est la quatrième chose que je ne puisse pas oublier"

(40). Le souvenir castrateur s'est cristallisé sur cet objet textile selon un mécanisme qui rappelle celui décrit par Freud. Par sa couleur, il évoque la violence de la castration, tout en l'occultant comme il masque aussi ce qui se passe réellement derrière cette fenêtre. "Qu'y avait-il donc derrière ces rideaux?" (38), s'interroge le narrateur; c'est à cette question que le récit feindra de répondre, tout en évacuant et niant la réalité du secret: la présence castrée et castratrice du corps féminin. Le récit de Brassard fonctionne donc comme un fétiche échangé entre ces deux hommes, tout comme ils échangent cet autre fétiche que constitue le rideau. C'est le souvenir de ce rideau que le narrateur emporte à jamais avec lui, comme le symbole de cet échange: "cette fenêtre que précisément j'ai emportée dans ma mémoire et que j'ai là, toujours, sous le front! [...] [la lumière] était tamisée par un double rideau cramoisi..." (39). En tant que fétiche, ce rideau sur lequel se projette et s'efface, dans un double mouvement, le texte du scandale, a pour le narrateur un pouvoir toujours renouvelable. Le texte de la nouvelle fonctionne comme ce rideau, puisque l'explosion du scandale a eu lieu quelque part entre ses plis textuels, dans un envers de la diégèse qui ne se donne jamais à lire.

La stratégie narrative du "rideau cramoisi," de relais en délais, a donc pour effet de disperser l'énergie scandaleuse au lieu de la laisser se concentrer, au risque d'exploser, et de faire ainsi éclater la narration. Au bout du compte, au lieu du cadavre scandaleux de la femme, il ne reste plus que ce rideau cramoisi, comme en témoigne le titre de la nouvelle. Ce fétiche évoque et occulte à la fois le nœud du problème et permet l'ouverture de l'espace du récit sous la forme d'un texte-fétiche échangé entre deux hommes. "Et nous roulâmes, et nous eûmes bientôt dépassé la mystérieuse fenêtre, que je vois toujours dans mes rêves, avec son rideau cramoisi" (84). Par cette dernière phrase, le texte se referme, occultant l'absence de son dénouement par ce fétiche qui a conjuré l'obstacle du *skandalon*. Dans les deux nouvelles que nous avons étudiées, il est clair que la volonté de l'auteur de donner à ses textes une charge scandaleuse plus forte et plus directe est contrebalancée par une stratégie esthétique très élaborée visant à la maîtrise et au détournement de cette énergie. Bien qu'également de type fétichiste, cette stratégie narrative diffère de celle de Zola dans

La curée. La force tragique du scandale déclenche, chez Barbey, une structure de délais, relais, falsifications et détournements qui permet de redonner de la stabilité au texte scandalisé. Cette solution est cependant précaire et ne peut fonctionner, semble-t-il, que dans des textes courts. Un nouveau rapport est établi entre littérature et scandale. Ces textes sont chargés d'une énergie transgressive très forte et de type plus archaïque, mais c'est toujours, en fin de compte, au prix de l'évacuation du scandale véritable, tel qu'il est vécu et voulu par le personnage féminin.

Chapitre dix

Rachilde, *Monsieur Vénus* (1884)

Inversion, perversion et déconstruction

> *Seule la séduction s'oppose radicalement à l'anatomie comme destin.* Seule la séduction brise la sexualisation distinctive des corps et l'économie phallique qui en résulte.
>
> Jean Baudrillard
> *De la séduction*

C'est sur un texte de femme que se referme ce parcours dans la littérature romanesque féminocentrique du dix-neuvième siècle. Deuxième rencontre avec l'écriture féminine, *Monsieur Vénus,* publié par Rachilde en 1884, marque aussi, dans notre étude, la troisième rencontre du discours romanesque et du discours juridique, sous le signe du scandale. Comme nous le remarquions en introduction, ce roman offre le seul exemple relevé par Leclerc d'un ouvrage féminin poursuivi en justice pour "outrage aux bonnes mœurs" au cours du siècle. En 1884, l'ouvrage, publié en Belgique, fait l'objet d'un procès devant le Tribunal Correctionnel de Bruxelles, qui condamne son auteur à deux ans de prison et à deux mille francs d'amende. Parmi les romans que nous avons choisi de considérer, c'est donc le seul qui fasse l'objet d'une condamnation, bien que celle-ci n'ait pas lieu sur le sol français. Le roman ne sera réédité qu'en 1889, en France, accompagné d'une préface de Maurice Barrès. Nous nous trouvons une fois de plus confrontés au phénomène de prolifération textuelle occasionné par le scandale, tel qu'il s'illustre le plus clairement, à partir des procès. En effet, si le texte de Rachilde n'est pas, comme c'est le cas pour *Madame Bovary,* flanqué du texte juridique du procès, il l'est désormais par cet autre texte qu'est la préface de Barrès. Cette préface apparaît d'ailleurs comme un supplément inséparable du texte de Rachilde, puisqu'elle a été reprise dans la seule réédition de *Monsieur Vénus,* par les éditions Flammarion. Si le texte de Barrès se veut avant tout élogieux, il s'inscrit néanmoins sans équivoque comme un effet de ce procès absent, comme l'envers posé et objectif du texte scandalisé du procès: "Ce livre-ci est assez abominable, pourtant je ne puis dire qu'il me choque. Des gens très graves n'en furent pas scandalisés davantage, mais amusés, étonnés, intéressés; ils ont placé *Monsieur Vénus* dans l'enfer de leur bibliothèque, avec quelques livres du siècle dernier qui effrayent le goût et font songer" (5). La préface de Barrès se place donc sous le signe de l'éloge et de la négation du scandale. L'édition même du roman présente ainsi cette situation quelque peu paradoxale, d'un texte reçu comme scandaleux, puis réédité avec son antidote, muni en quelque sorte d'un dispositif destiné à donner un coup d'arrêt à ce scandale. La préface donne en effet, et nous aurons l'occasion d'y revenir, une leçon de lecture destinée à enrayer le choc possible de l'indignation, leçon positionnée, de façon fort commode et prudente, avant le texte de Rachilde.

Il est vrai que la question du scandale ne peut guère être facilement esquivée. *Monsieur Vénus* semble du reste marquer l'aboutissement de plusieurs tendances que nous avons observées tout au long de notre parcours, à savoir, tout d'abord, une intensification progressive au cours du siècle du contenu scandaleux patent des textes romanesques. À partir de *Madame Bovary,* la transgression sexuelle n'est plus niée dans l'intrigue, elle s'affirme au contraire avec une force grandissante. La conduite scandaleuse est en outre de plus en plus le résultat d'un choix de la part du personnage féminin, et non plus simplement le résultat passif d'un processus de victimisation. Avec *Monsieur Vénus,* semble-t-il, ces deux tendances atteignent leur niveau maximal. Le roman se place de plus dans l'esthétique de la décadence par son contenu érotique et par son parti pris d'aller résolument "à rebours" de toutes les conventions sociales et de tous les codes moraux. Or, ce parti pris est incarné dans le personnage féminin qui domine tout le récit par ses actions, mais aussi par son point de vue qui coïncide le plus souvent avec celui de l'instance narrative. Le récit est en effet presque exclusivement focalisé sur ce personnage scandaleux. Il n'est peut-être pas inutile à ce stade de donner un bref aperçu de cette intrigue singulière. Cette considération plus ou moins linéaire du scénario romanesque aura l'avantage de faire ressortir la nature du ou des scandales présents dans le texte et de préciser l'enjeu de ces modalités du scandale pour le personnage féminin. Il s'agit également ici de retracer les modalités de la propagation de ces figures de la transgression, afin de faire apparaître ce que l'on pourrait appeler les syntagmes narratifs du scandale et leurs implications pour les divers personnages.

Raoule de Vénérande, jeune aristocrate blasée et lassée de ses multiples aventures, rencontre dans un atelier de fleuriste sordide, un jeune homme, Jacques Silvert, occupé à faire des fleurs artificielles. La sensibilité masculine de la jeune femme (sa tante l'appelle "mon neveu") est séduite par la grâce toute féminine du jeune homme, mise en valeur par son occupation. Raoule voit en lui "le bel instrument de plaisir qu'elle désirait" (34), et malgré la bêtise et le manque d'éducation du jeune homme, prise de passion, elle l'arrache à son taudis pour l'installer dans un atelier magnifique où il devient sa "maîtresse." Le haschich aidant, elle en fait sa chose, son esclave, et s'enivre de son corps "digne de la Vénus Callipyge" (55). Bientôt Raoule désire étaler sa passion "au grand jour" (172), et décide d'épouser Jacques, au grand scandale de la haute société. Cependant, elle ne sera pas la femme de Jacques, mais son mari: "Mlle Silvert épouse M. Raoule de Vénérande," annonce-t-elle à son ami et soupirant, le viveur Raittolbe, ex-capitaine de hussard (154). En cachette, elle appellera Jacques "Mme de Vénérande": "Tu seras ma femme chérie comme tu as été ma maîtresse adorée" (172).

Le scandale central est donc manifestement celui de la remise en question des rôles sexuels, à la fois dans le domaine social et sur le plan érotique. La question de la différence des sexes est ici posée ouvertement, alors qu'elle n'apparaissait qu'en filigrane dans les autres textes. L'aspect social de ce scandale est celui qui apparaît le plus clairement dans l'intrigue, et aussi celui qui éclate le plus librement. En effet, en épousant ce peintre médiocre de la plus basse extraction, il est clair que Raoule de Vénérande se déclasse. Jacques va "barrer de deuil le blason vermeil des Vénérande" (179). Raoule elle-même est d'abord rebutée et choquée par la vulgarité de Jacques: ses allusions gaillardes lors de leur première rencontre dans son taudis lui paraissent une "énormité," sans rapport avec la nature de son désir (31). Mais surtout, c'est la sœur de Jacques qui incarne dans le texte le scandale de la confusion des classes sociales.

Prostituée depuis le plus jeune âge, Marie possède de plus une certaine "conscience de classe" qui fait de son personnage l'image inversée de l'aristocrate, une sorte de "double" qui attire Raoule vers le bas de l'échelle sociale (Hawthorne 169). Elle fonctionne aussi comme double de Jacques, chargée de souligner la bassesse et l'infamie de leur origine commune. Si Jacques se raffine en se féminisant au contact de Raoule, Marie, elle, conserve toute sa vulgarité. C'est elle qui fait sentir à Raoule "l'immensité de [sa] chute" (157). Elle est ainsi le véhicule privilégié du scandale de Raoule, dans sa dimension sociale. Raittolbe met la jeune femme en garde: "si vous la chassez, après-demain le Tout-Paris élégant pourrait bien connaître l'histoire de Jacques Silvert" (119). Raoule est tout d'abord soucieuse d'éviter cet éclat public. Elle apparaît, certes, beaucoup plus libre de ses mouvements que la plupart des héroïnes que nous avons jusqu'ici rencontrées. Cependant, la contrainte sociale est toujours présente, l'entrave toujours réelle. Raoule a soin de sortir en voiture couverte et fermée, afin de ne pas se compromettre lors de ses visites à Raittolbe, ou à Jacques. Le texte fait également référence aux "efforts d'imagination" extrêmes qu'elle doit faire "pour sortir de la cour d'honneur de son hôtel sans qu'on la remarquât" (112). Cependant, Marie est résolue à faire éclater le scandale. C'est elle qui, scandalisée par la violence de Raoule envers Jacques, résout de forcer cette dernière à épouser son frère, adoptant ainsi le rôle masculin d'un frère outragé et forçant le séducteur à réparer ses torts. Elle s'avère ainsi le *skandalon* placé sous les pas de Raoule et faisant échec à ses rêves de sublimation de la transgression. La jeune aristocrate le dit elle-même: "le scandale est inévitable, cette créature est la petite pierre qui brise l'effort de la puissante roue d'acier" (157).[1]

Devant cette scandalisation forcée, Raoule décide d'assumer l'éclat et d'en faire un élément de sa jouissance. Ainsi, le scandale social aboutit. Jacques et Raoule sont ostracisés par la bonne société, et la tante de la jeune femme entre aux carmélites le soir même des noces. Cet "épisode," précise la narration, "défrayait maintes conversations" (201). Cependant, c'est le seul aspect du déclassement social, et non la nature de la sexualité des amants, qui motive l'exclusion du couple. Si l'on considère l'ampleur de la propagation du scandale de Raoule dans le monde de la diégèse, il semble bien que l'aspect purement social de cette transgression tende à recouvrir sa dimension sexuelle, et à l'occulter pour la plupart des personnages. Ainsi, madame Elisabeth de Vénérande, la tante de Raoule, est la seule, en dehors des acteurs principaux du drame (c'est-à-dire le quatuor Jacques et Marie Silvert, Raoule et Raittolbe), qui prenne connaissance de la dimension sexuelle du scandale des rapports de Jacques et de Raoule. Une fois de plus, c'est Marie qui se fait le véhicule du scandale. C'est elle qui apprend à la chanoinesse les "horribles débordements" de sa nièce. Cependant, cet aspect de la relation n'éclatera pas au grand jour dans le monde de la diégèse, puisque la vieille dame, en prenant le voile le soir même du mariage, emporte avec elle le secret qui ne passera pas la limite des murs du couvent (chapitre XIII).

C'est sans doute à travers le personnage de Marie que le recouvrement du sexuel par le social apparaît le mieux. Au moment de son mariage, Raoule tente d'éloigner ce personnage gênant en lui proposant une rente de six cents francs, en échange de son retrait à la campagne. Espérant soutirer davantage à sa future belle-sœur, la prostituée se rend à l'Hôtel de Vénérande. Devant le refus de Raoule, Marie jure de se venger, et son arme sera précisément le scandale. Elle annonce son projet d'entrer au bordel, et de venir "les jours de sortie" faire un esclandre qui fera rejaillir sa honte sur le nom des Vénérande. De fait, avec le don que lui a fait la tante de Raoule, Marie ouvre son propre bordel. Cependant cette vengeance n'aboutit pas puisque seuls les habitués des maisons closes connaissent l'établissement de Marie, et qu'aucun lien n'est établi entre elle et Raoule: "Rien pourtant ne transpirait dans l'entourage de Raoule; elle-même ignorait ce fait honteux" (202). Si ce scandale fait, semble-t-il, long feu, c'est parce qu'il fait écran à une autre forme de scandalisation, plus profonde, qui lie l'aristocrate à la fille perdue. Ce scandale dépasse celui de la simple affirmation de la sexualité. Raoule est sans doute une femme dangereuse pour la société du fait même de son désir. La force de ce désir est affirmée dès la première scène. La première question que Jacques adresse à Raoule est "Madame désire?" (25). Ces mots, innocents dans le contexte d'une transaction commerciale, prennent toute leur dimension transgressive potentielle dans ce roman.

Raoule, tout comme Emma, n'est que désir. Si ce désir la rend scandaleuse aux yeux de la société, il est pourtant vécu en secret par l'héroïne comme une jouissance, et non comme une entrave. Au contraire, ce sont les rôles sexuels prescrits par la société qui pervertissent ce désir, et qui, en quelque sorte, "scandalisent" la jeune femme au plus profond de son identité narcissique. En effet, c'est à tort que Raoule se croit différente de Marie et qu'elle pense que "[sa] passion n'a rien à démêler avec cette femelle de bas étage" (115). Dans la prostitution généralisée qu'est le mariage, il n'y a plus de différence entre la grande dame et la prostituée; elles sont ravalées au même rang par la nature de leur désir, ou plutôt par le scandale que représente la configuration socialement admise de la sexualité:

> La fille des Vénérande aperçut des choses ignobles [...]. Il y a une chaîne rivée entre toutes les femmes qui aiment... L'honnête épouse, au moment où elle se livre à son honnête époux, est dans la même position que la prostituée au moment où elle se livre à son amant. La nature les a faites nues, ces victimes, et la société n'a institué pour elles que le vêtement. Sans vêtement, plus de distances... (121)

Or le vêtement lui-même perd son pouvoir de différenciation. Le concierge de l'hôtel ne sait si Marie Silvert est bien une pauvresse, comme son vêtement l'indique, ou plutôt quelqu'un d'influent, puisque "les costumes perdent de plus en plus de leur signification sous la république" (63). Ainsi la question de la "différence au sein de la différence"[2] s'avère plus problématique, pour Raoule, que le problème de la différence des sexes. La nature odieuse confond toutes les femmes dans une même prostitution. Elles sont mises en échec par les constructions sociales de leur commun destin biologique.

De fait, Raoule rejette tous les aspects du rôle social de la femme, celui d'épouse et celui de mère. Elle refuse d'épouser Raittolbe, mais accepte, en principe du moins, de faire de lui son amant. Cette position de maîtresse lui paraît cependant encore trop conventionnelle, et elle décide, à la place, d'instaurer des rapports différents avec un être différent, sexuellement et socialement ambigu. Elle prévient Jacques, elle ne sera pas sa maîtresse et il ne sera pas son amant (102). Dans leur mariage, elle ne sera pas non plus sa femme, mais plutôt son mari. Ce renversement des rôles lui permet d'instaurer la perversité et le scandale au sein même des rapports définis comme normaux à l'intérieur de la société. Une fois de plus, l'indignation sociale qui entoure le mariage de Raoule et de Jacques sert d'écran au scandale réel de cette union, qui demeure un secret: celui de l'inversion des rôles et du refus de la procréation, télos du mariage et destin "biologique" de la femme dans la société. Raoule entend par là rétablir la différence au sein de la différence, et se détacher du sort commun des femmes: "Je représente ici, [...] l'élite des femmes de notre époque. Un échantillon du féminin artiste et du féminin grande dame, une de ces créatures qui se révoltent à l'idée de perpétuer une race appauvrie ou de donner un plaisir qu'elles ne partageront pas" (86). Le couple scandaleux résiste à toute tentative de normalisation. Ainsi, dans un tel effort, Raittolbe demande à Jacques si madame Silvert fournira "bientôt l'occasion de sucer quelques dragées." La réponse de Jacques est immédiate: "Eh! oui, sans doute? Ne voulez-vous pas que j'accouche par-dessus le marché?" (206). Leur union, pour subsister, doit demeurer stérile.

Cette stérilité est associée chez Raoule, on l'a vu dans la citation qui précède, à une revendication du plaisir. La quête de la jouissance sexuelle chez la femme ne peut que la placer du côté de la transgression. De fait, toute jouissance semble incompatible, pour Raoule, avec les rapports biologiquement "normaux" (c'est-à-dire axés sur la possibilité de la reproduction de l'espèce) entre hommes et femmes. Raoule reste de marbre sous les caresses de Jacques, qui, lors de leur premiers rapprochements intimes, tente de consommer leur passion selon les paradigmes socialement admis, et codés comme "naturels" par la société:

> Les yeux de Raoule se fermèrent. Elle connaissait ce jeu-là, elle savait, mot à mot, ce que la nature dirait par la voix de Jacques... Combien de fois n'avait-elle pas entendu ces cris-là, hurlements pour les uns, soupirs pour les autres [...]? Et quand ils avaient tous bien crié, quand ils avaient tous enfin obtenu la réalisation de leurs vœux les plus chers, selon l'éternelle expression, ils devenaient les assouvis béats qui sont tous également vulgaires dans l'apaisement des sens. (104–05)

Ainsi, la "nature" apparaît ici avant tout comme un discours: le cri indistinct et primitif est traduit en langage socialement acceptable, et destiné, dans sa manipulation sémiotique masculine ("la réalisation de leurs vœux les plus chers"), à piéger la femme. Nature et culture sont confondues, et leur opposition se déconstruit. Le discours socio-culturel de la "nature" est ce qui arrête le mouvement du désir de la femme, et donc la "scandalise."

Ce motif de l'entrave et de l'obstacle se donne à lire dès la première scène du roman, que l'on peut considérer comme la scène primitive du drame de Raoule, ou même de sa névrose.[3] Cette scène imprime le mouvement de scandalisation sexuelle au sein du roman et lui donne sa forme. La première phrase indique assez, de façon métaphorique, ce dont il s'agit: "Mlle de Vénérande cherchait à tâtons une porte dans l'étroit couloir indiqué par le concierge" (23). Dorothy Kelly note que Raoule rencontre ici une métaphore de son propre sexe, et de la pénétration de ce sexe (145–46). Cette interprétation de l'entrée chez le fleuriste permet d'éclairer la notation suivante: "...la clé étant sur la porte, elle entra; mais sur le seuil, une odeur de pommes cuisant la prit à la gorge et l'arrêta net. Nulle odeur ne lui était plus odieuse que celle des pommes" (23). Nous nous trouvons donc en présence de ce qu'il est tentant de nommer un "*skandalon* olfactif," qui révèle sa signification de façon à la fois métaphorique et métonymique. En effet, un lien métonymique lie les pommes avec Jacques dont les "frisons" roux dorés de la poitrine, révélés par l'échancrure de sa chemise, rappellent en outre la couleur des fruits. La pomme est, de plus, la métaphore privilégiée de la connaissance sexuelle (le fruit défendu, croquer la pomme). Le fait que ces pommes soient cuites indique de plus la transformation culturelle imposée à l'élément purement "naturel" et biologique de la sexualité.[4] Ce qui arrête Raoule ici, c'est l'idée de la pénétration "naturelle" et socialement admise de la femme par l'homme. Ce qui permet à Raoule de dépasser cet obstacle, c'est la mise en question de la polarité nature/artifice qui a lieu dans cette scène.

Tout d'abord, Jacques est occupé à faire des fleurs artificielles, marquant ainsi du sceau du factice cette autre métaphore privilégiée du sexe féminin. Mais surtout l'identité sexuelle du fleuriste s'estompe. Son corps est littéralement couvert de métaphores du sexe féminin artificialisé: "Autour de son torse, sur la blouse flottante, courait en spirale une guirlande de roses, des roses fort larges de *satin chair velouté de grenat,* qui lui passaient entre les jambes, filaient jusqu'aux épaules et venaient s'enrouler jusqu'au col" (24; nous soulignons). En passant "entre les jambes" du jeune homme, ces chairs féminines artificielles oblitèrent le sexe masculin et la menace de sa pénétration. La jeune femme se saisit d'une de ces fleurs, dans un mouvement qu'il faut bien appeler de protection fétichiste: "Vous avez du talent, beaucoup de talent, répéta-t-elle, tout en détirant les pétales de satin... Cette odeur de pomme rissolées lui devenait insupportable" (26). Bientôt cependant, le fétiche fait son effet, comme si une subtile et métaphorique "odor di femina" venait recouvrir l'insupportable odeur de pommes: "Cependant elle se trouvait mieux, les pommes avec leurs jets de vapeur chaude ne l'incommodaient plus; et, de ces fleurs éparses dans les assiettes sales, il lui semblait même se dégager une certaine poésie" (27). La mention de cette "poésie" indique également la nature textuelle de ce fétiche textile. Cette relation est, en outre, confirmée par un déplacement supplémentaire, de la rose de satin sur la toison qui recouvre la poitrine de Jacques: "Au creux de sa poitrine, Raoule aperçut la même ombre rousse qui marquait sa lèvre, quelque chose comme des brins d'or filés, brouillés les uns dans les autres. Mlle de Vénérande s'imagina qu'elle mangerait peut-être bien une de ces pommes sans trop de révolte" (28). Inutile d'insister une fois encore sur la signification textuelle de ces poils qui brouillent la réalité sexuelle pour la recouvrir d'un texte qui l'occulte en feignant de la désigner.[5] Cette poitrine, malgré sa pilosité, lui semble un "nu" que la jeune femme ne peut s'empêcher de toucher: "elle passa la main sur la poitrine de l'ouvrier, comme elle l'eût passée sur une tête blonde, un monstre dont la réalité ne lui semblait pas prouvée" (31). Il faut cependant souligner ici qu'il n'est pas indifférent que cette toison appartienne à une poitrine d'homme plutôt qu'à une tête féminine, et l'inversion du sexe de cette pilosité vient donner un tour supplémentaire à la métaphore barthésienne de la tresse.[6]

Nous aurons l'occasion de revenir ultérieurement sur les implications de ce fétichisme féminin. Il suffit de noter pour l'instant la fragilité de la solution fétichiste en ce début de roman. En effet, l'ouvrier fait une réflexion qui détruit momentanément le pouvoir du talisman en attirant l'attention sur sa masculinité: "Ma foi! vous savez on en a partout! À cette énormité, Raoule de Vénérande éprouva une honte mortelle" (31).

Une réflexion ultérieure de Raoule vient, en outre, confirmer de façon éclatante la lecture que nous venons de faire de ce passage. De retour à l'Hôtel de Vénérande, Raoule tente de cacher la nature de son trouble à sa tante. Dans l'automatisme de la réponse, l'inconscient parle: "J'ai vu tomber un enfant sous un omnibus, rue de Rivoli" (35). Cette formulation semble à Kelly assez inexplicable, un véritable *skandalon* interprétatif.[7] Il faudrait plutôt voir exactement dans la figure de cet enfant, la matérialisation du scandale de la consommation sexuelle et sociale du couple hétérosexuel dans son télos de procréation (l'enfant).[8] Il faut sans doute y lire aussi la figure de Jacques, présenté à maintes reprises dans le texte, comme un enfant, dans son rôle d'initiateur de la perversion qui "scandalisera" Raoule aux yeux de tous.

Il convient cependant à présent d'examiner de plus près la forme que prend la conduite sexuelle illicite pour Raoule. Tout comme Renée dans le roman de Zola, elle est à la recherche d'une transgression suprême qui la sépare des autres. En cette fin de siècle, le scandale perd de sa force du fait de son omniprésence. Le processus de banalisation de la conduite criminelle, observé déjà dans *La curée,* atteint ici un degré supérieur. Pour maintenir son impact, la conduite scandaleuse doit se soumettre à un mouvement d'inflation toujours plus grand. Adultère et prostitution, on l'a vu, ne suffisent plus. L'homosexualité féminine est également prise dans le même mouvement d'entropie qui épuise son énergie scandaleuse et la banalise, comme en témoigne la réponse indignée de Raoule à Raittolbe qui se méprend sur les intentions de la jeune femme: "Vous vous trompez, monsieur de Raittolbe; être Sapho, ce serait être tout le monde! Mon éducation m'interdit le crime des pensionnaires et les défauts de la prostituée" (85). Raoule veut "un amour tout neuf," elle sera un nouveau "Faust" (85), "le Christophe Colomb de l'amour moderne" (88): "Moi, si je créais une dépravation nouvelle, je serais prêtresse, tandis que mes imitateurs se traîneraient, après mon règne, dans une fange abominable..." (87). Cependant la simple inversion des rapports au sein du couple hétérosexuel n'est pas suffisante. Il est clair que Raoule entend instaurer l'homosexualité à l'intérieur même des rapports hétérosexuels. La perversion devient ainsi radicale, et l'incertitude absolue.

L'homosexualité prend des figures diverses dans le couple: celle d'abord d'une homosexualité masculine (Raoule déclare: "Je suis *amoureux* d'un homme" [88; italiques dans le texte]). Cependant, l'homosexualité féminine n'est pas écartée, puisque Raoule est après tout une femme, et qu'elle déclare mépriser Jacques comme homme et l'adorer pour sa féminité (89). Il semble impossible de trouver une butée au mouvement de renversement qui pervertit chaque catégorie et opposition binaire. Jacques est d'abord choqué et indigné par les inversions apportées par Raoule et qui sont figurées métaphoriquement par le désordre savant qu'elle instaure dans l'atelier (52), mais il se prête vite au jeu. Bientôt, c'est Raittolbe qui est atteint par le mouvement de scandalisation instauré par Jacques et Raoule. Intrigué par la description qu'en fait la jeune femme, il décide de l'accompagner chez Jacques Silvert. Il est bientôt pris au piège de la séduction qui émane de cet être ambigu. Il est littéralement "scandalisé [...] par la beauté trop réelle du fleuriste" (94). Le scandale qui l'atteint au plus profond de son être dépasse la simple découverte de tendances homosexuelles latentes chez lui. Sans aucun doute, ce qui pousse l'horreur à son comble, c'est que c'est une femme (Raoule) qui lui montre ce désir homosexuel et qui s'en fait la médiatrice.

Là encore, l'homosexualité naît et se glisse au sein des rapports hétérosexuels. Cette situation est ressentie comme intolérable par Raittolbe. Pour conjurer l'attrait que Jacques exerce sur lui, il devient l'amant de sa sœur, la prostituée. Cette stratégie échoue: Raittolbe se glisse un soir chez Jacques après le départ de Raoule, et trouve le jeune homme endormi, nu sur la courtine de satin bleu. Raittolbe l'implore de mettre fin à sa liaison avec Raoule, en invoquant la menace du scandale social que le jeune homme représente pour l'aristocrate: "J'ai fait le possible pour que notre monde ignore le scandale, il faut que vous fassiez l'impossible pour que ce scandale cesse complètement: le huis clos ne durera pas toujours" (131). Il ne s'agit cependant pas là du scandale véritable qui le motive. Une fois de plus la dimension sociale est présentée comme écran à la question sexuelle. Raittolbe le sent bien, lorsqu'il tente a posteriori de s'expliquer la raison de sa colère. En effet, se dit-il, "Si Raoule voulait épouser Silvert, le scandale ne concernerait qu'elle" (138). Ivre de rage devant le désir homosexuel qui le frappe d'impuissance, Raittolbe se jette sur Jacques et le fouette jusqu'au sang de sa baguette: "Ah! tu sauras ce que c'est qu'un vrai mâle, canaille!... hurlait Raittolbe, saisi par une colère aveugle dont il ne s'expliquait peut-être pas bien la violence" (133–34).

Mais Raoule, avertie de la scène de violence, est scandalisée à son tour par le texte du désir de Raittolbe qu'elle lit dans les "longues cicatrices bleuâtres" qui zèbrent "la peau fine de l'idole" (142). Son propre désir, médiatisé et perverti par Raittolbe, lui est renvoyé en miroir. Il lui faut à tout prix le faire disparaître:

> Raoule [...] se rua tout à coup sur lui, [...] envahie d'un vertige frénétique, d'un désir suprême de l'avoir à elle par les caresses comme ce bourreau l'avait eu par les coups. Elle le serra tellement fort que Jacques cria de douleur.
>
> —Tu me fais mal. —Tant mieux, râla-t-elle. Il faut que j'efface chaque cicatrice sous mes lèvres ou je te reverrai toujours nu devant lui... (144)

Cependant, le texte de Raittolbe ne peut être effacé que par l'inscription d'un texte semblable au sien, car leur désir est essentiellement le même. Le texte scandaleux ne peut être raturé que par la même violence: "D'un geste violent, elle arracha les bandes de batiste qu'elle avait roulées autour du corps sacré de son éphèbe, elle mordit ses chairs marbrées, les pressa à pleines mains, les égratigna de ses ongles affilés. Ce fut une défloration complète de ces beautés merveilleuses qui l'avaient, jadis, fait s'extasier dans un bonheur mystique" (145). Le corps de Jacques apparaît bientôt comme un palimpseste, portant la double impression des désirs de Raoule et de Raittolbe: "Jacques n'est plus qu'une plaie, c'est notre œuvre," s'écrie la jeune femme (156): le mot *œuvre* soulignant assez l'aspect esthétique et textuel de la transgression, dans son rapport au masculin et au féminin conjugués.

Une contagion semblable s'opère lors de l'épisode du bal. Jacques exerce en effet la même séduction sur les femmes et sur les hommes. Une fois encore, le mouvement initial de scandalisation est perçu comme social. Un "groupe de sportsmen scandalisés" s'indigne qu'un roturier soit "le lion de la soirée" (172). Cependant, le *skandalon* véritable s'avère vite le corps érotique de Jacques:

> Ils allaient se replier en masse pour prouver leur mépris à cet obscur barbouilleur de myosotis lorsqu'ils ressentirent en même temps une *commotion bizarre qui les cloua sur place*. Jacques, la tête renversée, avait encore son sourire de fille amoureuse; ses lèvres relevées laissaient voir ses dents de nacre, ses yeux agrandis d'un cercle bleuâtre, conservaient une humidité rayonnante, et, sous ses cheveux épais, sa petite oreille, épanouie comme une fleur de pourpre, leur donna, à tous, le même frisson inexplicable. [...] Sa hanche, cambrée sous l'habit noir, les frôla une seconde... et d'un même mouvement, ils crispèrent leurs mains devenues moites. (173; nous soulignons)

Cette séduction a le même effet castrateur sur eux que sur Raittolbe. Après le mariage de Jacques et de Raoule, l'ancien hussard tente d'exorciser son désir inconcevable en remasculinisant Jacques. Il l'envoie chez sa sœur, au bordel, afin qu'il puisse y goûter "autre chose." Là, Jacques découvre qu'il n'est plus capable de consommer un rapport purement hétérosexuel. Il finit par se rendre chez Raittolbe, vêtu en femme, et s'offre à lui. Raittolbe, devant la force de son désir, tente de se brûler la cervelle. Son geste est arrêté par l'arrivée de Raoule, vêtue en homme et déclarant venir réclamer sa "femme." Cet épisode signe l'arrêt de mort de Jacques, que Raoule fera tuer en duel par Raittolbe. Ainsi le scandale du renversement et de la perversion généralisés finit par revenir frapper Raoule. Son désir n'est plus unique.

Parvenue à son terme, cette étude linéaire du mouvement du scandale risque de nous mener à une certaine aporie de l'interprétation, ce que Christian Berg appelle "le côté moralisateur de ce soi-disant roman 'scandaleux'" (41). Le roman, en particulier dans sa fin, semble en partie récupéré par une esthétique typiquement décadente, qui tend à banaliser la transgression qu'il met en scène. Après la mort de Jacques, Raoule fait fabriquer un mannequin de cire à peau de caoutchouc mais décoré des dents, ongles et cheveux du fleuriste, qu'elle prélève sur son cadavre. L'héroïne survit et demeure, mais qu'advient-il de son scandale, comment interpréter ce mannequin, et de façon plus générale, la portée réelle du mouvement d'inversion et de perversion qui caractérise le roman?

Dans son désir d'atteindre le crime suprême, Raoule pourrait bien courir le danger de "raréfier" l'énergie de la perversion au point de la faire disparaître. Cette perversion atteint peut-être un degré de subtilité qui l'annule. Il s'agit, d'ailleurs, pour l'héroïne, d'instaurer le scandale dans le non scandale: l'homosexualité et la stérilité au sein du couple hétérosexuel et du mariage. Déjà cette sophistication extrême de la profanation la rendait invisible aux yeux de la plupart des personnages de la diégèse. Le mariage ordinaire apparaît à Raoule comme "une chose contre nature" (125), mais pour son entourage, seul le déclassement social est perceptible dans son union avec le peintre. De plus, la nature exacte de cette sexualité insaisissable est problématique. Raoule dit bien qu'elle désire "l'impossible" (86). Raittolbe, à qui Raoule affirme qu'elle ne sera pas la maîtresse de Jacques, mais son amant, pose bien la question essentielle, à laquelle il ne peut y avoir de réponse: "Le procédé pour lequel je suis prêt à payer un brevet?" (90). La jouissance que recherchait Raoule semble lui échapper dans la réalisation de ses fantasmes. Elle se l'avoue, elle donne du plaisir mais n'en reçoit pas (122). Le scandale, dans un ultime mouvement de renversement, finirait-il aussi par disparaître pour le/la critique?

Si cette question de la scandalisation ou de la non scandalisation marquait dès l'abord la réception du roman et la préface de Barrès, elle se retrouve aussi avec insistance dans la plupart des (rares) études récentes dont le roman a fait l'objet. En particulier Kelly, dans les douze pages qu'elle consacre à ce roman dans *Fictional Genders,* se pose explicitement la question de la portée scandaleuse réelle de ce texte qui semble se vouloir ouvertement choquant. Elle conclut à un échec du projet de scandalisation, qui selon elle est celui de Rachilde, par une sorte d'autodestruction du scandale. Pour elle, l'inversion généralisée à laquelle le texte se livre débouche sur une mécanisation du procédé qui atteint l'absurde. Les identités sexuelles, en particulier, lui paraissent tenir des clichés les plus rebattus de l'époque, au point d'en être ridicules et comiques. Le mouvement de renversement des contraires atteint un niveau de paroxysme où sa force scandaleuse s'annule. Mais surtout, ce qui selon elle affaiblit la portée scandaleuse de cette intrigue "érotique et sadique," c'est sans doute la naïveté, ou l'"innocence" de Rachilde qui se borne à inverser dans son roman les stéréotypes sexuels et littéraires du genre, sans les remettre en question, mettant ainsi en relief la nature répétitive et codée de son procédé (150–53). Melanie Hawthorne conclut à un échec similaire, bien que partiel selon elle. Quant à Dijkstra, il exprime de son côté, bien que de façon plus brutale, et sans faire le détour d'une analyse sophistiquée, une opinion peu différente. Pour lui *Monsieur Vénus* est typique de l'œuvre de Rachilde. Son thème de l'inversion des rôles ne saurait constituer un commentaire sérieux sur les relations entre hommes et femmes à la fin du dix-neuvième siècle. Il y voit plutôt "un des premiers exemples des jeux d'inversion sexuelle inoffensifs, qui depuis la fin du siècle dernier, et surtout parmi l'intelligentsia française, prennent trop souvent la place d'une critique sociale sérieuse" (337). À lire ces études, on sent, chez les critiques, comme une sorte de colère contenue contre une femme écrivain qui laisserait "tomber" ses lectrices (lecteurs?) "féministes,"[9] qui finirait par re-privilégier le pôle masculin dans une situation de pouvoir inversée, mais non vraiment problématisée. Le roman se laisserait alors lire selon les paradigmes d'une décadence ambiante dont on connaît les caractères profondément misogynes. Raoule se ferait finalement porte-parole d'un dandysme fin-de-siècle fondé sur la dévaluation du féminin. Ne rêve-t-elle pas en effet de demander à la Madone "la grâce de changer de sexe" (92)? De plus, ne finit-elle pas par contenir le désir féminin dans les limites d'une liaison qui reste finalement conventionnelle (mariage hétérosexuel), ou dans l'objectification d'une nécrophilie peu satisfaisante?

Il convient ici de confronter chacune de ces questions. Celle tout d'abord d'un simple renversement d'une polarité qui reproduit les rapports de pouvoir sans les remettre en question. Il n'est peut-être pas inutile ici de rapprocher l'entreprise de Rachilde dans *Monsieur Vénus,* du mécanisme en deux temps de la déconstruction, tel que le définit Derrida. Ce mécanisme repose sur le renversement, puis le déplacement de l'opposition binaire. Ce premier moment de renversement est essentiel:

> J'insiste beaucoup et sans cesse sur la nécessité de cette phase de renversement qu'on a peut-être trop vite cherché à discréditer. Faire droit à cette nécessité, c'est reconnaître que, dans une opposition philosophique classique, nous n'avons pas affaire à la coexistence pacifique d'un *vis-à-vis,* mais à une hiérarchie violente. Un des deux termes commande l'autre [. . .] occupe la hauteur. Déconstruire l'opposition,

> c'est d'abord, à un moment donné, renverser la hiérarchie. Négliger cette phase de renversement, c'est oublier la structure conflictuelle et subordonnante de l'opposition. C'est donc passer trop vite, sans garder aucune prise sur l'opposition antérieure, à une *neutralisation* qui, *pratiquement,* laisserait le champ antérieur en l'état, se priverait de tout moyen d'y *intervenir* effectivement. (56–57)[10]

Il nous paraît significatif que Culler cite ce passage de *Positions,* précisément lorsqu'il aborde la question des conséquences non seulement philosophiques, mais aussi pratiques de la méthode de la déconstruction appliquée à une opposition hiérarchique bien particulière, celle de la polarité homme/femme (*On Deconstruction* 85, 165–66).

Il nous semble que le renversement des rôles sexuels et le positionnement, dans le roman, d'une femme dans la situation de pouvoir, habituellement masculine, a pour effet d'instaurer une violence dans le texte, qui ébranle toute la structure esthétique. Ce renversement a tout d'abord l'avantage de conférer à l'héroïne un regard, attribut qui faisait défaut, par exemple, à la trop féminine Indiana. Le roman est presque dans son intégralité, gouverné par une focalisation interne sur le personnage de Raoule. Ainsi toutes les descriptions de personnages (excepté celles du personnage de l'héroïne, soumises à la voix narrative externe), suivent le mouvement du regard de Raoule. Ceci est particulièrement important pour les multiples descriptions du corps de l'homme dénudé, qui apparaissent dans ce texte. Certes, ce corps est ambigu, et les descriptions sont soumises à un fétichisme en apparence assez semblable à celui qui gouverne les descriptions masculines. Ce renversement des positions de voyeur et d'objet du regard mérite, cependant, qu'on s'y arrête un moment:

> Clouée au sol, derrière le rideau, Mlle de Vénérande le voyait sans avoir besoin de se déranger. Les lueurs douces de la bougie tombaient mollement sur ses chairs blondes, toutes duvetées comme la peau d'une pêche. Il était tourné vers le fond du cabinet [...]. Digne de la Vénus Callipyge, cette chute de reins où la ligne de l'épine dorsale fuyait dans un méplat voluptueux et se redressait, ferme, grasse, en deux contours adorables avait l'aspect d'une sphère de Paros [...]. Les cuisses, un peu moins fortes que des cuisses de femme,

> possédaient pourtant une rondeur solide qui effaçait leur sexe. [...] et cette impertinence d'un corps paraissant s'ignorer n'en était que plus piquante. (54–55)

Hawthorne montre de façon très convaincante comment, dans cette scène où Raoule observe le bain de Jacques, c'est le simple positionnement de voyeur et d'objet observé qui détermine la masculinisation de Raoule, et la féminisation de Jacques. Évoquant les remarques de John Berger, dans *Ways of Seeing*, elle montre que cette description de Jacques correspond au nu académique classique: une construction artificielle qui voile la réalité du corps.[11] Ainsi, la polarisation des sexes apparaît dans toute son artificialité. Cependant, Hawthorne avoue sa déception. Selon elle, en effet, bien que cette stratégie subversive permette au personnage féminin d'accéder à une position de pouvoir, cette victoire n'est que temporaire. Le regard reste un regard de type masculin et le renversement rétablit finalement la suprématie de ce principe sur le principe féminin. En fin de compte, une telle scène ne ferait que souligner combien il est difficile d'imaginer ou de localiser un regard différent, de type véritablement féminin (170–74).

Pourtant, si l'on examine le texte de près, il semble au contraire que le renversement produit un déplacement où peut s'inscrire une différence. Malgré un certain recouvrement fétichiste, Raoule prend aussi note de la masculinité de Jacques: "Entre la coupure de l'aisselle, et beaucoup plus bas que cette coupure, dépassaient quelques frisons d'or s'ébouriffant. Jacques Silvert disait vrai, il en avait partout. Il se serait trompé, par exemple, en jurant que cela seul témoignait de sa virilité" (55). Ce rappel de la virilité de ce "nu académique" instaure une violence scandaleuse dans le rapport dominant/dominé, et homme/femme. Il suffit pour s'en persuader de retourner un instant, nous aussi, à Berger et à *Ways of Seeing*. Berger propose en effet un test fort simple. Choisissez dans ce livre, dit-il, n'importe quelle représentation de nu traditionnel et transformez, dans votre esprit, ou en griffonnant sur l'image, la femme en homme. Remarquez alors, poursuit-il, combien cette transformation fait violence, non pas à l'image elle-même, mais aux hypothèses fondamentales formées par le "spectateur implicite" de cette image (64). Or Hawthorne montre de façon convaincante que cette scène de bain est construite sur le modèle du tableau célèbre de Le Tintoret, *Suzanne et les vieillards,* qui justement fait partie de la galerie de portraits rassemblés par Berger.

Cette violence, qui frappe le regard implicite porté sur le nu masculin, se trouve en outre figuré en abyme, dans une scène parallèle, dans laquelle, cette fois, c'est Raittolbe qui est en position de voyeur. Ce dernier, nous l'avons vu, surprend Jacques endormi, nu, et étalé de tout son long sur le lit. La description, qui suit son regard, est très semblable à celle établie par Raoule,[12] et l'on sait la violence ressentie par le malheureux hussard devant ce tableau, une violence qu'il projette en retour sur le "nu" scandaleux. Cependant, ce renversement est encore complété et compliqué par un détail ajouté à la fin du chapitre. Marie Silvert a pratiqué un trou dans la cloison qui sépare son appartement de la chambre de Jacques. Par cet orifice, elle aime observer les ébats de son frère et de Raoule. La position de voyeur qui gouverne la scène est bien encore ici celle d'une femme, et d'une femme dont l'identité sexuelle, contrairement à celle de Raoule, n'est jamais mise en question par la narration. La position de Raittolbe dans cette scène est donc isomorphe à une position féminine qui le scandalise. Mais, il faut aussi ajouter que le lecteur ou la lectrice implicite occupe également cette position de voyeur. Il s'agit ici d'une des rares scènes non gouvernées par le regard de Raoule, mais là encore, la position dominante s'avère féminine. C'est sans doute cette "violence" qui agit, non seulement sur le voyeur, mais aussi sur le lecteur implicite (un lecteur implicite qui correspondrait au "spectateur implicite" de Berger), qui est susceptible du renversement le plus perturbateur au sein des paradigmes habituels du genre.

Il est utile, à ce point, de revenir un moment à la préface de Barrès, qui dès l'abord, nous était apparue quelque peu suspecte dans son désir de "déscandaliser" le texte de Rachilde. À y regarder de près, Barrès semble désireux d'exorciser précisément cette violence produite sur le lecteur masculin par le roman. En effet, si certains aspects du texte semblent "récupérables" par une esthétique décadente masculine et misogyne (ce que Barrès tente de faire), le fait que ces affirmations soient le fait d'une femme ne peut pas être ignoré. Nos analyses précédentes ont déjà fait ressortir les significations particulières que prennent pour l'héroïne, les revendications "traditionnelles" du décadent: stérilité, perversions, refus de la nature, artificialité, etc. Ces significations semblent irréductibles à celles que prennent ces mêmes thèmes à l'intérieur de la prose masculine de l'époque, par exemple chez Huysmans, en particulier dans *À rebours*. Raoule est une femme dandy, et donc un oxymore vivant en ce siècle baudelairien. Ainsi, c'est le fait que ce texte ait été écrit par une femme qui préoccupe Barrès, et gâche quelque peu son "plaisir du texte": "Ce qui est tout à fait délicat dans la perversité de ce livre, c'est qu'il a été écrit par une jeune fille de vingt ans [...] ces formes d'amour qui sentent la mort, sont l'œuvre d'une enfant, de l'enfant la plus douce et la plus retirée! [...] Ce vice savant éclatant dans le rêve d'une vierge, c'est un des problèmes les plus mystérieux que je sache..." (5–6). De fait, ce "problème" représente l'obstacle qui arrête littéralement la réflexion de Barrès et l'empêche absolument d'aller plus avant. Il s'agit, pour lui comme pour Freud interrogeant Dora, de déterminer l'origine du savoir sexuel, une origine que la femme refuse de livrer, ou l'homme d'accepter. Barrès l'annonce, tel doit être l'objet de la critique littéraire moderne: substituer "à la curiosité littéraire la curiosité pathologique" (20). Il s'agit d'une critique déséquilibrée, qui achoppe sur cet obstacle interprétatif incontournable, et qui transfère ainsi le scandale, de façon métonymique, du texte sur le corps de son auteur. Pour Barrès, Rachilde doit être pensée comme vierge: "une vierge qui se mêlait, je crois, de ce qu'elle n'avait pas regardé" (16). Déclarer qu'elle n'a pas "vu" le sexe masculin présente un avantage certain. Cela équivaut en effet à détruire les bases de l'existence de ce fétichisme que nous avons vu à l'œuvre dans le texte. On peut alors porter un regard clinique sur un texte devenu pathologique, simple produit de "la maladie du siècle, qu'il faut toujours citer" (19). C'est ce que fait Barrès, en proposant un destin littéraire métaphoriquement révélateur pour le texte de Rachilde: "qui compose de tels livres ne s'appartient peut-être pas plus qu'un monstre double; c'est un trop beau cas de tératologie. La tombe et l'oubli ne sont que pour le vulgaire. Lui, il a les honneurs de la salle de dissection et du musée Dupuytren" (21). Le texte est assimilé, une fois encore, au cadavre de la femme, le *skandalon* dans sa forme la plus radicale, telle que nous l'avons déjà maintes fois rencontrée dans cette étude. Ce cadavre recouvre alors et occulte celui de Jacques, mi naturel, mi artificiel dans sa transformation en mannequin de cire.

Barrès sent bien l'enjeu de cette manœuvre de sape du fétiche féminin. Il est désireux de débarrasser le texte "des équivoques qui ne font que diminuer l'œuvre et qui se sentent trop de l'ignorance d'une vierge" (16). Ces équivoques sont perturbatrices et source de désordre, car elles sont avant tout l'effet de la présence dans le texte de ce concept, déjà choquant et inconcevable en soi, qu'est le fétichisme féminin, cette autre version de l'oxymore (Schor, "Female Fetishism" 303). La force éclatante du scandale que représente le fétichisme de Raoule s'éclaire lorsqu'on le considère à la lumière des travaux de Schor sur ce sujet. S'appuyant sur les recherches de Kofman, Schor remarque que le caractère pertinent du fétichisme pour la femme est la division du moi que cette "perversion" instaure. Mais surtout, c'est le facteur d'indécidabilité inhérent à la notion qui s'avère essentiel: "En s'appropriant l'ambivalence du fétichiste qui à la fois nie et reconnaît la castration, les femmes peuvent contrer de façon efficace toute tentative visant à réduire leur bisexualité à un seul de ses pôles" ("Female Fetishism" 306). Or, c'est bien une telle entreprise de préservation de la bisexualité qui opère au sein du fétichisme de Raoule. Nous avons déjà vu dans le détail ce fétichisme à l'œuvre dans la scène initiale du roman. Un bref retour à cette scène confirmera ce dernier point. Le costume que commande Raoule à Jacques à la fin de ce chapitre représente l'aboutissement de la construction textile de son identité sexuelle: un costume de "*nymphe des eaux* [...] avec des roseaux enroulés" et des "plantes de rivière." "N'omettez aucun détail," précise Raoule, "les sagittaires avec de longs pistils en flèche et les nymphéas bien roses, duvetés de brun" (27–28). Dans cette préoccupation toute féminine pour le détail, Raoule affirme la force de sa bisexualité en des symboles qui n'ont guère besoin de commentaire. Il faut de plus remarquer que Raoule, orpheline depuis le plus jeune âge, a grandi sans figure paternelle. Il semble donc qu'elle ait fait l'économie d'une phase œdipienne et ait pu ainsi préserver la force de sa bisexualité originelle.

Son narcissisme est tout entier gouverné par la bisexualité. Elle pense avoir créé, en Jacques, "un être à son image" (111).

Ce dernier, on l'a vu, n'est pas seulement féminin. Elle l'affirme à Raittolbe: "ce n'est pas même un hermaphrodite, pas même un impuissant, c'est un beau mâle de vingt et un ans, dont l'âme aux instincts féminins s'est trompée d'enveloppe" (89–90). Raoule reste phallique dans son narcissisme, comme en témoigne son portrait dans la chambre nuptiale: "Sur cette toile, elle portait un costume de chasse du temps de Louis XV et un lévrier roux léchait le manche du fouet que tenait sa main magnifiquement reproduite" (192).[13] Quant à la signification de la présence de ce lévrier roux, il suffit de rappeler la première rencontre de Jacques et de Raoule. Les deux premiers éléments qui avaient frappé la jeune femme étaient, d'abord les cheveux roux, puis les yeux du fleuriste qui regardaient "comme implorent les chiens souffrants" (26). De plus, si la nature exacte des rapports de Jacques et de Raoule est si difficile à définir, c'est bien, semble-t-il, parce qu'ils sont profondément fétichistes. Ce fétichisme se manifeste dans l'ambivalence du rapport d'affirmation et de dénégation vis-à-vis de la réalité biologique. La scène d'amour de la nuit de noces débouche en effet sur l'échec et la désillusion parce que le pôle de la dénégation seul est privilégié. Raoule et Jacques oublient la réalité de leur sexe et se laissent prendre au jeu de leur propre comédie. Jacques se sent totalement femme, et Raoule oublie qu'elle n'est pas "réellement" un homme. Leur échec est exprimé en ces termes: "Ils avaient péché contre leur amour, qui, pour vivre, *avait besoin de regarder la vérité en face, tout en la combattant par sa propre force*" (199; nous soulignons). On ne saurait mieux exprimer, en cette époque pré-freudienne, l'ambivalence du fétichiste, qui "sait bien, mais quand même."

On peut alors considérer que ce fétichisme féminin radical effectue l'équivalent du second mouvement de la déconstruction derridienne. Il parvient à déplacer le régime de la différenciation des sexes, et à instaurer une indécidabilité absolue. Cette équivoque généralisée, et qui ne peut être que de nature textuelle, est la marque de ce que Schor nomme, dans le cas de Sand, une troublante "bisextualité": "le refus d'ancrer fermement la femme—mais aussi l'homme—d'un côté ou de l'autre par rapport à l'axe de la castration" (307).[14] C'est bien ce qui se passe dans *Monsieur Vénus.* Il est impossible de situer le lieu d'un "manque" dans le couple Jacques/Raoule. "Il te manquera toujours quelque chose," dit Jacques à la jeune femme au début de leur liaison (116). Cependant, cette définition castratrice est déconstruite par une scène ultérieure. Pendant l'ivresse de leur nuit de noces, le sexe de la jeune femme se révèle plutôt sous le signe de l'excès que sous celui du manque: "Raoule avait défait son gilet de soie blanche, et, pour mieux sentir les battements du cœur de Jacques, elle avait appuyé l'un de ses seins nus sur sa peau; un sein rond, taillé en coupe avec son bouton de fleur fermé." C'est la vue positive de ce sein qui fait s'écrier à Jacques, "tu n'es donc pas un homme? tu ne peux donc pas être un homme?" (198). Le manque est ici transféré du côté du masculin. Une autre figure vient renforcer l'incertitude. Durant la scène du bal, Raoule et Jacques dansant apparaissent comme un seul être, "l'individu *complet* dont parlent les récits fabuleux des brahmanes, deux sexes distincts en un unique monstre" (171). Ici le sexe féminin est représenté comme un sexe distinct, visible et égal au sexe masculin, et non comme un manque, un vide. De plus, comme le souligne Kelly, chaque moitié de cet être est elle-même double, puisque Raoule et Jacques préservent chacun leur bisexualité, et l'unité sexuelle du couple est une combinaison fluide de toutes les possibilités (149).[15] Le degré d'incertitude est tel que lorsque Raoule se demande ironiquement, en voyant sa tante implorer la Madone, si quelqu'un lui a jamais "demandé la grâce de changer de sexe" (92), la lectrice ne peut s'empêcher de se demander qui exactement serait concerné par une telle requête: Raoule, ou Jacques? Il semble bien, pour reprendre l'expression de Baudrillard, que Rachilde, par le personnage de Raoule, rétablit dans le texte "le féminin comme principe d'incertitude" (Baudrillard, cité par Besnard-Coursodon 124).

La "bisextualité" qui s'instaure au sein du roman ne peut que s'éloigner radicalement de la représentation réaliste. Le fétichisme sexuel et textuel est trop radical pour laisser subsister une quelconque illusion réaliste. La glace dans laquelle se mire Raoule habillée en homme, lui renvoie "l'image d'un homme beau comme tous les héros de roman que rêvent les jeunes filles" (191). L'origine de la représentation se perd dans le jeu de miroir textuel, en même temps que la marque de la différence sexuelle s'éloigne et se déréalise. La voix narratrice nous dit de Jacques et de Raoule: "Ils s'unissaient de plus en plus dans une pensée commune: la destruction de leur sexe"

(110). En effet, sur le plan visuel privilégié par le réalisme, rien ne se donne à voir de la différence instaurée par Rachilde. Plus on dépouille les couches successives des voiles textiles, plus c'est du texte encore qui se découvre.

L'échange de la textualité pour la sexualité est d'ailleurs affirmé clairement. C'est le marché que propose Raoule à Raittolbe, pour consoler l'ancien hussard de ne pas l'avoir possédée physiquement: "Je ne vous cacherai rien [...]. Qui sait si mon histoire ne vaudra pas ce que vous n'avez pas eu aujourd'hui!" (82). L'origine du scandale de Raoule est d'ailleurs elle-même textuelle. La narration indique que c'est en lisant les ouvrages du marquis de Sade, laissés par son père dans la bibliothèque, que Raoule a conçu ses désirs pervers (39–40). Né du texte, le scandale ne peut que devenir texte. Pour Raoule, ses amants sont autant de "livres dans [sa] bibliothèque," mais avant Jacques, elle n'a pas connu la passion. "Je n'ai pas écrit mon livre," dit-elle (85). Comme pour Emma, l'écriture ouvre au scandale, et ne peut être que scandaleuse, mais à la différence de l'héroïne flaubertienne, Raoule écrit à même le corps de l'autre, afin de s'écrire elle-même. Son texte, nous l'avons vu, s'écrit en lettres de sang sur le corps de Jacques. Ce corps lui-même est le "poème effrayant de la nudité humaine" que Raoule tente de "lire avec des yeux blasés" (55). Les exemples de cette insistance du texte sur sa propre artificialité sont trop nombreux pour qu'on puisse les citer tous. Un dernier suffira. Micheline Besnard-Coursodon écrit que le nom de Raoule est "fait pour être entendu dans sa consonance masculine, non lu" (123). Dans une perspective opposée, nous n'hésiterions pas à affirmer que ce nom est fait, au contraire, pour être lu, car seule la lecture restaure le "e" final, le "e" muet des rimes féminines qui se perd à l'écoute. Chez Rachilde, la différence ne se voit pas, et ne s'entend pas, mais elle *s'écrit.*

Ainsi, c'est au prix d'un renoncement à l'esthétique réaliste que le texte de Rachilde se laisse habiter par le scandale. Le texte est en fait "scandalisé," ou plutôt hystérisé à l'extrême. Raittolbe fait d'ailleurs ce diagnostic au sujet de Raoule (65). Comme son héroïne, et comme ces femmes dont parle Raittolbe et qu'on enferme à la Salpêtrière, le texte ne sait plus, dans son détail grammatical, s'il est du genre masculin ou féminin. Toutes les combinaisons et permutations possibles s'opèrent à partir des personnages de Jacques et de Raoule. Jacques est “cette P travestie” (96), Raoule lui dit: “Tu es si beau, tu es plus belle que moi” (102). Il est “une petite femme capricieuse” (103), “un vierge” (123), “mon mari,” “ma femme” (124), “Mlle ton frère” (136), “une adultère” (211), un “garçon de joie” (132). Raoule est “amant” (104), “neveu” (42), “Homme” (108), mais aussi “*femme* jusqu'au plaisir” (71), “la sinistre courtisane” (112), “cette catin que tu aimes à l'envers” (118), etc. Une fois de plus, c'est Raittolbe, auditeur (et lecteur?) masculin, qui crie grâce: “Tâchons de nous entendre! [...] adoptons *il* ou *elle,* afin que je ne perde pas le peu de bon sens qu'il me reste” (91; italiques dans le texte). Il semble ainsi que le scandale dépende du caractère infini même des renversements, ce que Besnard-Coursodon appelle précisément la “butée de la représentation, pierre d'achoppement du réalisme” (127). Il faut se garder de vouloir réintroduire cette butée dans le texte en le forçant à signifier d'une façon trop visuellement tangible. Le renoncement au réel signifie sans doute la perte de la jouissance réelle de l'héroïne, remplacée par une jouissance textuelle fétichiste, puis par l'objectification nécrophile. Cependant, s'avouer “déçu(e)” de l'entreprise de Rachilde ne reviendrait-il pas à déplacer le scandale du texte sur l'auteur? Ce serait, par un renversement ultime, rejoindre, par le détour du “féminisme,” l'extrême inverse représenté par la préface de Barrès. Ce serait “rescandaliser” l'auteur en refusant de lire le scandale dans le texte: le scandale radical qui est celui du renversement et du déplacement de l'opposition des identités sexuelles.

Conclusion

Notre parcours à travers la littérature romanesque fémino-centrique du dix-neuvième siècle confirme notre intuition initiale: la mise en intrigue du scandale féminin semble devoir nécessairement passer par un déplacement et un détournement de l'énergie scandaleuse. Sous les variations de l'intrigue et de l'esthétique, un même schéma se retrouve, qui fait de la victime d'un effet de scandale le véhicule du processus de scandalisation à l'intérieur de la narration. Quelle que soit la forme particulière que la transgression revêt dans les textes, la configuration claire du premier plan de l'intrigue recouvre toujours le scandale fondamental de l'illisibilité du corps féminin, de son désir et de sa sexualité. De Balzac à Flaubert, aux Goncourt, Zola et Barbey d'Aurevilly, il semble de plus que—du moins chez les écrivains hommes—plus la charge scandaleuse est forte et claire au niveau de l'intrigue, plus les stratégies narratives qui doivent y faire face deviennent angoissées et élaborées.

Dans *Ferragus,* la "scandalisation" de la femme se fait malgré elle, et sa transgression est niée par le dénouement de l'histoire. Cette manœuvre permet une récupération relativement simple du corps féminin par pur processus d'élimination. Cependant, il semble qu'à partir de la seconde moitié du dix-neuvième siècle, cette simple cérémonie d'expulsion ne fonctionne plus guère. Il se retrouve de plus en plus, au lieu de cela, ce que Schor appelle (à propos de *L'ensorcelée* de Barbey d'Aurevilly) "une syntaxe sacrificielle brouillée" (*Breaking the Chain* 86), voire même une dysfonction totale de cette logique sacrificielle. Cette dysfonction est à première vue surprenante au vu de ce qu'écrivait Bersani au sujet de la "peur du désir" manifestée par le texte réaliste à cette époque.[1] Dans une telle optique, on s'attendrait a priori à ce que l'intrigue romanesque centrée sur le scandale de la femme se prête tout particulièrement à une lecture girardienne, et permette de retrouver les divers éléments constitutifs de la logique sacrificielle.

En effet, au cours de cette étude, nous avons pu établir un parallèle entre le phénomène d'écrasement des différences, qui caractérise le dix-neuvième siècle, et ce que Girard nomme la "crise sacrificielle." Selon Girard, face au cercle vicieux de violence réciproque déclenché par cette crise, seul le sacrifice d'une victime choisie selon des critères bien définis permet d'accéder à un ordre nouveau, en rétablissant les différences. Or, nous l'avons vu, un des aspects principaux du scandale du féminin est précisément la menace que la sexualité et le désir de la femme représentent pour le système des différences. En outre, la thématique œdipienne, qui fournit, selon Girard, l'exemple canonique du mécanisme de la logique sacrificielle, connaît à la fin de ce dix-neuvième siècle, un retour en force, sous la forme de la théorie freudienne du complexe d'Œdipe. Nous avons vu, dans le chapitre trois, à quel point la thématique de ce célèbre "complexe" était liée à la matrice du scandale, et était susceptible de se superposer aux angoisses suscitées par le féminin, et les dangers de son énigme, dans l'imaginaire de l'époque. Dans ces conditions, il semblerait doublement légitime d'attendre du mécanisme de la victime émissaire la "solution" privilégiée au problème sexuel et textuel du scandale. Femmes androgynes, incestueuses, tribades, adultères, prostituées insoumises, syphilitiques ou hystériques devraient constituer les victimes sacrificielles exemplaires d'une société frappée d'un processus d'indifférenciation toujours plus grave.

Or, il n'en est rien. Nous avons pu observer, au fil des analyses textuelles, la désagrégation progressive de cette "solution" sacrificielle. Dans *Indiana,* elle ne s'appliquait déjà plus qu'à la moitié d'un scandale scindé en deux dans l'intrigue, et incarné dans deux personnages complémentaires, mais distincts. *Madame Bovary,* puis *La curée* mettaient ensuite en scène des parodies de plus en plus ironiques de ce mécanisme. Après ces textes, il n'est plus même possible d'évoquer ce modèle pour rendre compte des textes que nous avons étudiés. Au fur et à mesure que le siècle progresse, on est confronté plutôt à une diffusion entropique de l'énergie déviante, à une banalisation de la transgression. La mort de la femme "coupable" ne produit plus la catharsis salvatrice et l'on assiste à un triomphe du principe d'indifférenciation.

Cette observation serait sans doute à rattacher à ce que Girard dit de la société moderne. Il remarque d'ailleurs que, bien que le "mouvement historique" de cette société soit la dissolution des différences, à tel point que "moderne apparaît comme synonyme de crise culturelle," les mécanismes sacrificiels échouent dans cette société:

> Le monde moderne réussit sans cesse à retrouver des paliers d'équilibre, précaires, assurément, et à des niveaux d'indifférenciation relative qui s'accompagnent de rivalités toujours plus intenses mais jamais suffisantes pour détruire ce monde. [...] l'effacement des différences se poursuit, de façon graduelle et continue, pour être tant bien que mal absorbé et assimilé par une communauté qui s'étend peu à peu à la planète entière. (*La violence* 260)

Il faut néanmoins observer que si la syntaxe sacrificielle se trouve perturbée dans les textes féminocentriques vers 1850, elle fonctionne encore de façon parfaite, par exemple, dans *Le ventre de Paris,* paru en 1873.[2] Il faut donc distinguer les romans à pharmakos féminins et à pharmakos masculins. Tandis que le scandale masculin est encore soumis à une cérémonie d'expulsion classique, la transgression criminelle féminine est essentiellement vécue dans l'imaginaire et échoue dans la vie des héroïnes. Peut-être le scandale féminin est-il alors trop profond, trop lié à des fantasmes primaires pour qu'il lui soit permis d'éclater ouvertement? N'oublions pas que les boucs émissaires "brillent d'un plus grand éclat au moment du sacrifice" (Bersani, "Le réalisme," dans Barthes et al. 71). Peut-être ce grand éclat est-il trop dangereux dans le cas de la femme?

De plus, la désagrégation de la logique sacrificielle s'accompagne dans les textes romanesques d'une transformation progressive de la valeur du scandale pour l'héroïne. Les héroïnes sont de moins en moins les simples victimes d'un processus de scandalisation qui les dépasse. De plus en plus, au contraire, on assiste à la revendication du scandale par la femme. La transgression offre la possibilité d'un point d'ancrage narcissique. L'héroïne semble appeler l'éclat qui la détruira, car du moins, dans les yeux des témoins scandalisés, elle verra le reflet d'une image narcissique jubilatoire. Ainsi, l'expulsion expiatoire n'est-elle plus une "punition" satisfaisante pour l'héroïne, ni une "solution" viable au problème de la maîtrise et de la récupération du désordre dans l'esthétique.

Au cours du siècle, nous avons observé de plus, dans les discours non fictionnels, un processus d'intensification du scandale du corps et du désir féminins. Cette exacerbation s'accompagne, en outre, on l'a vu, d'un mouvement d'introjection de plus en plus complet du *skandalon* à l'intérieur de ce corps. Parent-Duchâtelet et Michelet reconnaissent encore, au moins partiellement, l'existence de facteurs socio-économiques externes qui contribuent à mettre la femme en échec, mais au tournant du siècle, les discours de l'évolutionnisme, de l'anthropologie criminelle de Lombroso, et de la psychanalyse freudienne, situent l'origine du scandale au cœur même du corps féminin. Dans les textes romanesques, les mêmes phénomènes d'intensification et d'intériorisation sont observables. Le contenu scandaleux patent s'affirme dans l'intrigue (l'adultère devient réel, multiple; il se complique d'inceste, de prostitution ou d'homosexualité), et parallèlement, la "faute" est de moins en moins déterminée par des circonstances extérieures, elle vient de l'intérieur. Cependant, ces phénomènes ont des implications différentes dans la fiction, et permettent une lecture plus "positive." À partir de la seconde moitié du siècle, le scandale représente, en effet, de plus en plus, pour l'héroïne, un choix délibéré, qui s'investit de plus, pour elle, d'une valeur libidinale très forte. La conduite illicite revêt une valeur ontologique nouvelle. C'est une façon, pour la femme, de se définir en dehors des paradigmes de la société, d'accéder à une dimension symbolique différente. Ces possibilités ne se donnent à lire que dans le texte romanesque. De plus, il est apparu que le point nodal du scandale ne peut jamais être abordé de front, mais de façon oblique. Le mode de la fiction s'adapte donc particulièrement bien à la plasticité et à la complexité de la notion. C'est sur ces points que se reconnaît la spécificité du romanesque par rapport aux autres discours. La supériorité des solutions offertes par la fiction aux problèmes posés par le scandale est un élément qui s'est affirmé à maintes reprises dans cette étude. La fiction permet, en outre, aux romancières d'inscrire une différence dans un traitement à première vue semblable des thèmes de la transgression féminine.

Quoi qu'il en soit, il est certain que la dispersion et la dissolution du scandale féminin, telles que nous les avons décrites, constituent un second moment dans le discours romanesque du dix-neuvième siècle, et correspondent à une nouvelle stratégie esthétique qui prend la relève de la simple expulsion sacrificielle. Ce virage, observé dans nos études, n'est pas sans rappeler celui que retrace Bernheimer dans le cadre de ce qu'il nomme une "archi-intrigue" ("master-plot") de la prostitution au dix-neuvième siècle. Cette notion nous ramène une fois de plus aux remarques de Brooks, citées en introduction. Il s'agit à la fois d'une intrigue suprême dont les variantes se retrouvent dans l'imaginaire de tout le siècle, et d'un complot généralisé contre la représentation sexuelle du corps féminin.

Bernheimer distingue deux stratégies à l'intérieur de cette "archi-intrigue," qu'il qualifie respectivement d'"essentialiste" et de "figurative." L'intrigue/complot essentialiste repose sur une croyance centrale et claire en l'infériorité biologique de la femme et fonctionne selon un mécanisme de "clôture, révélation, clarté des schémas dramatiques dualistes et la purgation du désir." Ces caractéristiques invitent à établir un parallèle entre cette figure de l'intrigue et le fonctionnement de la logique sacrificielle, telle que nous venons de l'examiner. Rien d'étonnant, donc, à ce que Bernheimer constate l'échec de cette tentative.[3] En contraste avec cette première configuration de l'intrigue, il décrit la seconde stratégie (intrigue/complot métaphorique ou figurative) comme une structure discursive ouverte, non résolutive, qui fait coïncider la représentation avec les tropes de sa rhétorique. Sous cette dernière forme, l'"archi-intrigue" de la prostitution correspond, pour Bernheimer, à une tendance fondamentale de l'esthétique moderniste (270–74). La prostituée est apparue comme l'une des incarnations privilégiées du péril féminin en ce siècle, et les remarques de Bernheimer, concernant la stratégie "moderniste" de mise en intrigue de ce scandale, sont tout à fait pertinentes à notre propos.

Pour lui, l'esthétique "moderne," telle qu'elle apparaît en particulier chez Flaubert, se caractérise par une émancipation de la forme par rapport au contenu, et par l'abandon d'une référentialité de type naturaliste en faveur d'une auto-référentialité de l'œuvre, d'une réflexivité abstraite. À l'intérieur de la mise en intrigue moderniste, les catégories de masculin et de féminin perdent leur référent biologique (la castration féminine) et deviennent des catégories fictives définies en fonction de paradigmes masculins abstraits. Ainsi, le manque se trouve déplacé: au lieu de résider dans un référent biologique féminin, il se retrouve dans la forme esthétique, incorporé dans le signifiant. Depuis l'écriture blanche, les "silences" de Flaubert (Genette, *Figures I*), jusqu'à l'esthétique décadente de Huysmans, centrée sur l'artifice et l'horreur du biologique, se retrouve le vecteur principal du désir moderniste, qui est: "de dissocier les énergies de la sexualité féminine de leur source biologique, imaginée comme castrée et malade, et de capter leur force entre les discontinuités tranchées et les divergences hétérogènes d'une structure non organique" (Bernheimer 266). Ces stratégies ne sont donc pas neutres: elles visent toujours à l'exploitation et à la maîtrise du scandale primordial du féminin. Bernheimer s'accorde d'ailleurs avec Pollock pour souligner le lien inquiétant qui, à partir de la seconde moitié du dix-neuvième siècle, rattache cette esthétique, dans les arts plastiques comme en littérature, à un réseau de stratégies visant à fragmenter et défigurer le corps de la femme.[4] Mais l'aspect le plus intéressant de ce dernier avatar du "master-plot" réside sans doute dans ses rapports à la problématique du fétiche. Selon Bernheimer les stratégies modernistes sont fétichistes en ce qu'elles tendent à opérer un déplacement du principe de manque associé à l'idée de castration féminine, en projetant ce manque sur la structure esthétique de la représentation (273).

De fait, le fétichisme se retrouve de façon de plus en plus insistante dans les textes réalistes et naturalistes de la seconde moitié du siècle, et marque de son sceau la diffusion entropique du scandale féminin dans les stratégies discursives. En déplaçant le nœud angoissant du principe féminin, du contenu à la forme romanesque, il devient possible d'utiliser l'énergie du désir de la femme, essentielle au genre, tout en la soumettant à une structure de maîtrise. Notre lecture du texte de Freud sur le fétiche permet de confirmer cette interprétation et de justifier le parallèle entre fétiche sexuel et fétiche textuel. L'esthétique fétichiste répond aussi à l'angoisse provoquée par le fantasme de castration. Mais c'est surtout la dualité profonde qui, selon

Freud, caractérise le "compromis" fétichiste, qui est pertinente ici. Ce compromis permet la simultanéité des attitudes contradictoires d'affirmation et de dénégation face au fait inacceptable de la castration féminine. Cette simultanéité sépare cette seconde stratégie discursive du mécanisme en deux temps de la logique d'expulsion sacrificielle. En affirmant et niant, dans un même moment, l'énergie du scandale féminin, le romancier dépasse le simple jeu de Fort/Da, pour adopter la formule célèbre du fétichiste: "Je sais bien, mais quand-même." Cette solution s'avère supérieure en ce qu'elle ne laisse pas au scandale le loisir d'éclater avant d'être réprimé, et permet de récupérer son énergie sous une forme moins dangereuse. Tout le discours à tendance médicale qui désamorce ainsi le scandale féminin et diffuse sa trop grande énergie sous les étiquettes rassurantes de "kleptomane," "syphilitique," "hystérique," ou "nymphomane" est à replacer dans le contexte de ce dernier avatar fétichiste de "l'archi-intrigue" du scandale féminin. Ce discours permet de parler abondamment ce scandale, tout en en niant la réalité profonde.

Il est intéressant de noter que ce mouvement, retracé dans les textes, de l'abandon progressif d'une solution sacrificielle au profit de stratégies fétichistes, correspond aux conclusions de notre analyse des écrits de Freud dans le chapitre trois. Dans ce chapitre, nous avons, en effet, suivi la progression de la pensée freudienne vers une solution "fétichiste" au problème du scandale de l'énigme de la femme, une progression qui se donne d'ailleurs à lire en abyme dans le texte intitulé "Le fétichisme." De la même façon, la solution sacrificielle s'avère inefficace dans le texte romanesque parce que, en fin de compte, le modèle œdipien est un leurre. L'esthétique romanesque, en dernière analyse, confirme notre suspicion à l'égard des théories freudiennes. Finalement, il faudrait sans doute corriger la formulation de Beizer dans *Family Plots*. Ce n'est pas tant le complexe d'Œdipe qui caractérise le dix-neuvième siècle, que le processus de scandalisation qui sous-tend ce mythe de "couverture," et que les stratégies fétichistes romanesques ne cessent de trahir. Mais, quelle que soit la stratégie adoptée—expulsion sacrificielle, recouvrement fétichiste, ou combinaison des deux—, la femme scandaleuse et scandalisée est toujours victime d'une mise en intrigue qui devient complot narratif contre son principe sexuel et son énergie déviante. Avec la radicalisation du fétichisme qui marque la fin de siècle, cependant, nous atteignons les limites de l'esthétique romanesque réaliste et naturaliste dans sa représentation de la transgression féminine.

Ces considérations sur les limites du genre réaliste, dans ses relations à la thématisation du scandale féminin, nous amènent à considérer les solutions narratives proposées par les romancières. D'un point de vue strictement chronologique, notre étude est encadrée par deux textes de femmes. Effectivement, la publication d'*Indiana* précède d'un an celle de *Ferragus,* et c'est par pure commodité stratégique qu'un renversement a été effectué dans l'étude de ces deux textes initiaux. Il a semblé stratégiquement justifiable de présenter tout d'abord un texte davantage ancré dans le genre réaliste, qui est le point de référence de cette recherche, avant d'en présenter une déviation et remise en question sérieuse. Il est significatif que ces deux textes de femmes, limites de notre champ d'étude, soient aussi ceux qui s'écartent le plus résolument du réalisme. *Indiana* et *Monsieur Vénus* sont les textes qui mettent en scène le plus directement les limites du genre. Ce n'est pas un hasard si ces deux textes sont également les seuls, dans notre corpus, qui permettent la survie de l'héroïne dans l'intrigue. La survie de la femme scandaleuse signifie nécessairement une maîtrise incomplète de l'énergie déviante et du désordre, qui contaminent alors plus profondément l'esthétique. Sand déjà, mais surtout Rachilde, laissent le scandale s'insinuer dans leur esthétique plus complètement que les romanciers de la même époque. En d'autres termes, dans ces textes de femmes, la scandalisation du genre accompagne de façon ouverte la scandalisation de l'héroïne. Ces romans, en marge du réalisme, sont ceux qui exposent de la façon la plus visible la pierre d'achoppement de ce type de représentation. Le fétichisme, on l'a vu, n'est pourtant pas absent de ces textes. Cependant, la version "féminine" du fétichisme ne semble pas, au contraire, arrêter le processus de scandalisation. Il s'agit pour la romancière d'un acte d'appropriation et de perversion qui change totalement la valeur de la "solution" masculine. Ce fétichisme féminin, stratégie plus que perversion, est un scandale en soi, un scandale de plus qui restaure l'énergie féminine au sein même de l'esthétique. Ces mises en intrigue féminines représentent les versions les plus "euphoriques"[5] du texte du scandale de l'héroïne.

Mais une question demeure. Qu'advient-il donc des fictions du scandale au vingtième siècle? Il n'est guère réaliste ici d'espérer trancher cette question qui mériterait une étude séparée, mais il est cependant possible d'apporter certains éléments de réponse, d'indiquer quelques directions de recherche. Dans ce livre sont ressortis nettement les rapports étroits entre les structures de scandale, qui se retrouvent avec insistance dans l'ensemble des discours du dix-neuvième siècle—discours aussi bien politiques, juridiques ou scientifiques que romanesques—, et les conditions socio-culturelles qui forment le cadre historique de ces discours. Les fictions du scandale naissent et connaissent leur apogée dans un siècle, et dans une société scandalisée dans le cœur même de ses institutions. La fiction romanesque, par sa nature, parle le scandale qui habite la société. Seul un changement radical des paradigmes, des institutions et des discours qui gouvernent la société pourrait mettre fin aux structures de scandale qui envahissent la fiction. Pour reprendre les termes de Miller, à moins que la société elle-même n'invente une autre forme d'intrigue pour les femmes, nous ne pourrons que continuer à lire le même "texte de l'héroïne," ou alors nous ne lirons plus de romans (157–58). Il est permis ainsi de rêver un texte qui ne passerait pas par la scandalisation de la femme dans l'expression de son désir et de sa sexualité, qui ne signifierait plus la restriction de ses mouvements, et l'entrave de sa marche dans l'espace public, politique, l'espace du pouvoir. Il faudrait pour cela que la culture ait atteint un moment supérieur, ait résolu les conflits et les contradictions sociales et sexuelles qui l'ébranlent en profondeur. Malgré des progrès évidents, force nous est de reconnaître avec Miller que ce moment n'est pas encore arrivé.

De fait, notre siècle paraît plus épris que jamais de scandale. Cependant, il est possible que la fiction romanesque ne soit plus son véhicule privilégié. En effet, si l'on regarde la production littéraire romanesque depuis le début du vingtième siècle, les textes du scandale féminin semblent en perte de vitesse. Le texte proprement féminocentrique même (dans le sens où il a été défini et observé aux dix-huitième et dix-neuvième siècles) se fait rare. De façon très grossière, il semble que ce soient surtout les femmes qui, au vingtième siècle, écrivent des textes centrés sur la femme. Les romanciers semblent avoir quelque peu perdu la fascination exercée par les grandes héroïnes du roman du siècle dernier. Chez Proust, certaines figures féminines scandaleuses apparaissent, telles que Odette de Crécy, mademoiselle Vinteuil, Gilberte ou Albertine. La souffrance que ces femmes font éprouver aux personnages masculins, en particulier au narrateur, apparaît, dans *Le temps retrouvé,* comme un scandale existentiel qui détourne l'énergie créatrice de l'art, pour l'enfermer dans les complications stériles de la vie. Cette énergie doit être récupérée au niveau de l'esthétique. *À la recherche du temps perdu* est cependant loin d'être un roman féminocentrique.

Une des raisons qui expliqueraient le déclin des fictions du scandale féminin dans un siècle qui reste scandalisé, réside peut-être dans le fait que ce scandale est véhiculé autrement. Au fur et à mesure que la littérature tient moins de place dans la culture populaire, peut-être les nouveaux médias de cette culture populaire prennent-ils la relève des grands romans du dix-neuvième siècle. Les fictions du scandale seraient alors à chercher du côté d'une sous-littérature à la Guy Des Cars, ou dans le cinéma populaire. Il suffirait pour s'en persuader de considérer les récentes adaptations cinématographiques des grands romans du scandale des siècles précédents, tels que *Madame Bovary,* et *Les liaisons dangereuses,* et le succès populaire de ces films. La télévision également, avec son goût récent pour les spectacles d'actualité romancée, apparaît aussi comme une grande productrice des avatars modernes des fictions du scandale féminin.

Une exception cependant à la tendance contemporaine que nous venons d'esquisser, apparaît sans doute dans le plus célèbre roman de François Mauriac. Paru en 1927, *Thérèse Desqueyroux* est d'une facture réaliste assez classique qui le rattache aux romans du dix-neuvième siècle. L'intrigue tout entière est bien, de plus, centrée sur la notion de scandale. Accusée d'avoir tenté d'empoisonner son mari, Thérèse a bénéficié d'un non-lieu dû aux efforts conjugués de sa famille et de celle de son mari, unies dans le désir commun d'étouffer le scandale. Le mariage représente, pour la jeune femme, l'entrave, la pierre placée sur le chemin de son épanouissement physique et spirituel, et qui la précipite dans une conduite transgressive. Le scandale de sa tentative d'empoisonnement en fait, à son tour, un corps étranger rejeté par tous les lieux. Dans des pages saisissantes, Mauriac dépeint l'errance désespérée du personnage à travers la lande bordelaise. Thérèse est transformée en bête traquée par les rumeurs qui courent dans toute la région. "À Argelouse, pas un berger qui ne connût sa légende [...]. Elle n'aurait osé franchir aucun seuil; elle sortait de chez elle par une porte dérobée, évitait les maisons; un cahot lointain de charrette suffisait pour qu'elle se jetât dans un chemin de traverse. Elle marchait vite avec un cœur angoissé de gibier, se couchait dans la brande pour attendre que fût passée une bicyclette" (144–45). La jeune femme est un *skandalon* vivant, rejetée de tous les espaces dans un mouvement désespéré qui rappelle les errances d'Emma, ou de Germinie. Le récit est gouverné tout entier par le point de vue de Thérèse, mais une Thérèse pour qui son acte demeure incompréhensible. Ici, l'illisibilité du désir féminin, qui scandalisait tant les romanciers du dix-neuvième siècle, semble renvoyée à la face de l'héroïne. Elle demeure dépossédée, incapable de formuler le récit de son crime qui demeure un mystère pour elle. Ses tentatives de confession à son époux achoppent sur le mutisme et l'incompréhension obstinée de ce dernier. Cependant, son histoire n'est pas plus claire pour elle-même. Il faut en dernier recours, s'en reporter au point de vue du romancier, qu'il a soin d'exposer dans la préface. Mauriac cite en effet, en exergue, ces lignes empruntées à Baudelaire: "Seigneur, ayez pitié, ayez pitié des fous et des folles! O Créateur! peut-il exister des monstres aux yeux de celui-là seul qui sait pourquoi ils existent, comment *ils se sont faits,* et comment ils auraient pu ne pas se faire..." (5). La lecture du texte de l'héroïne est donc renvoyée à un point de vue supérieur, divin, qui, en l'expliquant, désamorce le scandale.

L'évocation de ce roman à la facture réaliste classique nous conduit à aborder une autre raison qui pourrait rendre compte du déclin des fictions du scandale dans la littérature contemporaine. De fait, dans la seconde moitié du siècle, l'orientation romanesque change de façon assez radicale, à partir, notamment des expériences du "nouveau roman" et de l'avant-garde Tel-Quellienne. Si ces romans, surtout ceux des romancières, font une part certaine aux personnages féminins, on ne peut guère dire qu'il s'agisse là de "fictions du scandale" telles que nous les avons observées, tout au moins dans leur thématique.

Ce changement s'explique peut-être en partie par l'abandon de plus en plus résolu du genre réaliste. Il est possible que le scandale ne puisse s'écrire qu'au sein du réalisme, et dans ses marges. D'une certaine façon, l'héroïne scandaleuse symbolisait la contradiction interne du genre. La thématisation de ce scandale permettait de parler cette contradiction et de l'exorciser. Une fois le "scandale" du réalisme exposé, peut-être disparaît alors la fascination de l'héroïne et de son scandale. Déjà, dans *Monsieur Vénus,* le contenu scandaleux de l'intrigue tendait à se raréfier, à se "subtiliser" à l'extrême, tandis que le scandale habitait plus résolument que jamais l'esthétique. Il est possible que cette tendance s'affirme aujourd'hui. Une esthétique scandaleuse aurait peut-être remplacé la femme scandalisée, la "légion des femmes adultères," sœurs d'Emma et de Renée. Il s'agirait alors de l'ultime récupération fétichiste de l'énergie féminine déviante au profit de l'esthétique.

L'exemple récent de *L'amant,* puis de *L'amant de la Chine du nord,* de Marguerite Duras, offre pourtant une dernière possibilité de recherche. Ces deux romans semblent représenter la résurgence du scandale dans le domaine de l'autobiographie fictive ou auto-fiction. C'est cette troisième piste que nous proposons de suivre plus avant pour refermer cette étude, ou plutôt l'ouvrir dans une autre direction. En effet, si l'époque ne permet pas encore que le désir de la femme et sa puissance de jouissance s'écrivent sans scandale, peut-être du moins est-il possible pour l'héroïne de ne pas se laisser déposséder de son texte, et même d'en jouir. Avec la publication de ces textes, Duras paraît bien aller au devant du scandale, le faire sien et l'exhiber aux yeux de tous, selon ses propres termes.

Avec la parution de *L'amant,* en 1984, la carrière littéraire de Duras a pris un virage inattendu. Sa venue à l'autobiographie, avec toutes les tendances exhibitionnistes du genre, a été vécue comme un scandale par beaucoup des lecteurs de son œuvre, et aussi par une bonne part de la critique universitaire. Pour eux, Duras prenait la voie de la facilité, tombait dans la (sous?) littérature commerciale. Il est vrai que le grand public, y compris ceux qui n'avaient jamais lu Duras avant *L'amant,* s'est jeté avec avidité sur ce texte, dans lequel une romancière célèbre et respectée révélait un si scandaleux passé d'étreintes brûlantes sous les tropiques, de transgression raciale et sexuelle à goût de détournement de mineure. Scandale du contenu donc, mais aussi de la facture esthétique, et à cause de la teneur autobiographique avouée du livre, un scandale qui rejaillit avec éclat sur l'auteur elle-même. En 1991, Duras récidive avec *L'amant de la Chine du nord.* Une fois encore, le scandale s'attache à cette publication, avec notamment la rupture éclatante de l'auteur avec Jérôme Lindon et les éditions de Minuit, et son retour chez Gallimard.[6]

La démarche de Duras, à travers l'écriture et la réécriture d'un même matériau brut, depuis *Un barrage contre le Pacifique,* en 1950, jusqu'à *L'amant,* et enfin *L'amant de la Chine du nord,* semble confirmer le mouvement spécifique de prolifération des textes, et de réécriture, qui caractérise les textes marqués par le scandale. Mais cette fois, au lieu de s'étouffer et de se détourner chaque fois davantage, le contenu scandaleux du texte s'affirme de plus en plus nettement, sa force augmente. Dans les romans antérieurs à *L'amant,* et en particulier dans *Un barrage contre le Pacifique,* le contenu sexuel de la transgression de l'héroïne, ainsi que la dimension familiale de sa conduite illicite, étaient occultés, oblitérés, pour mettre seul en valeur l'aspect social de la révolte de la jeune fille. Dans *Un barrage,* pas de frère aîné maléfique; seuls demeurent un petit frère idéalisé et une mère innocente de toute compromission, victime pure des malversations de l'administration française coloniale. La jeune héroïne reçoit bien les avances d'un chinois, monsieur Jo, mais elle n'éprouve que du mépris et du dégoût pour lui et le repousse.[7] Dans *L'amant,* éclate au contraire la dimension scandaleuse du désir d'une très jeune fille pour l'amant chinois, son rôle d'initiatrice dans les rapports amoureux, qui inverse les rôles de l'adolescente vierge et de son amant expérimenté. Le texte proclame aussi avec force la jouissance de la femme.

Parallèlement, le scandale des relations familiales se fait jour: une certaine complicité de la mère dans ce que la narratrice elle-même appelle la "prostitution" de la fille; le frère aîné violent, meurtrier, mais préféré à tout autre; et la confusion des positions familiales dans le vide laissé par la mort du père. Duras semble replacer le scandale à son origine, celle que lui assignent Deleuze et Guattari dans *L'anti Œdipe:* la cellule familiale. Duras déclare d'ailleurs, dans un entretien qui suit la publication de

L'amant, "Il y a dans la relation familiale une dimension haïssable. Nous, elle était à découvert. [...] La vocation directe, native, de la famille est une vocation animale, effrayante. On n'est pas destiné à vivre ensemble" (Le Masson 53).

Cependant, le mouvement de découverte progressive du scandale ne s'arrête pas avec *L'amant.* Duras éprouve encore la nécessité de le réécrire. "J'ai écrit quatre scénarios [de film] après le premier livre pour recouvrer ma liberté," déclare-t-elle en 1991. "*L'amant de la Chine du nord* [...] est pour moi le véritable *Amant*" (Frodon et Heyman B18). Cette version de l'histoire lui paraît la version définitive. Ce dernier texte, à la différence du précédent, se donne explicitement comme un roman. Duras l'écrit dans la préface, "Je suis redevenue un écrivain de romans" (12). Elle déclare aussi dans une interview contemporaine de la parution du livre: "L'usure de *L'amant* par le travail du script, ça a fait que j'ai eu envie de faire un roman, d'entrer dans le pays du roman. [...] J'ai vraiment fait l'amour, ça a été vécu complètement. Ça a été écrit. Et quand c'est écrit c'est que c'est fini réellement. Je pense que c'est la dernière fois que j'écrirai cette histoire." Il faut que le scandale s'écrive, et seule l'écriture romanesque, la transposition de ce scandale en matière de fiction, permet d'arrêter le processus de scandalisation qui faisait obstacle, et de le transformer en matériel utilisable. En ce sens déjà *L'amant* était une fiction. La narratrice le dit: "L'histoire de ma vie n'existe pas. [...] Il n'y a jamais de centre. Pas de chemin, pas de ligne" (14). L'auteur le confirme, "le roman de ma vie, de nos vies [existe], oui, mais pas l'histoire" (Le Masson 52). Malgré leur esthétique éclatée, ces textes romanesques conservent cependant, par leur dimension autobiographique, un ancrage dans un certain réalisme qui permet l'inscription du scandale dans toute sa force.

Mais si la fiction permet d'utiliser de façon productive l'énergie de la transgression sexuelle, cette utilisation ne passe pas ici par le détournement ou la dépossession. La romancière qui va au devant du scandale, qui le fait sien, ne semble pas chercher à le maîtriser. Dans *L'amant de la Chine du nord,* il est plus complet, plus fort que jamais. L'héroïne dit son amour et son désir pour l'amant. Elle dit aussi les relations incestueuses avec le petit frère, étale au grand jour la complicité de la mère et du frère aîné dans la commercialisation du corps de l'enfant. Mais la jouissance est aussi préservée, une jouissance sexuelle, mais aussi textuelle, qui éclate dans les deux versions de *L'amant.*

Dans les deux textes, le désir d'écrire et la venue à l'écriture sont explicitement liés à la formation d'une identité nouvelle de l'héroïne, une identité qui passe par la jouissance de la transgression des rapports avec l'amant chinois. La possibilité de l'écriture est en effet présentée comme longtemps bloquée par les rapports insupportables au sein de la cellule familiale. Ce scandale est vécu par l'héroïne de *L'amant* comme une pétrification: "C'est une famille en pierre, pétrifiée dans une épaisseur sans accès aucun" (69). Le "roman familial" dysphorique serait ainsi le premier texte du scandale. Cette "histoire" demeure longtemps une porte fermée. "Je n'ai jamais écrit, croyant le faire, je n'ai jamais aimé, croyant aimer, je n'ai jamais rien fait qu'attendre devant la porte fermée" (*L'amant* 35). Cette famille, écrit la narratrice, "c'est dans son aridité, sa malfaisance que je suis le plus profondément assurée de moi-même, au plus profond de ma certitude essentielle, à savoir que j'écrirai" (92).

Seul le texte parallèle du scandale sexuel de la relation avec l'amant permet d'enfoncer cette porte fermée, d'écrire le scandale total, profond, originel de la famille, et de le transformer en jouissance, du corps et de l'écriture. Le plaisir que l'héroïne connaît avec l'amant est sans doute ce qui la sépare le plus profondément de la mère. La mère, elle, n'a jamais connu la jouissance (*L'amant* 50). Cette jouissance dans la transgression permet à l'adolescente d'ancrer son identité en dehors du narcissisme forclos de sa relation à sa mère, en dehors des positions brouillées qui se dénouent en l'absence des interdits imposés par le père:

> Elle devient son objet à lui [l'amant], à lui seul secrètement prostituée. Sans plus de nom. Livrée comme chose [...]. Chose tout à coup inconnue, une enfant sans autre identité que celle de lui appartenir à lui, [...] sans mot pour nommer ça, fondue à lui, diluée dans une généralité pareillement naissante, celle depuis le commencement des temps nommée à tort par un autre mot, celui d'indignité. (*L'amant de la Chine du nord* 96)

Dans cette fusion naît la jouissance du scandale, entre séduction et prostitution. Cette prostitution volontaire, cette séduction, est aussi celle de l'écriture, dans le mouvement exhibitionniste et séducteur de l'autofiction.[8] Par ce mouvement d'assomption du scandale, l'écriture rejoint ce que la narratrice de *L'amant* appelle "son inconvenance fondamentale":

> Écrire, maintenant, il semblerait que ce ne soit plus rien. Quelquefois je sais cela: que du moment que ce n'est pas, toutes choses confondues, aller à la vanité et au vent, écrire ce n'est rien. Que du moment que ce n'est pas, chaque fois, toutes choses confondues en une seule par essence inqualifiable, écrire ce n'est rien que publicité. Mais le plus souvent [...] je vois que tous les champs sont ouverts, qu'il n'y aurait plus de murs, que l'écrit ne saurait plus où se mettre pour se cacher, se faire, se lire, que son inconvenance fondamentale ne serait plus respectée. (15)

Cette écriture durassienne inconvenante est une écriture du corps. Le début de *L'amant* le montre, le texte du scandale qui marque la jeune femme dès dix-huit ans se donne à lire sur les traits de son visage, "ce vieillissement a été brutal. [...] au contraire d'en être effrayée, j'ai vu s'opérer ce vieillissement de mon visage avec l'intérêt que j'aurais pris par exemple au déroulement d'une lecture" (10). Le corps revient avec insistance dans les deux textes de *L'amant* et de *L'amant de la Chine du nord.* L'inconvenance du désir et de la jouissance de la narratrice/héroïne, mise au premier plan, est la source de cette écriture qui se laisse habiter par le scandale. Cette forme d'écriture rappelle celle à laquelle Hélène Cixous appelle les femmes dans "Le rire de la Méduse." "Il faut que la femme s'écrive," dit Cixous. "En s'écrivant, la femme fera retour à ce corps qu'on lui a plus que confisqué, dont on a fait l'inquiétant étranger dans la place. [...] À censurer le corps on censure du même coup le souffle, la parole. Écris-toi: il faut que ton corps se fasse entendre" (39, 43).[9] C'est aussi, par bien des côtés, l'écriture féminine qu'évoque Irigaray dans *Ce sexe qui n'en est pas un,* une écriture libérée du carcan réaliste patriarcal.

Il faudrait se garder cependant, de vouloir suggérer, euphoriquement, que cette solution puisse être idéale. Cette notion d'une écriture du corps a été dénoncée par une partie des féministes, en particulier aux États-Unis. Pour ses détracteurs, une telle théorie de l'écriture reviendrait à enfermer de nouveau la femme dans un essentialisme semblable à celui qui depuis toujours a entravé sa marche vers la liberté.[10] Ces critiques ne peuvent pas être ignorées. Il est possible que l'écriture du corps passe encore par une forme de scandalisation de la femme. Mais du moins, peut-être est-ce une forme paradoxalement libératrice du scandale. Face à une société qui continue à orchestrer la scandalisation de la femme, il y aurait peut-être là une esquisse de solution "pratique." Écrire ainsi le désir par un scandale assumé, revendiqué, recherché, permettrait de restaurer la jouissance et redonnerait vie à la Méduse pétrifiée des fictions du dix-neuvième siècle. Pour reprendre les mots de Cixous, "Il suffit qu'on regarde la Méduse en face pour la voir: et elle n'est pas mortelle. Elle est belle et elle rit" (47).

Notes

Introduction

1. Procès de *Madame Bovary,* en annexe de l'édition Folio, Flaubert 501. Toutes les citations extraites du procès renvoient à cette édition.

2. À cet égard, il nous paraît significatif qu'une édition telle que celle de la collection Folio, Gallimard, donne en annexe du texte du roman un compte rendu du procès qui inclut le texte intégral du "réquisitoire de l'avocat impérial Ernest Pinard, qui conserve après un siècle son caractère monumental" mais omet totalement le texte de la plaidoirie de Sénard, sous prétexte qu'elle "va de soi" (Flaubert 474).

3. Remarques de Baudelaire et de Maxime Du Camp, lors du procès des *Fleurs du mal,* mais tout aussi applicables à Flaubert qui, dans une lettre ouverte à Maupassant, lors du procès de ce dernier, déclarait, "Tu seras confondu avec les messieurs hantant par luxure les pissotières! et tu t'assoiras, mon petit, sur le banc des voleurs" (Leclerc 24).

4. "Dans certains passages, Aristote parle de la création poétique comme d'une méthode de reproduction naturelle, dans d'autres il parle du mot écrit comme d'un signe arbitraire et conventionnel qui se multiplie d'une manière contre nature dans le simple processus de circulation. La première conception du langage détermine la métaphore de la paternité littéraire, la seconde celle d'une littérature usuraire et, en dernière analyse, celle de la prostitution littéraire" (Gallagher 40).

5. Leclerc souligne cet effet du procès littéraire qui lie l'auteur à son texte et à son personnage sous le signe du scandale: "[l'auteur] se constitue comme le produit immoral de son texte, fils de son œuvre indigne, à la ressemblance coupable de ce qu'il écrit" (80).

6. "Quel est le titre du roman? *Madame Bovary.* C'est un titre qui ne dit rien par lui-même" (Pinard, réquisitoire, dans Flaubert 475).

7. Sur le trajet de l'héroïne, codé en ces termes, au dix-huitième siècle, voir Miller.

8. Ce recours à l'étude du *skandalon* par Girard pour éclairer une problématique du scandale centré sur le féminin, s'inspire de la démarche de Schor, dans son chapitre sur *L'ensorcelée,* de Barbey d'Aurevilly, dans *Breaking the Chain.*

9. Le danger de contagion par l'exemple est l'une des idées centrales du réquisitoire du procureur Pinard (Flaubert 487–88).

10. Publié en anglais. Toutes les traductions sont les miennes.

11. "Mais quiconque scandalise un de ces petits qui croient en moi, il lui vaudrait mieux qu'on lui pendît une meule d'âne au cou, et qu'on le jetât au fond de la mer. Malheur au monde à cause des scandales; car il est nécessaire qu'il arrive des scandales; toutefois malheur à l'homme par qui le scandale arrive! Que si ta main ou ton pied te font broncher [sont pour toi une occasion de chute], coupe-les et jette-les loin de toi; car il vaut mieux que tu entres boiteux ou manchot dans la vie, que d'avoir deux pieds ou deux mains et d'être jeté au feu éternel. Et si ton œil te

fait broncher, arrache-le et jette-le loin de toi, car il vaut mieux que tu entres dans la vie, n'ayant qu'un œil, que d'avoir deux yeux, et d'être jeté dans la géhenne du feu. Prenez garde de mépriser aucun de ces petits..." (Matth. 18.6–10, voir aussi Marc 9.42–51 et Luc 17.1–2).

12. "Alors Jésus leur dit: Vous serez tous cette nuit scandalisés à cause de moi; car il est écrit: Je frapperai le berger, et les brebis du troupeau seront dispersées" (Matth. 26.31, voir aussi Marc 14.27).

13. Pour Détienne, la science des mythes s'instaure, au dix-neuvième siècle, sous le signe du scandale, un scandale provoqué par les atrocités et indécences que les mythologues découvrent dans la mythologie de la Grèce antique, pourtant considérée comme un modèle de civilisation. Il montre que ce scandale colore le discours de la "science" naissante, "si bien que la mythologie, en son double registre, semble se constituer comme un effet de scandale" (18).

14. Voir aussi l'exemple suivant: "Les femmes mariées ne doivent pas se tenir fort longtemps à l'église, ni se donner à plusieurs exercices de dévotion, si leurs maris prennent là occasion de se fâcher, de jurer, ou de commettre quelque autre péché, ou si l'éducation de leurs enfants se trouve négligée, ou la conduite de leurs domestiques abandonnée, les maris étant occupés à leur commerce ou aux affaires du dehors" (Pierrot, "scandale," *Dictionnaire de théologie morale*).

15. Italiques dans le texte. Une traduction semi-littérale donne: "Qui représentent des femmes aux seins excessivement dénudés; 8. Les femmes et les jeunes filles elles-mêmes qui exposent des nudités excessives des seins et des épaules."

16. C'est l'ensemble de cette cristallisation symbolique qui distingue bien le discours théologique du scandale du milieu du dix-neuvième siècle, de ce qu'il deviendra un siècle plus tard. En effet, l'examen du *Dictionnaire de théologie catholique* de 1939 révèle la même préoccupation à l'égard de la propagation du mauvais exemple, un même souci de définir les multiples subdivisions du problème et une casuistique tout aussi savante, mais cette conjonction entre production esthétique, textualité et féminité a cessé d'occuper le devant de la scène.

17. Un phénomène quasiment identique se retrouve dans le cas VII du *Dictionnaire des cas de conscience.* Ce cas, présenté entièrement en latin, discute la question de savoir si un mari a le droit de toucher sa femme, d'avoir à son égard un comportement ouvertement sexuel, en présence de témoins qui de plus ignorent qu'elle est sa femme.

18. Pour une discussion détaillée du rôle des femmes dans l'évolution du roman depuis ses origines, et du caractère féminocentrique du roman, particulièrement au dix-huitième siècle, voir May 204–45.

19. S'il est permis de donner ici, ainsi que dans le reste de cette étude, à ce terme le double sens de "frappée par le scandale" et "victime d'un effet de scandale qui la rend à son tour scandaleuse."

20. "Ensemble des événements qui forment le nœud d'une pièce de théâtre, d'un roman, d'un film" (*Petit Robert*).

21. En français, les quatre champs sémantiques dégagés par Brooks correspondent aux concepts suivants: 1. terrain, lotissement, 2. plan, carte, ou diagramme, 3. intrigue au sens littéraire, 4. conspiration, complot. Il est à remarquer que, bien qu'il ne recouvre pas le sens physique et géographique de "plot," le mot français *intrigue* lie néanmoins aussi les notions de "scénario narratif" et de "machination secrète" (11–12).

Première partie
Un siècle scandalisé

Chapitre un
Modernisme, modernité et scandale

1. "That radicalized consciousness of modernity" (Habermas 4).

2. "Les hommes commencent tout juste à faire l'expérience de la vie moderne. Ils ont du mal à saisir ce qui leur arrive. À demi aveugles, ils tâtonnent désespérément pour trouver un vocabulaire adéquat" (Berman 16–17).

3. Pour Berman, l'utilisation même du terme de post-modernité est un symptôme de cette radicalisation de la pensée moderne qui a perdu conscience de ses origines. "[La mystique du post-modernisme] s'efforce de cultiver l'ignorance de l'histoire et de la culture modernes. À l'écouter on croirait que tous les sentiments humains, toute la force expressive et ludique, toute la sexualité et la communauté humaines viennent juste d'être inventés—par les post-modernes—et étaient inconnus et même inconcevables avant la semaine dernière" (33).

4. Nous aurons l'occasion de revenir plus longuement sur cette question de l'émergence de la psychanalyse considérée comme la formulation ultime de la scandalisation du siècle, et du détournement de ce scandale sur la femme, dans le chapitre trois.

5. Grâce à ces notions de "modernisation" et "modernisme," Berman établit une distinction entre les phénomènes objectifs de transformation physique des conditions de vie entraînés par les développements de l'industrie, de la science et de la technologie, et les visions subjectives qui naissent de l'expérience de la vie au cœur de ce tourbillon: "Ces processus historiques [de modernisation] à l'échelle mondiale ont nourri un nombre extraordinaire de visions et d'idées qui visent à faire des hommes et des femmes les sujets aussi bien que les objets de la modernisation, à leur montrer comment sortir du tourbillon et se l'approprier. Au cours du siècle dernier, ces visions et ces valeurs ont peu à peu été regroupées, grossièrement, sous le nom de 'modernisme'" (16).

6. Pour emprunter le titre de l'ouvrage de Benjamin sur Baudelaire.

7. L'étude de Pollock se centre sur la peinture, mais son analyse dépasse largement ce cadre, et ses conclusions sont éclairantes pour l'ensemble de la représentation artistique de la seconde moitié du dixneuvième siècle. Pollock part de l'hypothèse que l'essai de Baudelaire,

"le peintre de la vie moderne," "dessine une carte parisienne, une représentation de Paris comme ville des femmes [...] [qui] compose un itinéraire sexualisé que l'on peut mettre en corrélation avec la pratique impressionniste." À l'aide des catégories baudelairiennes, ainsi mises en rapport avec la peinture de l'époque, elle propose une grille qui dégage les espaces féminins dans les "territoires érotiques" de la modernité. Ainsi, les loges des théâtres et les parcs sont les espaces des "dames" accompagnées (débutantes, jeunes femmes de la haute société, mères de famille, enfants et familles élégantes). En revanche, les coulisses des théâtres, les cafés, les "folies" et les bordels sont les espaces des "femmes perdues" ("fallen women"), comprenant les danseuses, les maîtresses et femmes entretenues, les courtisanes et autres prostituées (73–80).

8. Une réflexion de Benjamin, citée en note de l'édition du *Baudelaire,* est particulièrement révélatrice de cette logique: "Schéma de l'intropathie. Il est double. Il comprend l'expérience vécue (Erlebnis) de la marchandise, et l'expérience vécue du client. L'expérience vécue de la marchandise est l'intropathie avec le client. La virtuose de cette intropathie est la prostituée. L'expérience vécue du client est l'intropathie avec la marchandise. L'intropathie avec la marchandise est l'intropathie avec le prix (valeur d'échange). Baudelaire était un virtuose de cette intropathie. Son amour pour la prostituée en représente l'accomplissement" (262).

9. Voir également: "la femme est le contraire du dandy. Donc elle doit faire horreur" (Baudelaire, *Mon cœur mis à nu,* V [p. 77]).

10. Selon la périodisation établie par Goldmann dans *Pour une sociologie du roman.* Goldmann distingue quatre périodes dans la montée du capitalisme: les débuts du capitalisme aux dix-septième et dix-huitième siècles, en France, le capitalisme libéral (au dix-neuvième siècle), le capitalisme des trusts et monopoles (correspondant à la première moitié du vingtième siècle), et enfin, à l'époque contemporaine (à partir de la seconde guerre mondiale), le capitalisme organisationnel des grandes sociétés multinationales.

11. Wolff et Pollock soulignent d'ailleurs la disparition graduelle au dix-neuvième siècle de l'entreprise familiale où la femme avait jusque-là accès, bien que de façon marginale, à la gestion d'un capital (Wolff 43; Pollock 67).

12. L'essentiel des recherches de Marx ont en effet été conduites en France, et, comme le remarque justement Benjamin dans son *Baudelaire,* constituent un témoignage essentiel sur la société française du milieu du siècle.

13. Berman s'oppose à la tradition critique qui voit en Marx un témoin essentiel de la "modernisation" économique et politique de l'Europe, mais refuse de considérer sa pensée comme participant de la conscience moderniste qui caractérise l'époque. Pour Berman, Marx est tout autant un penseur de la culture et de la conscience moderniste que les autres figures marquantes de sa génération—Baudelaire, Flaubert, Wagner,

Kierkegaard et Dostoevsky—qui sont généralement considérés comme les pères de cette conscience moderniste. Voir à ce sujet le chapitre intitulé "Marx, Modernism and Modernization" (particulièrement 88–90 et 120–22). Dans son premier chapitre de *Marx and Modern Fiction* ("On the Anatomy of Civil Society"), Ahearn donne de son côté une vision d'ensemble des principaux concepts et thèmes marxistes dans leur relation organique au contenu et à la forme esthétique des textes romanesques contemporains des études de Marx. Il démontre ainsi que, loin de trouver dans ces thèmes une vision réductrice des œuvres littéraires, une étude approfondie des textes de cette époque ne saurait, au contraire, faire l'économie d'un tel rapprochement. Toute notre analyse du désir féminin, replacé, dans ce chapitre, dans son contexte socio-économique et marxiste, trouve son inspiration et sa confirmation dans les analyses de Ahearn. Cette problématique du désir est inséparable du contexte de la création de besoins et de désirs matériels au sein de l'économie capitaliste.

14. Pour ne citer que deux exemples parmi les plus marquants: Schor, *Breaking the Chain,* et Kelly, *Fictional Genders.*

15. "Il n'est qu'une seule libido, laquelle se trouve au service de la fonction sexuelle tant mâle que femelle. Si, en nous fondant sur les rapprochements conventionnels faits entre la virilité et l'activité, nous la qualifions de virile, nous nous garderons d'oublier qu'elle représente également des tendances à but passif. Quoi qu'il en soit, l'accolement de ces mots 'libido féminine' ne peut se justifier" (Freud, "La féminité" 172–73). Le mouvement contradictoire est ici évident: une libido "féminine" est impensable. Le désir ne saurait être que masculin. Freud donne ici une formulation claire à ce que Kelly retrace dans ses études des textes romanesques du siècle, et qu'elle appelle "l'appropriation masculine des droits au désir" (6).

16. Le titre joue sur la réponse traditionnelle du client ou de la cliente au vendeur qui lui demande ce qu'il ou elle désire.

17. Pour Girard, il ne saurait y avoir de désir authentique à l'époque moderne, tout désir vécu comme authentique étant toujours-déjà médiatisé, subordonné à une relation mimétique (*Mensonge romantique*).

18. Les textes essentiels de Freud sur ce sujet sont: "Pour introduire le narcissisme" (1914), et "La féminité" (1935).

19. Pour une étude complète de cet aspect de la question, voir Goux, *Freud, Marx: Économie et symbolique,* et *Les monnayeurs de langage.*

20. Marx écrit en effet: "il est évident que l'on fait abstraction de la valeur d'usage des marchandises quand on les échange et que tout rapport d'échange est même caractérisé par cette abstraction" (*Le capital* 14). Pour Irigaray, le passage des femmes de leur valeur "naturelle" à une valeur sociale, peut s'exprimer exactement dans les mêmes termes, et constitue leur "devenir" et "inaugure [pour elles] l'ordre symbolique" (*Ce sexe* 180–84). Ce passage peut d'ailleurs être rapproché du "devenir femme" essentiel, selon Freud, au développement sexuel et social de la fillette.

21. Pour une analyse complémentaire de la façon dont les idées d'Irigaray sur l'économie homosexuelle de la société patriarcale s'articulent par rapport aux écrits de Marx, voir Ahearn 15–16.

22. Voir en particulier les analyses de Michelet dans *La femme*. Ces configurations seront analysées plus en détail dans le chapitre trois.

23. Cette expression fait référence au texte d'Irigaray: "Des marchandises entre elles" (*Ce sexe* 189–93), dans lequel Irigaray critique l'interprétation freudienne qui fait de l'homosexualité féminine une conduite masculine, la simple appropriation par la femme des mécanismes masculins du désir. Voir en particulier cette notation suggestive en fin de texte: "Et si les 'marchandises' refusaient d'aller au marché? entretenant entre elles un 'autre' commerce?" (193).

Chapitre deux
Autour du roman

1. Malgré la diversité des approches, les critiques s'accordent en général pour souligner les rapports étroits et conflictuels qui lient, au dix-neuvième siècle, l'esthétique réaliste et la famille. Beizer, par exemple, fait des remarques très similaires à celles de Tanner dans son *Family Plots*. Voir, en particulier, l'introduction (1–12).

2. Bersani, "Le réalisme et la peur du désir," dans Barthes et al. 58–59. Cet article, traduction d'un chapitre de *A Future for Astyanax,* a été repris dans l'ouvrage collectif *Littérature et réalité.* Pour plus de commodité, nos références dans ce chapitre renvoient à cette dernière édition du texte de Bersani.

3. Kelly 82–83. Kelly examine en détail les configurations de la bonne et de la mauvaise mères dans plusieurs romans, comme *Le lys dans la vallée* et *La cousine Bette.* De son côté, Schor remarque que dans la fiction du dix-neuvième siècle, le désir de la mère est souvent puni par la mort (ou la menace de mort) de ses enfants (*Breaking the Chain* 39).

4. À ce sujet, voir aussi Tanner 97.

5. Toutes les arrestations précédentes du marquis concernaient des scandales vécus, et non du domaine de la fiction. Sur cette affaire, voir aussi Lever, en particulier le chapitre 26, "Charenton" (585–618).

6. Selon Leclerc, "c'est sur cet inepte fonds de bibliothèque primé par les institutions littéraires officielles qu'il faut lire les grands livres condamnés" du siècle (30).

7. Leclerc avance cette hypothèse: "À ce stade une mauvaise pensée nous vient: peut-être le personnel dont la mission est de surveiller la presse et les livres au ministère de l'Intérieur et de la Justice ne lit-il que le journal, par paresse, inculture, surcharge, que sais-je? [...] Voilà pourquoi le censeur peut limiter ses lectures au journal: il y trouvera bien le fragment d'un livre à poursuivre, ou bien un article qui dénonce ce livre" (69–71).

8. *De l'amour,* cité par Fauchery 854.

9. Sur cette question des pseudonymes, voir Bellet, "Masculin et féminin dans les pseudonymes des femmes de lettres au dix-neuvième siècle," dans *Femmes de lettres au dix-neuvième siècle: Autour de Louise Colet* (249–81).

10. Bellet, "Masculin et féminin," dans *Femmes de lettres* 276–77.

11. Voir Freud, "La féminité": "On pense que les femmes n'ont que faiblement contribué aux découvertes et aux inventions de l'histoire de la civilisation. Peut-être ont-elles cependant trouvé une technique, celle du tissage, du tressage" (174).

12. Cité par Bellet, "La femme dans l'idéologie du Grand Dictionnaire Larousse" (dans *La femme* 27).

13. François Marotin souligne, quant à lui, un autre côté de la face scandaleuse de la femme écrivain: "être une femme de lettres, c'était donc le signe d'une impureté symbolisée par la tache d'encre. C'était aussi se situer dans la lignée scandaleuse de Sapho" ("Le 'Petit Journal' et la femme en 1865," dans Bellet, *La femme* 99).

Chapitre trois
Science et mythologie du scandale

1. En ce sens, l'exemple de la mythologie, tel que l'examine Détienne, est particulièrement intéressant. La confrontation directe de la science et de la mythologie offre une mise en abyme des mécanismes à l'œuvre dans les autres sciences. La contagion du scandaleux y est rendue manifeste dans le terme même de *mythologie,* qui désigne à la fois le sujet et l'objet du discours scientifique, à la fois l'ensemble des mythes et la science de l'interprétation de ces mythes: "la mythologie est pour nous un lieu sémantique qui fait s'entrecroiser deux discours dont le second parle du premier et relève de l'interprétation" (Détienne 3).

2. Bernheimer consacre tout un chapitre de son livre à l'étude de Parent-Duchâtelet ("Parent-Duchâtelet: Engineer of Abjection" [8–33]). Ses analyses offrent une vue complémentaire de l'interprétation présentée ici.

3. Ce très long ouvrage de 1200 pages a été réédité dans une édition abrégée présentée par Corbin. Sauf indication contraire, les citations de l'ouvrage de Parent-Duchâtelet dans ce chapitre renverront à cette nouvelle édition.

4. Le texte de cette édition originale a été repris sous le seul nom de Lombroso, par les éditions Jérôme Millon.

5. Les italiques, dans cette citation, ainsi que dans les suivantes, sont dans le texte original de Parent-Duchâtelet.

6. Pour une analyse détaillée du réglementarisme de Parent-Duchâtelet et du mouvement historique de mise en place, échec et remise en question du système au cours du siècle, voir Corbin, *Les filles de noce.*

7. Voir en particulier la conclusion de l'ouvrage (203–04) et les analyses de Bernheimer (16, 24 et 28).

8. Ainsi, dans le bordel idéal, Parent-Duchâtelet préconise d'installer des panneaux vitrés afin que les agents du service des mœurs puissent contrôler ce qui se passe dans les chambres, et surtout veiller "à ce que chaque femme *ait une chambre particulière entièrement distincte de celles des autres.*" De même, il interdit "dans les maisons publiques les *recoins cachés,* les *cabinets noirs* et même les *coffres* ou *armoires* d'une capacité suffisante pour y cacher quelqu'un" (144). Une fois de plus, il s'agit d'éviter le mélange, et surtout le commerce des filles entre elles, et des clients entre eux.

9. Voir aussi l'analyse de l'essai de Freud, "Pour introduire le narcissisme," par Kofman. Ce qui est scandaleux dans le narcissisme féminin, c'est l'indépendance, l'impénétrabilité de la femme, que Kofman n'hésite pas à relier à la notion d'inquiétante étrangeté (*Unheimlichkeit*): voir son chapitre "La femme narcissique" (60–76).

10. "Ici ce sont les femmes elles-mêmes qui sont devenues des expertes en sémiotique, se servant de leur virtuosité pour ne rendre leur disponibilité lisible qu'aux clients de leur choix. [...] Elles se servent délibérément de l'indécidabilité féminine comme d'une stratégie pour limiter et enrayer l'autorité masculine" (Bernheimer 27).

11. Par le terme de *proxénète,* Parent-Duchâtelet désigne exclusivement des femmes, le plus souvent des "marchandes à la toilette," qui font office d'entremetteuses.

12. En ce sens, l'opinion de Corbin, dans sa présentation du texte de Parent-Duchâtelet, peut paraître contestable. Selon lui, en effet, l'hygiéniste conserve une "distance qui épure l'écriture. Son style ne cède que très rarement à la véhémence, jamais à l'indignation; il conserve sa linéarité, même quand le sujet suscite l'épouvante" (*La prostitution* 25). Il nous semble au contraire que dans plusieurs circonstances, le style lui-même est atteint par l'effet de scandale qui le fait parler.

13. C'est ici la géographie de la modernité urbaine, telle que nous l'avons précédemment définie, qui détermine la scandalisation de la femme honnête égarée dans les espaces de la prostitution.

14. Cependant, il faut noter que Parent-Duchâtelet reconnaît cet échec. Plus tard, Lombroso, lui, refusera de se rendre à l'évidence et fera "parler" les organes génitaux des prostituées.

15. Corbin ne manque pas de noter "l'angoisse profonde" de Parent-Duchâtelet à cet endroit (*Les filles de noce* 209–10nn14 et 16). Nous aurons l'occasion de revenir plus loin sur le scandale représenté par l'homosexualité féminine à cette époque.

16. Pour plus de commodité, nous adopterons les abréviations suivantes: A, pour *L'amour;* F, pour *La femme.*

17. Michelet fait référence à Geoffroy Saint-Hilaire et Serres qui "créèrent l'embryogénie," Baër, puis Négrier, Coste, et enfin Pouchet, pour le développement de l'ovologie.

18. Michelet tente de contourner ce scandale par son adoption de la théorie (également épousée par Zola) de la première impression qui veut

que la femme soit à jamais marquée par le premier homme qui la possède, au point que "la veuve donne fréquemment au second époux des enfants qui ressemblent au premier" (A 17). Il s'agirait alors d'une réinscription du texte masculin sur le texte brouillé et illisible de la filiation par la femme. La même volonté de recouvrement sémiotique se fait jour dans l'affirmation du fait que, sous l'influence de "l'imprégnation morale" du mariage, l'écriture de la femme change et "se rapproche peu à peu de celle du mari" (A 452). Ces théories de l'impression apparaissent presque comme une résurgence poétique chez ce fils d'imprimeur qu'est Michelet.

19. Jean-François Tetu, "Remarques sur le statut juridique de la femme au dix-neuvième siècle" (Bellet, *La femme* 10–11).

20. Moreau rappelle que Michelet avait pour projet d'inclure dans *La femme* un chapitre sur les devoirs du mari, dont l'un était de faire jouir sa femme. Ce chapitre, refusé par l'imprimeur, s'est vu peu à peu totalement effacé du texte final. Il n'en reste qu'une brève note, très allusive, en fin d'ouvrage (F 352; Moreau, préface, F 15). La jouissance de la femme est le scandale suprême qui ne peut exister dans le texte sans en faire un objet de scandale lui-même. Ce mouvement de rejet rappelle d'ailleurs les efforts de Parent-Duchâtelet pour rendre la conduite de la prostituée aussi proche que possible de celle de la femme bourgeoise. Selon Corbin, son idéal est celui de prostituées "moniales, bonnes 'travailleuses,' mais automates et surtout mauvaises jouisseuses" (*Les filles de noce* 25).

21. Voir Jean Borie, "Une gynécologie passionnée" (Bellet, *La femme*), qui lie ce phénomène à l'expérience biographique de Michelet avec sa jeune femme, Athénaïs, inspiratrice des deux ouvrages.

22. Ce phénomène de médicalisation, au lieu d'une criminalisation de la femme, se retrouve aussi dans la volonté de maintenir l'arbitraire des sanctions pénales encourues par la prostituée à l'intérieur du système réglementariste. Comme le rappelle Corbin, il s'agit, pour Parent-Duchâtelet, d'"endiguer, contenir, canaliser les excès d'une manière efficace par l'arbitraire administratif en dehors de toute intervention du pouvoir judiciaire" (*Les filles de noce* 36). La surveillance médicale des filles s'avère beaucoup plus efficace pour conjurer le scandale de la prostitution. Ce manque de confiance en le pouvoir judiciaire s'accorde aussi avec le lien souligné par Girard entre scandalisation et affaiblissement de la loi.

23. Voir à ce sujet: Jean-Pierre Peter, "Les médecins et les femmes" (Aron 79–85).

24. Les filles "en numéro" (ou "à numéro") sont les prostituées qui travaillent en maison close, et dont les noms sont inscrits sur le registre de la tenancière (Corbin, *Les filles de noce* 55).

25. À ce sujet, voir aussi bien sûr le roman de Zola, *Au bonheur des dames.*

26. Il ajoute plus loin que la sexualité libérée est considérée à l'époque comme "une menace pour la famille, la fidélité des femmes, la virginité

des filles, la pureté du sang et de la race" (Corbin, *Les filles de noce* 47).

27. La syphilis est souvent associée métaphoriquement à la variole (glissement de la grande à la petite vérole), qui rend plus visible la souillure. Voir en particulier la marquise de Merteuil à la fin des *Liaisons dangereuses,* et la mort de Nana dans le roman de Zola.

28. La discontinuité historique introduite par la Révolution, ainsi que le meurtre symbolique du père de la nation, déterminent en effet une angoisse profonde vis-à-vis de la question des origines, de la filiation, de l'héritage, de la généalogie, et de l'hérédité. Beizer lie cette préoccupation centrale à l'intérêt de la science pour la découverte du passé. En particulier, le développement de la paléontologie, de la biologie moderne, de l'archéologie, de l'anthropologie, mais aussi de l'étymologie, de la philologie et de la psychanalyse, témoigne de ce même besoin de recouvrer les origines (*Family Plots* 2–10).

29. Foucault remarque également qu'à l'époque, "l'analyse de l'hérédité" et "la théorie de la 'dégénérescence'" placent le sexe "en position de 'responsabilité biologique' par rapport à l'espèce" (*La volonté de savoir* 156).

30. Schopenhauer, en particulier, écrivait en 1851, dans son "Essai sur les femmes," que les femmes "demeurent toute leur vie de grands enfants, une sorte d'intermédiaire entre l'enfant et l'homme" (*Pensées* 130). Il remarque aussi leur caractère simiesque. Le langage froid et raisonné de la science permet de cautionner celui du philosophe, au ton beaucoup plus ouvertement scandalisé.

31. Ceci rappelle évidemment la femme de Michelet dont la faiblesse constitutive détermine l'"obstacle" qui entrave son apprentissage intellectuel des matières réservées à l'homme, et explique que, malgré ses efforts, "souvent, elle n'a pas compris du tout, ou compris tout autre chose" (A 171).

32. Ainsi les travaux de Vogt, cités par Darwin. Il s'agit à tout prix de rétablir les différences. Dijkstra note d'ailleurs que Vogt et Darwin se réfèrent l'un à l'autre de façon circulaire pour appuyer leurs "découvertes" sur l'infériorité de la femme, et les fonder de façon "scientifique." Ultime mouvement d'une science scandalisée, que le *skandalon* de la femme a fait dérailler, et qui tourne en rond.

33. Ces caractéristiques du scandale féminin sont précisément celles qui obscurcissent la lecture du type et font obstacle au recouvrement sémiotique de l'anthropologie. "La précocité et l'aspect viril sont deux caractères qui sont plus particuliers à la femme criminelle et qui trompent davantage dans la désignation du type" (Lombroso 289). Ainsi, la jeune criminelle ne paraît pas monstrueuse, car elle ressemble à un homme mûr normal.

34. C'est également pour cette raison que la femme scandaleuse apparaît aussi très souvent au dix-neuvième siècle comme une androgyne, un sphinx moitié mâle, moitié femelle. Comme l'explique Bernheimer, la sphinge est à la fois castrée et phallique (249).

35. Lombroso ne manque pas d'ailleurs de citer intégralement Parent-Duchâtelet au sujet des tribades.

36. La mobilité géographique de l'hystérique, incapable de rester en place et effectuant des "voyages continuels," lui fait rejoindre la prostituée, comme envers scandalisé du flâneur et de l'étranger, qui eux, peuvent circuler librement dans les territoires de la modernité.

37. "J'ai trouvé en moi, comme partout ailleurs, des sentiments d'amour envers ma mère et de jalousie envers mon père, sentiments qui sont, je pense, communs à tous les jeunes enfants. [...] S'il en est bien ainsi, on comprend [...] l'effet saisissant d'*Œdipe roi.* [...] Chaque auditeur fut un jour en germe, en imagination, un Œdipe..." (Freud, *Naissance de la psychanalyse,* lettre 71).

38. La faute de Laïos est qu'il enlève et viole le fils de son hôte, entraînant le suicide du jeune homme. Laïos commet ensuite une seconde faute en engendrant Œdipe, en dépit de l'ordonnance des Dieux, qui lui ont interdit de procréer.

39. Jakob Freud aurait caché l'existence d'une seconde femme, Rebecca, épousée après la mort de sa première femme, et avant ses noces avec la mère de Sigmund. Jakob semble aussi avoir menti sur la date de naissance de Sigmund, qui aurait en réalité été conçu avant le mariage de ses parents, peu de temps après la mystérieuse disparition de Rebecca (Balmary 53–62).

40. Cette initiation, suivie plus tard de l'interdiction de cette même activité par la mère, est l'un des facteurs qui contribuent à détourner la petite fille de sa mère et à transformer son attachement pré-œdipien à celle-ci en véritable haine (Freud, "La féminité" 162).

41. Dijkstra note la liaison de la masturbation féminine, dans l'imaginaire du siècle, au narcissisme pervers de la femme, à l'homosexualité, mais aussi à la nymphomanie, et à la bestialité chez la femme (66–81, 249–50, 297–308).

42. L'angoisse de perdre son membre, et la peur que le père le punisse ainsi de son désir rival pour la mère, le font renoncer à l'attachement œdipien à la mère.

43. S'il est vrai que l'on peut considérer le complexe d'Œdipe comme la clef de voûte de la psychanalyse freudienne, il n'est pas moins vrai que cette théorie apparaît aujourd'hui comme l'une des plus controversées de l'héritage freudien. Même dans les écrits de lacaniens convaincus, comme Felman, l'on peut détecter quelque embarras à l'endroit du fameux "complexe" (Felman, *Jacques Lacan and the Adventure* 99–159). Si l'on se tourne du côté de la critique féministe, la formulation freudienne du complexe d'Œdipe constitue un scandale pur et simple. Cependant le phénomène de contagion et de renversement continue encore, ce sont nous, les lecteurs et surtout les lectrices, scandalisés qui disséminons le scandale par nos questions impertinentes (notre volonté de "tirer les choses au clair"), et nos interprétations scandaleuses des textes. En ce sens, l'interprétation féministe de la psychanalyse ne peut guère échapper à la "séduction" scandaleuse du père.

44. Ils proposent à la place une sexualité anœdipienne de type schizophrène, faite d'objets-partiels, et de "machines désirantes," qui "fait sauter la généalogie œdipienne" (Deleuze et Guattari 92).

45. "Œdipe nous dit: si tu ne suis pas les lignes de différenciation, papa, maman, moi, et les exclusifs qui les jalonnent, tu tomberas dans la nuit noire de l'indifférencié" (Deleuze et Guattari 93).

46. "[Le fétichiste] a conservé cette croyance, mais il l'a aussi abandonnée." Il maintient un compromis entre "le poids de la perception non souhaitée et la force du contre désir" (Freud, "Le fétichisme" 135).

47. Bien que tous deux affirment la faiblesse constitutive de la femme, Parent-Duchâtelet reconnaît du moins que la misère est la cause immédiate première de la prostitution, et Michelet, de son côté, décrit les obstacles que la société oppose à l'ouvrière ou à la femme de lettres qui tente de gagner sa vie indépendamment de l'homme: "l'itinéraire exact, le livre de route d'une pauvre femme de lettres, le relevé des péages, octrois, taxes de barrières, droits d'entrée, etc., qu'on exige d'elle pour lui permettre quelques pas; l'aigreur, l'irritation que sa résistance lui crée tout autour, de sorte que tous l'environnent d'obstacles, que dis-je? d'obstacles meurtriers" (F 70).

Deuxième partie
Le texte scandalisé

Chapitre quatre
Balzac, *Ferragus* (1883):
De la pierre de scandale à la pierre funéraire

1. Le texte de *Ferragus* semble d'ailleurs comporter plusieurs courtes "physiologies" insérées dans la trame du texte. Ainsi, le passage sur les différents types de piétons un jour de pluie, ou celui sur le concierge du Père-Lachaise pour n'en citer que deux (ce caractère hétérogène du texte, formé de "pièces rapportées," est d'ailleurs souligné dans l'introduction 44). Le texte comporte en outre de multiples affirmations d'une prétendue correspondance transparente liant la ville à ses habitants. Ainsi: "À Paris, les différents sujets qui concourent à la physionomie d'une portion quelconque de cette monstreuse cité, s'harmonisent admirablement avec le caractère de l'ensemble. Ainsi le portier [...], il est toujours conforme au quartier dont il fait partie, et souvent il le résume" (121). La femme honnête, elle, ne "résume" pas la rue Soly, et constitue donc un scandale textuel, aussi bien que géographique.

2. "Malgré la loi, le père mourant, avec l'aide de douze amis, a rendu à l'époux affligé les cendres de sa chère fille."

3. Cette disparition rappelle d'ailleurs la façon dont on dispose du cadavre de la duchesse de Langeais, à la fin de la partie de *L'histoire des treize* qui porte son nom; après le feu, l'eau...

Chapitre cinq
Sand, *Indiana* (1832): "Un rude casseur de pierres"

1. À Laure Decerfz en juillet 1832. *Correspondance* 2: 120, italiques dans le texte. À cette époque Sand n'a pas encore abandonné définitivement le "s" final du prénom masculin, bien qu'elle ne fasse pas mention de ce "s" dans son récit de la création de son pseudonyme pour la publication d'*Indiana* (voir *Histoire de ma vie* 4: 106–07). Selon ses biographes, cet abandon s'est fait progressivement.

2. Sur la question du discours préfaciel à propos d'*Indiana,* voir Van Rossum-Guyon.

3. Selon Schor, cette "première génération" est représentée en particulier par Leslie Rabine ("Female Fetishism" 308n6).

4. Sur la signification de l'esthétique idéaliste de George Sand, et ses rapports au réalisme balzacien, voir Schor, "Idealism in the Novel: Recanonizing Sand," article repris dans *George Sand and Idealism.* Selon Schor, *Indiana* porte les "traces de la difficile émergence de l'idéalisme sandien à partir de la matrice du réalisme balzacien" (*George Sand* 51). On connaît par ailleurs la réaction de Delatouche lisant les premières pages du roman, et s'écriant à chaque page: "Allons! c'est un pastiche; école de Balzac!" avant de reconnaître plus tard, ayant lu l'ensemble du roman, l'originalité de la manière de la romancière (Sand, *Histoire de ma vie* 4: 148).

5. Pour emprunter le titre d'une des nouvelles des *Diaboliques,* de Barbey d'Aurevilly.

6. Cette dernière question est en partie rhétorique, étant donné les implications idéologiques de la sexualisation des genres à l'époque. Schor fait ressortir très clairement ces implications en montrant comment l'opposition idéalisme/réalisme, qui se donne comme naturelle dans les textes de l'époque, se déconstruit. En particulier, elle fait apparaître réalisme et idéalisme comme les deux pôles d'un même parti pris de représentation du réel par hyperbole, le réalisme devient alors une sous-catégorie de l'idéalisme, qui est a priori asexué. "La féminisation du mode idéaliste est produite par la superposition de la différence des sexes et d'une différence au sein de l'idéalisme" (*George Sand* 42). Cependant, bien que cette sexualisation soit purement historique et contingente, elle n'en est pas moins fort réelle en 1832. On ne peut échapper à la question de ce que représente pour une femme à cette époque le choix d'une esthétique codée en termes masculins.

7. Rabine montre que Sand ne peut pas représenter les femmes en position de sujet dans le roman. Indiana et Noun ne sont que les lieux où les regards masculins se croisent. Le point de vue du narrateur, dans les descriptions, suit le plus souvent celui des personnages masculins: Delmare, sir Ralph ou Raymon. Pour Naginski, l'utilisation par Sand de narrateurs masculins, loin de représenter une trahison de son sexe,

s'inscrit dans un souci de préserver une vision double. En effet, malgré leurs discours parfois misogynes, ces narrateurs font preuve d'une sympathie et d'une attention toutes particulières à l'endroit des questions et préoccupations féminines. Elle voit dans cette dualité du narrateur la manifestation d'une stratégie esthétique du déguisement consciemment assumée ("a veritable and open 'commitment to disguise'" [25]) liée à l'expérience du port de vêtements masculins dans la vie de l'auteur, ainsi qu'à la fréquente mise en représentation dans son œuvre du thème du travesti, et qui représente un refus plus général, dans la personnalité littéraire de l'auteur, de la polarité masculin/féminin. De même que l'adoption du costume masculin fait découvrir à Sand l'invisibilité du flâneur et lui permet de se libérer de la position féminine d'objet de l'observation et du discours pour devenir sujet de l'observation et découvrir une nouvelle ouverture du contrôle du discours, de même dans son œuvre, l'adoption d'une stratégie résolument androgyne lui permet de transcender la question de la différence des sexes. Refusant à la fois le "modèle phallocentrique" et le "ghetto féminin" de l'imaginaire, elle devient en tant qu'écrivain "une créature d'un sexe étrange, ni mâle ni femelle, un George sans s" (Naginski 20–27).

8. Sand d'ailleurs s'en défend dans *Histoire de ma vie,* précisant qu'elle ne s'est "jamais mise en scène sous des traits féminins" (4: 134).

9. "Selon cette théorie, le roman serait une œuvre de poésie autant que d'analyse. Il y faudrait des situations vraies et des caractères vrais, réels même, se groupant autour d'un type destiné à résumer le sentiment ou l'idée principale du livre. Ce type représente généralement la passion de l'amour. [...] Il faut idéaliser cet amour, [...] et on ne doit pas craindre de lui donner une importance exceptionnelle dans la vie, des forces au-dessus du vulgaire, des charmes ou des souffrances qui dépassent tout à fait l'habitude des choses humaines, et même un peu le vraisemblable admis par la plupart des intelligences" (Sand, *Histoire de ma vie* 4: 135).

10. La lettre de Noun à Raymon, évoquée métaphoriquement par l'expression "roman à l'usage des femmes de chambre," n'a même pas droit à la représentation dans le texte du roman. Raymon ne la lit pas jusqu'au bout, et s'empresse de la jeter dans le feu. Pourtant, Noun croit "écrire et parler aussi bien que sa maîtresse" (76–77).

11. Sur cette notion de "ghetto féminin" de l'imagination, voir Naginski 22.

12. Sur la question du fétichisme chez Sand, voir Schor, "Female Fetishism" et "The Portrait of a Gentleman." Ce dernier article lie de façon très claire réalisme et fétichisme dans la scène de la découverte par Raymon du portrait de sir Ralph dans la chambre d'Indiana.

13. Une note précise en effet que cette tunique, présent de Déjanire à Héraclès, devait être "un talisman amoureux. En fait, elle s'attacha à la peau d'Héraclès, le brûla et causa sa mort" (382).

14. Il faut cependant noter que le scandale reste pour Indiana un moyen, et non pas une fin en soi, une jouissance érotique telle que la vivra, par exemple, Emma Bovary.

15. "[Mes chagrins] sont des montagnes [...] comme Prométhée, je reste dessous, n'ayant de libre que la poitrine pour nourrir un vautour" (Sand, *Lettres d'un voyageur* 753–54).

16. Nous avons déjà montré les liens de la représentation mimétique réaliste avec une confirmation et donc une légitimation de l'ordre social. Voir en particulier Bersani, "Le réalisme et la peur du désir," dans Barthes et al., et Schor, "Idealism."

17. Une première version du texte prévoyait cependant que le roman devait s'achever là, ce qui montre bien le décrochement de l'esthétique et de l'imaginaire dans la conclusion ajoutée.

18. Pour ne donner que deux exemples de ce mode: "Un médecin vous dirait peut-être [...]. Pour moi qui ne suis pas médecin [...], j'aime mieux croire..." (339–40). "Je ne vous parle pas de mon bonheur..." (341).

19. "Écoutez, lui dis-je, les hommes sont de grands scélérats; ils m'ont dit du mal de vous. [...] Je m'arrêtai brusquement [...]. Je compris qu'elle ignorait les atroces méchancetés répandues contre elle" (338).

20. En ceci, notre perspective, comme celle de Bozon-Scalzitti, se sépare de celle de Hoog qui, quant à elle, retrace dans sa lecture des *Lettres d'un voyageur* une quête d'initiation mystique pleinement achevée et l'affirmation d'une écriture harmonieuse dans la réconciliation des principes féminins et masculins.

Chapitre six
Flaubert, *Madame Bovary* (1857): Argent, adultère et arsenic

1. LaCapra se propose clairement d'interroger l'intertextualité qui lie le roman au procès, et invite le lecteur à appliquer au texte du procès les processus et stratégies critiques engagés par le roman (53–54). De son côté Leclerc invite à examiner l'effet de choc en retour par lequel le procès a déterminé une certaine réécriture, par coupures et modifications, du texte du roman.

2. On peut noter dans le choix de ce terme, comme c'est souvent le cas dans le roman, l'ironie lexicale. Il n'est plus question pour la jeune femme, entravée dans son scandale, de "sauter" par-dessus les obstacles. Elle n'est plus non plus le prédateur, mais la proie.

3. Sur la récurrence des figures de circularité dans le roman, et en particulier sur l'accélération du mouvement circulaire chez Emma, voir Tanner (254–59, 348–49).

4. "le *stade du miroir* est un drame dont la poussée interne se précipite de l'insuffisance à l'anticipation—et qui pour le sujet, pris au leurre de l'identification spatiale, machine les fantasmes qui se succèdent d'une

image morcelée du corps à une forme que nous appellerons orthopédique de sa totalité" (Lacan, "Le stade du miroir comme formateur de la fonction du Je," *Écrits I* 93–94).

5. Pour Bersani, le désir constitue le fondement de l'identité d'Emma et représente la limite extrême de la représentation réaliste, en menaçant l'intégrité du personnage. En effet, bien que faisant partie d'un univers romanesque réaliste à l'intérieur duquel les personnages sont pourvus d'un nom, d'une position sociale et d'une personnalité, Emma semble faire exception à la règle. Elle est dépourvue de pratiquement tous les éléments de base qui forment habituellement une identité, au sens où le genre réaliste l'entend. Comme le souligne Bersani, "son activité principale est de désirer" (*A Future for Astyanax* 93).

6. Le chapitre 2, "Radical Jane and the Other Emma" (Ahearn), présente une analyse en profondeur du phénomène de fétichisme des marchandises décrit par Marx, tel qu'il apparaît dans le roman.

7. Cette nature de la demande qui "annule [...] la particularité de tout ce qui peut être accordé en le transmuant en preuve d'amour" (Lacan, "La signification" 691), s'illustre chez la première femme de Charles, cette autre Madame Bovary, qui toujours demande à son mari "quelque sirop pour sa santé et un peu plus d'amour" (32).

8. Ou encore: "Alors, les appétits de la chair, les convoitises d'argent et les mélancolies de la passion, tout se confondit dans une même souffrance" (152).

9. Pour une discussion détaillée des jeux de l'incertitude chez Flaubert, voir Culler, *Flaubert: The Uses of Uncertainty.* Pour la fameuse question du "qui parle" dans la narration flaubertienne, voir Barthes, *S/Z* 146.

10. "c'est que malgré tout son zèle de comédien, [l'auteur] n'a pas pu ne pas infuser un sang viril dans les veines de sa créature, et que madame Bovary, pour ce qu'il y a en elle de plus énergique et de plus ambitieux, et aussi de plus rêveur, madame Bovary est restée un homme" (Baudelaire, *Curiosités esthétiques* 647). Une fois de plus, il semble que la libido ne peut être que masculine.

11. Ce mode de pensée est aussi à rapprocher de ce que LaCapra appelle l'usage "incantatoire" qu'Emma fait du langage, et par lequel elle bouleverse le code de représentation réaliste (LaCapra 182).

12. Sur l'aspect transitionnel de la société du roman, et sur les conséquences de cette position historique liminale sur le monde des objets, voir Duchet.

13. Sur cet aspect, que Kelly appelle "the realizing mode" d'Emma, voir son *Fictional Genders* (130–33).

14. Pour Schor, *Madame Bovary* est aussi un "Portrait de l'artiste," mais "en jeune femme" (*Breaking the Chain* 15).

15. Selon le modèle des romans épistolaires du dix-huitième siècle, la lettre est une forme d'écriture essentiellement féminine.

16. Cette nécessité se replace aussi dans la logique lacanienne du désir: "le désir de l'homme trouve son sens dans le désir de l'autre, non

pas tant parce que l'autre détient les clés de l'objet désiré, que parce que son premier objet est d'être reconnu par l'autre" ("Fonctions et champ de la parole et du langage en psychanalyse," *Écrits I* 146). Le recours à l'écriture est ce qui permet à l'identité scandaleuse, contrairement aux autres rôles d'Emma, de dépasser le stade purement imaginaire du miroir.

17. Voir son fameux (?) *Du cidre, de sa fabrication et de ses effets,* et ses articles dans le *Fanal de Rouen.* Sur l'opposition des modes d'écriture représentés par Emma et Homais, voir Schor, *Breaking the Chain* (14–22).

18. Flaubert écrit en effet qu'il entend laisser transparaître dans le roman "un point de vue de blague supérieure" (notice 463). Cet aspect de l'intrigue apparaît comme une parodie ironique de l'intrigue policière telle qu'elle apparaît dans *Ferragus:* une surabondance d'indices que personne ne sait lire.

19. Une preuve supplémentaire que cette mort n'enraye en rien le scandale est que Pinard ne sait aucun gré à Flaubert d'avoir "tué" Emma Bovary, et qu'il n'y voit là aucune garantie de la moralité de l'œuvre (réquisitoire, Flaubert 498).

20. Pinard l'a bien vu: "[Charles] s'excite [...], il s'exalte pour cette femme que d'autres ont possédée, en raison de ces souvenirs de volupté qu'elle lui a laissés" (réquisitoire, Flaubert 478).

21. La première idée d'Homais était "Sta Viator" (arrête-toi voyageur), qui dénotait encore l'hésitation devant l'obstacle. Avec la version définitive, le *skandalon* enseveli ne fait plus obstacle au passage du promeneur.

22. "Flaubert écrit pour se débarrasser des hommes et des choses. Sa phrase cerne l'objet, l'attrape, l'immobilise et lui casse les reins, se referme sur lui, se change en pierre et le pétrifie avec elle [...] elle tombe dans le vide, éternellement, et entraîne sa proie dans cette chute infinie" (Sartre, *Qu'est-ce-que la littérature?* 162–63).

23. Sartre d'ailleurs semble assimiler démoralisation et scandale, puisque, à propos de l'échec de *Smarrh,* il écrit, "[Flaubert] est déçu jusque dans son *ambition démoralisatrice:* il sait à présent que l'ouvrage ne *scandalisera* personne" (*L'idiot* 2: 1605; nous soulignons).

24. C'est là l'idée centrale du livre de LaCapra. Voir en particulier 7 et 54.

Chapitre sept
Les Goncourt, *Germinie Lacerteux* (1865): La Méduse hystérique

1. *Journal* des Goncourt, premier extrait tiré des documents de l'édition de *Germinie Lacerteux* (269), second extrait cité par Billy (170). Sauf indication contraire, toutes les références au *Journal* renverront à cette édition de *Germinie Lacerteux.*

2. Caramaschi, en particulier, remarque que tout le texte de ce passage, daté du 21 août 1862, "est moins achevé, peut-être à cause de

l'émotion et du trouble de la découverte, que ne le sont d'habitude les textes du *Journal.*" Il note par ailleurs que ce texte a été "remanié et édulcoré" par Edmond, afin d'en faire une préface à l'édition de 1886 (247–48).

3. Satiat, qui note la "sympathie évidente [...] au vrai sens grec du mot" des Goncourt pour le personnage (31).

4. Respaut a très bien étudié cette manœuvre de recouvrement, ainsi que les multiples autres exemples d'occultation de la voix de la femme dans le roman.

5. Sur ce passage, interprété comme la possibilité d'un langage autre, féminin, et échangé entre femmes, voir aussi Respaut (51).

6. Germinie semble, d'une certaine façon, prédestinée à un tel recouvrement textile et textuel. Elle est issue, en effet, d'une famille de tisserands (61).

7. Martin-Fugier retrace, dans la fiction du siècle, deux archétypes du personnage, qui découlent de la situation "d'exclusion interne" de la bonne: "la servante dévouée, et son contraire, la perverse, porteuse de tous les désirs et de tous les vices" (dans Aron 33). Il est intéressant de noter ici que Germinie participe de ces deux archétypes à la fois, et résume ainsi toutes les ambivalences vis-à-vis de ce type de personnage.

8. Voir l'introduction ci-dessus, p. 8.

9. C'est aussi, exactement la "cause" de la mort de Rose, telle que les deux frères l'expriment dans leur journal (273).

10. Cette terreur a la même origine que celle qui fait naître la compensation fétichiste: "elle se produit lorsque le garçon, qui jusque là ne voulait pas croire à la menace, aperçoit un organe adulte, entouré d'une chevelure de poils, fondamentalement celui de la mère" (Freud, "La tête de Méduse" 49). Cette remarque nous ramène à l'association de la figure de la bonne et de celle de la mère dans l'imagination des Goncourt. Le lien à la découverte des organes génitaux et au fétichisme confirme la pertinence du recours à l'image de Méduse dans un texte "réaliste" à l'extrême, étant donné la forte association du genre aux stratégies fétichistes de toutes sortes.

Chapitre huit
Zola, *La curée* (1872):
Tragédie, allégorie et haussmannisation

1. Nicholas Francis Cooke, qui s'appuie en la matière sur les recherches d'une équipe de chercheurs français, écrit en 1870 qu'il est légitime de considérer toutes les jeunes filles, sans exception, "comme adonnées ou susceptibles de s'adonner" à ce vice (*Satan in Society,* cité par Dijkstra 68).

2. Le spectre de l'homosexualité féminine plane d'ailleurs sur tous les rassemblements de femmes dans le roman. Ainsi, dans le salon d'attente du couturier Worms, "ces dames" ressemblent à "un vol blanc de lesbiennes qui se serait abattu sur les divans d'un salon parisien" (Zola, *La curée* 138).

3. L'idée du sang de la femme marquant les fondations d'un édifice moderne se retrouve à plusieurs reprises chez Zola. On le retrouve en particulier dans *Au bonheur des dames.* Caroline, la première femme d'Octave Mouret, est morte d'un accident dans les chantiers du magasin, et son sang marque, métaphoriquement, tout l'édifice.

4. Ce binocle rappelle, en outre, celui d'Emma Bovary, cette autre victime du fétichisme des marchandises.

5. Girard montre dans *La violence et le sacré,* que la logique sacrificielle n'est jamais absente du fonctionnement des grandes tragédies.

6. "C'était là qu'ils goûtaient l'inceste" (215).

7. "Là, sur des gradins, cachant à demi les tuyaux de chauffage, fleurissaient les Maranta…" (77).

8. Selon Lemaire, l'obsession décadente pour les raffinements et l'artificialité de la serre, qui marque la fin de siècle, aurait d'ailleurs son origine dans ces scènes du roman de Zola (178).

9. ¡À l'époque, l'hystérie est fortement liée à l'angoisse de l'hérédité. C'est en effet un trouble provoqué, selon le milieu médical de l'époque, par une mauvaise stimulation des organes sexuels. Cette maladie névrotique de l'utérus apparaît, en outre, comme un principe corrupteur de la semence et du sang, qui se transmet de génération en génération (Bernheimer 206).

10. Il faut souligner ici combien cette configuration du scandale est semblable à celle de *Madame Bovary.* La stratégie de dispersion et de dissolution entropique de cette énergie déviante au niveau de l'intrigue, est aussi semblable dans les deux romans. En particulier se retrouve, chez Emma comme chez Renée, l'enjeu ontologique de la transgression de l'adultère. De plus, Emma est au moins autant que Renée victime de l'identification fétichiste à la marchandise. Pour les deux femmes, le scandale demeure, en outre, un scénario essentiellement imaginaire et littéraire qui échoue sur la scène de la réalité. En ce sens, la scène où Emma assiste à la représentation de *Lucie de Lamermoor* à Rouen et rêve un adultère éclatant avec le ténor Lagardy, est à rapprocher de celle où Renée assiste à la représentation de *Phèdre.* Dans les deux cas, le modèle littéraire et tragique est dégradé. Emma semble aussi, comme Renée, chercher vainement à forcer le scandale à éclater (voir ci-dessus, chapitre six).

11. Expression empruntée à Schor, à propos du corps hystérique de Coupeau, en proie au delirium tremens, dans *L'assommoir* ("Sainte-Anne" 106).

12. Pour une analyse similaire de *Nana,* voir Beizer, "Uncovering *Nana.*"

13. Le vêtement ou les poils pubiens sont en effet souvent le dernier objet perçu par l'enfant avant la révélation de la castration maternelle. Ces objets reçoivent donc la charge affective ambivalente et sont appelés à figurer le pénis absent (Freud, "Le fétichisme" 136).

Chapitre neuf
Barbey d'Aurevilly, *Les diaboliques* (1874): Relais, délais et détournements

1. Il s'agit, respectivement, de la dernière et de la première nouvelles du recueil. Jacques Petit note par ailleurs dans son introduction à l'œuvre que le scandale est l'un des thèmes principaux qui sous-tendent toutes les *Diaboliques* (Barbey d'Aurevilly 15).

2. En ce sens, Tressignies se rapproche de Maulincour, autre "expert" mis en échec par un corps féminin illisible.

3. Il faut noter ici l'échec du diagnostic de type "médical." Contrairement au corps de Nana, également "liquéfié" et "fondu" à la fin du roman, le cadavre de la duchesse représente un ensemble de signes opaques pour l'observateur.

4. "[L'histoire] s'achève sur l'exultation de Tressignies qui jouit de sa connaissance privilégiée des machinations de la duchesse. Il se considère comme le seul lecteur qualifié pour établir la vérité du texte qu'elle a laissé" (Bernheimer 81).

5. Selon la typologie établie par Genette dans son "Discours du Récit" (*Figures III* 241–43).

6. Il semble tout à fait pertinent ici d'introduire ce terme à propos du traitement du personnage d'Alberte dans la nouvelle. En effet, Dijkstra souligne que c'est dans les années 1860 que le terme médical devint d'usage courant pour désigner l'intérêt "anormal" de certaines femmes pour les jouissances sexuelles, un intérêt indice de dégénérescence, puisque l'évolution "normale" de la femme devait aller dans le sens d'une sexualité toujours plus atténuée. Le "phénomène" fut, en particulier, défini et étudié par Richard von Kraft-Ebbing dans son *Psychopatia Sexualis*. Ce dernier décrit plusieurs cas de jeunes filles, en apparence rangées et pudiques, et soudainement prises de délires nymphomanes dont l'aboutissement est fréquemment la mort, subite, au beau milieu de la crise. L'appétit sexuel d'Alberte, ainsi que sa mort mystérieuse, semblent bien indiquer la parenté du personnage avec les "nymphomanes" de Kraft-Ebbing. Selon Dijkstra, la création du terme de *nymphomane* pour désigner une femme aux appétits sexuels débridés est un exemple typique de ces "découvertes après coup si fréquentes, au dix-neuvième siècle, dans le domaine de la recherche psychologique sur les caractéristiques innées des femmes. D'abord le désir masculin créa l'image de la nymphe insatiable, puis les scientifiques découvrirent son existence en tant que fait médical" (249).

7. "Ce fut bien plus elle qui me prit dans ses bras que je ne la pris dans les miens" (69).

8. "Ces deux yeux là ne se donnaient pas la peine de scruter, et ils pénétraient" (35).

9. Cette fuite devant le scandale n'est pas sans rappeler l'attitude de Barbey devant le scandale provoqué par la publication des *Diaboliques*.

Comme le rappelle Petit, au lieu de se défendre contre les menaces de procès, Barbey "rompt sur toute la ligne et cède. Il réagit comme le jeune Brassard, par la fuite" (introduction, *Les diaboliques* 18–19). Sur toute l'affaire du non-lieu des *Diaboliques,* voir aussi Leclerc (283–316).

10. Cette situation, par son troisième niveau, représente un degré de complication supérieur par rapport à l'organisation des voix narratives dans "La vengeance d'une femme."

Chapitre dix
Rachilde, *Monsieur Vénus* (1884): Inversion, perversion et déconstruction

1. Cette évocation métaphorique de la fille rappelle d'ailleurs la mort du père. En effet, selon Jacques, leur père est "mort dans un engrenage à Lille" (53). On pourrait voir dans cette image la figure de la scandalisation de la famille Silvert tout entière, dans sa transmission du père à la fille.

2. Pour reprendre ici l'expression de Schor ("the blurring of difference *within* difference") à propos de la fréquence de l'apparition des doubles féminins chez George Sand ("Female Fetishism" 308).

3. Sur le comportement de Raoule interprété comme une névrose, voir Kingcaid 122–24.

4. Selon la polarité bien connue, établie par Claude Lévi-Strauss, entre le cru et le cuit.

5. Voir en particulier notre analyse (ci-dessus, chapitre huit) de l'épisode des tableaux vivants dans *La curée.*

6. Barthes décrit en effet l'entrelacement des codes et des voix qui forment le texte, comme une tresse. "*Texte, tissu* et *tresse,* c'est la même chose," écrit-il. Il poursuit ainsi: "On connaît le symbolisme de la tresse: Freud pensant à l'origine du tissage, y voyait le travail de la femme tressant ses poils pubiens pour fabriquer le pénis qui lui manque. Le texte est en somme un fétiche" (*S/Z* 166; italiques dans le texte). Il s'agirait donc déjà, pour Barthes, d'un geste fétichiste féminin. Chez Rachilde, cependant, la femme ne se fabrique pas un pénis pour combler le manque de son corps, mais semble au contraire vouloir occulter *l'excès* d'un corps masculin.

7. "a bizarre statement" (Kelly 155).

8. La mort est d'ailleurs associée à la naissance de façon insistante dans tout le roman. Raoule est elle-même un "enfant né de la mort," sa mère étant morte d'hémorragie peu après ses couches (37).

9. Il faut dire, à leur décharge, que Rachilde est aussi l'auteur d'un pamphlet intitulé: *Pourquoi je ne suis pas féministe.*

10. Le recours à la notion de déconstruction me paraît particulièrement pertinent ici, de par le lien qu'il est possible d'établir entre son fonctionnement et celui de la scandalisation, telle que nous l'avons définie. En effet, déconstruire un discours revient à identifier dans ce discours

le concept ou l'hypothèse clef qui le sous-tend, les oppositions hiérarchiques qui en constituent la clef de voûte, et à montrer le point de rupture de ce système. Ainsi, c'est cette hypothèse clef qui sape la hiérarchie qu'elle voudrait promouvoir. Là encore, comme dans le mécanisme du scandale, il s'agit de la pierre de faîte qui s'avère la pierre d'achoppement susceptible de faire s'écrouler l'édifice.

11. Le texte du roman précise de plus que Raoule a appris à brosser de telles "académies" masculines, dont l'une, "n'ayant aucune espèce d'ombre le long des hanches," décore sa chambre... (37).

12. "Au creux des reins, une ombre d'or faisait ressortir resplendissante la souplesse de la croupe" (128).

13. La présence de ce portrait rappelle le "topos" féminin que Schor retrouve dans *La Princesse de Clèves, Corinne,* et *Indiana.* Il s'agit d'une scène récurrente qui représente "le viol de l'espace privé du personnage principal féminin par un regard masculin, et la découverte, par le protagoniste, d'un portrait de lui ou d'une autre figure masculine à l'intérieur de cet espace." Schor note dans ces scènes de mise en abyme de la représentation du masculin, l'insistance du fétichisme. Selon elle, ce fétichisme assumé par un auteur féminin a pour effet de déstabiliser la position hégémonique du phallus qui sous-tend la notion de représentation elle-même. "*Il n'y a, pour ainsi dire, pas d''images d'hommes' dans les écrits des femmes* parce que cette écriture est marquée, dès son origine, par une profonde suspicion à l'égard de l'image et du phallicisme qui la sous-tend" ("The Portrait of a Gentleman" 114–30; italiques dans le texte original). Ici, les déstabilisations que remarque Schor semblent atteindre leur apogée.

14. Ainsi, le fétichisme féminin serait, plutôt qu'une perversion, une stratégie "destinée à permettre aux femmes de tourner à leur avantage la prétendue 'énigme de la féminité'" (307).

15. Kelly écrit aussi qu'on ne sait plus, dans ce texte, si l'on a affaire à l'amour d'un homme pour une femme, celui d'une femme pour un homme, l'amour d'un homme pour un autre homme, ou encore celui d'une femme pour une autre femme (151). Cette incertitude radicale lui semble cependant se dissoudre dans la réversibilité des contraires, qui selon elle, désamorce le scandale et réaffirme la masculinité du désir. C'est sur ce point que notre analyse se sépare le plus radicalement de la sienne.

Conclusion

1. "Au dix-neuvième siècle, les personnages qui refusent d'accepter les limites que la société impose au sujet, à sa nature et à l'étendue de ses désirs, deviennent les boucs émissaires de cette société" (Bersani, "Le réalisme et la peur du désir," dans Barthes et al. 71).

2. *L'ensorcelée* date de 1854. Pour une analyse du fonctionnement implacable de la logique sacrificielle dans *Le ventre de Paris,* voir Schor (*Zola's Crowds* 21–34).

3. "La poussée conservatrice vers la clôture rencontre une force fantasmatique opposée qui sape son ambition totalisante" (Bernheimer 271).

4. Bernheimer 266. Pollock invite les critiques d'art à "reconnaître la peinture moderniste non plus exclusivement comme une lutte héroïque pour l'expression individuelle [...] [ou comme symbole] de purification ou d'innovation stylistique mais, plus fondamentalement, comme un discours centré autour des paradoxes et des angoisses de la masculinité qui, de façon hystérique et obsessionnelle, représente, avilit et démembre le corps de la femme" (159).

5. Par allusion à la distinction établie par Miller entre versions euphorique et dysphorique du "texte de l'héroïne" au dix-huitième siècle.

6. Voir à ce sujet, l'entretien avec Alphant.

7. Pour une analyse comparée de cette œuvre et de *L'amant,* voir Hewitt.

8. Hewitt analyse très bien le mouvement de séduction de l'écriture durassienne dans *L'amant,* ainsi que le lien entre la relation de la narratrice avec l'amant chinois, vécue comme une prostitution volontaire, et l'exhibitionnisme d'un corps et d'une vie mis en circulation dans l'écriture autobiographique, même fictionnalisée. Elle insiste aussi sur l'aspect commercial de l'écriture, puisque *L'amant* aurait été écrit sur commission (114–47).

9. Cixous (42) déclare d'ailleurs avoir reconnu une telle écriture chez Duras. Il faut cependant noter que Duras a refusé le jugement et l'injonction de Cixous, dans un entretien avec Michelle Porte, en 1977 (voir Hewitt).

10. Pour un résumé concis du débat autour de la question de l'essentialisme lié aux tentatives de définition de l'écriture féminine, voir Wolff, "Reinstating Corporeality" (*Feminine Sentences* 120–41).

Bibliographie

Abelson, Elaine. "The Invention of Kleptomania." *Signs: Journal of Women in Culture and Society* 15.1 (1989): 123–43.

Ahearn, Edward J. *Marx and Modern Fiction.* New Haven: Yale UP, 1989.

Alphant, Marianne. "Duras dans le parc à amants." *Libération* [Paris] 13 juin 1991: 26–27.

Aron, Jean-Paul, éd. *Misérable et glorieuse: La femme au dix-neuvième siècle.* Paris: Fayard, 1980.

Auerbach, Eric. *Mimesis: La représentation de la réalité dans la littérature occidentale.* Trad. Cornélius Heim. Coll. Tel. Paris: Gallimard, 1977.

Auerbach, Nina. *Woman and the Demon: The Life of a Victorian Myth.* Cambridge: Harvard UP, 1982.

Balmary, Marie. *L'homme aux statues: Freud et la faute cachée du père.* Paris: Grasset, 1979.

Balzac, Honoré de. *La Duchesse de Langeais.* Dans *La Duchesse de Langeais. La fille aux yeux d'or.* Paris: Gallimard, 1976.

———. *Ferragus. Œuvres complètes.* Édition établie par la Société des Études Balzaciennnes, en collaboration avec le Club de l'Honnête Homme. Vol. 9. Paris: Guy Le Prat, 1959.

Barbey d'Aurevilly, Jules. *Les diaboliques.* Introduction de Jacques Petit. Paris: Gallimard, 1973.

Barthes, Roland. *Le plaisir du texte.* Paris: Seuil, 1973.

———. *S/Z.* Paris: Seuil, 1970.

Barthes, Roland, Léo Bersani, Philippe Hamon, Michael Riffaterre, et Ian Watt. *Littérature et réalité.* Paris: Seuil, 1982.

Baudelaire, Charles. *Curiosités esthétiques. L'art romantique.* Classiques Garnier. Paris: Bordas, 1990.

———. *Mon cœur mis à nu. Fusées—Choix de maximes consolantes sur l'amour.* Mexico: Quetzal, 1945.

———. *Petits poèmes en prose: Le spleen de Paris.* Classiques Garnier. Paris: Bordas, 1980.

Baudrillard, Jean. *De la séduction.* Paris: Galilée, 1979.

Beizer, Janet. "The Body in Question: Anatomy, Textuality, and Fetishism in Zola." *L'Esprit Créateur* 29.1 (printemps 1989): 50–60.

———. *Family Plots: Balzac's Narrative Generations.* New Haven: Yale UP, 1986.

Beizer, Janet. "Uncovering *Nana:* The Courtesan's New Clothes." *L'Esprit Créateur* 25.2 (été 1985): 45–56.

Bellet, Roger, éd. *La femme au dix-neuvième siècle: Littérature et idéologie.* Lyon: Presses Universitaires de Lyon, 1979.

———. *Femmes de lettres au dix-neuvième siècle: Autour de Louise Colet.* Lyon: Presses Universitaires de Lyon, 1982.

Benjamin, Walter. *Charles Baudelaire: Un poète lyrique à l'apogée du capitalisme.* Paris: Payot, 1982.

———. *Illuminations.* New York: Shocken, 1969.

———. *Reflections.* New York: Harcourt, 1978.

Berg, Christian. "Huysmans et l'antiphysis." *Revue des Sciences Humaines* 2–3.170–71 (1978): 34–43.

Berger, John. *Ways of Seeing.* Harmondsworth, Eng.: Penguin, 1971.

Bergier. "Scandale." *Dictionnaire de théologie dogmatique, lithurgique, canonique et disciplinaire.* 4 vols. 1851. Vol. 35 de Migne.

Berman, Marshall. *All That Is Solid Melts into Air: The Experience of Modernity.* New York: Simon, 1982.

Bernheimer, Charles. *Figures of Ill Repute: Representing Prostitution in Nineteenth-Century France.* Cambridge: Harvard UP, 1989.

Bernheimer, Charles, et Claire Kahane, éds. *In Dora's Case: Freud, Hysteria, Feminism.* New York: Columbia UP, 1985.

Bersani, Léo. *A Future for Astyanax: Character and Desire in Literature.* Boston: Little, 1976.

Besnard-Coursodon, Micheline. "Monsieur Vénus, Madame Adonis: Sexe et discours." *Littérature* 54 (mai 1984): 121–27.

Billy, André. *Les frères Goncourt.* Paris: Flammarion, 1954.

Borie, Jean. *Le tyran timide, le naturalisme de la femme au dix-neuvième siècle.* Paris: Klincksieck, 1973.

———. *Zola et les mythes, ou de la nausée au salut.* Paris: Seuil, 1971.

Bowlby, Rachel. *Just Looking: Consumer Culture in Dreiser, Gissing, and Zola.* New York: Methuen, 1985.

Bozon-Scalzitti, Yvette. "La pierre, l'eau, le sable: L'écriture sandienne dans les *Lettres d'un voyageur.*" *Nineteenth-Century French Studies* 21.3&4 (printemps–été 1993): 339–56.

Brooks, Peter. *Reading for the Plot: Design and Intention in Narrative.* New York: Knopf, 1984.

Butler, Judith. *Gender Trouble: Feminism and the Subversion of Identity.* New York: Routledge, 1990.

Calo, Jeanne. *La création de la femme chez Michelet.* Paris: Nizet, 1975.

Caramaschi, Enzo. *Réalisme et impressionnisme dans l'œuvre des frères Goncourt.* Paris: Nizet, 1971.

Carlut, Charles. *A Concordance to Flaubert's "L'éducation sentimentale."* New York: Garland, 1978.

———. *A Concordance to Flaubert's "Madame Bovary."* New York: Garland, 1978.

Cixous, Hélène. "Le rire de la Méduse." *L'Arc* 61 (1975): 39–55.

Cixous, Hélène, et Catherine Clément. *La jeune née.* Paris: Union Générale d'Éditions, 1975.

Colwell, David. *Bibliographie des études sur Gustave Flaubert.* Egham, Surrey, Eng.: Runnymede, 1988. 4 vols.

Corbin, Alain. *Les filles de noce: Misère sexuelle et prostitution: Dix-neuvième et vingtième siècles.* Paris: Aubier, 1978.

———. *Le temps, le désir et l'horreur: Essais sur le dix-neuvième siècle.* Paris: Aubier, 1991.

Culler, Jonathan. *Flaubert: The Uses of Uncertainty.* Ithaca, NY: Cornell UP, 1974.

———. *On Deconstruction: Theory and Criticism after Structuralism.* Ithaca, NY: Cornell UP, 1982.

———. "The Uses of *Madame Bovary.*" *Flaubert and Postmodernism.* Éd. Naomi Schor et Henry F. Majewski. Lincoln: U of Nebraska P, 1984. 1–12.

Darwin, Charles. *The Descent of Man, and Selection in Relation to Sex.* New York: Appleton, 1883.

———. *On the Origin of Species.* A facsimile of the first edition. New York: Atheneum, 1967.

Deleuze, Gilles, et Félix Guattari. *Capitalisme et schizophrénie: L'anti Œdipe.* Paris: Minuit, 1972.

Derrida, Jacques. *Positions: Entretiens avec Henri Ronse, Julia Kristeva, Jean-Louis Houdebine, Guy Scarpetta.* Paris: Minuit, 1972.

Détienne, Marcel. "La mythologie scandaleuse (ou projet d'un ouvrage sur la nature ambigüe de ce que nous appelons mythologie)." *Traverses* no. 12 (1978): 3–18.

Didier, Béatrice. Préface. *Indiana,* de George Sand. Paris: Gallimard, 1984.

Dijkstra, Bram. *Idols of Perversity: Fantasies of Feminine Evil in Fin de Siècle Culture.* New York: Oxford UP, 1986.

Duchet, Claude. "Roman et objets: L'exemple de Madame Bovary." *Travail de Flaubert.* Éd. Gérard Genette. Paris: Seuil, 1983. 11–43. Publ. prim. dans *Europe* 47 (sept. 1969).

Duras, Marguerite. *L'amant.* Paris: Minuit, 1984.

———. *L'amant de la Chine du nord.* Paris: Gallimard, 1991.

———. *Un barrage contre le Pacifique.* Paris: Gallimard, 1950.

Fauchery, Pierre. *La destinée féminine dans le roman européen du dix-huitième siecle, 1713–1807; essai de gynécomythie romanesque.* Paris: Colin, 1972.

Felman, Shoshana. *Jacques Lacan and the Adventure of Insight: Psychoanalysis in Contemporary Culture.* Cambridge: Harvard UP, 1987.

———. "Rereading Femininity." *Yale French Studies* 62 (1981): 19–44.

Flaubert, Gustave. *Dictionnaire des idées reçues. Bouvard et Pécuchet.* Folio. Paris: Gallimard, 1979.

———. *Madame Bovary*, avec en annexe le texte du procès. Folio. Paris: Gallimard, 1972.

Foucault, Michel. *Folie et déraison: Histoire de la folie à l'âge classique.* Paris: Plon, 1961.

———. *Histoire de la sexualité: La volonté de savoir.* Paris: Gallimard, 1976.

Foucault, Michel, et Hélène Cixous. "À propos de Marguerite Duras." *Cahiers Renaud-Barrault* 89 (1975): 8–22.

Freud, Sigmund. "La féminité." Trad. Anne Berman. *Nouvelles conférences sur la psychanalyse.* Paris: Gallimard, 1936.

———. "Le fétichisme." Trad. Denise Berger. *La vie sexuelle.* Bibliothèque de psychanalyse dirigée par Jean Laplanche. Paris: Presses Universitaires de France, 1969.

———. *Fragments d'une analyse d'hystérie (Dora).* Trad. Marie Bonaparte et Rudolph M. Lœwenstein. Bibliothèque de psychanalyse dirigée par Jean Laplanche. Paris: Presses Universitaires de France, 1954.

———. *Naissance de la psychanalyse.* Paris: Presses Universitaires de France, 1969.

———. "Pour introduire le narcissisme." Trad. Jean Laplanche. *La vie sexuelle.* Bibliothèque de psychanalyse dirigée par Jean Laplanche. Paris: Presses Universitaires de France, 1969.

———. "La tête de Méduse." Trad. Jean Laplanche. *Résultats, idées, problèmes II (1921–1938).* Bibliothèque de psychanalyse dirigée par Jean Laplanche. Paris: Presses Universitaires de France, 1985.

———. *Trois essais sur la théorie de la sexualité.* Trad. B. Reverchon-Jouve. Paris: Gallimard, 1962.

Frodon, Jean-Michel, et Danielle Heyman. "Marguerite Duras parle de l'écriture, du cinéma et d'elle-même." *Le Monde* [Paris] 13 juin 1991: B18–19.

Gaillard, Françoise. "De l'antiphysis à la pseudophysis (l'exemple de *À rebours*)." *Romantisme* 10.30 (1980): 69–82.

Gallagher, Catherine. "George Eliot and *Daniel Deronda*: The Prostitute and the Jewish Question." *Sex, Politics and Science in the Nineteenth-Century Novel.* Éd. Ruth Bernard Yeazell. Baltimore: Johns Hopkins UP, 1990.

Gallop, Jane. *The Daughter's Seduction: Psychoanalysis and Feminism.* Ithaca, NY: Cornell UP, 1982.

Genette, Gérard. *Figures I.* Paris: Seuil, 1966.

———. *Figures III.* Paris: Seuil, 1972.

Girard, René. *Le bouc émissaire.* Paris: Grasset, 1982.

———. *Des choses cachées depuis la fondation du monde.* Paris: Grasset, 1978.

———. *Mensonge romantique et vérité romanesque.* Paris: Grasset, 1961.

———. *La violence et le sacré.* Paris: Gallimard, 1977.

Goldmann, Lucien. *Pour une sociologie du roman.* Paris: Gallimard, 1964.

Goncourt, Edmond de, et Jules de Goncourt. *Germinie Lacerteux.* Paris: Flammarion, 1990.

Goux, Jean-Joseph. *Freud, Marx: Économie et symbolique.* Paris: Seuil, 1973.

———. *Les monnayeurs de langage.* Paris: Galilée, 1984.

Habermas, Jürgen. "Modernity: An Incomplete Project." *The Anti-Aesthetic: Essays on Postmodern Culture.* Éd. Hal Foster. Port Townsend, WA: Bay, 1983.

Hawthorne, Melanie C. "*Monsieur Vénus*: A Critique of Gender Roles." *Nineteenth-Century French Studies* 16 (1987–88): 162–79.

Heller, Reinhold. *The Earthly Chimera and the Femme Fatale: Fear of Woman in Nineteenth-Century Art.* Chicago: U of Chicago P, 1981.

Hellerstein, Nina S. "Family Reflections and the Absence of the Father in Duras's *L'amant.*" *Essays in French Literature* 26 (1989): 98–109.

Hewitt, Leah D. *Autobiographical Tightropes: Simone de Beauvoir, Nathalie Sarraute, Marguerite Duras, Monique Wittig, and Maryse Condé.* Lincoln, NE: U of Nebraska P, 1990.

Hoog, Marie-Jacques. "*Lettres d'un voyageur,* texte initiatique." *George Sand.* Éd. Simone Vierne. Centre culturel international de Cerisy-la-Salle. Paris: SEDES, CDU, 1983.

Irigaray, Luce. *Ce sexe qui n'en est pas un.* Paris: Minuit, 1977.

———. *Speculum de l'autre femme.* Paris: Minuit, 1974.

James, l'Abbé A. F. "Scandale." *Dictionnaire de la Bible.* 1846. Vol. 4 de Migne.

Kelly, Dorothy. *Fictional Genders: Role and Representation in Nineteenth-Century French Narrative.* Lincoln, NE: U of Nebraska P, 1989.

Kingcaid, Renée A. *Neurosis and Literature: The Decadent Short Fiction of Proust, Lorrain and Rachilde.* Carbondale et Edwardsville: Southern Illinois UP, 1992.

Kofman, Sarah. *L'énigme de la femme: La femme dans les textes de Freud.* Paris: Galilée, 1980.

Lacan, Jacques. *Écrits I.* Paris: Seuil, 1966.

———. "La signification du Pallus." *Écrits II.* Paris: Seuil, 1966. 685–95.

LaCapra, Dominick. *"Madame Bovary" on Trial.* Ithaca, NY: Cornell UP, 1982.

Larousse, Pierre. "Scandale." *Grand dictionnaire universel du dix-neuvième siècle.* 15 vols. Paris: Larousse, 1864–69.

Leclerc, Yvan. *Crimes écrits: La littérature en procès au dix-neuvième siècle.* Paris: Plon, 1991.

Lely, Gilbert. *Sade: Étude sur sa vie et sur son œuvre.* Paris: Gallimard, 1967.

Lemaire, Michel. *Le dandysme: De Baudelaire à Mallarmé.* Montréal: Presses de l'Université de Montréal, 1978.

Le Masson, Hervé. "L'inconnue de la rue Catinat." Entretien avec Marguerite Duras. *Le Nouvel Observateur* 28 sept. 1984: 52–54.

Lever, Maurice. *Donatien Alphonse François, marquis de Sade.* Paris: Fayard, 1991.

Lombroso, Cesare. *La femme criminelle et la prostituée.* Trad. Louise Meille. Grenoble: Jérôme Millon, 1991. Reprise du texte de traduction original paru sous le nom des deux auteurs: Cesare Lombroso et Guglielmo Ferrero. Paris: Alcan, 1896.

Lukàcs, Georg. *Balzac et le réalisme français.* Trad. Paul Laveau. Paris: Maspéro, 1967.

———. *La théorie du roman.* Trad. Jean Clairvoye. Genève: Gonthier, 1963.

Lukacher, Ned. "Translator's Introduction: Freud's Phantom." *Psychoanalyzing Psychoanalysis: Freud and the Hidden Fault of the Father,* de Marie Balmary. Trad. Ned Lukacher. Baltimore: Johns Hopkins UP, 1982.

Mannoni, Octave. *Clefs pour l'imaginaire; ou L'autre scène.* Paris: Seuil, 1969.

Marx, Karl. *Le capital.* Trad. M. J. Roy, entièrement révisée par l'auteur. Paris: Lachatre, 1872.

———. *Le manifeste communiste.* Trad. Charles Andler. Paris: Rieder, 1923.

———. *Selected Writings.* Éd. David McLellan. Oxford: Oxford UP, 1977.

Mauriac, François. *Thérèse Desqueyroux.* Paris: Grasset, 1927. Paris: Livre de Poche, 1965.

May, Georges. *Le dilemme du roman au dix-huitième siècle: Étude sur les rapports du roman et de la critique.* New Haven et Paris: Yale UP et Presses Universitaires de France, 1963.

Michelet, Jules. *L'amour.* Paris: Hachette, 1865.

———. *La femme.* 1859. Paris: Flammarion, 1981.

Migne, l'Abbé. *Encyclopédie théologique ou: Série de dictionnaires sur toutes les parties de la science religieuse, offrant en français la plus claire, la plus commode, la plus variée et la plus complète des théologies.* 52 vols. Paris: Ateliers Catholiques du Petit-Montrouge, 1844–73.

Miller, Nancy K. *The Heroine's Text: Readings in the French and English Novel.* New York: Columbia UP, 1980.

Naginski, Isabelle Hoog. *George Sand: Writing for Her Life.* New Brunswick: Rutgers UP, 1991.

Parent-Duchâtelet, Alexandre-Jean-Baptiste. *La prostitution à Paris au dix-neuvième siècle.* Texte présenté et annoté par Alain Corbin. Paris: Seuil, 1981. Édition abrégée du texte original. *De la prostitution dans la ville de Paris, considérée sous le rapport de l'hygiène publique, de la morale et de l'administration...* 2 vols. Paris: Baillère, 1836.

Pierrot, l'Abbé. "Scandale." *Dictionnaire de théologie morale, présentant un exposé complet de la morale chrétienne, contenant une règle de conduite pour les principales circonstances de la vie; offrant un complément nécessaire à toutes les éditions du dictionnaire purement dogmatique, polémique et disciplinaire de Bergier.* 2 vols. 1862. Vol. 32 de Migne.

Pollock, Griselda. "Modernity and the Spaces of Femininity." *Vision and Difference: Femininity, Feminism and the Histories of Art.* London: Routledge, 1988.

Pontas. "Scandale." *Dictionnaire des cas de conscience ou: Décisions, par ordre alphabétique des plus considérables difficultés touchant la morale et la discipline ecclésiastique, tirés de l'écriture, des décrétales des papes, des Pères et des plus célèbres théologiens et canonistes tant anciens que modernes.* 2 vols. 1847. Vol. 19 de Migne.

Praz, Mario. *The Romantic Agony.* Trad. Angus Davidson. London: Oxford UP, 1970.

Prendergast, Christopher. *The Order of Mimesis: Balzac, Stendhal, Nerval, Flaubert.* Cambridge: Cambridge UP, 1986.

Prompsault, l'Abbé J.- H.- R. "Scandale." *Dictionnaire raisonné de droit et de jurisprudence en matière civile-ecclésiastique.* 3 vols. 1849. Vol. 38 de Migne.

Rabine, Leslie. "George Sand and the Myth of Femininity." *Women and Literature* (automne 1976): 2–17.

Rachilde. *Monsieur Vénus.* Paris: Flammarion, 1977.

Respaut, Michèle. "Regards d'hommes / corps de femmes: *Germinie Lacerteux* des frères Goncourt." *French Review* 65.1 (oct. 1991): 46–54.

Saint-Amand, Pierre. "Balzac oriental: La fille aux yeux d'or." *Romanic Review* 79.2 (1988): 329–40.

———. "Tales of Adornment: Fictions of the Feminine." *Literature and Psychology* 38.3 (1992): 1–23.

Sainte Bible, qui contient le vieux et le nouveau testament: Revue sur les originaux par David Martin. New York: Société Biblique Américaine, 1894.

Sand, George. *Correspondance.* Éd. Georges Lubin. 23 vols. Paris: Garnier, 1964–85.

———. *Histoire de ma vie. Œuvres complètes.* 4 vols. Paris: Calman-Lévy, 1892–93.

———. *Indiana.* Paris: Gallimard, 1984.

———. *Lettres d'un voyageur.* Éd. Georges Lubin. *Œuvres autobiographiques.* Pléiade. Vol 2. Paris: Gallimard, 1971.

Sartre, Jean-Paul. *L'idiot de la famille.* 3 vols. Paris: Gallimard, 1971–72.

———. *Qu'est-ce que la littérature?* Paris: Gallimard, 1948.

Satiat, Nadine. Introduction. *Germinie Lacerteux* d'Edmond et Jules de Goncourt. Paris: Flammarion, 1990.

Sauvage, Marcel. *Jules et Edmond de Goncourt précurseurs.* Paris: Mercure de France, 1970.

"Scandal." *Sacramentum Mundi: An Encyclopedia of Theology.* New York: Herder, 1970.

"Scandale." *Dictionnaire de théologie catholique contenant l'exposé des doctrines de la théologie catholique, leurs preuves et leur histoire.* 16 vols. Paris: Letouzey et Ané, 1903–72.

Schopenhauer, Arthur. *Pensées, maximes, fragments.* Trad. J. Bourdeau. Paris, 1880.

Schor, Naomi. *Breaking the Chain: Women, Theory, and French Realist Fiction.* New York: Columbia UP, 1985.

———. "Details and Decadence: End-troping in *Madame Bovary.*" *Substance* 26 (1980): 27–35.

———. "Female Fetishism: The Case of George Sand." *Poetics Today* 6 (1985): 1–2, 301–10.

———. "Fetishism and Its Ironies." *Nineteenth-Century French Studies* 17 (automne–hiver 1988–89): 1–2, 89–97.

———. *George Sand and Idealism.* New York: Columbia UP, 1993.

———. "Idealism in the Novel: Recanonizing Sand." *Yale French Studies* 75 (1988): 56–73.

———. "*Lélia* and the Failures of Allegory." *L'Esprit Créateur* 29.3 (automne 1989): 76–83.

———. "The Portrait of a Gentleman: Representing Men in (French) Women's Writing." *Representations* 20 (automne 1987): 113–33.

———. "Reading Double: Sand's Difference." *The Poetics of Gender.* Éd. Nancy K. Miller. New York: Columbia UP, 1986. 248–69.

———. *Reading in Detail: Aesthetics and the Feminine.* New York: Methuen, 1987.

———. "Sainte-Anne: Capitale du délire." *Cahiers Naturalistes* 52 (1978): 97–108.

———. *Zola's Crowds.* Baltimore: Johns Hopkins UP, 1978.

Sennett, Richard. *The Fall of Public Man.* Cambridge: Cambridge UP, 1974.

Serres, Michel. *Zola: Feux et signaux de brume.* Paris: Grasset, 1975.

Simmel, Georg. "The Metropolis and Mental Life." *Classic Essays in the Culture of Cities.* Éd. Richard Sennett. Englewood Cliffs, NJ: Prentice, 1969.

Tanner, Tony. *Adultery in the Novel: Contract and Transgression.* Baltimore: Johns Hopkins UP, 1979.

Thaler, Danielle. "À la recherche du paradis perdu: Enfance et prolétariat dans trois romans des Goncourt." *Cahiers Naturalistes* 58 (1984): 97–110.

———. "Deux frères en quête de peuple: Les Goncourt." *Nineteenth-Century French Studies* 14 (automne–hiver 1985–86): 1–2, 103–09.

Van Rossum-Guyon, Françoise. "À propos d'*Indiana:* La préface de 1832. Problèmes du métadiscours." *George Sand.* Éd. Simone Vierne. Centre culturel international de Cerisy-la-Salle. Paris: SEDES, CDU, 1983.

Vernant, Jean-Pierre. "Le tyran boiteux: D'Œdipe à Périandre." *Le temps de la réflexion.* Paris: NRF, Gallimard, 1981. 2: 235–55.

Williams, Rosalind. *Dream Worlds: Mass Consumption in Late Nineteenth-Century France.* Berkeley: U of California P, 1984.

Wilson, Elizabeth. *The Sphynx in the City: Urban Life, the Control of Disorder, and Women.* London: Virago, 1991.

Wolff, Janet. *Feminine Sentences: Essays on Women and Culture.* Berkeley: U of California P, 1990.

———. "The Invisible *Flâneuse:* Women and the Literature of Modernity." *Theory, Culture and Society* 2.3 (1985): 37–48.

Zola, Émile. *Au bonheùr des dames.* Folio. Paris: Gallimard, 1980.

———. *La curée.* Folio. Paris: Gallimard, 1981.

———. *Nana.* Folio. Paris: Gallimard, 1977.

———. *Le roman expérimental.* Paris: Fasquelle, 1923.

———. *Le ventre de Paris.* Paris: Flammarion, 1971.

Index